港澳台侨学生通识教育课程系列教材

当代世界与中国

主　编　林怀艺
副主编　甄　龙　蒋　迪　鄢　晓

清华大学出版社
北　京

内 容 简 介

当代的世界是开放的世界，中国的发展既离不开世界，又为世界的发展贡献中国智慧和中国经验。本书从"地球村，中国梦"入手，强调中国人民对美好生活的向往与世界人民对美好生活的向往是相通的，在此基础上，系统阐述当代世界与中国的经济、民主、法治、文化、科技、生态、民族、宗教，阐述当代国际关系与中国的和平发展道路，以及面向未来的世界与中国，呈现出一幅世界与中国互动的多彩画卷。

本书坚持以"为侨服务、传播中华文化"为主旨，既与时俱进，充分考虑世界和中国的最新进展，又与学俱进，充分吸收国内外学术界的最新研究成果。本书坚持通识教育定位，落实"立德树人"的根本任务，充分考虑新时代在中国大陆求学的港澳台侨学生的特点，努力为"将港澳台侨学生培养成自觉拥护祖国统一、拥护'一国两制'、为港澳长期繁荣稳定和实现祖国和平统一做贡献的坚定爱国者，了解和热爱中华文化、主动担当中外交流的文化使者"的目标服务。

本书既可作为高等学校通识教育的选用教材，亦可作为广大读者了解、研习世情与国情的基础读本，还可作为各类干部、人员培训的教材。

本书封面贴有清华大学出版社防伪标签，无标签者不得销售。
版权所有，侵权必究。举报：010-62782989，beiqinquan@tup.tsinghua.edu.cn。

图书在版编目(CIP)数据

当代世界与中国 / 林怀艺主编. —北京：清华大学出版社，2021.1
港澳台侨学生通识教育课程系列教材
ISBN 978-7-302-54406-7

Ⅰ.①当… Ⅱ.①林… Ⅲ.①国际形势－教材②发展战略－中国－教材 Ⅳ.①D5②D60

中国版本图书馆 CIP 数据核字(2020)第 066808 号

责任编辑：王　定
封面设计：周晓亮
版式设计：思创景点
责任校对：成凤进
责任印制：丛怀宇

出版发行：清华大学出版社
网　　址：http://www.tup.com.cn，http://www.wqbook.com
地　　址：北京清华大学学研大厦 A 座　　　　邮　编：100084
社 总 机：010-62770175　　　　　　　　　　　邮　购：010-62786544
投稿与读者服务：010-62776969，c-service@tup.tsinghua.edu.cn
质 量 反 馈：010-62772015，zhiliang@tup.tsinghua.edu.cn
印 装 者：北京鑫丰华彩印有限公司
经　　销：全国新华书店
开　　本：185mm×260mm　　　　印　张：17　　　　字　数：382 千字
版　　次：2021 年 1 月第 1 版　　　印　次：2021 年 1 月第 1 次印刷
定　　价：58.00 元

产品编号：083233-01

港澳台侨学生通识教育课程系列教材编委会

主　编： 徐西鹏

副主编： 刘　斌　　王秀勇　　王丽霞

编　委：(排名不分先后)

　　　　　林怀艺　　李勇泉　　高炳亮

　　　　　张　宇　　骆文伟　　朱银端

　　　　　洪跃雄　　肖北婴　　赵　威

总　　序

通识教育，旨在为受教育者在现代多元化的社会中提供一种通行于不同人群之间的通识教育，旨在为受教育者在现代多元化的社会中提供一种通行于不同人群之间的知识和价值观。通识教育是当今大学教育的发展趋势，国家"十三五"规划纲要也提出，要提升大学创新人才培养能力，实行通识教育与专业教育相结合的培养制度。在大学中推行通识教育，已经成为我国教育界新的共识。

作为以"面向海外、面向港澳台"为办学方针，以"为侨服务、传播中华文化"为办学宗旨的华侨高等学府，华侨大学既肩负着为社会主义事业培养合格建设者和可靠接班人的任务，也肩负着为港澳台侨经济社会发展培养优秀人才的使命。学校始终高度重视港澳台侨学生通识教育工作，坚持因事而化、因时而进、因势而新，努力建设港澳台侨学生真心喜爱、终身受益的通识教育课程，开展港澳台侨学生喜闻乐见的通识教育社会实践活动，引导他们珍惜韶华、脚踏实地，扣好人生的第一粒扣子。2012年7月，华侨大学成立了通识教育学院，其后应邀加入了"中国大学通识教育联盟"，以探索构建具有侨校特色的全方位、多类型、多层次的通识教育体系。

教材是学生在学校获得系统知识的主要材料，也是教师进行教学的主要依据。编制一套符合港澳台侨学生知识背景、尊重不同港澳台侨学生群体差异、满足港澳台侨学生成长需要的通识教育课程系列教材，对于提高港澳台侨学生教育教学质量，增强港澳台侨学生文化认同感、民族自豪感，完善港澳台侨学生人格和道德品质，提升港澳台侨学生的可持续发展能力等方面都具有十分重要的意义。

基于这样的初衷和认识，我们组织相关教师，开展"港澳台侨学生通识教育课程系列教材"编写工作，希望通过全体教师的努力，推动学校港澳台侨学生教育和培养工作迈上新的台阶。

本套教材包括《大学与青年发展》《中国传统文化概论》《当代世界与中国》《中国百年复兴之路》《特别行政区基本法》《法律基础》6本。教材风格统一、图文并茂，体例新颖独特，内容与时俱进，在主要知识点之外，还辅以课外延伸、知识小贴士、阅读链接、热点聚焦、推荐阅读(含图书、视频、影音资料等)、思考和研讨等板块，鼓励学生开展独立思考，既保证了知识的广度和深度，也适当体现了地域文化特色和侨校特色，既突出了思想品德教育的人文性和思想性，也增强了时代感和吸引力。

教材易成，但通识教育任重道远。编著港澳台侨学生通识教育课程教材是学校港澳台侨学生教育培养工作的一次有益探索和尝试，我们希望系列教材投入使用之后，能够真正发挥出促进通识教育课程教学更有温度、思想引领更有力度、立德树人更有效度的作用，希望系列教材能够深受广大港澳台侨学生的欢迎和喜爱,通过系列教材的学习,获得知识的力量、智慧的启迪和心灵的陶冶。我们也希望系列教材的问世,能够为我国港澳台侨学生教育和培养工作带来有价值的借鉴和启示,希望我们的探索和努力能够得到业内同仁的鼓励和指导。

是为序。

华侨大学党委书记　徐西鹏

2020 年 9 月 1 日

前　言

"当代世界与中国"是华侨大学港澳台侨学生通识教育的必修核心课程之一，其前期的教学成果多次获得福建省高等教育教学成果一等奖。

华侨大学作为中国大陆招收港澳台侨学生最多的高校之一，自复办之后就一直在探索对这类学生进行通识教育，特别是思想品德教育的有效载体和途径。本书就是一届届师生在教学实践中反复推敲、修改、完善的成果。本书坚持以"为侨服务、传播中华文化"为主旨，围绕"立德树人"这一根本任务，以及"将港澳台学生培养成自觉拥护祖国统一、拥护'一国两制'、为港澳长期繁荣稳定和实现祖国和平统一做贡献的坚定爱国者；将华侨华人学生培养成了解和热爱中华文化、对中国友好、主动担当中外交流的文化使者"的目标，致力于引导学生深刻认识变动中的世界与中国，体会世界与中国的互动，不断增强自己的战略思维和世界眼光。

本书围绕"当代世界与中国"这一主题，基于"当代的世界是开放的世界，中国的发展既离不开世界，又为世界的发展贡献中国智慧和中国经验"的判断，以专题形式对相关问题进行阐述。本书从"地球村，中国梦"入手，强调中国人民对美好生活的向往与世界人民对美好生活的向往是相通的，在此基础上，系统阐述当代世界与中国的经济、民主、法治、文化、科技、生态、民族、宗教，阐述当代国际关系与中国的和平发展道路，以及面向未来的世界与中国，呈现出一幅世界与中国互动的多彩画卷。

本书在框架和内容体系上力图实现以下目标：第一，充分考虑侨校"一校两生"的特点，以及港澳台侨学生群体的不同情况，有针对性地根据教学对象组织教学内容、提出教学要求，希望能够提升港澳台侨学生对当代世情和中国国情的认识；第二，融知识传授和思想品德教育、科学精神及人文精神于一体，不仅让港澳台侨学生知道"是什么"，而且引导他们探究"为什么""如何做"，给他们打开一扇认识世界和中国、增进青年人使命感和担当感的"窗口"；第三，注重通过文献阅读、开放性思考、社会实践等，推进课上课下、室内室外的互动，力求让学生学有所获、思有所得、研有所成，从而提升学生的综合素质特别是人文素养。

本书的总体思路、结构框架由林怀艺设计，各章的编写者如下：第一章，蒋迪；第二章，赵威；第三章，曹文宏，洪跃雄；第四章，刘金花；第五章，曾庆玲；第六章，张超；第七章，张博峰；第八章，刘文波；第九章，甄龙。林怀艺自始至终参与了各章的讨论、修改和完善工作。本书编写过程中的日常工作和统稿工作、PPT制作工作，由鄢晓负责。

本书在写作过程中参阅了大量国内外文献资料和相关的网络材料，再次对相关的专家、学者表示衷心的感谢！

欢迎广大读者对本书提出进一步改进的意见和建议，以便我们以"供给侧结构性改革"来满足新时代通识教育教材建设的需要。

本书提供配套 PPT 课件，下载地址如下：

编　者

2020 年 6 月 13 日

目　录

第一章　地球村，中国梦 …………… 1
　第一节　我们生活在地球村 ………… 1
　　一、世界上的国家和地区 ………… 1
　　二、世界历史的形成 ……………… 5
　　三、充满希望和挑战的世界 ……… 8
　第二节　当代中国的基本国情 ……… 9
　　一、中国基本国情中的"不变"
　　　　与"变" …………………… 9
　　二、当代中国的根本任务是解放和
　　　　发展生产力 ………………… 12
　　三、中国"两个一百年"的奋斗
　　　　目标 ………………………… 13
　第三节　中国梦与世界人民对美好
　　　　　生活的向往是相通的 …… 15
　　一、"中国梦"是历史选择的
　　　　结果 ………………………… 15
　　二、"中国梦"的内涵 …………… 16
　　三、中国特色社会主义是"圆梦"
　　　　的唯一正确道路 …………… 17
　　四、"中国梦"与"世界梦"同休
　　　　共戚 ………………………… 19
　思考题 ……………………………… 20
　推荐阅读 …………………………… 20

第二章　当代世界与中国的经济 …… 21
　第一节　世界经济的形成、发展与
　　　　　经济全球化 ……………… 21
　　一、世界经济的形成与发展 …… 22
　　二、经济全球化 ………………… 24

　第二节　不同类型国家的经济
　　　　　发展 ……………………… 26
　　一、发达国家的经济发展 ……… 27
　　二、发达国家的国家调节 ……… 30
　　三、发展中国家的经济改革和
　　　　发展 ………………………… 36
　第三节　当代中国的对外开放 …… 39
　　一、中国对外经济发展战略的
　　　　转变 ………………………… 40
　　二、中国由沿海到内地开放格局
　　　　的形成 ……………………… 41
　　三、中国与国际经济组织 ……… 43
　第四节　当代中国的经济发展
　　　　　战略 ……………………… 44
　　一、经济发展战略概述 ………… 44
　　二、经济发展战略的组成部分 … 44
　　三、当代中国的经济发展战略的
　　　　主要内容 …………………… 45
　第五节　当代中国的民生建设 …… 51
　　一、中国的就业政策和失业保险
　　　　制度 ………………………… 51
　　二、中国的养老保险制度 ……… 53
　　三、中国的医疗体制改革与建设 … 55
　　四、中国的社会救助制度 ……… 57
　思考题 ……………………………… 59
　推荐阅读 …………………………… 59

**第三章　当代世界与中国的民主和
　　　　　法治** …………………… 60
　第一节　当代世界的民主化潮流 … 60

一、世界民主化浪潮的表现 ……… 60
　　二、非西方国家的民主化潮流 …… 61
　　三、西方民主的新发展 …………… 65
　　四、世界民主化浪潮对中国民主的
　　　　推动 ……………………………… 67
第二节　当代中国的民主政治
　　　　建设 …………………………… 69
　　一、中国特色社会主义民主政治发展
　　　　道路的历史演进 ………………… 69
　　二、中国特色社会主义民主政治的
　　　　制度框架 ………………………… 76
　　三、中国特色社会主义民主政治
　　　　制度的实现机制与优越性 …… 78
　　四、尊重和保障公民的自由与
　　　　人权 ……………………………… 81
第三节　当代世界法治 …………… 85
　　一、法治是人类政治文明的重要
　　　　成果 ……………………………… 85
　　二、当代西方国家的法治 ………… 86
第四节　当代中国法治 …………… 94
　　一、当代中国法治的历史背景 …… 94
　　二、当代中国法治的历史进程 …… 94
　　三、中国政府全面推进依法治国 … 95
思考题 ………………………………… 101
推荐阅读 ……………………………… 101

第四章　当代世界与中国的文化 …… 102
第一节　世界文化的多样性 ……… 102
　　一、文化 …………………………… 102
　　二、多样化的世界文化 …………… 104
第二节　当代世界相互激荡的
　　　　社会思潮 …………………… 108
　　一、社会思潮的内涵 ……………… 109
　　二、主要的社会思潮 ……………… 109
第三节　光辉灿烂的中华文化 …… 113
　　一、中华与中华文化 ……………… 113
　　二、中华传统文化的基本内容 …… 114
　　三、中国传统文化的现代化 ……… 119
第四节　当代中国的文化建设 …… 120
　　一、构筑中国精神、中国价值与
　　　　中国力量 ……………………… 120
　　二、发展教育科学文化 …………… 123
　　三、办好孔子学院 ………………… 124
思考题 ………………………………… 128
推荐阅读 ……………………………… 128

第五章　当代世界与中国的科技 …… 129
第一节　当代世界科技发展 ……… 129
　　一、当代世界科技发展的主要
　　　　特征 …………………………… 129
　　二、当代世界科技的发展趋势 …… 131
　　三、当代世界科技发展对人类社会
　　　　的影响 ………………………… 133
第二节　世界各国抢占科技创新
　　　　制高点 ………………………… 136
　　一、科技创新的战略地位空前
　　　　提高 …………………………… 136
　　二、世界主要国家和地区科技创新
　　　　概况 …………………………… 138
第三节　当代中国科技发展 ……… 145
　　一、当代中国科技发展的历史
　　　　进程 …………………………… 145
　　二、当代中国科技发展的辉煌
　　　　成就 …………………………… 150
第四节　当代中国的创新型国家
　　　　建设 …………………………… 152
　　一、创新型国家的基本特征 ……… 152
　　二、中国加快建设创新型国家的
　　　　意义 …………………………… 153
　　三、实施创新驱动发展战略，增强
　　　　自主创新能力 ………………… 153
　　四、加强国家创新体系建设 ……… 154
　　五、深化科技体制改革 …………… 155

思考题 ··· 156
推荐阅读 ··· 156

第六章 当代世界与中国的生态 ······ 157

第一节 当代世界的可持续发展共识 ··············· 157
一、20世纪世界环境污染的大爆发 ············ 157
二、可持续发展原则、目标的提出 ············· 161
三、人类可持续发展所面临的困境 ············· 164

第二节 世界各国的生态文明建设 ················ 165
一、世界范围内环境保护运动的兴起 ·········· 165
二、发达国家的生态环境治理经验 ············· 166
三、发展中国家环境治理的基本举措 ·········· 169

第三节 中国的资源与环境问题 ··················· 172
一、中国主要资源分布现状与资源利用应解决的问题 ··· 172
二、中国的环境现状与问题 ······ 175
三、生态帝国主义的冲击与应对 ··············· 176

第四节 "美丽中国"与绿色发展 ··············· 177
一、生态文明建设在中国发展战略中的地位 ··· 177
二、中国近年来治理环境污染的成绩 ·········· 178
三、美丽中国正在逐步成为现实 ··············· 179

思考题 ··· 182
推荐阅读 ··· 182

第七章 当代世界与中国的民族和宗教 ··············· 183

第一节 当代世界的民族和宗教 ··············· 183
一、当代世界的民族 ············· 183
二、当代世界的宗教 ············· 185

第二节 当代世界的民族、宗教问题及其根源 ············· 187
一、当代世界的民族、宗教问题 ············· 188
二、当代世界民族、宗教问题的根源 ············· 190

第三节 当代中国的民族问题及应对的基本政策 ········ 192
一、中国的民族概况 ············· 193
二、当代中国的民族问题 ······ 196
三、当代中国应对民族问题的基本政策 ············· 197

第四节 当代中国的宗教问题及应对的基本政策 ········ 201
一、中国宗教概况 ··············· 202
二、当代中国的宗教问题 ······ 203
三、当代中国应对宗教问题的基本政策 ············· 205

思考题 ··· 207
推荐阅读 ··· 207

第八章 当代国际关系与中国的和平发展道路 ··········· 208

第一节 冷战后的国际关系特点 ··············· 208
一、和平与发展成为时代主题 ····· 209
二、世界多极化在曲折中发展 ····· 210
三、国际关系的行为主体及其组织化 ············· 213
四、国际关系民主化 ·············215

第二节 构建国际新秩序 ········· 217

一、国际新秩序的内涵 …………217
　二、构建国际新秩序的紧迫性 ……219
　三、构建国际新秩序的着力点 ……220
第三节　中国的和平发展道路 ……221
　一、中国和平发展道路的科学
　　　内涵 ……………………………222
　二、中国选择和平发展道路的
　　　必然性 …………………………223
　三、中国和平发展道路的实现
　　　路径 ……………………………224
第四节　积极促进"一带一路"
　　　　国际合作 …………………227
　一、"一带一路"的内涵 …………227
　二、"一带一路"建设的意义和
　　　总体方向 ………………………230
　三、"一带一路"国际合作的重点
　　　内容 ……………………………232
思考题 ………………………………235
推荐阅读 ……………………………235

第九章　面向未来的世界与中国 ……236
第一节　全球问题与全球治理 ……236
　一、全球问题 ………………………236

　二、全球治理 ………………………239
　三、维护全人类的共同利益 ………240
第二节　联合国及其发展规划 ……242
　一、联合国的历史 …………………242
　二、联合国的改革 …………………244
　三、联合国的发展规划 ……………244
第三节　当代中国的成就以及对
　　　　世界的贡献 ………………247
　一、当代中国取得的巨大成就 ……248
　二、当代中国的发展对世界的
　　　贡献 ……………………………249
第四节　推动构建人类命运共
　　　　同体 …………………………251
　一、构建人类命运共同体的内涵和
　　　意义 ……………………………251
　二、坚持和推动构建人类命运共
　　　同体 ……………………………254
　三、在全球治理体系改革和建设中
　　　贡献中国智慧 …………………255
思考题 ………………………………258
推荐阅读 ……………………………258

第一章

地球村，中国梦

我们所有人都生活在地球上。每当举办奥林匹克运动会的时候，每当看到不同国家和地区、不同种族的人们，在五环旗下为和平、友谊而欢呼雀跃地走到一起的时候，我们往往会心生感慨：同一个世界，同一个梦想。中国人民对美好生活的向往与世界各国人民对美好生活的向往是相通的。地球村，中国梦，我们携起手来，砥砺前行，世界一定会变得更加美好。

第一节 我们生活在地球村

"地球村"（又译为"世界村"）这个词对大家而言已耳熟能详，它所描绘的是，在信息技术发达的今天，在全球范围内所形成的人与人之间、国家与国家之间的时空距离骤然缩短，所有的信息、资讯都能够在短时间内实现共享，就如同大家都生活在一个共同的"村落"中一样。"地球村"这个概念最早是由加拿大传播学家马歇尔·麦克卢汉于1967年在《理解媒介：论人的延伸》一书中提出来的，这个概念一经提出就被许多人所认同和接受。随着科学技术的快速发展，通信技术和交通技术不断更新换代，人们在很短的时间内就能够到达地球不同的地方，也可以随时与各地的人联系，这比以往任何时代都更加快捷，整个地球好像变小了。"地球村"的理念实际上表达了全球人民和平共存的美好愿望，"地球村"的出现打破了以往传统的时空观念，让人与人之间、人与外界之间，以及整个世界之间的联系都更为密切。

一、世界上的国家和地区

截至2019年，我们所生活的世界一共有233个国家和地区，其中主权国家195个，地区38个。这些国家和地区分布在五个大洲上，其中：亚洲有48个国家，欧洲有44个国家和2个地区，非洲有54个国家和7个地区，大洋洲有14个国家和10个地区，美洲有35个国家和19个地区。

(一) 人口发展情况

截至2019年8月4日18时(协调世界时，又称世界统一时间、世界标准时间、国际协调时间，缩写为UTC)，世界人口超过了78亿人。据联合国估计，到2100年，全世界人口将进一步增长到112亿[1]。世界人口自13世纪50年代的黑死病和欧洲大饥荒时期后就呈现不断增长的趋势。虽然20世纪以来，由于战争等因素，人口增长速度有所减缓，但是总体而言表现为越来越快。第二次世界大战结束后，导致世界人口增长放缓的因素(如战争和饥荒等)逐渐减少，世界人口增长速度明显加快，世界人口年增长率超过了1.8%，这种增长的态势一直持续到了20世纪70年代。1963年，世界人口增长率为2.2%，达到了历史峰值。之后，随着世界经济的发展，以及人们生育观念的改变，世界人口增长率才开始下降。

随着世界人口增长率的下降，全球人口老龄化问题出现。当前，世界上几乎每一个国家的老龄人口的数量和比例都在增加。根据联合国发布的2019年《世界人口展望》的数据，截至2019年，全球65岁以上的人口比例为9%[2]。人口老龄化有可能成为21世纪最重要的社会趋势之一，它不仅对劳动力和金融市场产生了影响，而且对住房、交通、社会保障等商品和服务需求，以及家庭结构和代际关系等也产生了巨大影响。关于人口老龄化存在这样一个观念，即认为人口迅速老龄化很有可能成为引发下一场全球性经济危机的导火线。那么，人口老龄化是如何在全球范围内影响世界各国的呢？联合国的相关数据显示，预计到2050年，年龄在80岁以上人口占总人口的比例将会从2019年的1.43亿增加到4.26亿，这些老龄人口中的80%生活在低收入国家，并且70%的人生活在城市地区。这一情况所带来的最直接的影响是，到了2050年，全球的粮食产量必须提高70%才能养活地球上的所有人。老龄人口迅速增加不仅给世界的粮食生产带来压力，而且对经济发展也有消极影响。因为老龄人口迅速增长就意味着更少的劳动力和更高的赡养率，劳动力减少意味着收入减少，降低了国家提高国内生产总值(GDP)的能力，也意味着社会上提供社会服务的人数减少。

关于人口老龄化的问题，联合国早在20世纪80年代就开始探索其解决方案。1982年，联合国在维也纳召开了第一次关于老龄化问题的世界大会，此次大会通过了《老龄问题国际行动计划》(以下简称《行动计划》)。《行动计划》的基本目的是加强各国有效处理本国老龄化与年长者的特殊问题和需要的能力，并希望通过建立新的国际经济秩序的行动和增强国际技术合作，从而增进各国在处理老龄化问题时的国际合作。1991年，联合国大会又通过了《联合国老年人原则》，提出要对老年人在独立、参与、照顾、自我实现和尊严等方面提供指导。在应对人口老龄化方面，世界各国都提出了许多应对政策，

---

[1] 联合国预测全球人口到2100年将达到112亿人[EB/OL]. http://www.xinhuanet.com//world/2015-07/30/c_1116089300.htm.

[2] 联合国报告：2050年世界人口将达97亿[EB/OL]. http://world.people.com.cn/gb/n1/2019/0619/c1002-31166965.html.

这些政策主要从两方面着手解决人口老龄化问题：一是通过改善人口年龄结构来达到缓解人口老龄化压力的目的，如推行鼓励生育的政策、移民政策等；二是通过改革与养老问题相关的政策来应对人口老龄化所带来的问题，如改革养老金政策、改革医疗健康政策等。

人口老龄化也日渐成为中国严峻的社会问题。根据全国老龄工作委员会办公室2018年2月26日所公布的数据，截至2017年年底，中国60岁及以上老年人口有2.41亿，占全国总人口数的17.3%，且2017年新增老年人口数量首次超过1000万[1]。预计到2050年，中国的老年人口数量将达到峰值4.87亿，占总人口数量的34.9%。随着人口高龄化的快速推进，65岁及以上人口逐年增加，中国的人口红利正在逐渐消失，这就意味着人口老龄化的高峰即将到来和创造价值的劳动力逐渐减少，中国的人口老龄化将会使中国面临"未富先老"的危机。在中国的人口老龄化问题中，有一个不容忽视的突出问题，即中国空巢老人的问题。目前，中国的城市中有54%的老年家庭是空巢家庭。随着农村进城务工人员数量的不断增加，近几年来中国农村空巢老人的比例也已经接近一半。在一系列问题冲击之下，传统的家庭式养老模式已经难以适应社会的发展，中国养老事业迫切需要提供新的策略，以应对老龄人口和空巢老人数量不断增长的状况。

（二）生产力发展水平

按照各国的生产力发展水平，以及经济、社会方面的发展程度，世界上的国家可以分为发达国家和发展中国家。发达国家和发展中国家是一对相对的、变化的概念。发达国家又称高经济开发国家，通常是指经济和社会发展水平较高、人民生活水准较高的国家，其普遍特征是具有较高的人类发展指数、人均国民生产总值、工业化水准和生活品质等。发展中国家又称开发中国家、欠发达国家，通常是指经济、社会方面发展程度较低的国家。有学者认为，发展中国家主要是具备了下列特点的国家和地区：这些国家和地区有的曾经是殖民地和附属国；有的国家长期实行高度集中计划体制；还有的国家虽然可以依靠某种资源禀赋(例如石油)为本国带来十分丰厚的收入，但是这些国家基本上都体现出经济结构较为单一、现代化程度不高、社会文明演进尚处于较低层次等特点[2]。发达国家和发展中国家之间的最大差异表现在，发达国家能够实现自给自足，而发展中国家处于向成为发达国家这一目标迈进的过程之中。发达国家，通常由于其收入的最大部分来自服务行业而被理解为"后工业经济体"。

事实上，无论是发展中国家还是发达国家，都是比较笼统的相对概念，至今没有一个能够被人们普遍接受的科学定义。许多国际组织对于发达国家和发展中国家的认定或者划分，大多是从处理国际事务和便利贸易往来的需要进行的，基本上属于技术性的规定。例如，在一个时期内，经济合作与发展组织(以下简称经合组织)被视为发达国家的俱乐部，在国际上曾一度存在这样的共识——某个国家一旦加入经合组织即被认定为发

---

[1] 我国60岁及以上老年人口数量达2.41亿 占总人口17.3%[EB/OL]. http://www.xinhuanet.com/politics/2018-02/26/c_1122456862.htm.
[2] 彭刚. 发展中国家的定义、构成与分类[J]. 教学与研究, 2004(9): 77-81.

达国家。这一共识在墨西哥、智利、爱沙尼亚、斯洛文尼亚等发展中国家加入经合组织后被逐渐打破了。

随着经济实力和国际影响力的大幅度提升,许多国家开始出现把中国划为发达国家的观念,出现了对中国所处的发展阶段和发展水平的误判,甚至少数别有用心的人提出所谓的"崩溃论""捧杀论""责任论"等。那么,中国是否已经成为发达国家了呢?答案是否定的。当前,中国仍然是发展中国家的这一事实没有改变。尽管改革开放40年来,中国取得了令人瞩目的发展成就,例如2008年以超过日本名义GDP 4044亿美元从而成为世界第二大经济体,2013年打破了美国货物进出口贸易国世界第一的地位而成为世界第一货物贸易大国,但是中国仍然处于发展中阶段,这是最大的事实。其理由为:一是中国的人均GDP水平仍低于世界平均水平,更明显低于发达国家。例如,中国的人均GDP仍比较低,世界排名较为靠后,如2018年中国的人均GDP为9608美元,在世界排名为第72位,与发达国家的人均GDP水平仍有较大差距。中国的人均居民消费水平也远不及世界平均水平,2018年中国的人均居民消费支出为3994美元,仅为世界平均水平的一半。二是中国的产业结构、就业结构仍需要优化升级。通过与发达国家三大产业所占的比重对比可以发现,中国第一产业的占比仍然较高,制造业大而不强,整体上处于全球产业链的中低端,中高端产品的有效供给不足。第三产业——服务业的占比较低,而知识密集型的现代服务业占比更低。这样的产业结构反映出中国的产业竞争力、技术含量、创新能力等均有较大提升空间,也折射出中国在国际分工中的不利地位。三是中国的科技创新整体上还处于跟跑状态。企业开发能力弱、自主创新能力不足、核心技术缺乏是中国长期面临的突出障碍。与美国、德国、日本等发达国家的工业增加值率长期高于40%的情况相比,中国的工业增加值率仍然在20%左右,中国的创新驱动增长格局尚未真正形成。四是中国的城乡区域发展不平衡问题还比较突出。中国特色社会主义进入新时代,社会的主要矛盾已经转化为人民日益增长的美好生活需要和不平衡不充分的发展之间的矛盾,而"不平衡"在很大程度上是指城乡区域发展的不平衡[①]。例如,2018年中国城市化率为59.58%,而目前发达国家基本都已经完成城市化,且城市化率在75%以上。国家统计局公布的数字显示,中国城乡居民收入差距仍然较大,2018年中国城镇居民人均可支配收入为36 413元,农村居民人均可支配收入为13 066元,城乡居民人均收入倍差为2.79。五是中国存在的发展不充分问题亟待解决。例如,当前中国的市场竞争仍不充分,市场准入还存在一些不必要、不公平的限制,行政性垄断、所有制歧视时有发生,地方保护问题仍未根除。中国的制度性建设不充分,市场在资源配置中的决定性作用仍受到一些体制或机制的束缚,监管体系、产品质量、食品安全、知识产权保护等方面的制度缺口仍比较明显。综上所述,中国在人均GDP水平、产业结构、创新能力,以及发展的平衡性和充分性等方面都与发达国家存在较大的差距,因此,中国目前仍然是发展中国家。

---

① 卫兴华. 准确理解"不平衡不充分的发展"[N]. 人民日报,2018-01-11.

二、世界历史的形成

世界历史一般是指人类出现以来地球上历史的总和。虽然世界历史本身早在人类文明出现之前就是存在的,但是人类一直到近现代才开始真正用这个概念来研究和述说历史。世界历史根据时间段的不同,可以划分为古代史、近代史、现代史;也可以根据地区和国家的不同,划分为中国历史、欧洲历史、美国历史;还可以根据代表事物的不同,划分为各种相关事务的历史,如环境史、航空史等。

"世界历史"的概念是由黑格尔提出的。黑格尔认为,人类历史的发展具有内在的规律性,世界历史是通过民族精神的阶段更替来发展的,冲破狭隘的民族和地区范围,由民族历史汇成世界历史是历史演进的规律之一。马克思汲取了黑格尔关于"世界历史"的思想,他在阐述生产力决定生产关系的历史唯物主义原理与大工业的历史作用时指出,随着生产力和分工的发展以及交往范围的扩大,封闭的民族历史向世界历史不断转变,特别是资本主义生产方式的出现,通过向外扩张,把世界上众多的民族和国家卷入资本主义开创的世界体系之中。马克思在阐述世界历史时谈到了"三大社会形态",因此,在了解世界历史的形成和发展之前,首先简要地了解马克思对人类社会历史的三大社会形态划分的理论和方法的一些相关论述很有必要。

依据马克思在《政治经济学批判》中所说的,最初的社会形态是指人的依赖关系(起初完全是自然发生的),在这种形态下,人的生产能力只是在狭窄的范围内和孤立的地点上发展着。第二大社会形态是指以物的依赖性为基础的人的独立性,在这种形态下,形成了普遍的社会物质交换。第三大社会形态是指全面的关系、多方面的需求以及全面的能力体系。建立在个人全面发展和他们共同的社会生产能力成为他们的社会财富这一基础上的自由个性①。这三大社会形态对于世界历史的形成和发展具有重要贡献。实际上,从对三大社会形态的阐述来看,我们可以比较粗浅地理解为世界历史的形成过程是世界历史从封闭僵化走向开放融合的过程,这一过程始终是由人的生产能力、生产力发展水平所决定的。世界历史形成的根本原因在于生产力的发展以及与之相应的社会交往的普遍发展,而生产力的发展之所以会引起社会交往的普遍发展,关键又在于社会分工的扩大与发展。

在第一大社会阶段中,生产力水平低下,人的生产能力相对简单,社会发展缓慢,人们相互隔绝,彼此分散,很少联系。人们处于如马克思所言的与自然发生的依赖关系之中。这一时期,被认为是社会发展的原始社会、奴隶社会阶段。在第一大社会阶段中,历史主要是民族史、国家史和地区史,与真正意义上的世界史还有相当的距离。但是,第一大社会阶段对世界历史的重要贡献仍需要被提及,不可忽视。第一大社会阶段的重要贡献表现在以下三个方面:第一,随着生产力不断提高和生产方式不断改进,出现了农业,人类生活发生了根本性的改变。农业兴起之后,为了方便种植农作物,人们往往

---

① 马克思恩格斯全集:第46卷上册[M]. 北京:人民出版社,1979:104.

聚落而居，这就逐渐取代了原始的以血缘为纽带的氏族关系，于是地缘关系取代了相对狭隘的血缘关系。之后，由于个体生产能力有了明显提高，出现了一定数量的剩余产品，这使社会上出现了剥削的可能。当原始社会的公社制度濒于瓦解之时，氏族显贵们乘机占有较多的土地、牲畜及其他财物。他们将战争俘虏和贫困的公社成员变作奴隶，迫使他们为自己耕种，为自己创造更多的财富。这样，人类社会进入了奴隶社会。这些剥削者，即奴隶主阶级联合起来建立国家，成为新兴国家的统治阶级，镇压奴隶阶级的反抗行为。此时，奴隶制国家之间经常为了掠夺奴隶而发动战争，而不论这些国家或者部族之间是以暴力冲突还是比较和平的方式交往，都能够促进彼此之间进行接触，相互了解，相互学习，联系更加密切。第二，手工业和农业分离，物质劳动和精神劳动分工，出现了脑力劳动者。此时，出现了城市和乡村，并且出现了以手工业生产和脑力劳动为中心的城市。城市的出现，使得从事各种管理、文化教育、文艺宗教等工作的脑力劳动者不断聚集，于是出现了"城市是手工业和商业中心，乡村是农业基地"这样一种格局。城市成为国家各级统治机构的所在地，成为手工业和商业中心。随着各国社会经济和政治的发展，社会上出现脑力劳动和体力劳动的分工。脑力劳动者所创造出的科学技术和思想文化成果具有相对的独立性和传承性，不仅能够反映当时社会经济政治的文化形态，而且促使了教育和人才培养的活动在社会生活中出现。与此同时，由于城乡之间发展内容的区别，城乡之间不断进行商品交换，并且随着市场范围的不断扩大，国内市场逐渐发展为国际市场。例如，在旧大陆亚欧北非之间形成了多条商贸路线，中国古代的陆上和海上丝绸之路就是例证。第三，15世纪末各大洲海洋航路的开通，促进了全世界在地理上的联通。葡萄牙航海家迪亚士所开辟的到非洲最南端好望角的东航路，以及意大利航海家哥伦布所发现的从欧洲西航直达美洲的西航路，将整个地球的海路打通，海洋中的大陆和海岛才有可能相互交往，建立联系，为世界历史的形成提供了前提条件。

第二大社会阶段主要指资本主义社会阶段，这一阶段被认为是世界历史形成的关键时期。在这一阶段，随着资本主义大工业生产的不断发展，地区市场的商品经济不断向国际、向世界市场扩展，原本孤立的国家和民族历史开始逐步向世界历史转变。第二大社会阶段对世界历史的重要贡献可以分作三个历史阶段进行分析：一是16世纪至18世纪60年代，以工场手工业为主的阶段；二是18世纪70年代至20世纪中叶第二次世界大战(以下简称"二战")结束，以机器大工业生产为主的阶段；三是20世纪中叶"二战"结束后至今。

世界历史的形成尽管是一个过程，但是其真正绽放光彩的时间是在16世纪，此时具有世界意义的事件就是地理大发现，地理大发现扩大了世界交往。自地理大发现以来，世界交往的渠道由陆路转向海路，这为扩大交往、最终形成世界整体联系创造了极为有利的条件，同时也促进了世界市场的形成和发展。从16世纪开始，过去分割的各个大洲一跃变成相互连接的整体，海洋不再是障碍而是变成了通途。葡萄牙和西班牙从16世纪起开始向世界各地进行殖民扩展活动，它们在非洲、美洲、亚洲等多个国家和地区建立了殖民据点，进行殖民统治。伴随殖民统治的是各种国际贸易的开展，尽管这些贸易是建立在对奴隶的残暴统治之下的，但是它们确实起到了沟通世界的作用。例如16世纪至18世纪，在欧洲、非洲和美洲之间形成的，以贩卖黑奴为主要目的，同时进行各种商品(如食盐、布匹、烟草、蔗糖等)的"三角贸易"。此外，在这段历史时期内，由于工场手工业的出现，工人和雇主之间的关系发生了新的变化，变成了契约和金钱关系，这是历史的进步。在世界市场上，手工业产品不断增加，跨洲贸易规模迅速增长，大量金银进入流通领域，完全改变了阶级间的关系，有利于工商业资本家的发展，给封建地主阶级以毁灭性的打击。新航路大开辟、市场日益扩大为世界市场、大规模开拓殖民地……所有这些都标志着历史已经进入一个新的时期，世界历史开始形成。

18世纪70年代至20世纪中叶，资本主义机器大工业生产的发展和科学技术的进步不断推动着整个世界历史的形成。18世纪中叶发生的第一次科技革命是技术发展史上的巨大革命，它开创了以机器代替手工劳动的时代，自此开始，依附于落后生产方式的自耕农阶级消失了，工业资产阶级和工业无产阶级形成并壮大起来。19世纪第二次科技革命发生，发电机和电动机得到了应用，社会生产和人们的生活都发生了重大变化。20世纪40年代开始，人类迎来了第三次科技革命，这是人类文明史上继蒸汽技术革命和电力技术革命之后，科技领域的又一次重大飞跃。这次科技革命以原子能、电子计算机、空间技术和生物技术的发明和应用为主要标志，涉及信息技术、新能源技术、新材料技术、生物技术、空间技术和海洋技术等诸多领域，不仅极大地推动了人类社会经济、政治、文化等多个领域的变革，而且也改变了人们的生活方式和思维方式，更重要的是加剧了资本主义各国发展的不平衡，使各国的国际地位发生了变化。总体而言，资本主义工业文明社会从产生到建成，迄今已有500余年的历史。在此期间，资本主义社会制度在世界上的表现既有其文明的一面，如生产力发展迅速、创造了丰富的财富、社会发展突飞猛进、科学技术日益翻新等，也有其野蛮的一面，如竞争激烈，甚至出现了大规模的世界战争，造成全世界范围的、严重的人口伤亡和物资损失。从这些历史的经验和教训中，我们应该明白和平相处与合作共赢的重要性，而这正是世界历史的形成之道。

"二战"结束后，全世界大变样，最突出的一个现象就是世界变得越来越全球化了。但是，此时的全球化更多地与欧美一些发达国家大力推行新自由主义政策有关。20世纪70年代以来，在美国金融资本家的倡导之下，世界普遍推行新自由主义政策，即主张大市场小政府，一切由市场决定，政府不要干涉。这种政策导致了市场出现异常繁荣，商品流通通畅，贷款消费简便易行等现象。但也由于政府监督的缺失，从而使世界市场乱象环生，如21世纪初从美国次贷危机开始的世界金融危机。那么，应如何来理解全球化呢？全球化是否就等于世界历史的形成呢？对于全球化，我们应该辩证地看待：一方面，全球化说明在资本主义社会产生之后的500年间，世界经济的一体化确实获得了长足进步，部分生产已经建立起了世界市场体系，以满足世界各国的需要。世界各国相互依赖的程度更高了，世界范围内的商品流通更通畅了。这对于一些发达国家和亚、非、美洲一些新兴国家而言，确实存在比过去经济联系更加密切的情况。另一方面，在亚洲以中国、印度为主的一些新兴国家出让廉价的土地、劳动力等资源而充当世界商品的制造厂，与此同时，发达国家还获得了东方广阔的销售市场。这些发达国家的企业在新兴国家往往提供的是概念、知识产权、工业技术、品牌和销售网络，而最大的附加值恰恰是产品的创新和技术，以及品牌和销售方面。这说明一些发达国家和发展中国家在生产地位上是不完全平等的。目前世界的全球化应该说并非是世界历史形成的终点，如马克思和恩格斯所言："各个相互影响的活动范围在这个发展进程中越是扩大，各民族的原始封闭状态由于日益完善的生产方式、交往以及因交往而自然形成的不同民族之间的分工消灭得越是彻底，历史也就越是成为世界历史。"[①]可见，创建世界历史的任务还有很长的路要走。

第三大社会阶段的形成要靠一切进步力量联手来完成。马克思和恩格斯认为："历史向世界历史的转变，不是'自我意识'、宇宙精神或者某个形而上学怪影的某种纯粹的抽象行动，而是完全物质的、可以通过经验证明的行动。"[②]他们认为，历史向世界历史的转变有两个重要条件：其一是以生产力的巨大增长和高度发展为前提；其二是人们的普遍交往能够建立起来。在这个阶段，要消灭资本主义私有制，要消灭阶级剥削和阶级压迫，要消灭劳动分工，这些都要靠以劳动人民为主体的一切进步力量联手来完成，以最终实现真正意义的世界历史。

三、充满希望和挑战的世界

习近平总书记指出："我们生活的世界充满希望，也充满挑战。我们不能因现实复杂而放弃梦想，不能因理想遥远而放弃追求。"当前，我们所处的世界是一个世界各国互联互通越来越密切的世界，没有哪个国家能够独自应对人类面临的各种挑战，也没有哪个国家能够退回到自我封闭的孤岛，越来越多的问题、困难和挑战需要跨国的国际合作，没有一个国家、一个地区、一个民族甚至个人可以置身事外。正如习近平总书记所呼吁的，各国人民应该同心协力，构建人类命运共同体。要相互尊重、平等协商，坚决摒弃冷战思维和强权政治，走"对话而不对抗、结伴而不结盟"的国与国交往新路。要坚持以对话解决争端、以协商化解分歧，统筹应对传统和非传统安全威胁，反对一切形式的恐怖主义。要同舟共济，促进贸易和投资自由化、便利化，推动经济全球化朝着更加开放、包容、普惠、平衡、共赢的方向发展。要尊重世界文明多样性，以文明交流超越文明隔阂、文明互鉴超越文明冲突、文明共存超越文明优越。世界命运握在各国人民手中，人类前途系于各国人民的抉择。中国人民愿同各国人民一道，推动人类命运共同体建设，共同创造人类的美好未来。

---

① 马克思恩格斯选集：第1卷[M]. 北京：人民出版社，1995: 88.
② 马克思恩格斯选集：第1卷[M]. 北京：人民出版社，1995: 89.

第二节　当代中国的基本国情

基本国情主要是指一个国家的社会性质及其所处的社会发展阶段。中国虽然地大物博，但是由于人口基数大，导致人均资源占有量较低。中国的最基本国情是仍处在并将长期处于社会主义初级阶段。

一、中国基本国情中的"不变"与"变"

中国位于亚洲东部，拥有着世界上近五分之一的人口。中国陆地面积约 960 万平方千米，仅次于俄罗斯和加拿大。海域面积约 470 万平方千米，陆地边界线长约 2.28 万千米。在中国广阔的海域内，500 平方米以上的岛屿为 6536 个，其中最大的是台湾岛，面积约 3.6 万平方千米；其次是海南岛。[①]

中国地形复杂多样，既有高耸入云的大山，也有大小不等的盆地；既有起伏不平的高原、丘陵，也有平坦肥沃的平原。中国的地势自西而东逐渐下降，最高处为青藏高原，平均海拔 4000 米以上，被世人誉为"世界屋脊"。珠穆朗玛峰是喜马拉雅山主峰，也是世界第一高峰，岩面高为 8844.43 米。

中国河流众多，仅流域面积在 1000 平方千米以上的就有 2221 多条。新疆维吾尔自治区境内的塔里木河是中国最长的内陆河。由于我国主要河流皆发源于青藏高原，落差很大，因此水力资源非常丰富，蕴藏量高达 6.8 亿千瓦，居世界第一位。长江全长 6403 千米，是中国最长的河流，仅次于非洲的尼罗河和南美洲的亚马孙河，为世界第三大河。黄河是中国第二大河，全长 5464 千米，是中国古代文明的发祥地，中华民族的摇篮。中国拥有众多的湖泊，淡水湖泊集中在长江中下游平原，咸水湖泊则集中在青藏高原。鄱阳湖是中国最大的淡水湖，面积 3583 平方千米。青海湖是最大的咸水湖，面积约 4583 平方千米。[②]

中国大部分地区处于温带，南部部分地区处于热带和亚热带，北部则靠近寒带，因此各地气温差异很大：东北的黑龙江省，夏季短促而温凉，冬季漫长而寒冷；南部的广东省、海南省、台湾省和云南省南部，终年皆夏，四季常青，一派热带风光；东部沿海地区温暖湿润，寒来暑往，四季分明；西北内陆地区则是另一派景象，一日之内气温变化无常；西南的青藏高原，因为地势高，全年气温都较低，是中国特殊的高寒地区。

中国的土地资源中，耕地、森林及草原面积的绝对数量均居世界前列。根据 2017 年统计数据，中国耕地面积位列世界第三，人均耕地面积却排在 126 位以后，人均耕地面积仅为 1.46 亩(1 亩≈666.67 平方米)。东北平原有着肥沃的黑土地，这一地区盛产大豆和高粱；华北平原多为褐色土壤，土层深厚，农作物主要有小麦和棉花；长江中下游平

---

① 百度百科。
② 百度百科。

原大多交错分布着各种河流和湖泊，是著名的"鱼米之乡"，盛产稻米、茶叶和淡水鱼。截至 2020 年 3 月 11 日，中国森林面积达 2.2 亿公顷：东北部的大兴安岭、小兴安岭和长白山区是中国最大的天然林区；云南省南部的西双版纳是中国少有的热带阔叶林区，高等森林植物有 5000 多种，有植物王国的美称。中国天然草原面积为约为 4 亿公顷：内蒙古草原和新疆天山南北是中国重要的天然草场，也是中国重要的畜牧业发展地区。[①]

除此之外，中国的动植物资源以及矿产资源也非常丰富。在众多的动物资源中，有百余种珍稀野生动物只在中国才能看到，其中包括大熊猫、金丝猴、华南虎、丹顶鹤、白鳍豚等。中国也是世界植物资源最丰富的国家之一，其中水杉、银杉、金钱松等为中国所特有。长白山的人参、西藏的红花、宁夏的枸杞、云南的三七都是名贵的药材。

中国是为数不多的、矿产资源种类较齐全的、矿产自给程度较高的国家之一。一部分矿种的储量虽名列世界前茅，但人均占有量却低于世界平均水平。中国的许多矿产资源在不同地质条件下作有规律的分布，如云南东川铜矿、个旧锡矿、湖南锡矿山的锑矿、贵州汞矿、华北地区的煤矿、东北地区的煤矿、新疆的煤矿、鞍山的铁矿、江西的钨矿、新疆阿尔泰的稀有金属矿等。20 世纪 70 年代中期以来，又在辽宁复州湾发现了与山东鲁南地区类似条件的原生金刚石，在胶东半岛扩大了金矿的远景，肯定了西藏昌都地区以铜为主的多种金属成矿带和西藏的铬铁矿远景，在江西、江苏、安徽发现了盐矿，在山东、江苏、吉林等地发现了石膏矿，在南海与东海相继发现了工业油流等。

虽然中国的资源丰富，但是其经济水平却处于社会主义初级阶段。近代以来，中国从一个半殖民地半封建社会，经历了新民主主义革命和社会主义革命，进入了社会主义社会。由于中国进入社会主义社会的时间并不是很长，也没有太多的经验可以借鉴，中国共产党在关于如何认识我国的基本国情的问题上进行了极其艰苦和有益的探索。在社会主义思想发展历史中，最早提出社会主义发展阶段这一问题的是列宁。十月革命后，社会主义本身的发展阶段成为一个重要的现实问题。列宁认为，在经济落后的俄国，在推翻地主和资本家之后只获得了一种建立社会主义初级阶段形式的可能，还无法达到社会主义的成熟或发达阶段。这里就包含社会主义社会由低级到高级、由不完备到完备的发展过程的思想。

1978 年党的十一届三中全会后，中国共产党在总结新中国成立以来的历史经验和改革开放以来新的实践经验的基础上，对中国社会主义所处的历史阶段进行了新的探索，逐步提出中国还处于并将长期处于社会主义初级阶段的科学判断，从而准确地把握了中国的基本国情。中国共产党之所以能够比较自觉地把探索社会主义发展阶段的问题提到日程上来，原因是全国的工作重心转入经济建设之后进行改革开放的实践。

中国共产党对社会主义发展阶段的认识经历了一个过程。1978 年，邓小平提出，底子薄、人口多、生产力落后，这是中国的现实国情。他强调中国的现代化建设必然是长期的。1981 年，中共十一届六中全会通过的《关于建国以来党的若干历史问题的决议》，

[①] 百度百科。

第一次提出中国社会主义制度还处于初级阶段。1987年，党的十三大把社会主义初级阶段提到全局高度加以论述，这也是中国共产党对于中国社会主义初级阶段的国情认识的一次飞跃。

社会主义初级阶段是逐步摆脱不发达状态、基本实现社会主义现代化的历史阶段；是由农业人口占很大比重，主要依靠手工劳动的农业国，逐步转变为非农业人口占多数，包含现代农业和现代服务业的工业化国家的历史阶段；是由自然经济、半自然经济占很大比重，逐步转变为经济市场化程度较高的历史阶段；是由文盲、半文盲人口占很大比重，科技教育文化落后，逐步转变为科技教育文化比较发达的历史阶段；是由贫困人口占很大比重、人民生活水平比较低，逐步转变为全体人民比较富裕的历史阶段；是由地区经济文化很不平衡，通过有先有后的发展，逐步缩小差距的历史阶段；是通过改革和探索，建立和完善比较成熟的、充满活力的社会主义市场经济体制、社会主义民主政治体制和其他方面体制的历史阶段；是广大人民牢固树立建设有中国特色社会主义共同理想，自强不息，锐意进取，艰苦奋斗，勤俭建国，在建设物质文明的同时努力建设精神文明的历史阶段；是逐步缩小与世界先进水平的差距，在社会主义基础上实现中华民族伟大复兴的历史阶段。社会主义初级阶段是建设中国特色社会主义的总依据，是中国共产党制定和执行正确路线、方针、政策的基本出发点。

党的十九大提出中国特色社会主义进入了新时代。在当代中国，坚持和发展中国特色社会主义，必须把握时代特点、直面时代课题，在体现时代性、把握规律性、富于创造性中不断展现蓬勃的生机活力。中国特色社会主义进入了新时代这一重大政治判断，是在准确把握中国发展所处的历史方位基础上作出的，具有充分的时代依据、理论依据和实践依据。

为什么说中国特色社会主义进入了新时代？这是因为中国社会的主要矛盾已经发生了新的变化。党的十九大提出，中国社会的主要矛盾已经由人民日益增长的物质文化需要同落后的社会生产之间的矛盾，转化为人民日益增长的美好生活需要和不平衡不充分的发展之间的矛盾。这一论断反映了中国发展的实际状况，揭示了制约中国发展的症结所在，指明了当代中国发展问题的根本着力点。经过改革开放40多年的努力，中国稳定地解决了十几亿人的温饱问题，总体上实现了小康，不久将全面建成小康社会。人民的美好生活需要日益广泛，不仅对物质文化生活提出了更高要求，而且在民主、法治、公平、正义、安全、环境等方面的要求也日益增长。同时，中国社会的生产力水平显著提高，社会生产能力在很多方面进入世界前列，当前和今后面临的突出问题是发展不平衡不充分。发展不平衡，主要指各区域各方面发展不够平衡，制约了全国水平的提升；发展不充分，主要指一些地区、一些领域、一些方面还存在发展不足的问题，发展的任务仍然很重。这已经成为满足人民美好生活需要的主要制约因素。

中国特色社会主义进入新时代，社会主要矛盾的变化对中国发展将产生广泛而深刻的影响。科学认识和全面把握中国社会在新时代的新变化，也需要从全新的历史视角来思考和谋划。

二、当代中国的根本任务是解放和发展生产力

1992年年初,邓小平在南方谈话中对社会主义本质问题作出了总结性的理论概括,他指出:"社会主义的本质,是解放生产力,发展生产力,消灭剥削,消除两极分化,最终达到共同富裕。"① 这一论述既阐明了社会主义社会的生产力问题,也囊括了以社会主义生产关系为基础的社会关系问题。

这一本质首先突出强调解放和发展生产力在社会主义发展中的重要地位。这是邓小平在科学社会主义理论与社会主义建设实践内在统一的基础上认识社会主义的一个创造。邓小平把解放和发展生产力看作社会主义的根本任务,是以唯物史观为指导,在认真总结社会主义建设的历史经验、科学把握中国国情和时代特征的基础上提炼出来的。

此外,社会主义的任务还包括消灭剥削、消除两极分化,最终达到共同富裕的发展目标。社会主义社会发展生产力与资本主义社会发展生产力的根本目的不同。资本主义社会发展生产力是为少数人谋利益,必然产生剥削,必然引起两极分化。而社会主义社会是消灭剥削,消除两极分化,最终实现共同富裕,这是社会主义社会和资本主义社会的本质区别。社会主义就是要使全体社会成员过上富裕、幸福的生活。

上述对社会主义本质的论述揭示出社会主义的根本任务是解放和发展生产力。这既遵循了科学社会主义的原则,同时也体现了中国社会主义初级阶段发展实践的迫切要求。按照马克思主义的基本原理,生产关系一定要适应生产力的发展水平,生产关系落后或超越生产力发展的水平,都会影响生产力的发展。中华人民共和国成立后,中国经过了社会主义改造,建立了社会主义生产关系,但由于当时认为公有制程度越高越好,对非公有制经济采取了简单排斥的做法,使生产关系超越了中国生产力的实际水平,这不但没有促进生产力的发展,反而极大地影响了社会主义建设。中国共产党领导全国各族人民通过改革,多方面改变了与生产力发展不适应的生产关系和上层建筑,不断解放生产力,为生产力的发展扫除了障碍,开辟了道路。

中国特色社会主义的根本任务就是解放和发展生产力。只有不断解放和发展生产力,才能逐步提高人民的物质、文化生活水平,才能最终实现共同富裕的目标。只有解放和发展生产力,社会主义制度才能充分显示其优越性,才能不断得到巩固和发展。

要想充分地解放和发展生产力,中国必须首先大力发展科学技术。科学技术是第一生产力,代表先进生产力的发展要求。中国政府非常重视科技创新,重视科技人才的培养,重视科技事业的发展。现代科技每前进一步,都会引起社会生产力的深刻变革。19世纪末出现了以量子力学、相对论等具有划时代意义的科学成果,孕育了第三次新技术革命,以信息技术和生命科学为核心的当代科学和技术突飞猛进,使世界生产力发展产生了革命性变革。知识经济的萌芽,更是为社会生产力发展和人类文明进步开辟了广阔的空间,产生了巨大而深刻的影响。

---

① 邓小平文选:第3卷[M]. 北京:人民出版社,1993:373.

科学技术从"间接的生产力"到"直接的生产力",再到当今时代的"第一生产力"的变化过程,说明了生产内涵也在发生着深刻的变化。未来几十年内,世界上包括中国14亿人口在内的20亿~30亿人将逐步进入现代化,能源、资源需求和生态环境压力将大幅上升,经济社会快速发展与地球有限承载能力的矛盾将日益尖锐。科学技术的迅速发展深刻地改变着经济发展方式,创新成为解决人类面临的能源资源、生态环境、自然灾害、人口健康等全球性问题的重要途径,成为经济社会发展的主要驱动力。经济发展方式从资源依赖型、投资驱动型向创新驱动型转变,以知识为基础的产业快速发展。经济发展方式将加速向资源节约、环境友好、人与自然和谐相处的方向转变,推动可持续发展成为各国共同面临的任务和挑战。

实践充分证明,科学技术是经济社会发展中最活跃、最具革命性的因素。人类文明每一次重大进步都与科学技术的革命性突破密切相关。科学技术作为人类智慧的伟大结晶,推动创造了巨大的物质财富和精神财富。当今世界,科学技术作为第一生产力的作用日益突出,科学技术作为人类文明进步的基石和原动力的作用日益凸显,科学技术比历史上任何时期都更加深刻地决定着经济发展、社会进步、人民幸福。人类社会是在认识、利用、适应自然的过程中不断发展进步的,永不停息的科技进步和创新使人类认识、利用、适应自然的水平和能力不断提高。当前,人和自然的关系日益密切和复杂,寻求科学的发展理念和可持续的发展方式已成为世界各国共同关注的重大问题。中国必须把握机遇,审时度势,科学谋划,顺势而为,加快转变经济发展方式,使中国的发展质量越来越高、发展空间越来越大、发展道路越走越宽,在激烈的国际竞争中赢得主动。

三、中国"两个一百年"的奋斗目标

2016年,习近平总书记在庆祝中国共产党成立95周年大会上提出,现阶段建设中国特色社会主义的主要任务,就是到中国共产党成立100年时实现第一个百年奋斗目标、全面建成小康社会,为进而到21世纪中叶,中华人民共和国成立100年时实现第二个百年奋斗目标、建成富强民主文明和谐的社会主义现代化国家打下坚实基础。

习近平指出,发展是中国共产党执政兴国的第一要务,是解决中国所有问题的关键。面对中国经济发展进入新常态、世界经济发展进入转型期、世界科技发展酝酿新突破的发展格局,要坚持以经济建设为中心,坚持以新发展理念引领经济发展新常态,加快转变经济发展方式、调整经济发展结构、提高发展质量和效益,着力推进供给侧结构性改革,推动经济更有效率、更有质量、更加公平、更可持续地发展,加快形成崇尚创新、注重协调、倡导绿色、厚植开放、推进共享的机制和环境,不断壮大中国经济实力和综合国力。

进入21世纪新阶段后,中国的发展呈现出八大阶段性特征。

第一,经济实力显著增强,同时生产力水平总体上还不高,自主创新能力还不强,长期形成的结构性矛盾和粗放型增长方式尚未根本改变。

第二，社会主义市场经济体制初步建立，同时影响发展的体制机制障碍依然存在，改革攻坚面临深层次矛盾问题。

第三，人民生活总体上达到小康水平，同时收入分配差距拉大趋势还未根本扭转，城乡贫困人口和低收入人口还有相当数量，统筹兼顾各方面利益难度加大。

第四，协调发展取得显著成绩，同时农业基础薄弱、农村发展滞后的局面尚未改变，缩小城乡、区域发展差距和促进经济社会协调发展的任务还很艰巨。

第五，社会主义民主政治不断发展，依法治国基本方略扎实贯彻，同时民主法制建设与扩大人民民主和经济社会发展的要求还不完全适应，政治体制改革需要继续深化。

第六，社会主义文化更加繁荣，同时人民精神文化需求日趋旺盛，人们思想活动的独立性、选择性、多变性、差异性明显增强，对发展社会主义先进文化提出了更高的要求。

第七，社会活力显著增强，同时社会结构、社会组织形式、社会利益格局发生深刻变化，社会建设和管理面临诸多新课题。

第八，对外开放日益扩大，同时面临的国际竞争日趋激烈，发达国家在经济科技上占优势的压力长期存在，可以预见和难以预见的风险增多，统筹国内发展和对外开放要求更高。

在新时代，中国只有继续坚持中国特色社会主义的理论与实践，才能更好地推动社会进步。中国特色社会主义制度不会一成不变，而是要在改革实践中不断发展完善。习近平指出，要坚持以实践基础上的理论创新推动制度创新，坚持和完善现有制度，从实际出发，及时制定一些新的制度，构建系统完备、科学规范、运行有效的制度体系，使各方面制度更加成熟、更加定型，为夺取中国特色社会主义新胜利提供更加有效的制度保障。

中国特色社会主义事业是前无古人的开创性事业，其前进道路不可能一帆风顺，必须准备进行具有许多新的历史特点的伟大斗争。经过几十年的理论和实践探索，中国政府和人民对社会主义的认识，对中国特色社会主义规律的把握，已经达到了一个前所未有的新高度，这一点不容置疑。同时还要看到，中国社会主义还处在初级阶段，还面临很多亟待解决的难题，对许多重大问题的认识和处理都还在不断深化中，这一点也不容置疑。这一切都需要中国政府和中国共产党在实践中大胆探索、深化发展，不断丰富中国特色社会主义的实践特色、理论特色、民族特色、时代特色，在新的历史条件下把中国共产党和国家各项事业继续推向前进。

必须坚持走自己的路。中国人民在艰辛的探索和实践中，找到并坚持了中国特色社会主义道路，现在最关键的是坚定不移走下去，推动中国特色社会主义道路越走越宽。此外，还要顺应世界大局势的发展。正确处理中国和世界的关系，是事关中国社会主义事业成败的重大问题。中国共产党的诞生，社会主义中国的成立，改革开放的实行，都是顺应世界发展大势的结果。在当今世界深刻复杂变化、中国与世界的联系和互动空前紧密的情况下，更要密切关注国际形势的发展变化，把握世界大势，统筹好国内、国际两个大局，在时代前进潮流中把握主动、赢得发展。

第三节　中国梦与世界人民对美好生活的向往是相通的

"中国梦"与"两个一百年"奋斗目标一样，承载着中国共产党、中国政府和中国人民的雄心壮志。

一、"中国梦"是历史选择的结果

中国是一个有着漫长的、不间断的历史的国度，中国的经济发展在人类发展史上曾经长期处于领先地位。但是自 1840 年鸦片战争开始，闭关锁国的清政府逐渐走向腐朽，中国也一步步沦为半殖民地半封建社会。传统的农业文明不敌先进的工业文明，陈旧的封建主义已无法抗衡新兴的资本主义，中华民族走入了一个前所未有的困境之中。

然而，清政府的积弱并没有削弱中华民族的昂扬斗志。相反，在鸦片战争后的近百年中，中华民族始终不屈地在苦难中寻求奋起的方向。为了改变国家和民族的命运，一批又一批仁人志士付出了不懈的努力和探索。1850 年年末至 1851 年年初，由洪秀全、杨秀清等人组成的领导集团在广西金田村发动反抗清朝的武装起义,而后建立"太平天国"。同时，洋务派也试图进行自救，他们引进西方的军事装备、科学技术以求维护清政府的统治。但是"太平天国"也好，"洋务运动"也罢，最后都以失败告终。1898 年 6 月，以康有为、梁启超为主要领导人的资产阶级改良派，试图通过光绪帝展开一场学习西方的政治改良运动，史称戊戌变法。但是，戊戌变法遭到了以慈禧太后为首的守旧派的阻挠而以失败告终。1911 年以前的所有努力都没有完成救亡图存的民族使命，这些实践证明了，不触动封建根基的改良运动、旧式的农民起义、资产阶级革命派领导的民主革命，都无法彻底改变中国的命运。

上述的这些革命之所以失败，究其原因，是因为没有认清近代中国的基本国情。近代的中国是一个半殖民地半封建社会，它既不同于封建社会，也有别于资本主义社会，蕴含着特殊的社会矛盾和革命要求。

首先，帝国主义的侵略虽然在一定程度上加速了封建社会自给自足的自然经济的解体，客观上为中国资本主义的发展创造了一定条件，但并没有使中国发展成为资本主义国家，这是因为封建制度的根基依旧存在。此外，中国民族资本主义存在着先天不足。资本主义经济尽管得到了小规模的发展，但是它并没有成为中国社会经济的主要形式。当时的民族资本还受到外国资本、官僚资本和封建势力的多重压迫，中国民族资本主义不仅没有成为中国经济的主要形式，而且也不可能在整个社会经济中占据主导地位。封建社会的皇帝虽然在辛亥革命当中被推翻了，但是却并未建立起资产阶级政权，取而代之的先是地主阶级的军阀统治，接着是地主阶级和大资产阶级联盟的专政，整个社会呈现典型的半封建性特征。

其次，帝国主义列强通过政治的、经济的和文化的侵略，迫使中国走向半殖民地化。帝国主义列强通过武装入侵强迫清政府签订一系列不平等条约，不但操纵了中国的财政和经济命脉，而且还操纵了中国的政治和经济力量。

由于封建主义和帝国主义的双重压迫，中国广大人民的生活日益贫困，过着饥寒交迫的生活。当时中国人民的贫困和不自由的程度，在当时世界各个国家中都是少有的。

随着俄国十月革命的发生，中国的先进知识分子看到了马克思列宁主义理论的先进性和革命性。十月革命的胜利，改变了整个世界历史的发展走向，划分了世界历史的时代，开辟了世界无产阶级社会主义革命的新纪元，也标志着人类历史开始了由资本主义向社会主义转变的过程。十月革命不仅促进了西方资本主义国家无产阶级的觉醒，也促进了东方殖民地国家被压迫民族和被压迫人民的觉醒，并且建立了一条从西方无产者经过俄国革命到东方被压迫民族的新的反对世界帝国主义的革命路线。

五四运动的爆发标志着中国资产阶级民主革命从旧民主主义革命进入了新民主主义革命的新阶段。在十月革命的影响下，中国无产阶级开始以独立的政治力量登上历史舞台。1921年，中国共产党成立，并以马克思主义理论为指导，肩负起了实现中华民族伟大复兴的光荣使命。中国共产党团结全国各族人民完成了民族独立和人民解放的历史任务。

二、"中国梦"的内涵

2012年11月29日，习近平等中共中央领导人来到国家博物馆，参观《复兴之路》展览。在参观过程中，习近平发表了重要讲话。他认为，《复兴之路》展览回顾了中华民族的昨天，展示了中华民族的今天，宣示了中华民族的明天，给人以深刻教育和启示。中华民族的昨天，可以说是"雄关漫道真如铁"。近代以后，中华民族遭受苦难之重、付出的牺牲之大，在世界历史上都是罕见的。但是，中国人民从不屈服，不断奋起抗争，终于掌握了自己的命运，开始了建设自己国家的伟大进程，充分展示了以爱国主义为核心的伟大民族精神。中华民族的今天，正可谓"人间正道是沧桑"。改革开放以来，中国人民总结历史经验，不断艰辛探索，终于找到了中华民族伟大复兴的正确道路，取得了举世瞩目的成果。这条道路就是中国特色社会主义。中华民族的明天，可以说是"长风破浪会有时"。当代中国比历史上任何时期都更有信心、有能力实现民族复兴目标。

习近平指出："每个人都有自己的理想和追求，都有自己的梦想。现在，大家都在讨论中国梦，我以为，实现中华民族伟大复兴，就是中华民族近代以来最伟大的梦想。这个梦想，凝聚了几代中国人的夙愿，体现了中华民族和中国人民的整体利益，是每个中华儿女的共同期盼。"[①] "中国梦"的本质内涵是实现国家富强、民族振兴、人民幸福，

---

① 习近平谈治国理政：第1卷[M]. 北京：外文出版社，2018: 36.

因而它既是国家和民族的，也是每一个人的。

首先，只有国家富强、民族振兴，中国人民才不会重蹈近代被列强欺侮的覆辙。实现中华民族的伟大复兴，不仅仅是要重新恢复中华民族的昔日荣耀，更重要的是要让中国的经济发展、政治昌明、文化繁荣、社会和谐、生态优美，成为富强、民主、文明、和谐、美丽的社会主义现代化强国，让中华民族屹立于世界民族之林。

其次，国家富强、民族振兴同样意味着每一个中国人的幸福感、获得感和安全感。这"三感"不需要抽象的理论说教，正如习近平所说的，人民期盼有更好的教育、更稳定的工作、更满意的收入、更可靠的社会保障、更高水平的医疗卫生服务、更舒适的居住条件、更优美的环境，期盼孩子们能成长得更好、工作得更好、生活得更好，因而中国共产党必须始终把人民对美好生活的向往当作奋斗目标。

最后，"中国梦"的实现有助于别国的发展。中国在谋求自身发展的同时，兼顾别国的合理关切，促进世界各国共同发展。中国把本国人民的利益同各国人民的利益结合起来，以积极的态度处理国际事务。从这个角度来说，"中国梦"不仅仅属于中国，同时也属于全世界。

三、中国特色社会主义是"圆梦"的唯一正确道路

实现"中国梦"必须坚持中国道路、弘扬中国精神、凝聚中国力量。

梦想连接道路，道路决定命运。没有正确的道路，就无法聚合各方的力量，再美好的梦想也无法实现。90多年来，中国共产党紧紧依靠人民，把马克思主义基本原理同中国实际和时代特征结合起来，独立自主走自己的路，历经千辛万苦，付出各种代价，取得革命建设和改革的伟大胜利，开创和发展了中国特色社会主义，从根本上改变了中国人民和中华民族的前途和命运。事实证明，中国特色社会主义是实现"中国梦"的唯一正确的道路。

走中国道路，就是走中国特色社会主义道路。没有正确的道路，再美好的愿景、再伟大的梦想，都不能实现。习近平在第十二届全国人民代表大会第一次会议上的讲话中指出："这条道路来之不易，它是在改革开放三十多年的伟大实践中走出来的，是在中华人民共和国成立六十多年的持续探索中走出来的，是在对近代以来一百七十多年中华民族发展历程的深刻总结中走出来的，是在对中华民族五千多年悠久文明的传承中走出来的，具有深厚的历史渊源和广泛的现实基础。"中国特色社会主义道路是实现中国梦的根本途径，是实现国家富强、民族振兴、人民幸福的必由之路。我们必须坚定对中国特色社会主义的道路自信，自信就是凝聚力，自信就是精气神。有了坚定的自信才有自觉，有了坚定的自信才有自强，才能矢志不渝地为中国特色社会主义共同理想而奋斗，才能实现伟大的中国梦。

在中国特色社会主义道路上，近代以来中华民族的历史命运实现了两个"不可逆转"：不可逆转地结束了内忧外患、积贫积弱的悲惨命运；不可逆转地开启了不断发展壮

大、走向复兴的历史进程。现在的中国，比历史上任何时期都更接近中华民族伟大复兴的目标，比历史上任何时期都更有信心、有能力实现这个目标。在中国特色社会主义道路上，中国创造了同期世界上大国最快的经济增长速度、最快的对外贸易增长速度、最快的外汇储备增长速度、最快且人数最多的脱贫致富速度、最大规模的社会保障体系；今天的世界对"中国信息"充满饥渴、对"中国奇迹"充满惊叹、对中华文化充满兴趣，今天的中华民族越来越走向世界舞台的显著位置，赢得越来越多的民族荣耀与民族尊严。鸦片战争以来180多年的"中国梦"，在今天比以往任何时候都更加清晰、更加现实。

弘扬中国精神，就是弘扬以爱国主义为核心的民族精神和以改革创新为核心的时代精神。伟大的梦想需要伟大的精神作支撑，没有振奋的精神、没有高尚的品格、没有坚定的志向，一个民族不可能自立于世界民族之林。实现"中国梦"，中国不仅要在物质上强大起来，也要在精神上强大起来。中华民族历史悠久，在漫长的历史长河中凝聚了强大的民族精神，其中爱国主义是中华民族精神的核心，始终把中华民族紧密团结在一起。改革开放40多年的理论和实践，铸造了以改革创新为核心的时代精神。改革是国家兴旺发达的不竭动力，创新是民族进步的灵魂。"中国梦"的实现，需要付出加倍的努力，必须永远保持和弘扬以改革创新为核心的时代精神。要弘扬这种伟大的民族精神和时代精神，不断振奋全民族的精气神，团结一心、自强不息、永远朝气蓬勃迈向未来。

凝聚中国力量，就是要凝聚全国各族人民大团结的力量。"中国梦"是民族的梦，也是每个中国人的梦。只要我们紧密团结，万众一心，为实现共同梦想而奋斗，实现梦想的力量就无比强大，每个人为实现自己梦想的努力就拥有广阔的空间。有梦想，有机会，有奋斗，一切美好的东西都能够创造出来。中国各族人民一定要牢记使命，万众一心，用14亿人的智慧和力量汇集起不可战胜的磅礴力量。

实干才能使梦想成真。2012年12月，习近平在广东考察工作时强调："面向未来，全面建成小康社会要靠实干，基本实现现代化要靠实干，实现中华民族伟大复兴要靠实干。"实现"中国梦"任重而道远，不可能一帆风顺，需要锲而不舍、驰而不息的艰苦努力。距离目标越近，越不能懈怠，越要加倍努力。我们必须勇于担当，甘于奉献，从我做起，从今天做起。只要一代又一代中国人勠力同心、不懈追求、接力奋斗，就一定能够到达中华民族伟大复兴的光辉彼岸。

"空谈误国，实干兴邦"，这是千百年来人民从历史经验和教训中总结出来的治国理政的一个重要结论。习近平在阐述伟大的"中国梦"时特别强调这八个字，意味深长，振聋发聩，反映了中国共产党对新形势下执政使命的深刻认知，彰显了新一届中央领导集体求真务实、真抓实干的优良作风，必将凝聚起全党全军全国各族人民的意志和力量，继续朝着中华民族伟大复兴的目标奋勇前进。

中国共产党历来注重向历史学习，向实践学习，反对空谈、强调实干、注重落实，认为"事业是干出来的，不是说出来的"。新中国的红色江山，是无数革命先辈一枪一弹、一城一池打下来的；社会主义的宏伟大厦，也是无数劳动者一锹一铲、一砖一瓦建起来的。正是因为一代代人的埋头苦干和接力奋斗，中华民族的伟大复兴才展现出如此光明的前景，伟大的"中国梦"才越来越接近现实。"实干"两字的深意，既在于要脚踏实地、不能夸夸其谈，更在于要实事求是，根据具体情况进行细致的调查和研究。总结中国改革开放成功的原因，邓小平强调"不是靠本本，而是靠实践，靠实事求是"，强调要"埋头苦干"。中国共产党在异常复杂的国际国内形势下，牢牢把握发展的重要战略机遇期，夺取全面建设小康社会的新胜利，开创了中国特色社会主义事业的新局面。

21世纪之后，中国在面临重要战略机遇期的同时，也面临空前的挑战。党的十九大已经为未来描画了美好的蓝图。但是，要把蓝图化作现实，还有很长的路要走，需要付出长期艰苦的努力。面对把一个14亿人口规模的发展中大国带入现代化的历史重任，面对经济社会双转型的压力与和平崛起的烦恼，面对发展中出现的新矛盾和新问题，中国共产党如何砥砺自身，如何通过实干凝聚党心民心，解决这个问题尤为重要也异常艰难。

在中华民族伟大复兴的"中国梦"里，有"强国"也有"富民"，有国家、民族的发展、进步，也有普通人生活的希望和尊严。"每个人都有理想和追求，都有自己的梦想。"习近平把"中国梦"的内涵落实到了每个中国人的生活中。中华民族是一个命运共同体，只有民族、国家实现科学发展，个人才能实现全面发展。同样，只有每个人都拿出实干的精神和劲头，干好自己的本职工作，"中国梦"才够美丽、够坚实。

四、"中国梦"与"世界梦"同休共戚

"中国梦"不仅在国内引发强烈共鸣，而且在国际社会产生强烈反响。"中国梦对世界具有吸引力"，"中国的梦想，不仅关乎中国的命运，也关系世界的命运"，成为国际社会的主流认识。同时，国际社会也出现一些误解和误读、疑虑和猜忌。面对中国的不断壮大，有些人开始担心，也有些人总是戴着有色眼镜看中国，认为中国发展起来了必然是一种"威胁"，将"中国梦"曲解为"扩张梦""霸权梦"，认为一定会跌入所谓大国冲突对抗的"修昔底德陷阱"，甚至把中国描绘成歌德《浮士德》中可怕的"墨菲斯托"。

如何看待"中国梦"与世界其他国家人民梦想的关系，"中国梦"将给世界带来什么？对此，习近平多次宣示：中国梦是和平、发展、合作、共赢的梦，与世界各国人民的美好梦想息息相通，中国人民愿意同各国人民在实现各自梦想的过程中相互支持、相互帮助。中国将始终做全球发展的贡献者，坚持走共同发展道路，继续奉行互利共赢的开放战略，将自身发展经验和机遇与世界各国分享，欢迎各国搭乘中国发展"快车""便车""顺风车"，实现共同发展，让大家过上好日子。

"中国梦"是追求和平的梦。"中国梦"需要和平，只有和平才能实现梦想。中华民族历来就是爱好和平的民族，天下太平、共享大同是中华民族绵延数千年的理想。中国历史上曾经长期是世界上最强大的国家之一，但没有留下殖民和侵略他国的记录。近代以来100多年间，中国内部战乱和外敌入侵频频发生，中国人民对战争带来的苦难有着刻骨铭心的记忆，对和平有着孜孜不倦的追求，十分珍惜和平安定的生活。中国人民反

对的就是动荡，求的就是稳定，盼的就是天下太平。中国将坚定不移地走和平发展道路，既努力争取和平的国际环境发展自己，又以自身的发展促进世界和平。习近平指出："中国这头狮子已经醒了，但是这是一只和平的、可亲的、文明的狮子。"作为负责任的大国，中国决不会称霸，决不搞扩张，中国越发展，对世界和平与发展就越有利。

"中国梦"不仅造福中国人民，而且造福各国人民。"穷则独善其身，达则兼济天下。"这是中华民族始终崇尚的品德和胸怀。作为一个拥有14亿人口的发展中大国，中国一心一意办好自己的事情，实现国家发展和稳定，本身就是对世界的巨大贡献。同时，中国发展对世界各国是重要机遇。中国正在加快推进新型工业化、信息化、城镇化、农业现代化，新的经济增长点将不断涌现，这将为国际和地区伙伴提供更广阔的市场、更充足的资本、更丰富的产品、更宝贵的合作契机。这对世界经济发展无疑是重大利好。中国的发展，是世界和平力量的壮大，是传递友谊的正能量。历史将证明，实现"中国梦"给世界带来的是机遇不是威胁，是和平不是动荡，是进步不是倒退。随着国力不断增强，中国将进一步发挥负责任大国的作用，在力所能及的范围内承担更多国际责任和义务，为人类和平与发展的崇高事业作出更大贡献。

思 考 题

1. 从"希望"和"挑战"两个方面，谈谈你所在的国家(地区)。
2. 结合当今时代的主题，谈谈大学生能够为世界的和平与发展做点什么。
3. 如何理解当代中国的基本国情和根本任务？
4. 为什么说"中国梦"与世界各国人民的美好梦想是相通的？

推 荐 阅 读

1. 尤今. 地球村的故事[M]. 北京：中国人民大学出版社，2015.
2. 劳伦斯·R. 萨缪尔. 美国人眼中的美国梦[M]. 鲁创创，译. 北京：新星出版社，2015.
3. 胡鞍钢，等. 中国国情与发展[M]. 北京：中国人民大学出版社，2016.
4. 周天勇. 中国梦[M]. 北京：国家行政学院出版社，2013.

第二章
当代世界与中国的经济

中国人很早就知道"仓廪实而知礼节，衣食足而知荣辱"的道理，这句话强调了丰衣足食对一个国家、一个民族的极端重要性。千百年来，人类为摆脱贫困、发展经济、改善民生，实现生活宽裕、共同富裕，辛勤劳动，开天辟地，洒下了一代又一代人的汗水。当今，各国、各地区的经济活动越来越紧密地联系在了一起，世界经济发展态势对各国、各地区的影响越来越大。当代的世界是开放的世界，中国的发展离不开世界。同时，中国又将基于自己的现代化建设成就，为世界经济的发展贡献自己的力量。

第一节 世界经济的形成、发展与经济全球化

当今世界正处于大发展、大变革、大调整的时期。世界深刻变化的根源和基础是世界经济的深刻变化，特别是经济全球化趋势引发的一系列新变化。认识当今世界，必须认识当今世界经济，了解世界经济学科的基本概念、基本理论和基本知识，更好地认识在经济全球化大背景下的世界经济和中国经济。

在西方文献中，最先使用"经济"一词的是古希腊的色诺芬。他在所著的《经济论》中，首次把奴隶主阶级对奴隶生产活动的组织和管理用"经济"(oikovoμia)一词来概括，意指家庭管理。在希腊文中，经济学就是由 oukoc(家庭)和 nomoc(规划)两个词组成的。

在现在，经济有多个含义：一是指经济活动；二是指一个国家国民经济的总称；三是指社会生产关系的总和或经济基础；四是指节约。世界经济是一个植根并超越各国经济的，由各国经济相互联系而成的有机统一整体，这个整体以自身物质生产为基础而不断在世界范围内进行生产、分配、交换、消费等经济活动。

世界经济作为超越民族、国家界限的全球性的经济体系，是一个历史范畴。世界经济是基于社会生产力的发展而产生，并随着社会生产力的发展而不断发展。社会生产力的发展是科技发展的结果，人类历史上科技革命不同的发展阶段促成了世界经济的形成和发展，世界经济在科技不断进步的条件下呈现出新的发展趋势。

一、世界经济的形成与发展

世界经济是世界各国的经济相互联系、相互依存而构成的世界范围的经济整体，它是一个历史范畴，其形成与工业社会联系在一起，是国际分工、世界市场和资本国际化发展的结果。当今世界，无论处于地球何处，无论是主动的还是被动的，各国和各地区之间都发生着程度不同的经济往来，这种往来起源于人类社会开始有剩余产品。到19世纪初世界经济最终形成，世界范围内的各国和各地区的往来已作为世界经济存在方式被稳定下来。

(一) 世界经济的萌芽期

世界经济的萌芽期起始于15世纪末16世纪初的地理大发现，延续到18世纪中后期，持续近300年的时间。地理大发现为世界市场的形成准备了地理条件，将国际贸易领域扩大到世界各地。贸易的核心是处于地中海沿岸的西欧。17世纪以后，由英国组织的国际分工和交换逐渐扩大到整个美洲以及非洲和亚洲。美洲的金银、非洲的奴隶、亚洲的香料、欧洲的工业品，纷纷卷入国际交换中。

处于萌芽时期的世界经济是以工场手工业为基础的国际分工，还不是真正意义上的国际分工，是宗主国与殖民地之间的一种带有强制性的特殊分工。这种以国际分工为基础的生产和贸易对各国经济的影响甚微。

(二) 世界经济初步形成期

世界经济初步形成期始于18世纪60年代前后，完成于19世纪70年代前后，历经100多年的时间。这一阶段恰是从英国产业革命开始，到欧美国家建立工业社会，确立资本主义经济制度的时期。在这一时期，发生了以蒸汽机的发明和应用为主要标志的产业革命，机器大工业生产代替了工场手工业生产，社会生产力发生质的飞跃。工业社会的产生及其在全球的扩散，使开放的城乡经济取代封闭的农村经济，形成了有机的世界经济体系。世界经济的初步形成是以国际分工体系的建立和世界市场的形成为主要标志的。

1. 国际分工体系的建立

机器的广泛应用使工业内部分工进一步发展，分离出了专门从事原料、生产资料和消费资料生产的独立部门。产品分工更加细密，国际分工迅速向世界范围扩展，把经济发展水平不同的国家或地区或多或少地纳入国际分工之中。大机器生产的产品价格低廉，能够迅速打开国际市场，同时外国消费者为了购买廉价的商品，必须出卖自己生产的原料和初级产品，原料的获得和产品的销售都依赖世界市场。

19世纪中期以后，欧美先进工业国利用廉价商品，将亚、非、拉这些地区变为原料产地和商品市场，基本上形成了世界城市与世界农村既相互对立又相互依存的垂直型国际分工体系。其中，英国以"世界工厂"的名义占据国际分工的支配地位。随后，世界市场由英国扩展到欧洲大陆和美国,世界市场由于新地区的开发也进一步扩大。

2. 世界市场的形成

机器大工业以其雄厚的物质基础和巨大的生产能力开拓世界市场。19世纪40—60年代,世界贸易的增长速度超过世界工业的增长速度。机器大工业生产使世界市场的商品种类和数量大幅度增加,改变了过去仅限欧洲手工业产品和热带农产品交换的世界市场格局,成为大宗商品交换的世界市场格局,资本品和大众消费品进入世界市场。世界市场中各种商品供求关系的变化,对参与世界市场的国家和地区都产生了不同程度的影响。各种商品交易所相继出现,各种贸易组织形式出现向正规化、大型化和专业化方向发展的趋势,黄金逐渐成为单一的世界货币,世界性经济危机周期性出现,被纳入世界市场的国家日益增多,世界市场形成。

随着国际分工体系和世界市场的形成,以国际分工为基础,以世界市场为纽带的世界各国广泛参与的,跨越国界的生产、交换、分配、消费的世界经济体系初步形成。此时的世界经济还处于初步形成时期,一方面,各国经济的直接联系主要是商品交换,生产和资本的国际往来还十分有限;另一方面,这一时期还有相当多的国家和地区处于闭关自守的状态,世界经济覆盖人口约占全世界人口的10%。

(三) 世界经济最终形成期

19世纪70年代爆发了第二次科技革命。这次科技革命以电的发明和应用为主要标志,重化工业成为主导产业,资本集中催生了垄断资本的产生。垄断资本规模的扩大和对垄断利润的无限追求,为世界经济形成提供了强大动力。

垄断利润使工业国出现大量过剩资本,这些工业国在本国内找不到利润更高的投资场所,使资本输出成为世界经济交流的一种新的方式。资本输出一方面增加了国际分工的媒介,实现了世界范围内的生产社会化和国际化;另一方面扩大了世界市场的内涵,使世界市场由仅有商品市场扩展到资本市场,使世界市场机制趋于完善。

第二次科技革命的完成、重化工业的发展,使世界的交通运输业和通信业获得巨大发展。世界市场地理界限扩展完成,各国垄断资本在世界市场上一方面建立国际垄断同盟,提高垄断地位和水平,另一方面加紧对殖民地领土的瓜分。到20世纪初,几乎整个非洲、拉丁美洲和大部分亚洲地区都置于垄断资本主义殖民统治之下,世界领土被瓜分完毕。

从20世纪初期到20世纪80年代末,以"二战"为分界点,世界经济表现出不同的发展特点。20世纪上半期,世界经济激烈动荡,经济危机与世界性战争交替困扰着世界经济。第二次世界大战后,世界经济局势发生了根本性的转变,世界各国开始建立国际经济秩序,先后建立起国际货币基金组织、世界银行和关税贸易总协定等国际性和区域性经济组织,签署了协调各种经济关系的协议,为维护世界经济运行奠定了良好的基础,世界经济呈现周期性经济发展局面。

二、经济全球化

20世纪80年代末90年代初以来,世界经济的显著特征就是经济全球化深入发展,各国、各地区之间的经济联系空前密切,人们的生产、生活方式不断发生变化。经济全球化不仅使世界上各种类型国家的经济都受到深刻影响,也使世界经济格局和原有的国家经济秩序发生了巨大改变,国际竞争与合作呈现出新的特点,世界经济发展进入新阶段。

(一)经济全球化的内涵

关于经济全球化,学术界至今也没有一个公认的定义。有的学者认为,经济全球化这一概念是由美国经济学家T. 莱维在1985年首次提出的。1997年,国际货币基金组织给经济全球化下的定义是:"经济全球化是指跨国商品与服务贸易及资本流动规模和形式的增加,以及技术的广泛、迅速传播使世界各国经济的相互依赖性增强。"①虽然这一定义被认为较为合理、较有权威性,但仍不全面。如果将迄今为止关于经济全球化的各种定义加以概括就可以发现,经济全球化实际上是指,在科技革命尤其是信息技术革命的条件下,通过国际贸易、国际投资以及技术和人员的国际流动,世界各国和各地区的经济越来越紧密地结合成一个高度相互融合、相互依存的有机整体的过程。由这一定义可以看出,要把握经济全球化的内涵,必须注意以下三点。

(1) 经济全球化是世界经济发展的新阶段。经济全球化是一个历史范畴,它是在信息技术革命和许多国家经济体制变革或调整的推动下,使各国经济联系越来越紧密、经济运行高度国际化而形成的。

(2) 经济全球化使世界经济真正成为一个有机整体。为了适应社会生产力高度发展的需要,各国不断消除商品、劳务、资本、技术等方面的障碍,使国际贸易、国际金融、国际投资,以及国家之间的技术和人员的流动更加自由,各国经济高度融合,相互依存,有人用"地球村"和"全球经济网络"来对此加以形容。

(3) 经济全球化既是一个过程,也是一种状态,更是一种发展趋势。经济全球化的过程是生产社会化程度不断提高的过程。在经济全球化过程中,社会分工得以在更大范围内进行,资金、技术等生产要素可以在国际范围内流动和配置。经济全球化也绝不会止步于现有状态,作为一种发展趋势,无论其内涵还是外延都将不断发生变化。

(二)经济全球化的表现

(1) 贸易自由化。贸易自由化是经济全球化的主要表现形式和重要内涵。全球贸易自由化主要是通过相关国家以缔结条约或协议的形式,以共同的贸易规则和多边协调机制来运行与推动的。1995年,世界贸易组织(World Trade Organization,WTO)诞生,建立了一个完整的包括货物、服务、与贸易有关的投资及知识产权等在内的,更具活力、更持久的

---

① 国际货币基金组织. 世界经济展望(中译本)[M]. 北京:中国金融出版社,1997: 45.

多边贸易体制。该国际多边贸易体制将贸易自由化进一步向前推进,并将在世界经济中发挥越来越重要的作用。

(2) 金融全球化。金融全球化是指各国、各地区在金融业务、金融政策等方面相互交往和协调、相互渗透和扩张、相互竞争和制约,从而使全球金融市场日趋开放、金融体系日渐融合、金融交易更加自由的过程。20世纪80年代以来,金融全球化的发展成为世界市场发展的主要特征,金融交易的市场超越时空和地域的限制而趋于一体。借助高度发达的信息通信技术,全球金融信息系统、交易系统、支付系统和清算系统已经开始走向金融网络化,即全球各地以及不同类型的金融市场趋于一体,金融市场的依赖性和相关性日益密切。

(3) 生产与投资全球化。生产与投资全球化是指从事跨国经营的企业在全球范围内建立起分支机构,并借助母公司与分支机构之间各种形式的联系,在组织和管理体制上突破民族或国家疆域的界限,逐步建立以价值增值为基础的跨国生产和投资体系。20世纪90年代以来,跨国公司进一步充分利用资金、技术、管理、营销网络等方面的优势,进行跨国生产和经营,实现生产要素最佳配置和利润最大化。

(4) 全球产业链形成。世界上最早爆发工业革命的国家是英国,之后,工业化在世界范围内逐渐扩散。工业化在全球的扩展是以产业转移为依托,按照产业结构升级方向,由发达国家向发展中国家转移。已实现工业化的发达国家,工业化结构从劳动、资本密集型产业向技术和知识密集型产业转变,产业结构日趋软化;发展中国家相继推行工业化发展战略,发展劳动密集型和资本密集型产业,一批新兴工业化国家和地区迅速崛起,工业结构紧随发达国家逐步升级;后起步的工业化国家又紧跟在新兴工业化国家和地区之后,从发展劳动密集型产业开始其工业化进程,这样就形成了世界产业结构多层次的梯次发展格局。

(三) 经济全球化对世界经济的影响

(1) 经济全球化促进了世界贸易、就业和投资的增长。建立在国际分工基础上的经济全球化,可以使个别国家摆脱资源和市场的束缚,以最有利、最具优势的资源进行生产,向世界市场提供产品,这不仅使世界范围内的资源得到优化配置和合理利用,更促进了世界贸易的发展,扩大了具有资源优势国家的生产规模,增加了投资,扩大了就业规模。

(2) 经济全球化使世界市场实现真正的一体化。因为国际分工,不同国家基于自己的资源优势组织社会生产,为世界市场提供产品,产品在世界市场上销售的壁垒逐渐减少,商品和资本等生产要素在世界市场上逐渐实现自由转移,一体化市场逐渐形成。同时,由于商品和资本可以自由流动,两者通过世界市场的传导使世界各国的经济循环和发展周期具有同步性。

(3) 经济全球化弱化了国家主权。经济全球化促使生产要素在世界市场上自由转移,为了减少阻碍生产要素流动的障碍,各主权国家经过协商,出于共同的利益建立国际性经济组织或区域性经济组织,签订有利于生产要素自由流动的协议。国际经济协调组织成为全球性规则的制定者、监督者、实施者,以及全球性问题的管理者和全球性争端的解决者。国家主权在越来越多地向政府间国际组织转移。

(4) 经济全球化增加了各国经济运行的风险。经济全球化使世界市场一体化,世界市场传导机制会通过国际贸易和国际金融渠道将具有影响力的某一国家的经济现象传导和转移给另一些国家。一般来讲,一个国家对外开放程度越高,与世界市场联系越紧密,该国的国内经济受其他国家的影响越大。因此,当一国发生生产下降、贸易萎缩、金融市场动荡时,这些经济现象就会传递给其他国家,使这些国家产生同样的风险。

(5) 经济全球化使世界各国贫富差距拉大。经济全球化加速了生产要素在全球范围内的自由流动和优化配置,贸易的自由化、资本的国际化以及科技的高速发展,促进了各国之间的相互依赖,但这种依赖关系却导致了世界各国贫富差距拉大。在世界市场竞争中,发达国家在经济全球化过程中获得充足的利益,而广大的发展中国家除了向世界市场提供廉价的资源、生产要素和市场外,从世界市场中获得的益处却很少。

(四) 经济全球化背景下的国际竞争与合作

经济全球化是世界经济发展的新阶段,它在对世界经济格局及其运行机制产生深刻影响的同时,也极大地影响和改变了世界各国经济发展的外部环境和条件,这就使各国之间的竞争更加激烈,而与此同时,国际合作也显得更重要。

从经济运行的规律性来讲,竞争并非坏事,有竞争才有压力,也才有活力,才能促进科技进步和经济效率的提高。但在经济全球化背景下,只强调国际竞争是片面的,更应该看到的是,经济全球化背景下任何国家都不能离开其他国家而求得自身经济发展。在当今国际经济关系中,只有加强国际经济合作,才能避免和减少来自外部的负面冲击,也才能求得世界经济中许多重大问题的解决。在经济全球化背景下加强国际经济合作,首先,应本着求同存异的原则,尊重各国主权和选择发展道路、发展模式的权利,尊重文明多样性,以和平方式解决国际争端。其次,应坚持国家不论大小、贫富、强弱,都是国际社会平等的一员的原则,要坚定不移奉行多边主义和国际合作,推进国际关系民主化。最后,要努力提高发展中国家,特别是新兴经济体在国际经济事务中的话语权,改变由少数国家决定国际事务的状况。

第二节 不同类型国家的经济发展

第二次世界大战之前,世界经济体系中基本上只存在两类国家,即垄断资本主义国家和受其统治的殖民地半殖民地国家。第二次世界大战以后,垄断资本主义殖民体系瓦解,绝大多数殖民地半殖民地国家获得政治上的独立,成为发展中国家。国际秩序发生了变化,以往垄断资本主义国家与殖民地或宗主国与附属国之间的关系,转变为发达的垄断资本主义国家与发展中国家之间的关系。由于发达国家和发展中国家的经济发展基础与历史背景不同,因此尽管发展中国家在政治上取得了独立,但因其经济落后,发达国家仍在当今的世界经济秩序中处于主导地位,发达国家与发展中国家的经济发展具有很明显的不平衡性。

一、发达国家的经济发展

发达资本主义国家是指具有发达的市场经济体系、较高的生产发展水平、成熟的宏观调控机制、国家垄断资本主义生产关系在经济生活中占统治地位的资本主义国家[①]。发达资本主义国家是第二次世界大战以后出现的新概念。第二次世界大战之前,一般把实现了工业化的主要资本主义国家,如英国、美国、法国、德国、意大利、日本等,称为资本主义国家。第二次世界大战以后,越来越多的资本主义国家实现了工业化,生产力和市场经济高度发展,进入了发达资本主义国家的行列。

以往人们用人均 GDP 来界定一个国家是否属于发达国家,但单独用人均 GDP 指标作为发达国家的界定方法存在很多缺点。对此,联合国的开发计划署编制了"人类发展指数",用于取代单一的人均 GDP 衡量体系。人类发展指数由三部分内容构成,包括健康长寿、教育获得和生活水平。健康长寿,用出生时的预期寿命来衡量;教育获得,用成人识字率(2/3 权重)及小学、中学、大学综合入学率(1/3 权重)共同衡量;生活水平,用实际人均 GDP(以购买力平价美元计算)来衡量。通过公式将这三方面的指标组合起来,计算出各国的人类发展指数,以此来界定一个国家是否属于发达国家。按照联合国的规定,人类发展指数超过 0.9 的国家为发达国家,超过 0.85 的国家为准发达国家(发达国家的预备队)。

发达国家的经济是当代世界经济的重要组成部分,也是世界经济发展的主导力量。"二战"后,发达国家的经济发展大体上经历了五个时期:经济恢复时期、经济快速增长时期、经济"滞胀"时期、经济调整时期,以及"新经济"的增长与发展时期。

(一) 经济恢复时期(1945—1952 年)

在"二战"中,除美国以外的参战国,无论是战胜国还是战败国,其经济都遭受战争的严重破坏,西欧和日本遭受的破坏尤为严重。但是到 1950 年,西欧经济就恢复到了"二战"前的水平,国民生产总值为 1938 年的 102%左右。到 1956 年,日本经济也得到了全面复兴,国民经济各项重要经济指标已超过"二战"前水平。

西欧和日本经济得以迅速恢复的原因主要有两方面:一是西欧和日本本身的原因,二是美国的援助和扶持。从西欧和日本本身的因素来看,比较雄厚的物质基础和人力资源是其迅速恢复的主要原因。西欧和日本的经济虽遭到了战争的重创,但经济发展基础在一定程度上保留了下来。另外,西欧和日本各国政府加强对经济的干预和调节,对经济的恢复和发展起了非常大的作用。从外在因素来看,美国对欧洲和日本经济的大力扶持也是这些地区经济迅速恢复的原因。第二次世界大战后,美国采取了大力帮助德国、法国、英国和日本等国复兴经济的政策,1948—1952 年,美国根据"马歇尔计划"向欧洲 16 国提供的

---

① 庄起善. 世界经济新论[M]. 上海:复旦大学出版社,2001:273.

援助总额为131.5亿美元，主要供应欧洲各受援国。1949年，美国总统杜鲁门在日本推行"道奇路线"，为日本提供了大量的科学技术，促进日本产生了大量的新兴产业，使日本在石油化工、汽车、家电及合成纤维等新兴产业中实现产品生产各个阶段的整合，为20世纪末日本工业的飞速发展打下了坚实基础。

(二) 经济快速增长时期(1953—1973年)

经过经济恢复时期后，20世纪50年代初，发达国家迎来了经济快速增长时期，这一时期也称为大繁荣时期。在这一时期内，发达资本主义国家的国内生产总值年平均增长率将近5.3%。"二战"后发达资本主义国家经济快速增长的主要原因包括：第一，第三次科技革命对经济发展的推动；第二，政府对经济生活进行全面的干预和调节；第三，建立起稳定的世界经济秩序。"二战"还未完全结束时，主要资本主义国家就着手建立世界经济秩序。在金融领域，建立了以美元为中心的"布雷顿森林"国际货币体系，并且建立了维护金融秩序稳定与促进经济发展的国际货币基金组织和世界银行，对资本主义世界货币的稳定、贸易的扩大、资本的流动、生产的增长都起了重要作用。在贸易领域，1948年建立的"关税和贸易总协定"，对削减关税、消除贸易壁垒、促进贸易自由化起到积极的作用。

(三) 经济"滞胀"时期(1974—1982年)

资本主义世界在经历"二战"后的经济快速增长时期后，以1973—1975年的世界性经济危机为转折点，发达资本主义国家进入了"滞胀"时期。这个时期的特点是经济停滞和通货膨胀并行，西方经济学家称之为"滞胀"。如表2-1所示，1973—1983年，主要发达资本主义国家的国内生产总值年平均增长率只有2.4%，增长率最高的日本也只有4.3%。物价普遍上涨，平均上涨率高达9.9%，如表2-2所示，英国和意大利高达15%以上。这种低增长率、高失业率、高物价上涨率的局面直到1982年才基本结束，形成了"二战"后资本主义经济发展的一个特殊时期。

表2-1 主要发达国家国内生产总值的年平均增长率　　　　　　　　%

国家	1965—1973年	1973—1983年
美国	3.2	2.3
日本	9.8	4.3
联邦德国	4.6	2.1
法国	5.5	2.5
英国	2.8	1.1
意大利	5.2	2.2
主要发达国家平均值	4.7	2.4

资料来源：池元吉. 世界经济概论[M]. 北京：高等教育出版社，2006：287.

表 2-2 主要发达国家消费物价的年平均上涨率　　　　　　　　　　　　　　%

国家	1951—1973 年	1974—1981 年
美国	2.7	9.4
日本	5.2	9.1
联邦德国	2.7	4.9
法国	5.0	11.4
英国	4.3	15.4
意大利	3.9	15.9
主要发达国家平均值	3.4	9.9

资料来源：池元吉：世界经济概论[M]. 北京：高等教育出版社，2006: 288.

发达国家出现"滞胀"现象有如下原因：第一，第三次科技革命高潮的推动作用消失，到 20 世纪 70 年代初，科技革命浪潮的作用逐渐消退，新兴产业和技术还未出现，经济增长的直接推动力出现断档；第二，石油和原料价格上涨；第三，"滞胀"是发达国家长期实施赤字财政政策和通货膨胀政策的结果。

(四) 经济调整时期(1983—1990 年)

"滞胀"发生后，发达国家采取各种经济干预手段竭尽全力摆脱困境。各国以货币主义和新供给学派理论为指导，开始实施新一轮的宏观调控政策，包括紧缩货币政策、削减福利供给、对国有企业实行私有化、放松对经济的管制、削弱工会组织、限制工资增长等。同时，发达国家采取了一系列调控措施：加大本国石油勘探和开发投资，推广节约石油消耗技术；推动产业结构调整，加速从以传统工业为主导产业的产业结构向以高科技部门为主导产业的产业结构转变；加强对失业者的培训，以减少与缓和失业；为加强各国经济政策的协调，从 1975 年开始，西方七国(第一次是除加拿大之外的六国)首脑开始定期举行主要工业国家经济最高级会议，广泛讨论其所面临的各种问题，共同寻找对策，协调行动。20 世纪 80 年代，就所有发达国家而言，其国内生产总值的年平均增长率不过 2.9%。

(五) "新经济"的增长与发展时期(1991—2007 年)

20 世纪 90 年代以来，发达国家进入了"新经济"时期。所谓"新经济"，是建立在信息技术革命和制度创新基础上的经济持续增长与低通货膨胀率、低失业率并存，经济周期的阶段性特征明显淡化的一种新的经济现象。以信息革命为中心的科技革命掀起了新的高潮，它以巨大的力量推动资本主义社会发展，引起国际关系的深刻变化。"新经济"的主要特征包括以下三点。

(1) 信息产业蓬勃发展，引起科技领域、社会各方面的深刻变化。信息产业的发展还产生了网上商业、网上金融业、网上大学、网上医疗服务等经济和社会活动的新形式。

(2) 经济出现网络化特征。20世纪90年代，信息技术逐渐成为发达国家经济增长的主要推动力。随着信息产业的蓬勃发展，数字经济、网络经济兴起并改变着人类的经济活动方式，"新经济"使全球经济活动时间缩短，经济效益增大。

(3) 经济全球化。正是信息产业支撑的经济信息化、经济网络化，使生产要素在全球范围内的组合发生很大变化。发达国家之间、发达国家与发展中国家之间在经济上越来越多地相互依存。

2008年爆发了全球性的金融危机，此次危机是20世纪30年代经济大萧条以来最为严重的危机，对全球经济产生了广泛的影响。此次危机首先对美国经济产生严重影响，由于金融危机失控，导致美国多家金融机构，包括相当大型的金融机构倒闭或被政府接管，受金融危机影响，欧洲经济步美国后尘也进入衰退期。金融危机爆发后，各国政府纷纷采取措施，实行减税、增加政府支出等经济刺激方案，对经济加以调控。各国央行也综合运用多种政策手段，向市场注入流动性资金，以减缓金融动荡，防范或减少对实体经济的影响。与2008年的世界经济增长放缓相比，2009年世界经济增长进入谷底，2010年世界经济开始缓慢复苏。

二、发达国家的国家调节

第二次世界大战以后，发达国家为了恢复和发展经济，缓和社会矛盾，都不约而同地加强了对国家经济的干预和调节，总体来说体现在三个基本方面：推行国有化政策，实行经济计划化，更重要的是推行福利国家制度等社会经济政策。

"二战"后的国有化是西方国家国有化的一个典型。英国在1945—1951年、1974—1976年工党执政期间，掀起了两次国有化的浪潮，使国有工业在英国重要工业部门中的比重占据相当重要的地位。在第二次世界大战初期，意大利法西斯政权接管了大批私人企业和重要的投资银行。"二战"后，意大利政府还将铁路、航空、天然气、电信和邮政全部收归国有。比利时、西班牙、葡萄牙、荷兰、瑞典、加拿大、联邦德国、日本等国家也不同程度地实行了国有化。美国很少实行国有化，但也把私营铁路公司收归国有，在1976年成立了美国国营统一铁路公司。同时，发达国家看到了过分自由的市场经济的盲目性，普遍开始实行经济的计划化。当然，与同期的社会主义国家相比，发达国家的经济计划程度要小得多。

"福利主义"作为一种思潮，在19世纪末期开始流行。"二战"后，福利国家制度的发展大体上经历了以下三个阶段。

第一阶段是福利国家制度的形成阶段，时间为20世纪40年代后期—50年代。"二战"后初期，那些遭受严重破坏的国家都处于社会产品严重短缺、人民生活十分困难的状态。这些国家的政府以保障每个公民获得当时条件下的一般生活水平为口号，开始建立适应当时经济恢复和发展需要的福利国家制度。

第二阶段是福利国家制度的发展阶段，时间为20世纪60年代—70年代初期。这时，随着经济迅速的发展和社会物质文化生活水平的提高，垄断资产阶级进一步推行所谓的高福利政策，政府举办的社会福利项目增多，开支空前增长。

第三阶段是从20世纪70年代中期—80年代初期，是福利国家制度日益陷入困境，以致不得不进行调整的阶段。1973—1975年经济危机以后，发达资本主义国家普遍陷入经济发展滞缓、财政赤字扩大、通货膨胀严重的困境，庞大的社会福利开支日益成为国家财政的沉重负担，福利国家制度也陷入进退维谷的境地。于是，统治阶级的代表人物纷纷提出要对福利主义进行"重新估价"。近年来，许多国家的政府开始对福利国家制度进行调整或改革，竭力控制和削减社会福利开支。

社会福利是现代社会广泛使用的一个概念，人们根据各自的立场和目的给予这个概念不同的解释。从一般抽象的意义来说，福利就是能使人们生活幸福的各种条件，既包括人的身体应得到的保护和照顾，也包括影响人的智力和精神自由发展的各种因素。而社会福利就超出了个人的范畴，要求人们在社会的层面上来考虑和解决如何使人能够过一种好的生活。它涉及社会根据什么来帮助人们生活的幸福，需要通过什么样的制度和政策安排来保证人们生活的幸福。从这个角度来说，社会福利是指国家依法为所有公民普遍提供，旨在保证一定生活水平和尽可能提高生活质量的资金与服务的社会保障制度。

(一) 社会保障的起源

社会保障是工业社会为其成员防范和化解生存风险，维持基本生活而提供的一种制度安排。在人类社会早期阶段，化解生存风险和提供基本生活资源的保障功能是由家族承担的。从传统的农业社会发展到工业社会，家族共居演变成以核心家庭为主以后，家庭保障已经不足以防范社会成员面临的各种风险，于是便产生了社会保障制度。

社会保障制度有两种不同的起源：一种是在西欧庄园制解体和工业化过程中，社会自发产生的民间社会服务组织，如中世纪世俗和宗教的慈善事业、19世纪英国获得广泛发展的职工互助组织"友谊社"等；另一种是由政府实施的社会保障计划。例如1601年，英国的伊丽莎白女王颁布《济贫法》，规定以社区为单位对无亲属照顾的贫民进行救济和强制劳动，以缓解贫困者的生存危机就属于由政府实施的社会保障计划。19世纪后半期，德国俾斯麦为了削弱日益壮大的工人运动的影响，提出了一个完全由国家提供资助的综合性社会保障计划，开创了社会保障制度的历史。在此后的二十余年间，英国、法国、挪威、丹麦、荷兰和瑞典等国也先后建立起了社会保障制度。

"二战"后，社会保障制度日臻完善。1945年，英国在著名的《贝弗里奇报告》的基础上，率先建成了一套"从摇篮到坟墓"的社会保障制度。同年，法国颁布了《社会保障法》，奠定了现代社会保障制度的基础。"二战"后，美国也多次修改和扩充了1935年的《社会保障法》，逐步扩大了社会保障范围。瑞典于20世纪40至50年代实行了劳动市场政策和国民义务伤残保险。日本在1947年颁布了《失业保险法》，随后又制定了《国民年金法》和《厚生年金法》等。截至20世纪50年代末，几乎所有的西方发达国家都基本完成了有关社会保障制度的立法，设立了相应的管理机构，实行了一套完整的以高福利为主要内容的社会保障体系。为实施社会保障筹措资金的社会保障税已成为这些国家仅次于所得税的第二大税类，而社会保障支出则成为最大的财政支出项目。

(二) 各国实施社会保障的基本情况

由于社会保障对经济发展和社会稳定具有重要的促进作用和支撑作用，现代社会的各个国家都进行了社会保障体系的构建。在探索过程中，发达国家形成了各具特点的社会保障体系。

1. 西欧和北欧的福利国家政策

第二次世界大战后，一些左翼政党，如欧洲大陆的社会民主党和英国工党在欧洲国家长期执政，建立了高标准、广覆盖的社会保障体系，形成了"福利主义"的社会保障制度。"二战"后，欧美各国已经经历了长期持续的经济增长，社会富裕程度大大提高，于是这种高福利的社会保障制度在非社会党执政的欧洲国家也得到保持和推广，实行这种高福利的国家被称为福利国家。

现代福利制度起源于英国的《贝弗里奇报告》。《贝弗里奇报告》对"二战"后英国福利社会的建设产生了巨大影响。这个报告主张的社会福利可以被概括为 3U 思想，包括三个基本原则：普享性原则(universality)，即所有公民不论其职业如何，都应被覆盖以预防社会风险；统一性原则(unity)，即建立大一统的福利行政管理机构；均一性原则(uniformity)，即每一个受益人根据其需要，而不是收入状况，获得资助。

福利国家政策在 20 世纪下半叶成了西欧社会的时代精神和基本制度，在整个 20 世纪 60 年代和 70 年代初期，西欧国家的社会福利持续快速提高，大大超过生产的增长速度。福利制度从英国发源后，福利国家理念被推广到欧洲其他国家，其中最典型的是北欧国家，它们后来甚至成了西方福利国家的"橱窗"。而作为福利国家策源地的英国，自 20 世纪 70 年代遇到财政困难后，开始改革并逐渐削减福利的规模，引入市场因素。英国削减福利制度的改革是由其财政压力引起的，此后，削减福利的改革浪潮逐步席卷到几乎所有西方发达国家，包括美国。自从 1990 年苏东剧变以后，北欧国家却"逆向而行"，实行了扩大福利制度的改革。国外有学者认为，英国作为昔日福利制度的发源地，它的福利制度已不是贝弗里奇模式了，北欧国家继承了英国模式的"衣钵"，成为贝弗里奇模式的典范。

欧洲的社会保障制度曾经对推动社会进步和经济增长起到了积极作用，但其弊端也逐渐暴露出来，这些弊端主要表现在以下几个方面。

首先，"二战"后欧洲国家的高标准社会保障一开始就是建立在较高水平的人均 GDP 基础之上的，因为福利水平的持续走高，社会保障的水准超过了经济支撑能力，国民收入中越来越多地被用于社会保障，所以就会损害长远经济发展的基础。

其次，过高的社会福利不利于效率的提高。社会福利过高，导致社会资源中越来越大的份额掌握在政府手中，由政府直接支配，削弱了市场机制的作用，国家为社会成员的高水平生活提供保障，使一部分人滋长依赖国家、靠社会保障生活的心理和懒惰行为。社会保障和福利的扩大又培育起庞大的福利机构，造成高浪费、低效率和官僚主义。

最后，过高的福利影响国家预算的稳定性。

以上问题使福利主义的社会保障制度陷入困境，特别是在20世纪70年代西欧社会进入人口老龄化和经济低增长阶段后，这种高福利政策受到了广泛批评。东南亚地区的新加坡、南美的智利等国汲取了福利国家政策的教训，发展了与之不同的社会保障制度。

2. 新加坡的社会福利制度

新加坡的社会福利制度在建立伊始就表现出与欧洲不同的理念。具体来说，新加坡的社会福利制度包含三项主要内容：工作自力、储蓄养老和多方援手。具体的四根支柱是中央公积金制度、"三保"医疗体系、居者有其屋计划和济贫助困制度，简单介绍如下。

(1) 中央公积金制度。新加坡于1955年开始实施中央公积金制度，同年，成立了中央公积金局，负责整个公积金的管理和运行。中央公积金制度的建立，开始只是一个简单的养老储蓄制度，几十年来，随着社会经济的发展和人民生活水平的提高，逐步发展演变成为一个综合性的，包括养老、住房、医疗等保障的制度。同时，新加坡还根据各个时期的具体情况，制定了一些规定或补充办法逐步完善并扩大公积金的使用范围，以适应当时社会和个人的需要。

公积金由雇主和雇员共同缴纳，每月按照雇员薪金的一定比率缴纳，全部公积金都存入投保雇员在中央公积金局开设的个人账户，缴费率由隶属劳工部的全国工资理事会提出建议，经政府同意后实行。一般规律是在经济形势好、工资增长时，提高缴费率；在经济衰退、企业困难时，降低缴费率。中央公积金局每月收缴的公积金经过计算记入每个会员的个人账户中。目前，会员的个人账户在55岁以前分为三个：相当于工资30%的部分为普通账户，用于购房、投资、教育等；6%为保健账户，用于支付住院医疗费用和重病医疗保险；4%为特别账户，只限于养老和特殊情况下的紧急支付，一般不能在退休前动用。公积金主要投资政府债券，1955年以来，公积金利率一直略高于通货膨胀率，从而保证了公积金不贬值并略有增加。

(2) "三保"医疗体系。新加坡的医疗保障制度分为三个层面：个人、公司和国家。在个人层面，自己花钱买医疗保险；在公司层面，作为公司福利提供给员工(其实也是向保险公司集体购买的)；在国家层面，主要是指公积金里面的保健账户。该医疗保障体制具有广覆盖的优势：不仅包括一般疾病，也包括重病和慢性病；不仅普通收入阶层受益，低收入阶层、身体残疾阶层也可受益。这样的医疗保障体制可以确保每个国民不论经济状况如何、疾病严重程度如何，都可以得到良好的医疗服务。

新加坡政府认为，政府应当提供良好的保健服务，但同时要求人们负担一些费用，以确保它不致被滥用而又能控制成本。在这一指导原则下，新加坡政府建立了3M基本医疗保障制度，整个医疗保障制度强调以个人责任为基础，并且对所有国民实行统一的医疗保健。新加坡的3M包括保健储蓄计划(medisave)、健保双全计划(medishield)和保健基金计划(medifund)。与其他国家的医疗保障制度相比，新加坡模式的最明显特点就是建立了一套有效的资金筹集和运用体制。

第一，保健储蓄计划。该计划是强制性中央公积金制度的组成部分，1984年由政府设立,覆盖所有在职人员。具体做法是雇主、雇员双方按照工资的一定比例(6%~8%)供款,建立保健储蓄基金,用于支付投保人与其家庭成员的住院及部分门诊费用,保健储蓄计划的款项可用于支付公营或私营医院的收费。

第二,健保双全计划。该计划也被称为大病保险计划,1990年7月设立,目的是帮助公积金存户支付顽疾或重病所带来的住院费和医药费。健保双全计划属于社会保险性质,采用自愿参加原则,按照共付比例制,对投保者住院及部分门诊费用给予偿付。目前,已有超过50%的新加坡人加入了这一计划。

第三,保健基金计划。作为保健储蓄计划的补充,该计划是1993年由政府设立的保健信托基金。根据财政收入和国家经济状况,政府每年拨1亿~2亿新元,并随预算盈余而逐渐增加到20亿新元,目的主要是资助保健储蓄仍不足以支付医疗费的贫困国民,使这一部分人群也能看得起病。每间公营医院均设有医院保健基金委员会,成员由政府委任,负责审核申请及拨款。保健信托基金自成立以来,向基金申请补助的人中有99%获得了财政资助。

此外,还有乐龄健保计划。这是一项老年严重残疾保险计划,目的是提供终生保障。按照这项计划的规定,身体残疾、生活无法自理的老年投保者,每月可以得到300新元的生活费。

(3) 居者有其屋计划。1964年2月,新加坡政府推出了居者有其屋计划,具体的做法是由政府向中低收入者提供符合其购买力的公共组屋。新加坡的公共住房即政府组屋,类似于中国的经济适用房,由政府投资修建并低价出售或出租。目前,86%的新加坡人住在组屋里,这些人中有92%有组屋的所有权,另外8%的人是从政府手中以非常低的租金租下组屋,这些人主要是孤寡老人或非常贫困者。

(4) 济贫助困制度。新加坡的济贫助困制度主要有公共援助金、就业入息补助计划、培训津贴计划、社区关怀基金等,主要解决新加坡贫困人口的社会保障问题,鼓励人们积极努力工作,帮助人们获得工作能力。

3. 智利的社会保障制度改革

20世纪60年代中期,智利的社会保障管理体系由19个公共部门和16个私人部门的退休金基金、大约50个公共部门的福利机构和无数的私人机构、24个公共援助机构和7个工人补偿机构组成,另外涉及国家审计局、劳工和社会保险部、公共卫生部、财政部、国家计划委员会等部门。20世纪70年代,智利的社会保障体制已经形成了一种常见模式,但是矛盾也越来越突出。1973年,以皮诺切特为首的军政府推翻原政府上台,进行了长达16年的统治,皮诺切特领导的军政权启用芝加哥学派经济学家治理国家经济,用强力手段进行大刀阔斧的改革,其中包括社会保障制度改革,具体做法如下。

(1) 建立多支柱的养老保障体系。智利政府建立的个人账户包括基本个人账户和补充个人账户。前者指个人每月要将其纳税收入的10%作为自己的养老金投入,后者是在此基础上自愿增加的缴费,可以享受一定的税收优惠,保险费完全由个人缴纳,雇主不需要承担供款义务。养老金由专业化的私人养老基金管理公司负责经营管理,雇员可自由选择基金管理公司,政府成立养老基金监管局,负责对基金管理公司的监管,并且实行最低养老金担保。

(2) 建立公立与私营医疗机构分摊医疗服务的混合医疗保健制度。智利在医疗保健制度方面的改革包括两项内容:一是改革医疗管理制度,把主要为蓝领工人和穷人提供免费医疗服务的全国卫生服务机构与主要为白领职员和政府公务员提供医疗服务的全国职员医疗服务机构合并为统一的全国医疗服务制度;把公立医院的管理职责下放给所属各市政府;通过向雇员筹集和政府补贴的形式筹集国家健康保障基金,并分配给通过招标选定的医疗机构和医生提供服务。全国医疗服务制度除了为雇员提供保障外,还为失业和低收入人员、军人和一些规模较小团体的雇员提供医疗保障。二是实行医疗保健机构的部分私有化,成立私营医疗保险公司,为中上收入的社会阶层提供新的医疗保险选择。其资金来源为参加者向保险公司支付的7%的保险税及一定比例的医药费。

改革后的智利医疗保障制度体系是一个双重的保险系统。目前,参加国家健康保障基金的人约为全国人口的70%,其他30%的人参加私人医疗保险。

(3) 从失业救济制度到失业保险的转变。智利在1974年建立了统一的失业救济制度,失业救助的资金完全由国家财政解决,工人和雇主均不需要缴费。该制度理论上覆盖所有劳动者,凡符合条件的失业者(失业前两年中至少就业52周,进行就业登记,能够并愿意工作,不是因个人原因失业),都可以领取失业津贴。受保人失业期间仍有资格领取家庭津贴和疾病妊娠津贴。

但是,随着失业人员的增多,政府开始难以承担沉重的经济压力。2002年10月1日起,智利开始实施失业保险制度,其基本内容如下:失业保险基金由劳动者、用人机构和政府共同出资建立,职工本人和用人机构分别按劳动者每月工资的0.6%和1.6%的比例存入基金,而政府则每年向基金注入大约1000万美元的资金以承担劳动者工资0.8%的份额。自制度实施之日起,签约受雇的劳动者和用人机构必须依法缴纳失业保险基金,而此前受雇的劳动者则可自愿加入基金。凡参加这一制度并按规定缴纳12个月以上的基金份额的劳动者在失业后,可以在最初5个月内领取失业保险金。智利是拉丁美洲率先实施这种社会保障制度的国家。

(4) 雇主责任制的工伤保险制度。智利工伤保险制度的覆盖范围包括雇员、政府工作人员、学生以及一些自我雇佣者。工伤保险费主要由雇主缴纳,由养老金规范化协会组织和管理,政府基本不负责任,但也有一些是由雇主互助协会来组织和管理的。雇主按雇员工资总额的0.95%缴纳保费,同时,还要缴纳占工资总额6.8%的行业差别费,雇员不缴费。劳动者发生工伤时,从工伤保险基金中支付各项待遇。

(5) 独立完整的社会救助制度。在建立强制性个人账户养老金制度并将部分医疗保险交由私营保险公司管理后,分散的社会救助计划也从社会保险中剥离出来,形成一个相对独立的、系统的社会救助制度。政府的社会救助金主要来源于税收,由福利标准委员会负责管理和支付。国家还通过附属于社会保障部和其他有关政府部门的各种基金和机构划拨专项资金用于多种社会计划，如属于计划与合作部的全国残疾人基金、属于劳动与社会保障部的全国培训与就业服务局、属于司法部的未成年人服务局等。这些基金和机构都是独立法人，各有自己的职责重点，资金来源是政府拨款和国内外捐助。主要社会救助计划有养老救济金、统一家庭津贴、生活用水补贴、失业补贴和住房补贴。在智利的社会救助体系中，教会、私人机构等非政府组织也扮演着重要角色。

三、发展中国家的经济改革和发展

发展中国家是指"二战"后摆脱了宗主国的殖民统治、取得政治独立的国家。经过"二战"后几十年的发展，发展中国家的经济已成为当代世界经济的重要组成部分，对世界经济的发展起着越来越重要的作用。但从经济发展水平来看，与发达国家相比，发展中国家的市场经济不成熟，政策与体制的适应性和调整能力弱。

(一) 发展中国家的经济政策

目前独立自主的发展中国家，绝大多数在历史上曾经沦为少数帝国主义国家的殖民地或半殖民地，受到过政治上的压迫和经济上的剥削，其社会结构和经济结构也曾处于停滞、落后的状态。"二战"后，殖民体系出现了最大也是最后的危机，民族解放运动风起云涌，一百多个殖民地、半殖民地、附属国先后取得政治独立，延续几百年的殖民主义体系土崩瓦解。

在实现了政治独立这一目标后，经济发展成为新独立的发展中国家所面对的最重要的历史任务，其民族振兴和经济发展历程也从此开始。此时，发展中国家在经济方面首先需要解决三个问题：一是选择什么样的经济制度；二是如何维护经济主权，摆脱殖民国家的经济特权；三是通过怎样的经济政策改变旧的、落后的社会结构和经济结构。

(1) 经济制度的选择。对刚刚独立的发展中国家来说，经济制度的选择与政治制度的选择是同一问题的两个方面。由于社会历史条件的差异、所处国际环境的不同，以及独立进程的差异，发展中国家选择了不同的政治和经济制度，走上了不同的经济发展道路。其中少数国家选择了社会主义的政治经济制度，并一度模仿苏联高度集权的计划经济体制；而绝大多数国家在民族资产阶级领导下，选择了资本主义政治经济制度。前者被称为社会主义发展中国家，后者被称为民族主义发展中国家。

(2) 取消帝国主义国家的经济特权。为了维护主权，消除其他国家对本国经济上的控制，发展中国家采取了一系列取消帝国主义国家经济特权的措施，包括收回海关权和货币发行权、接管原殖民政府的财产、废除外国资本的租借地和采矿权等。其中影响最大的举措是对外国资本实行国有化和民族化，具体途径包括直接征用、没收外资企业，给予补偿赎买外资企业，以参股方式获得外资企业的控制权等。通过上述行动，发展中国家巩固了政治独立，收回了国家资源，为独立地发展民族经济创造了有利条件。

(3) 实施土地制度改革。土地制度的改革是发展中国家独立后为了摧毁旧的经济基础，推动社会结构现代化，促进农村市场经济发展而普遍采取的一项重要措施。拉丁美洲、亚洲、非洲等国家都相继进行了土地改革，改革虽然并不彻底，但都在不同程度上改变了农村封建的或原始的社会结构和经济结构，为农业生产力的发展和农村市场经济的形成开辟了道路。

(二) 发展中国家的早期发展模式

广大发展中国家在取得政治独立以后，在推行企业国有化和土地制度改革的同时，都把发展民族经济放到了头等重要的地位。而选择什么样的发展模式和发展战略，成为摆在发展中国家面前的首要问题。"二战"后初期，除了那些资源充裕的国家采取了资源开发型战略之外，许多发展中国家都选择了强调政府的干预作用、强化政府地位的政府主导型发展模式，以及在保护性贸易政策下注重进口替代的工业发展战略。

1. 发展中国家的发展战略

发展中国家普遍确立国有企业的重要地位，制订中长期发展计划，并通过财政、税收等方面的政策措施，确定和引导经济发展的方向，政府对产品价格和工资进行管制，通过倾斜性的价格和工资政策扶植主导产业或进口替代产业，同时采取金融抑制政策来强化国家对经济的全面控制。为了实践发展经济学关于经济自主的主张，许多发展中国家确定了优先发展的工业部门，推行制成品进口替代的发展战略。多数发展中国家制定了贸易保护政策，限制国外制成品的进口或通过关税提高其在本国市场的价格，从而减少对本国工业企业的竞争压力。同时，多数发展中国家大力引进工业发达国家的先进技术，有的国家特别强调引进能够吸收较多劳动力的适用技术和适合本国条件的中间技术。

当然，不是所有发展中国家都实行这样的发展模式和战略。例如在发展工业方面，不少国家利用本国占优势的资源，着重发展以农、矿原料为基础的加工工业；也有的国家强调发展面向国外市场的出口商品的生产，发展出口工业，利用本国丰富的原料和低廉的工资，生产在国际市场上具有竞争能力的商品，鼓励出口，限制进口，增加外汇收入，为国家工业发展积累资金。在对外政策上，一些国家实行不同程度的开放政策，许多国家建立经济特区或自由贸易区，大力引进外资，有的国家规定各种优惠待遇，鼓励外资投入。

2. 发展中国家的成就和问题

在各种战略和政策指引下，20世纪50—70年代，发展中国家在发展民族经济方面都取得了不同程度的进展，一些国家曾出现经济建设高潮，创造了经济"奇迹"，涌现出一批新兴工业国和地区，发展中国家整体已经成为世界经济中举足轻重的力量。但在这一时期，不同的发展中国家和地区在发展民族经济的道路上所取得的成就很不相同，有的发展较快，有的比较缓慢，差距有拉大的趋势，发展中国家开始分化，不同类型的发展中国家经济发展速度出现明显差异。总体来说，经济水平较高的中等收入国家的经济发展快于低收入的国家，石油生产国及新兴工业化国家和地区快于其他发展中国家，东亚国家和地区、拉美地区快于非洲特别是撒哈拉以南非洲国家。不同类型的发展中国家的经济结构差异加大,在世界经济中地位的差距也加大,形成了南南差距。

从发展中国家独立直到20世纪70年代,其经济发展历程总体来说是比较顺利的。但到了20世纪70年代末80年代初期,发展中国家在生产、贸易、国际收支和经济生活等各方面都出现了恶化的趋势,许多发展中国家出现了严重的通货膨胀和大量的失业。从1982年年底开始,西方发达国家的经济开始走出危机逐渐回升,一直到20世纪90年代初期,西方发达国家都处于一个结构加速调整、经济低速增长较平稳的发展时期。而除了亚洲部分国家和地区外,大部分发展中国家在这一时期的经济状况却未见好转。国际社会普遍认为,对大多数发展中国家来说,整个20世纪80年代是"失去的10年"。出现上述经济恶化趋势的原因,固然有西方发达国家经济衰退、转嫁危机和国际商品、资本市场动荡的因素,但在发达国家经济迅速恢复并进入新一轮高速增长之后,许多发展中国家的经济仍未出现好转势头,说明基本原因还是这些发展中国家的经济发展战略与政策出现了问题。因此,从20世纪80年代开始,发展中国家都实行了不同程度的改革。

(三) 发展中国家的改革

(1) 实行国有企业的私有化。拉丁美洲在20世纪80年代进行了较大规模的私有化运动,90年代以后,拉丁美洲的私有化进程进一步扩大。除巴西、墨西哥等国的私有化进程进一步深入之外,中美洲国家国有企业的私有化也取得明显进展。东亚发展中国家和地区实行了国有企业的改革,对国有企业进行民营化改制。非洲国家对国有企业进行整合和"非国有化"。

(2) 放松商品价格管制。价格管制必然导致商品短缺和双重价格、双重市场的出现,从而使寻租活动成为可能,其结果是市场不能有效运转,资源往往被浪费,正常的生产受到损害。因此,自20世纪80年代以来,许多发展中国家开始逐步放松对价格的管制,价格放开使因货物稀缺而获得的额外收益从货物分配者手中转移到生产者手中,这大大刺激了生产。

(3) 金融自由化。与商品价格管制一样,金融市场上的利率管制等限制措施,也会造成资金的不当配置,因此,金融自由化也是发展中国家改革的一项重要内容。但由于金融问题的复杂性,发展中国家的金融自由化经历了一个较为曲折的过程。早在20世纪70年代中期,南美洲的阿根廷、智利和乌拉圭就实行了激进的金融改革,包括取消对利率和资金流动的控制、取消指导性信贷计划、开放资本账户等。继南美诸国之后,菲律宾和土耳其也于1980年开始进行以迅速的利率自由化为特征的金融改革。与此同时,东亚大部分发展中国家和地区采取了渐进方式的金融改革。

(4) 产业结构的调整。在发展中国家的早期发展历程中,由于片面追求工业化和进口替代产业的发展,其产业结构虽有一定变化,但仍存在不同程度的不协调问题。20世纪70年代中期以来,来自外部的冲击使发展中国家认识到实现工业、农业、能源、交通、金融、服务等各部门均衡发展的重要性与调整产业结构的迫切性,并采取了相应政策措施来调整产业结构，发展多样化经济，促进各部门的均衡发展。例如，非洲国家更加重视农业，把农业放在优先发展的地位，制订了粮食发展计划，增加农业发展拨款，提高农产品价格，以解决农业衰退和粮食危机的问题。

(5) 调整对外经济关系，实行从内向型经济向外向型经济的转变。推行外向型的经济战略，加强对国际市场的参与，也是发展中国家推进经济市场化和国际化、促进经济发展的一个重要方面。除东亚新兴工业化国家和地区早已实施外向型发展战略外，其他地区的发展中国家也先后实行了贸易自由化改革，在不同程度上推动了从内向型经济向外向型经济的转变。

发展中国家推行的一系列经济改革与调整措施，在一定程度上解决了原有发展模式中存在的问题，提高了经济效率，从而扭转了经济恶化的趋势。20 世纪 90 年代以后，发展中国家的经济已经出现了稳定增长的势头，总体发展态势要强于 20 世纪 80 年代。但在 20 世纪 90 年代，出现了墨西哥危机和更加严重的东亚金融危机，给发展中国家尤其是以往发展较为顺利的新兴工业化国家和地区带来了冲击。发展中国家在 20 世纪 90 年代之后对其经济体制与发展战略进行了进一步的调整，对政府在经济发展中的地位与作用进行重新定位，重点在于提高或改善以政府理性、效率性和自律性等为核心的"政府质量"；加强对市场的监管，制定更加完善的市场行为规则，促进经济政策与制度安排的透明化、健全化、规范化，并避免过于仓促的自由化改革；在继续实施对外开放的同时，采取措施增加内需，促进内部资本积累，减少对外部市场和资金的依赖性。

尽管发展中国家的经济在发展过程中出现了新的波动，但其总体发展前景仍很乐观。目前发达国家经济继续增长，世界新技术革命方兴未艾，信息技术和知识经济的发展将从根本上改造整个世界经济结构。经济全球化将进一步优化世界的资源配置，提高利用效率，并起到稳定全球供给和需求的作用。各国政府宏观经济调控的质量将进一步提高，国际经济关系体系在许多领域的调整步伐明显加快，未来的世界经济会更加趋于成熟。

从世界经济的中长期发展趋势来看，其上升势头可以肯定，发展中国家面临的外部环境较为有利。对于经济全球化带来的新挑战，许多发展中国家也已采取措施加以应对。如果措施得当，则发展中国家仍可达到发展经济、实现现代化的目标。

第三节　当代中国的对外开放

中国是世界上文明出现最早的国家之一，历史上与世界各国有广泛的经济和文化交流，"丝绸之路"就是中国对外开放的丰碑。但从明朝开始，中国实行闭关锁国的政策，把中国孤立于世界之外。西方资本主义国家资本主义经济的发展和国际市场的开辟，极大地促进了生产力的发展，与中国经济的停滞不前形成了鲜明的对比。

中华人民共和国成立 70 年来，坚持奉行独立自主的和平外交政策，适应国内社会主义建设的要求和国际形势的变化，逐步走向世界并在国际事务中发挥重要作用。

一、中国对外经济发展战略的转变

1949年以来，中国对外经贸关系依次经历了五个不同的战略阶段。

(一) 1949—1971年，实行封闭的计划经济

第二次世界大战后，世界形成以雅尔塔体制为基础的东西方两大阵营的对立、冷战的局面，以美国为首的资本主义国家为一方，以苏联为首的社会主义国家为另一方。中华人民共和国成立后，资本主义国家在外交上不承认新中国，并在经济上对中国实行封锁禁运，随后又扩大侵朝战争，威胁中国的安全，使中国不得不与西方世界隔绝开来，在国际经济领域站在以苏联为首的社会主义阵营一边。

1956年以后，为适应国内经济的集中计划体制，按照列宁提出的"对外贸易全部实行国有化"[①]的外贸垄断制原则，建立了以国家高度垄断为特征的对外贸易体制，即由各行业建立的国有净出口总公司统一经营所属行业的进出口业务；进出口按照国家计划委员会下达的指令性计划进行，出口商品实行计划收购，进口实行计划调拨销售，由国家财政统付盈亏。在这种体制下，进出口贸易的功能被定位在"互通有无"和"调剂余缺"上。

20世纪60年代，中国与苏联的关系恶化，中国领导人愈发强调"自力更生"，在国内鼓励各个地区建立"独立的经济体系"，在对外经济关系上更是进一步采取了封闭的政策，一直到70年代，中国的对外贸易都处于停滞不前的状态。

(二) 1972—1978年，进口替代战略

进口替代战略又称进口替代工业化政策，是内向型经济发展战略的产物，是指一国采取各种措施，限制某些外国工业品进口，促进本国有关工业品的生产，逐渐在本国市场上以本国产品替代进口品，为本国工业发展创造有利条件，以实现本国的工业化。一般做法是国家通过给予税收、投资和销售等方面的优惠待遇，鼓励外国私人资本在本国设立合资或合作方式的企业，或通过来料和来件等加工贸易方式，提高本国工业化的水平。

封闭的计划经济使中国在工业、技术、管理等方面与工业化国家的差距变得越来越大，中国政府意识到了长期闭关锁国的危险性。1972年，中国与美国的关系松动，中日邦交正常化，中国开始与西方发展贸易关系，进出口贸易也有了比较快的发展，中国的进出口贸易总额从1972年的63.0亿美元增长到1978年的206.4亿美元。这时，中国发展对外贸易的目的不是建设开放经济，而是希望通过进口替代，建立"独立自主、自力更生"的经济体系。

(三) 1979—1993年，从进口替代转向出口导向战略

20世纪70年代末，中国政府对过去的经济发展进行思考，同时对"二战"后发展中

[①] 1918年4月，列宁签署的《关于对外贸易国有化》的法令要求对外贸易企业所有权、外贸管理权、外贸经营权实行全部国有化。

国家的经济发展进行总结，深刻认识到闭关锁国和进口替代都只会严重阻碍和损害中国的经济发展。从1979年开始，中国实行对外开放战略，学习东亚地区的日本以及亚洲"四小龙"等国家和地区发展外向经济、推动整个经济高速成长的经验，采取出口导向战略，充分发挥中国在劳动资源上的比较优势，以引进外资、发展劳动密集型产业、扩大制成品出口来带动本国经济的发展。但在1978—1993年，具体执行的政策实际上是进口替代与出口导向的结合，是一种逐步转向出口导向的过渡状态。

逐步转向出口导向的一个重要征兆是，同时实现双重汇率制度。在改革开放以前，中国一直实行外汇计划定价和计划分配的制度。与进口替代战略相配合，采取的是本币高估的政策，改革开放开始时，人民币的官方汇率处于1.5元人民币兑换1美元的高位。1980年10月，中国政府决定允许国有集体企事业单位通过中国银行在人民币贸易内部结算价(2.80元人民币兑换1美元)上下10%的浮动幅度内进行外汇调剂交易，这样形成了官方市场和调剂市场并存的外汇市场双轨制。1985年以后，中国首先在深圳等经济特区，随后在其他省市普遍设立了外汇调剂中心，同时允许外商投资企业通过外汇管理部门买卖外汇，调剂汇率也逐步放开，浮动幅度限制完全由调剂市场的供求情况决定。

(四) 1994—2001年，全面的出口导向战略

1985年以后，外汇市场的双轨制通过两条途径向单一市场并轨：一是人民币的官方汇率逐步贬值，二是调剂市场的成交额占全国贸易外汇成交额的比重不断提升。1994年1月起，中国实行单一的、有管理的浮动汇率制，将官方汇率与调剂市场汇率并轨，此后又将外资企业也纳入银行的结售汇体系。

1994年的外汇改革意味着全面实行出口导向战略，这对20世纪90年代后期中国出口的迅猛增长起到了积极的推动作用。

(五) 2001年中国加入WTO，走向全面开放

中国原来就是世界贸易组织前身的关贸总协定的缔约国，1986年，中国提出恢复关贸总协定缔约国地位的申请。2001年12月11日，经过15年的艰苦努力，中国终于成功"复关"，成为WTO的第143个成员，从此，中国开启了全球化、国际化、市场化和法制化的新征程。

从2001年中国加入WTO(俗称"入世")至今，中国政府信守在"入世"时所做出的承诺，对外贸易体制和外贸政策进行了全面调整。目前，中国对外经济在法治建设、透明度、货物贸易、服务贸易、利用外资和保护知识产权等诸多方面都取得了长足的进步，中国的对外开放也进入一个以多边规则为基础、全面提升开放水平的新阶段。

二、中国由沿海到内地开放格局的形成

1978年12月，中共十一届三中全会将对外开放确定为中国的一项基本国策。40多年来，中国从政策性的对外开放过渡到制度性的对外开放，并取得了举世瞩目的成效。此过

程大体经历了六个阶段：试办经济特区，开放沿海城市，扩大沿海开放区域，开发和开放上海浦东新区，沿江、沿边及内陆省会城市全面开放，加入世界贸易组织，形成全方位、多层次、宽领域的对外开放格局。

(1) 试办经济特区。1979年7月和1980年5月，中国先后决定在广东省的深圳、珠海、汕头和福建省的厦门创办经济特区。1988年4月，中国政府正式批准海南岛建省办经济特区。这是对外开放的重大步骤，是利用国外资金、技术、管理经验来发展经济的崭新试验。经济特区实行特殊经济政策，以市场调节和外向型经济为主，发挥了对外开放的窗口和改革试验基地的作用。

(2) 开放沿海城市。1984年5月，在总结经济特区经验的基础上，中国政府决定进一步开放14个沿海港口城市，即大连、秦皇岛、天津、烟台、青岛、连云港、南通、上海、宁波、温州、福州、广州、湛江、北海，这14个城市的总人口不到全国的8%，工业产值则占全国的20%。这些沿海港口城市工业基础雄厚，技术人才济济，科教事业发达，在历史上就有广泛的对外联系。这些城市的进一步对外开放，带动了整个沿海地带的开放和经济发展。

(3) 扩大沿海开放区域。1985年2月，中国政府提出了沿海地区经济发展战略，发展外向型经济，先后决定将长江三角洲、珠江三角洲、闽南三角洲地区和环渤海地区开辟为沿海经济开放区。这些地区共包括41个市、218个县，使中国从南到北在沿海地区形成了一条包括2亿多人口的开放地带。

从1985年起，中国即在这些开放地区给予优惠政策，包括扩大这些地区的自主权、对外商投资的税收优惠和简化外商出入境手续等方面。沿海经济开放区的建立，经历了由小到大，先"小三角"后"大三角"的发展过程，使中国对外开放由城市扩展到广大农村，大大扩大和拓宽了对外开放的规模和领域。

(4) 开发和开放上海浦东新区。1990年6月2日，中国政府正式批准进一步开发和开放上海浦东新区。在浦东地区实行经济技术开发区和某些特区的政策，带动拥有3亿人口、180万平方千米长江流域腹地的发展。

(5) 沿边、沿江及内陆省会城市全面开放。1992年，中国的改革开放进入了一个新的历史阶段，先后批准开放了13个沿边城市、6个长江沿岸城市、18个内陆省会城市，批准了32个国家级的经济技术开发区、52个高新技术开发区、13个保税区，开放了34个口岸，形成了沿海、沿江、沿边和内陆地区多层次、全方位的开放新格局。

(6) 加入世界贸易组织，对外开放进入全新阶段。

世界贸易组织于2001年11月在卡塔尔首都多哈举行第四次部长级会议，会议表决通过了中国加入世界贸易组织。加入世界贸易组织后，中国对外开放由政策性开放向制度性开放转变，这是一种高层次的对外开放，具有以下特点：①由过去有限范围和有限领域的市场开放，转变为全方位的市场开放；②由过去单方面为主的自我开放，转变为中国与世界贸易组织成员之间双向的相互开放；③由过去以试点为主的政策性开放，转变为在法律框架下的可预见的开放。

随着中国对外开放的不断深入,中国的对外经济交流也发生了翻天覆地的变化,货物贸易总额迈上了新台阶,质量和效益进一步提高,贸易大国地位进一步巩固;服务贸易站上新起点,国际竞争力不断增强,已逐步跻身服务贸易大国行列;积极利用国外资金,对外经济合作驶入良性发展轨道。

三、中国与国际经济组织

从中华人民共和国成立到改革开放前30年,西方发达国家对中国进行经济封锁,中国与国际组织的交往很少。20世纪70年代初,随着中美关系解冻、中日建交和中国在联合国合法地位的恢复,西方发达国家对中国的态度有所转变,中国的国际交往有所扩大。改革开放以来,中国积极参与国际经济合作组织,积极倡导和推动次区域经济合作和自由贸易,为参与全球经济一体化开拓了更加广阔的空间。

(一) 中国与世界贸易组织

世界贸易组织由关税与贸易总协定(以下简称关贸总协定)发展而来。1994年4月15日,摩洛哥的马拉喀什市举行了关贸总协定乌拉圭回合部长会议,决定成立更具全球性的世界贸易组织,以取代成立于1947年的关贸总协定。

1995年7月11日,世界贸易组织总理事会会议决定接纳中国为该组织的观察员。中国自1986年申请重返关贸总协定以来,为复关和加入世界贸易组织已进行了长达15年的努力。2001年12月11日,中国正式加入世界贸易组织,成为其第143个成员。

(二) 中国与国际货币基金组织、世界银行

国际货币基金组织(International Monetary Fund,IMF)是根据1944年7月在布雷顿森林会议签订的《国际货币基金协定》,于1945年12月27日在华盛顿成立的。国际货币基金组织与世界银行同时成立,并列为世界两大金融机构之一,其职责是监察货币汇率和各国贸易情况、提供技术和资金协助,确保全球金融制度运作正常,总部设在华盛顿。

世界银行(World Bank Group,WBG)是世界银行集团的俗称,"世界银行"这个名称一直用于指代国际复兴开发银行(IBRD)和国际开发协会(IDA)。这些机构联合向发展中国家提供低息贷款、无息信贷和赠款。世界银行是一个国际组织,最初的使命是帮助在第二次世界大战中被破坏的国家进行重建,如今它的任务是资助国家克服穷困,为减轻贫困和提高生活水平发挥独特的作用。

1980年4月和5月,中国分别恢复了在国际货币基金组织和世界银行的合法席位。

(三) 中国与区域经济合作组织

参与区域经济合作是中国对外开放的重要组成部分,有利于中国在更大范围、更广领域和更高层次上参与国际经济合作与竞争,实现中国与世界各国的互利共赢和共同发展。20世纪90年代以来,中国积极参与了亚太经合组织、上海合作组织、亚欧会议和大湄公河次

区域经济合作等区域性合作,并在这些组织和合作中发挥了重要作用。

中国积极拓展双边经贸关系,加快实施自由贸易区战略,不断深化多边经贸合作。目前,中国已累计建立了 160 多个双边经贸合作机制,签订了 150 多个双边投资协定,与美、欧、日、英、俄等均建立了经济高层对话;与五大洲的 28 个国家和地区建设了 15 个自贸区,已签署 10 个自贸协定;在推动多哈回合谈判和贸易自由化的进程中发挥了建设性作用;与 APEC、"10+1" 和 "10+3"、中非合作论坛等区域经济合作机制的合作日益深化;坚持"与邻为善、以邻为伴"方针,与周边国家和地区建立并发展了多种形式的边境经济贸易合作。

展望未来,中国推进对外开放的任务仍十分艰巨:适应中国对外开放由出口和吸收外资为主转向进口和出口、吸收外资和对外投资并重的新形势,实行更加积极主动的开放战略,不断拓展新的开放领域和空间,完善更加适应发展开放型经济要求的体制机制,有效防范风险,以开放促发展、促改革、促创新,努力发挥自身优势。中国还应继续加强全方位国际合作,在更大范围、更广领域、更高层次融入世界经济,应对世界经济和贸易发展面临的各种挑战,推动对外开放平衡、协调和可持续发展。

第四节　当代中国的经济发展战略

中华人民共和国成立以后,在经济和社会建设中,中国政府一开始就注意了从战略全局和发展远景来考虑经济问题,制定经济建设和社会发展的长远目标,以及为实现目标而采取的主要步骤、重大政策和措施。从 1953 年开始,中国进入第一个五年计划,至今中国已经顺利完成了十二个五年规划(计划),国家的经济和社会建设取得了很大成就,经济发展战略目标的选择和实现目标的道路方法,也相应地发生了根本性的转变。

一、经济发展战略概述

经济发展战略是指关于经济发展中带有全局性、长远性、根本性的总的构想,或者是在一定时期内,国家关于国民经济发展的基本思想以及为此而实施的总体规划和方针政策。

1958 年,美国著名的发展经济学家艾伯特·赫希曼在其所著《经济发展战略》一书中率先提出了"经济发展战略"的概念。从战略的本质来讲,经济发展战略就是对经济发展的全局性、长远性、高层次的重大问题的谋划和指导,具有全局性、长远性、综合性、稳定性、系统性等特征。

二、经济发展战略的组成部分

经济发展战略通常包括以下三个基本组成部分。

(1) 制定战略的实际依据和理论依据。要考虑本国的经济、社会、科学技术、教育、文化等的历史和现状，并明确所遵循的基本指导思想和重要指导原则。

(2) 经济发展战略的战略目标和战略方针。经济发展战略目标，即战略主体在一个较长时期内关于发展全局的奋斗目标，它是制定和实施经济发展战略的出发点和归宿点。经济发展战略方针，即经济发展战略的根本指导思想，它是确立经济发展战略的基本准则和纲领性指导。

(3) 提出实现战略目标的途径和手段，包括战略对策、战略重点、实施步骤、力量部署、重大的政策措施等。战略对策，即为实现经济发展战略任务而采取的一系列措施和手段的总称，它解决的是经济发展战略的实施途径和具体方法问题。战略重点，即为实现战略目标而确定的重点领域或重点项目。经济发展战略有不同层次和不同范围，一个国家、一个地区、一个部门、一个企业，都可有自己的经济发展战略。

制定经济发展战略必须有科学的依据，一般来说主要包括以下几个方面：①基本国情，包括自然资源条件、人口状况、经济条件、经济社会结构、科技发展水平等。②经济规律。经济规律是社会经济现象及其运动过程内在的、本质的、必然的联系，因此，制定经济发展战略，要善于学习和总结实践经验，从经济实践中找出经济发展的规律性，作出科学的决策。③国际环境。当今世界，生产国际化加强，国际经济关系日趋密切。国际环境包括国际贸易关系、国际金融资本转移、技术转让和商品贸易、国际劳力市场、国际经济结构等方面的内容。

三、当代中国的经济发展战略的主要内容

当代中国制定的经济发展战略是在尊重客观规律，对国际形势进行了准确的研判，同时对中国国情进行了科学的认识和把握的基础上提出并加以实施的，是中国成功的基础和前提。只有客观地认识国情，真正把握中国所处的历史阶段和发展水平，充分考虑资源、人口、技术和历史文化等方面的实际情况，才能制定出科学的经济发展战略。实行改革开放政策，就是当代中国经济发展战略的重要内容之一。除此之外，还有其他重要战略如下。

(一) 贯彻新发展理念

新发展理念是由习近平在 2015 年为应对经济新常态提出的。改革开放后，中国一直保持了较高的经济增长率，随着国内和国际经济形势的变化，中国经济从高速增长阶段转向高质量发展阶段，处在转变发展方式、优化经济结构、转换增长动力的攻关期，即处于经济发展的新常态，中国政府由此提出新发展理念。

1. 新发展理念的内涵

新发展理念即创新、协调、绿色、开放、共享的发展理念，这五方面内容是中国深刻总结国内外的发展经验和教训、分析国内外发展大势的基础上形成的，也是针对中国发展中的突出矛盾和突出问题提出的，深刻解释了实现更高质量、更有效率、更加公平、更可

持续发展的必由之路。

创新发展注重的是解决发展动力问题，是引领发展的第一动力。发展动力决定发展速度、效能和可持续性，中国创新能力不强，科技发展水平总体不高，科技对经济社会发展的支撑能力不足，科技对经济增长的贡献率远低于发达国家水平。要实现高质量的发展，就要树立创新发展理念，把创新摆在国家发展全局的核心位置，不断推进各方面创新，更好地引领新常态。

协调发展注重的是解决发展不平衡问题，是持续、健康发展的内在要求。中国发展不协调是一个长期存在的问题，突出表现在区域、城乡、经济和社会、物质文明和精神文明、经济建设和国防建设等方面。在经济发展水平落后的情况下，一个国家会更重视发展的速度，但发展到一定阶段后，就要注意调整，注重发展的整体效能，要把握国家和社会发展的总体布局，正确处理发展中的重大关系。

绿色发展注重的是解决人与自然和谐发展的问题，是持续发展的必要条件。中国资源约束趋紧，环境污染严重，生态系统退化的问题十分严峻，人民群众对清新空气、干净饮水、安全食品、优美环境的要求越来越强烈。必须坚持节约资源和保护环境的基本国策，坚持低碳循环可持续发展，加快建设资源节约型、环境友好型社会，努力形成人与自然和谐发展的现代化建设新格局。

开放发展注重的是解决发展内外联动问题，是国家繁荣发展的必由之路。中国对外开放水平总体上还不够高，用好国际国内两个市场、两种资源的能力还不够强，应对国际经贸摩擦、争取国际经济话语权的能力还比较弱，运用国际经贸规则的本领也不够强，需要加快弥补。要提高对外开放的质量和发展的内外联动性，主动参与和推动经济全球化进程，发展更高层次的外向型经济，不断增强国家的经济实力和综合国力。

共享发展注重的是解决社会公平问题。中国经济发展的"蛋糕"不断做大，但分配不公的问题比较突出，收入差距、城乡区域公共服务水平差距较大，在共享改革发展成果上，无论是实际情况还是制度设计，都还有不完善的地方。要作出更有效的制度安排，增加公共服务供给，坚持全民共享、全面共享、共建共享、渐进共享，使人民共享改革开放和经济发展的成果。

2. 新发展理念的主要特征和重要意义

创新、协调、绿色、开放、共享的五大发展理念是实现中国既定发展目标、破解发展难题、厚植发展优势的理论指南，是"十三五"乃至更长时期国家发展思路、发展方向、发展着力点的集中体现，是关于发展观念的又一次理论创新。新发展理念作为发展理念的新形式，具有实践性、人民性、发展性、整体性、历史性五大特征。

（1）新发展理念具有实践性。新发展理念来源于实践。创新、协调、绿色、开放、共享的发展理念不是凭空得来的，而是在深刻总结国内外的发展经验和教训、分析国内外发展大势的基础上形成的，也是针对中国发展中的突出矛盾和问题提出来的，集中反映了对国家发展规律的新认识和新成果，它的内容和要求均源于对实践的不断总结。

(2) 新发展理念体现人民性。新发展理念是发展为了人民、发展依靠人民、发展成果由人民共享的理念。新发展理念体现了逐步实现共同富裕的目标和要求，慢慢实现阶级之间、城乡之间、脑力劳动与体力劳动之间对立和差别的彻底消除，从而实现各尽所能、按需分配，真正实现社会共享和人民共享，这是中国经济和社会发展的价值追求。

(3) 新发展理念具有发展性。新发展理念本身是发展的，作为对发展实践的科学总结，发展理念本身必然会随着实践的发展而发展，实践提出的新课题、新要求、新变化，必然要求理念给予解答，进而对理念进行检验、修正与完善。坚持解放思想、实事求是、与时俱进，在实践基础上进行理念创新与制度创新，不仅科学地说明了理念对于实践的依赖性，更说明了实践对于理念的推动性。

(4) 新发展理念具有整体性。无论是从内容还是从过程来看，新发展理念都是一个整体。从内容来看，新发展理念是包括创新、协调、绿色、开放、共享五个方面的整体，是相互联系的，其中任何一个部分都不可脱离其他部分而独立存在。从过程来看，新发展理念的形成过程和发展过程是一个整体。五大发展理念的理论逻辑源于历史的逻辑，是在面临中国全面建成小康社会决胜阶段的复杂国内外形势，面对当前经济社会发展新趋势、新机遇和新挑战的背景下同时产生的，是整体形成的。

(5) 新发展理念的历史性。新发展理念是在历史发展的过程中才得以总结和升华的，因而它是历史的，也是具体的，这也决定了发展理念在不同国家和不同地区，在不同的历史时期和历史阶段都有其特殊性。一般而言，发展理念与经济发展水平是相适应的，经济发达国家的发展理念往往要比经济欠发达国家的发展理念先进。在同一国家，经济发达地区的发展理念往往比经济欠发达地区的理念先进。但是，这种趋势并不是绝对的。

新发展理念作为中国全面建成小康社会进程中产生的发展理念，它不仅是先进的，更应当是世界的，是引领未来的。中国作为最大的发展中国家、世界第二大经济体，积极主动参与全球治理，形成有利于世界各国发挥各自优势的发展新格局，这是时代赋予的重大使命。全球治理的关键在于发展治理，核心在于理念引领。纵观世界大势，五大发展理念将有利于促进全球经济治理，从这一意义而言，新发展理念具有世界意义。

(二) 建设现代化经济体系

现代化经济体系是以政府宏观调控为主导，以大众创业、万众创新为基础，通过产业融合实现产业升级、经济可持续高速发展的智慧经济理论体系与智慧经济形态。党的十九大首次提出建设现代化经济体系，这是紧扣新时代中国社会主要矛盾转化、落实中国特色社会主义经济建设布局的内在要求，是决胜全面建成小康社会、开启全面建设社会主义现代化国家新征程的基本途径，也是适应中国经济由高速增长阶段转向高质量发展阶段，转变经济发展方式、转换发展动能和全面均衡发展的迫切需要，意义深远而重大。

1. 现代化经济体系的主要内容

高质量的现代化经济体系是由社会经济活动各个环节、各个层面、各个领域的相互关系和内在联系构成的一个有机整体，包括以下几个方面的内容。

(1) 建设创新引领、协同发展的现代化产业体系。实现实体经济、科技创新、现代金融、人力资源协同发展,使科技创新在实体经济中的贡献份额不断提高,现代金融服务实体经济的能力不断增强,人力资源支撑实体经济发展的作用不断优化。

(2) 建设统一开放、竞争有序的市场体系。实现市场准入通畅、市场开放有序、市场竞争充分、市场秩序规范,加快形成企业自由经营公平竞争、消费者自由选择自主消费、商品和要素自由流动平等交换的现代市场体系。

(3) 建设体现效率、促进公平的收入分配体系。实现收入分配合理、社会公平正义、全体人民共同富裕,推进基本公共服务均等化,逐步缩小收入差距。

(4) 建设彰显优势、协调联动的城乡区域发展体系。实现区域良性互动、城乡融合发展、陆海统筹整体优化,培育和发挥区域比较优势,加强区域优势互补,塑造区域协调发展新格局。

(5) 建设资源节约、环境友好的绿色发展体系。实现绿色低碳循环发展、人与自然和谐共生,形成人与自然和谐发展的现代化建设新格局。

(6) 建设多元平衡、安全高效的全面开放体系。发展更高层次开放型经济,推动开放朝着优化结构、拓展深度、提高效益方向转变。

(7) 建设充分发挥市场作用,更好发挥政府作用的经济体制。

以上七个体系是有机的整体,各体系间相互促进、相互制约。只有高质量地构建好每一个体系,才能实现现代化经济体系的高质量发展。

2. 如何建立现代化经济体系

要以供给侧结构性改革为主线,推动经济发展质量和效率变革。深化供给侧结构性改革是建设现代化经济体系的战略措施。随着中国社会主要矛盾的转化和经济由高速增长阶段转向高质量发展阶段,制约经济持续健康发展的因素既有供给问题也有需求问题,既有结构问题也有总量问题,但供给侧和结构性问题是矛盾的主要方面。供给结构失衡,不能适应需求结构的变化;供给质量不高,不能满足人民美好生活和经济转型升级的需求;金融、人才等资源配置存在"脱实向虚"现象,影响了发展基础的巩固。

必须把发展经济的着力点放在实体经济上,把提高供给体系质量作为主攻方向,显著增强我国经济质量优势。实体经济是现代化经济体系的坚实基础,是一国经济的立身之本,也是财富创造的根本源泉,要加快发展先进制造业、现代服务业,加强基础设施网络建设,促进中国产业迈向全球价值链中高端。推动资源要素向实体经济聚集,正常措施向实体经济倾斜,工作力量向实体经济加强,创造有利于实体经济发展的制度环境和社会氛围。

加快实施创新驱动发展战略,建设创新型国家,这是建设现代化经济体系的战略支撑。要瞄准世界科技前沿,强化基础研究、应用基础研究和战略科技力量,实现重大突破和颠覆性创新。建立以企业为主体、市场为导向、产学研深度融合的技术创新体系,促进科技成果转化;倡导创新文化,支持大众创业、万众创新,强化知识产权保护。同时,实行更加积极、更加开放、更加有效的人才政策,培养和造就一大批具有国际水平的人才和高水平创新团队。

实施乡村振兴战略，这是建设现代化经济体系的重要基础。必须始终把解决"三农"问题作为全党工作的重中之重，建立健全城乡融合发展体制机制和政策体系，加快推进农业农村现代化，深化农业供给侧结构性改革。构建现代农业产业体系，发展多种形式规模经营，实现小农户和现代农业发展有机衔接；促进农村第一、二、三产业融合发展，拓宽农民就业创业和增收渠道；巩固和完善农村基本经营制度，深化农村土地制度改革，深化农村集体产权制度改革；加强农村基层基础工作，健全乡村治理体系，建设社会主义新农村。

积极推动城乡区域协调发展战略，优化现代化经济体系的空间布局。中国幅员辽阔，各地发展很不平衡，必须坚持协调发展理念，优化区域发展格局，推进新型城镇化，逐步缩小区域差距。协调推动西部大开发、东北振兴、中部崛起、东部率先发展；协调推动"一带一路"相关地区开放开发、京津冀协同发展、长江经济带保护发展、粤港澳大湾区建设；支持老少边穷地区加快发展，支持资源型地区经济转型发展，加快边疆发展，加快建设海洋强国；以城市群为主体，构建大中小城市和小城镇协调发展的城镇格局，提高城市承载能力，加快农业转移人口市民化。

加快完善社会主义市场经济体制，这是建设现代化经济体系的制度保障。推动经济转型升级，要害在创新，关键靠改革。必须以完善产权制度和要素市场化配置为重点，深化经济体制改革，坚决破除制约发展活力和动力的体制机制障碍；坚持和完善我国社会主义基本经济制度和分配制度，毫不动摇巩固和发展公有制经济，毫不动摇鼓励支持引导非公有制经济发展，完善国有资产管理体制，深化国有企业改革，支持民营企业发展；深化商事制度改革，全面实施市场准入负面清单制度，加快要素价格市场化改革，完善市场监管体制；创新和完善宏观调控，发挥国家发展规划的战略性导向作用，健全财政、货币、产业、区域、消费、投资等经济政策协调机制，加快建立现代财政制度，深化金融体制改革。

推动形成全面开放新格局，提高现代化经济体系的国际竞争力。必须统筹国内、国际两个大局，贯彻开放发展理念，坚持对外开放的基本国策，发展更高层次的开放型经济。以"一带一路"建设为重点，坚持"引进来"和"走出去"并重，形成陆海内外联动、东西双向互济的开放格局；拓展对外贸易，培育外贸新业态新模式，优化进出口结构；全面实行准入前国民待遇加负面清单管理制度，大幅度放宽市场准入，扩大服务业对外开放，优化区域开放布局；创新对外投资方式，促进国际产能合作，形成面向全球的贸易、投资、生产、服务网络。

(三) 全面建成小康社会，开启全面建设社会主义现代化国家新征程

1. 全面建成小康社会

改革开放以后，中国政府对中国社会主义现代化建设作出战略安排，提出"三步走"战略目标。在解决人民温饱问题、人民生活总体上达到小康水平这两个目标提前实现的基

础上，2002年，江泽民提出了21世纪前20年为中国全面建设小康社会的时期，并明确了全面建设小康社会的奋斗目标。在全面建设小康社会目标的基础上，中国在2012年根据中国经济社会发展实际和新的阶段性特征，提出了更具明确政策导向、更加针对发展难题、更好顺应人民意愿的新要求，确保到2020年全面建成小康社会。根据中国经济社会发展实际，具体要求包括：经济持续健康发展；人民民主不断扩大；文化软实力显著增强；人民生活水平全面提高；资源节约型、环境友好型社会建设取得重大进展。

全面建成小康社会要求中国全面深化各方面的改革：紧紧围绕使市场在资源配置中起决定性作用的深化经济体制改革，坚持和完善基本经济制度，加快完善现代市场体系、宏观调控体系、开放型经济体系，加快转变经济发展方式，加快建设创新型国家，推动经济更有效率、更加公平、更可持续地发展；紧紧围绕坚持党的领导、人民当家作主、依法治国有机统一深化政治体制改革，加快推进社会主义民主政治制度化、规范化、程序化，建设社会主义法治国家，发展更加广泛、更加充分、更加健全的人民民主；紧紧围绕建设社会主义核心价值体系、社会主义文化强国深化文化体制改革，加快完善文化管理体制和文化生产经营机制，建立健全现代公共文化服务体系、现代文化市场体系，推动社会主义文化大发展大繁荣；紧紧围绕更好保障和改善民生、促进社会公平正义深化社会体制改革，改革收入分配制度，促进共同富裕，推进社会领域制度创新，推进基本公共服务均等化，加快形成科学、有效的社会治理体制，确保社会既充满活力又和谐有序；紧紧围绕建设美丽中国深化生态文明体制改革，加快建立生态文明制度，健全国土空间开发、资源节约利用、生态环境保护的体制机制，推动形成人与自然和谐发展的现代化建设新格局；紧紧围绕提高科学执政、民主执政、依法执政水平深化党的建设制度改革，加强民主集中制建设，完善党的领导体制和执政方式，保持党的先进性和纯洁性，为改革开放和社会主义现代化建设提供强大的政治保证。

2. 开启全面建设社会主义现代化国家新征程

党的十九大综合分析国际国内形势和中国发展条件，提出在实现全面建成小康社会的目标之后，从2020年到21世纪中叶分两个阶段开启全面建设社会主义现代化国家新征程。

第一个阶段，2020—2035年，在全面建成小康社会的基础上，再奋斗15年，基本实现社会主义现代化。到那时，中国经济实力、科技实力将大幅跃升，跻身创新型国家前列；人民平等参与、平等发展的权利得到充分保障，法治国家、法治政府、法治社会基本建成，各方面制度更加完善，国家治理体系和治理能力现代化基本实现；社会文明程度达到新的高度，国家文化软实力显著增强，中华文化的影响更加广泛、深入；人民生活更为宽裕，中等收入群体的比例明显提高，城乡区域发展的差距和居民生活水平的差距显著缩小，基本公共服务均等化基本实现，全体人民共同富裕迈出坚实步伐；现代社会治理格局基本形成，社会充满活力又和谐有序；生态环境根本好转，美丽中国目标基本实现。

第二个阶段，2035年—21世纪中叶，在基本实现现代化的基础上，再奋斗15年，把中国建成富强、民主、文明、和谐、美丽的社会主义现代化强国。到那时，中国物质文明、政治文明、精神文明、社会文明、生态文明将全面提升，实现国家治理体系和治理能力现代化，成为综合国力和国际影响力领先的国家，全体人民共同富裕基本实现，中国人民将享有更加幸福安康的生活，中华民族将以更加昂扬的姿态屹立于世界民族之林。

中国国家主席习近平指出，从全面建成小康社会到基本实现现代化，再到全面建成社会主义现代化强国，是新时代中国特色社会主义发展的战略安排。只要坚忍不拔、锲而不舍，奋力谱写社会主义现代化新征程的壮丽篇章，中国共产党、中国政府和中国人民就一定能够在世界的东方续写"中国梦"的辉煌！

第五节　当代中国的民生建设

民生概念有广义和狭义的区别。广义上的民生概念将与民生有关的，包括直接相关和间接相关的事情都归入民生范围内，几乎可以延伸到经济、社会、政治、文化等任一领域，无所不包，甚至还可以包括历史观方面的问题。这样一来，由于不易操作和把握，容易冲淡人们对于直接、切身、具体、真正的民生问题的关注和改善，所以在具体政策和实际生活中，人们一般不使用广义的民生概念。狭义上的民生概念主要是从社会层面上着眼的。从这个角度来看，所谓民生，主要是指民众的基本生存和生活状态，以及民众的基本发展机会、基本发展能力和基本权益保护状况等。人们平时所说的民生概念一般都是狭义的民生概念，具体来说，就是指就业、养老、医疗、社保等现实问题。

一、中国的就业政策和失业保险制度

改革开放前，在计划经济体制下，中国实行"统招统分"和"统包统配"的劳动就业制度。1958年，中国政府宣布城镇已经消灭失业，实际上在中国的企业和工厂中存在大量的隐性失业的现象。改革开放后，中国对传统的就业体制进行了改革。1986年，中国政府颁布了《中华人民共和国企业破产法》，同时在国有企业内部实行企业用工的劳动合同制度改革，失业开始显性化。

20世纪90年代以后，在经济全球化的背景下，中国经济改革进入了攻坚阶段，中国的经济结构和就业结构发生重大变化，中国的失业问题更加严重。为了解决就业问题，中国政府一方面不断研究和推行积极的就业政策，提高劳动力的就业能力，另一方面不断完善失业保险制度。

(一) 中国的就业政策

20世纪90年代以来，中国的经济体制改革重点是明确社会主义市场经济体制的目标，对国有企业进行改革。其中，对劳动力市场影响较大的改革包括：以实行劳动合同制为标志，改革企业用人制度；配合结构调整和国有企业改革的深化，实施再就业工程；实施农村劳动力流动有序化工程，推进农村劳动力开发就业；结合计划体制向市场体制的全面转化，实施积极的就业政策[①]。20 世纪 90 年代后期到 21 世纪初，经过一系列的努力，中国市场就业机制初步形成。

2002 年，中国政府提出全面建设小康社会的奋斗目标，把"社会就业比较充分"列入其中，确立了做好 21 世纪新阶段就业再就业工作的方针政策。随后，中国政府作出了一系列决策部署，出台了一系列政策措施，颁布进一步做好失业人员再就业工作的政策，确立了中国经济就业政策的框架。积极的就业政策主要包括五个方面的内容：一是以提高经济增长对就业的拉动能力为取向的宏观经济政策，主要通过保持较高经济增长速度，调整产业结构、所有制结构、企业结构等，扩大就业总量、创造就业岗位。二是以重点促进下岗失业人员再就业为取向的扶持政策，主要是运用税费减免、资金信贷等优惠政策杠杆，所创造的岗位优先用于解决困难群体就业。三是以实现劳动力与就业需求合理匹配为取向的劳动力市场政策，主要是通过强化就业服务和职业培训，促进劳动力市场供求之间合理匹配。四是以减少失业为取向的宏观调控政策，主要是通过规范企业减员、建立失业预警制度等措施，减轻社会失业压力。五是以既能保障下岗失业人员基本生活，又能积极促进再就业为取向的社会保障政策，主要是通过完善社会保障体系消除下岗失业人员的后顾之忧，为促进劳动合理流动提供保障。

随着实践的发展和形势的变化，中国政府还不断充实、调整和完善这些积极的就业政策。2008 年，《中华人民共和国就业促进法》（以下简称《就业促进法》）正式施行，明确了扩大就业的十项政策规定，包括实行有利于促进就业的产业政策、财政政策、税收政策、金融政策，实行城乡统筹、区域统筹、群体统筹的就业政策，另外要实行有利于灵活就业的劳动和社会保障政策，实行就业援助制度，实行失业保险促进就业政策。《就业促进法》为中国实施积极就业政策提供了法律保障，也进一步完善了中国的劳动保障法律体系，标志着中国社会主义市场经济的进一步成熟。2015 年，中国政府出台了《关于进一步做好新形势下就业创业工作的意见》(以下简称《意见》)，这是中国政府针对中国经济新常态提出的指导就业创业工作的纲领性文件。《意见》把创业和就业结合起来，以创业创新带动就业，以就业创业带动经济发展，明确了一系列促进就业创业的政策措施，是对积极就业政策体系的完善和发展，也是对加快培育大众创业、万众创新新引擎，催生经济发展新动力的重大政策创新。

(二) 中国的失业保险制度

失业保险制度是指国家通过立法强制实行的，由社会集中建立基金，对因失业而暂时中断生活来源的劳动者提供物质帮助，促进其再就业的制度。失业保险制度是社会保障体系的重要组成部分，是社会保险的主要项目之一。中国的失业保险制度是在 1986 年建立的。1986 年，为了适应国有企业改革的需要，中国政府颁布了《国营企业职工待业保险暂行规定》，明确规定对国营企业职工实行职工待业保险制度，由此开始建立失业保险制度。1993

[①] 张小建. 中国就业的改革发展[M]. 北京：中国劳动社会保障出版社，2008: 156.

年 4 月，中国政府又发布《国有企业职工待业保险规定》，这一规定的发布和实施标志着中国失业保险制度进入了正常运行时期。1999 年，中国政府颁布《失业保险条例》，规定城镇企事业单位及其职工必须参加失业保险，至此中国的失业保险制度经过多年的发展，已经相对完善。

中国的失业保险制度建立以来，一直实行基金制，在基金来源上采取用人单位缴费和财政补贴的方式，《国营企业职工待业保险暂行规定》明确指出企业缴费比例一般不高于企业职工工资总额的 1%，城镇企事业单位按照规定，及时、足额缴纳失业保险费，以保证基金的支付能力，切实保障失业人员基本生活和促进再就业所需资金支出。《失业保险条例》的颁布和实施把中国的失业保险制度建设推进到一个新的发展阶段。失业保险覆盖城镇所有企业、事业单位及其职工，所有企业、事业单位及其职工必须缴纳失业保险费。在基金来源上采取用人单位、财政补贴和个人共同缴费的方式，单位的缴费比例为工资总额的 2%，个人缴费比例为本人工资的 1%，由单位在个人工资中代扣。享受失业保险待遇需要满足三方面的条件：缴纳失业保险费满一年；非因本人意愿中断就业；已经办理失业登记并有求职要求。失业保险待遇主要是失业保险金，失业保险金按月发放，标准低于最低工资标准、高于城市居民最低生活保障标准。领取失业保险金的期限根据缴费年限确定，最长为 24 个月。失业者在领取失业保险金期间患病，还可领取医疗补助金；失业者在领取失业保险金期间死亡，其遗属可领取丧葬补助金和遗属抚恤金。此外，失业者在领取失业保险金期间还可接受职业培训和享受职业介绍补贴。

失业保险制度作为整个社会保险制度的重要组成部分，和其他保险项目一样，起着保障劳动者基本生活需要，维护社会政治秩序、经济秩序安定的作用。在中国，失业保险的作用主要表现在三方面：第一，维护社会安定；第二，是深化企业改革的前提条件和配套措施；第三，是维持劳动生产力、促使劳动力素质提高的重要手段。2015—2016 年，面对经济下行压力，中国实行阶段性降低企业职工养老保险和失业保险费率，以降低企业运营成本，增强企业竞争力。

二、中国的养老保险制度

1951 年 2 月，中国政府颁布了《劳动保险条例》，规定由国家统筹，由企业实施对职工和职工家属的老年保险、医疗保险、工伤保险等全面的劳动保险。根据这一条例，首先在国有工业企业中建立了劳动保险制度，以后又逐步扩大到国有商贸等行业，农村则沿用中国传统社会的办法，以家庭保障作为主要的保障形式，辅之以鳏寡孤独等无人赡养的人员设置的敬老院等低水平的社会保障。

中国的这套社会保障制度除了具有现收现付制的一般特征以外，还具有由单位(机关、企事业单位)等负责实施的特色。其缺陷体现在，以受益为基准的现收现付制，实质上是当代劳动者对上一代劳动者进行的代际转移支付，会损害前者的劳动和缴款积极性。单位保障和企业保障会造成社会保障上的"苦乐不均"现象，而且随着人口老龄化的发展，企业负担日益沉重，缺乏受益人监督也容易造成国家负担沉重和群体之间的福利差距问题。

(一) 中国养老保险体系的层次

1984年,中国四川、广东、江苏和辽宁等省的一些市、县进行了国有企业退休费用审核统筹试点,迈出了养老保险从企业保险向社会保险转变的第一步。1991年,中国政府颁布《关于企业职工养老保险制度改革的决定》,开始在城镇广泛推行养老保险基金的社会统筹。不过这些改革都是在以受益为基准的现收现付制的框架内进行的改进,没有克服体制弊端。从20世纪90年代初期开始,中国政府开始探索对传统的社会保障制度的改革举措,1993年提出了新社会保障体系框架。新的社会保障体系的建设从1995年开始以城镇企业职工基本养老保险制度和基本医疗保险制度为重点向前推进。按照国家的计划,在各项社会保障制度中,首先建立了社会统筹与个人账户相结合的养老保险体系。目前,中国的养老保险体系由三个层次(或部分)组成:基本养老保险、企业补充养老保险和职工个人储蓄。

(1) 基本养老保险是中国按国家统一的法规政策强制建立和实施的社会保险制度,主要目的在于保障广大退休人员的晚年基本生活。由企业和职工依法缴纳养老保险费,职工达到国家规定的退休年龄或因其他原因而退出劳动岗位并办理退休手续后,社会保险经办机构向退休职工支付基本养老金(也称退休金)。基本养老金由基础养老金和个人账户养老金组成。按照中国对基本养老保险制度的总体思路,未来基本养老保险目标替代率确定为58.5%。

(2) 企业补充养老保险是指由企业根据自身经济实力,在国家规定的社会养老保险实施政策和实施条件下为本企业职工建立的一种辅助性的养老保险。它居于多层次的养老保险体系中的第二层次,由国家宏观指导、企业内部决策执行。企业补充养老保险的资金筹集方式有现收现付制、部分积累制和完全积累制三种。企业补充养老保险费可由企业完全承担,或由企业和员工双方共同承担,承担比例由劳资双方协议确定。

(3) 职工个人储蓄是中国多层次养老保险体系的一个组成部分,是由职工自愿参加、自愿选择经办机构的一种补充保险形式。由社会保险主管部门制定具体办法,职工个人根据自己的工资收入情况,按规定缴纳个人储蓄性养老保险费,记入当地社会保险机构在有关银行开设的养老保险个人账户,并应按不低于或高于同期城乡居民储蓄存款利率计息,以提倡和鼓励职工个人参加储蓄性养老保险,所得利息记入个人账户,本息一并归职工个人所有。

(二) 中国社会养老保险体制架构

目前,中国社会养老保险体制架构按照人口类型可分为城镇企业职工养老保险、机关事业单位养老保险和农村养老保险三大部分。

(1) 城镇企业职工养老保险。该保险制度于1950—1966年初步建立,完全采取现收现付制的模式,企业缴费,职工个人不缴费,企业间实行全国统筹的保险费率;政策制定、监督和执行分别由不同的部门承担。这种制度存在明显问题,保险体系层次单一,所有责任都由政府承担。而且在现收现付制度模式下,基本没有任何积累资金。1986年至今,城镇企业职工养老保险制度处于改革完善阶段，主要是引入个人缴费和缴费确定型制度，打破了以往现收现付制模式下缴费责任主要由企业承担的局面，强调个人在养老保险中的责任和义务，但统筹范围实际上仍以市、县为主，与实现养老保险省级统筹的目标相距甚远；各地养老金收缴、支付标准不一，阻碍了劳动力跨地区的流动；企业仍然担负养老金发放和管理退休职工的责任；覆盖面依然很小，统筹层次依然很低。随着改革的不断深入，城镇企业职工基本养老保险的覆盖面进一步扩大，制度本身也得到了完善和发展。

(2) 机关事业单位养老保险。国家机关事业单位人员的养老保险制度与城镇职工养老保险制度经历了分离—合并—分离的过程。1993年8月，中国政府颁布《国家公务员暂行条例》，对国家机关事业单位人员的退休养老制度进行了较大修改和调整，公务员不需要为养老缴纳任何费用，仍然采取传统的受益确定的现收现付方式。

机关事业单位养老保险制度的基本特点是：养老保险金固定，一般以退休前最后一个月的工资为基数，按一定比例计发；保障水平高，无论是名义替代率还是实际替代率都高于企业；个人不承担缴费义务，完全由财政负担。该制度存在的主要问题是：由于没有统一的政策和法规相配套，各地区根据自身的财政收入状况自行其是，致使机关事业单位的养老保险待遇与企业职工的养老保险制度不相衔接，而且事业单位彼此之间差距明显。

(3) 农村养老保险。自中华人民共和国成立至改革开放前，中国并没有严格意义上的农村养老保险制度。2008年10月，中国政府提出要建立新型农村社会养老保险制度。2009年9月，中国政府发布《关于开展新型农村社会养老保险试点的指导意见》，规定2020年基本建立覆盖城乡居民社会保障体系的目标：在筹资模式上，采用统账结合的制度模式；在基金管理上，新型农村社会养老保险(以下简称新农保)基金要纳入社会保障基金财政专户，实行收支两条线管理，单独记账、核算。新农保制度模式的主要特点为：基金筹集以个人缴费为主、集体补助为辅、国家政策扶持，突出自我保障为主的原则；实行储备积累，建立个人账户，个人领取养老金的多少取决于个人缴费的多少和积累时间的长短；农村务农、经商等各类从业人员实行统一的社会养老保险制度，便于农村劳动力的流动；采取政府组织引导和农民自愿相结合的工作方法。

目前，中国的养老保险制度改革在各地建立了不同的试点，实行不同的制度和方案，各地区的养老制度会存在地区差异，要根据当地经济发展水平，积极探索社会统筹与个人账户相结合的养老保险制度。

三、中国的医疗体制改革与建设

(一) 城镇基本医疗保险

改革开放以前，中国的医疗保障存在城乡二元制：城镇基本上实行公费医疗制度和劳保医疗制度，农村实行合作医疗制度。改革开放以后，中国从农村到城镇，从农业、工业到服务业开始逐步进行渐进改革，企业经历了承包制、责任制和股份制改造，公费医疗制度和劳保医疗制度在不同程度上逐渐衰落。随着20世纪80年代初期人民公社解体，原农村合作医疗制度在绝大部分地区迅速瓦解。1998年,中国政府颁布了《关于建立城镇职工基本医疗保险制度的决定》,开始在全国建立城镇职工基本医疗保险制度。

基本医疗保险是为补偿劳动者因疾病风险造成的经济损失而建立的一项社会保险制度。通过用人单位和个人缴费,建立医疗保险基金,参保人员患病就诊发生医疗费用后,由医疗保险经办机构给予一定的经济补偿,以避免或减小劳动者因患病、治疗等所带来的经济风险。中国的基本医疗保险制度实行社会统筹与个人账户相结合的模式。基本医疗保险基金原则上实行地市级统筹。基本医疗保险覆盖城镇所有用人单位及其职工,所有企业、国家行政机关、事业单位和其他单位及其职工必须履行缴纳基本医疗保险费的义务。目前,用人单位的缴费比例为工资总额的6%左右,个人缴费比例为本人工资的2%。单位缴纳的基本医疗保险费一部分用于建立统筹基金,一部分划入个人账户,个人缴纳的基本医疗保险费计入个人账户。统筹基金和个人账户分别承担不同的医疗费用支付责任,统筹基金主要用于支付住院和部分慢性病门诊治疗的费用,统筹基金设有起付标准和最高支付限额,个人账户主要用于支付一般门诊费用。

在基本医疗保险之外,各地还普遍建立了大额医疗费用互助制度,以解决社会统筹基金最高支付限额之上的医疗费用。国家为公务员建立了医疗补助制度。有条件的企业可以为职工建立企业补充医疗保险。国家还将逐步建立社会医疗救助制度,为贫困人口提供基本医疗保障。

(二) 城镇居民医疗保险

城镇居民医疗保险是以没有参加城镇职工医疗保险的城镇未成年人和没有工作的居民为主要参保对象的医疗保险制度。2007年,中国政府颁布《关于开展城镇居民基本医疗保险试点的指导意见》,开始启动城镇非就业居民基本医疗保险试点。2008年11月,中国政府又下发了《关于将大学生纳入城镇居民基本医疗保险试点范围的指导意见》,将在校大学生纳入医保范围。

城镇居民医疗保险以家庭缴费为主,缴费标准会随支出情况发生变化,政府给予适当补助。参保居民按规定缴纳基本医疗保险费,享受相应的医疗保险待遇,有条件的用人单位可以对职工家属参保缴费给予补助。国家对个人缴费和单位补助资金制定税收鼓励政策。家庭缴费和政府补助共同形成城镇居民基本医疗保险基金,城镇居民基本医疗保险基金重点用于参保居民的住院和门诊大病医疗支出,有条件的地区可以逐步试行门诊医疗费用统筹。

(三) 新型农村合作医疗制度

中国的农村改革是随着家庭联产承包责任制的推广而不断深入的,随着农村改革,原有人民公社农村合作医疗体系瓦解,虽然20世纪90年代中国政府做了一些努力试图恢复合作医疗,但由于缺少可靠的经济来源和有效的制度设计,重建的合作医疗持续的时间往往很短,范围也很小。2002年10月,中国政府颁布《关于进一步加强农村卫生工作的决定》,决定从2003年起,在全国农村逐步建立以大病统筹为主的新型农村合作医疗制度和医疗救助制度。新型农村合作医疗制度从2003年起在中国部分县(市)试点,到2010年逐步实现基本覆盖全国农村居民。

新型农村合作医疗制度,简称新农合,是由政府组织、引导、支持,农民自愿参加,个人、集体和政府多方筹资,以大病统筹为主的农民医疗互助共济制度,采取个人缴费、集体扶持和政府资助的方式筹集资金。新型农村合作医疗是农民医疗保障的依托,农民参加了新型农村合作医疗,可享受新型农村合作医疗政策的相应待遇,抵御大病给农民带来的经济负担和风险,缓解农民"因病致贫"和"因病返贫"的情况,是中国政府解决"三农"问题、统筹城乡经济社会协调发展的重大举措。

2010年,《中华人民共和国社会保险法》颁布,这是中国第一部社会保险制度的综合性法律,对社会保险制度建设的总体框架、基本方针、基本原则和基本制度等有关方面作了原则性的全面规定,以法律的形式将中国的社会保险确定下来。

四、中国的社会救助制度

作为社会保障制度的重要组成部分,社会救助不仅是整个社会保障体系中的支柱性制度安排,而且承担着解除国民生存危机、维护底线公平的基础性制度安排,它主要面向由贫困人口与不幸者组成的社会弱势群体。中华人民共和国成立后,针对积贫、积弱的社会现实,当时社会救助制度主要围绕自然灾害救助、农村救助、城市救助三个方面展开。农村社会救助项目主要是"五保户"供养和贫困户救助。城市社会救助项目主要是临时救济和定期定量救济,救助对象主要为无劳动能力、无生活来源、无法定赡养人和抚养人的城镇孤老、社会困难户、20世纪60年代精减退职工,以及国家规定的一些特殊救济对象。

改革是一场全面的社会革命。1978年以来,中国社会开始了政治、经济、文化的全面变革,在改革开放的宏观背景下,中国社会保障制度也发生了根本性的变化——国家负责的劳动保险制度开始向社会保险和商业保险制度过渡。1993年,中国政府明确提出要建立多层次的社会保障体系,包括社会保险、社会救济、社会福利、优抚安置和社会互助、个人储蓄积累保障。值得注意的是,当时中国国内还没有社会救助的概念,与社会救助概念有关的是社会救济、优抚安置、社会互助。随着社会主义市场经济体制的确立,改革的步伐进一步加快,尤其是城市国有企业改革进一步深化。由于市场经济的加速发展,资源在社会阶级阶层和社会人群中配置的数量、内容和方式均发生重大变化。20世纪90年代以后,大批产业工人面临结构性失业。据统计,1997年中国城镇登记失业人数为570万左右。该年多项大范围抽样调查的结果显示,下岗人员的规模为城镇从业总人数的7%左右。据此推算,全国下岗人员为1028万。登记的失业人员和下岗无业的总人数达到约1500万[①]。另据政府部门的统计,1998—2003年,国有企业累计下岗职工总人数为2818万。这样,由结构性失业导致的城市贫困问题逐步凸显,这对变革中的社会保障制度提出了挑战。

---

① 李培林. 老工业基地的失业治理:后工业化和市场化——东北地区9家大型国有企业的调查[J]. 社会学研究,1998(4): 3-14.

1993年6月，上海市在全国率先试点城市居民最低生活保障制度，拉开了社会救助制度改革的序幕，1999年9月28日，中国政府颁布《城市居民最低生活保障条例》，标志着中国社会救助制度在经济体制和社会转型中迈出了关键一步。《城市居民最低生活保障条例》成为中国社会保障制度改革进程中的重要纲领性文件，也是社会救助制度从幕后走向前台、从残补型走向制度型的重要标志。

目前，中国社会救助制度包括八项社会救助项目。

(1) 最低生活保障，主要是对城乡贫困家庭的生活救助，目前由城市最低生活保障和农村最低生活保障两个制度板块构成。

(2) 特困人员供养，主要是对孤苦无依的老年人、残疾人和儿童进行救助，通过机构供养和家庭供养的方式实施。

(3) 受灾人员救助，主要是对自然灾害发生后的灾民生活救助。

(4) 医疗救助，主要是对城乡贫困家庭成员的医疗费用补贴。

(5) 教育救助，主要是对城乡贫困家庭子女上学的教育费用减免或补贴等。

(6) 住房救助，主要是对城乡贫困家庭的房屋配租和租金补贴等。

(7) 就业救助，主要是对城镇贫困家庭中有劳动能力的成员进行就业援助。

(8) 临时救助，主要是对因意外事件和突发性风险造成困难的家庭进行救助，以及对流浪乞讨人员进行救助。

中国社会救助制度的创新发展取得了积极的政策效果。无论是从贫困群体的角度来看，还是从经济社会发展的角度来看，中国社会救助制度都具有不可替代的重要意义。首先，满足了贫困群体的基本需要，化解了贫困群体的生存危机；其次，独立于企业之外的国民救助制度设计，让企业摆脱了计划经济体制下"单位制"的影响，保证了中国市场经济体制改革的顺利进行；再次，维系了社会和谐，消除了因贫困而带来的家庭冲突和矛盾；最后，社会救助制度的改革与发展实现了国民收入的再分配，缩小了由于初次分配不公带来的贫富差距，从而在很大程度上促进了社会公平。

现代国家成长的历史经验表明，现代化具有三块重要基石，即法治、民主和社会保障。因此，一个国家在迈向现代化的过程中，总体上要经历政治建设与政治发展、经济建设与经济发展、社会建设和民生发展等若干具有内在联系的阶段。民生发展是一个国家现代化进程的根本目标，是发展的高级形态。全面进入社会建设和民生发展时代，标志着一个国家进入了现代化发展的成熟阶段。全面、系统地构建现代社会保障制度，是近年来中国经济社会发展、制度建设凸显的一个整体趋势，中国正在将民生推进到一个新的发展阶段，即从解决重点民生问题到全面推进民生保障和民生发展的阶段，从零散的制度创新到系统的社会保障制度构建的阶段。但是中国还是发展中国家，社会保障制度建设要统筹好经济发展水平与社会保障水平、经济发展与民生保障、经济效率和社会公平的关系，很多"福利国家"因为过度福利导致的经济社会问题都充分说明了这个问题。因此，中国的社会保障水平要循序渐进地提升，不能超越经济发展可以承受的程度，不能以牺牲效率为代价，更不能急于求成。

思 考 题

1. 有人说经济全球化是一把"双刃剑",你对此有什么看法?
2. 发展中国家为求生存、谋发展进行了哪些努力?
3. 改革开放以来,中国经济社会发展取得了哪些成就?你认为取得这些成就的主要原因是什么?
4. 中国对全面建成小康社会之后开启全面建设社会主义现代化国家新征程进行了怎样的规划?你认为中国的自信主要来自哪里?

推 荐 阅 读

1. [德] 马克斯·韦伯. 世界经济简史[M]. 李慧泉,译. 上海:立信会计出版社,2018.
2. [美] 丹尼·罗德里克. 全球化的悖论[M]. 廖丽华,译. 北京:中国人民大学出版社,2011.
3. 余斌. 中国特色社会主义政治经济学[M]. 北京:人民日报出版社,2018.
4. 门洪华. 中国对外开放战略(1978—2018年)[M]. 上海:上海人民出版社,2018.

第三章

当代世界与中国的民主和法治

民主，顾名思义，就是人民当家作主。民主需要很多条件，人们在政治文明发展的进程中发现，唯有实行法治，才能保障民主、发展民主，实现自由和秩序的统一。中国的民主和法治建设既顺应了世界潮流，又有自己的特色，充满了生机与活力。

第一节 当代世界的民主化潮流

1945年，毛泽东在党的七大闭幕式上提出："现在的世界潮流，民主是主流，反民主的反动只是一股逆流。"[①]而今，世界已经发生了翻天覆地的变化，和平与发展成为世界主题，经济市场化和全球一体化进一步加深，政治民主化逐渐成为一股不可阻挡的时代潮流。

一、世界民主化浪潮的表现

美国著名政治学家塞缪尔·亨廷顿认为，民主化是一个造就更多开放、更具参与性和更少权威的社会过程，如果一定时期，民主化改革和过渡在若干国家同时发生或相继出现，就形成了民主化浪潮。亨廷顿较为全面地分析了现代民主政治的发展历程，他认为在近代世界史中出现了三次民主化浪潮，在每一波浪潮中都有一批国家实现了民主化，但在民主化浪潮临近终点时，又有一些国家可能回到非民主的道路上，这就出现了反民主的回潮，接着又是一波新的民主化浪潮。民主化浪潮在经历了两起两落之后，到20世纪晚期又掀起了空前规模的第三次民主化浪潮。从1974年南欧的葡萄牙、西班牙开始，民主化浪潮席卷南欧、拉美、非洲和东南亚的大多数国家，使采用资本主义民主政体的国家增至107个，约占全世界国家总数的58%[②]。为此，有人甚至将20世纪70年代以来的民主化浪潮称为一次世界范围内的"民主革命"。

概而言之，17世纪至19世纪是西方发达国家民主化的过程，20世纪则是世界性民主

[①] 毛泽东选集：第3卷[M]. 北京：人民出版社，1991：1103.
[②] [美] 塞缪尔·亨廷顿. 第三波：20世纪后期的民主化浪潮[M]. 刘军宁，译. 上海：上海三联书店，1998：15-26.

化进程的开始和发展,尤其是从20世纪70年代中期起,"第三波"民主化浪潮声势浩大,蔓延至全球,其影响和冲击一直延续到现在。前联合国秘书长加利对此做过这样一番描述:"从拉丁美洲到非洲、欧洲和亚洲的许多地方,许多威权政权也已让位于民主力量、日趋对人民负责的政府和日趋开放的社会。不少国家及其人民已经开启了史无前例的民主化进程。还有一些国家和人民已经行动起来,以重建其民主的根基。"①

二、非西方国家的民主化潮流

"二战"以反法西斯国家的联盟和世界人民取得胜利而告终,许多新兴国家摆脱了外来资本主义列强的侵略,恢复了领土和主权完整,开始走向独立自主发展。在西方国家的殖民统治期间,民主政治制度作为资本主义国家的文化输出,在众多国家的政治体制运作中具有重大的影响,并将这种影响延续到"二战"以后。特别是冷战结束后,民主已经成为非西方国家政治发展的潮流。

(一)东亚和东南亚的民主化进程

在现代化的进程中,东亚国家的脚步走在了欧美国家的后面,被称为一种后发的现代化。这个过程从日本"明治维新"就开始了,而韩国则在20世纪80年代以后开启了迈向西方式的自由民主道路。后发自然也有后发的优势,因为可以学习先进国家的经验,吸取教训。因此,东亚国家的民主化不是简单地复制西方的民主模式,而是推行带有自己特点的制度形式、要素和优先性的民主制度,逐渐形成了"东亚民主"模式。

东南亚地区的民主化运动因各国国情不同,呈现出复杂多样性,民主化程度也参差不齐。比如,泰国的民主化进程总体上表现为宪政民主和军人政权交错更迭的历史。泰国自1932年建立君主立宪制度以来,其民主政治的发展始终步履蹒跚,充满艰辛。80多年间发生了大大小小的20次军事政变,其中取得胜利的政变有13次;48届内阁中,文官政府只有16届内阁,军人政府有24届内阁,剩下的8届内阁则是以军人为主的政府;组织的民主选举约有18次,通过了15部宪法。以上种种都能够说明,泰国的民主政治是在坎坷曲折中轮回演变的。菲律宾在独立后经过近30多年努力,逐渐成为东南亚经济发展较快的国家。但长期的独裁统治也激化了社会矛盾,激起人民的不满,引起政治动荡。迫于压力,马科斯于1981年1月下令取消军管。之后,菲律宾掀起了大规模的群众性民主运动,马科斯不得已又宣布于1986年1月17日提前举行总统选举。结果,在绝大多数民众和部分军官的拥护下,毫无政治经验的科拉松·阿基诺当选为总统。同年2月,统治菲律宾长达20年之久的马科斯被赶下台,携家眷和亲信乘美国飞机离开了菲律宾,这就是所谓的"二月革命"。执政以后的科拉松·阿基诺采取了一系列措施,在恢复民主、建立秩序的道路上迈出了坚实的步伐,使政府的面貌焕然一新,在广大民众中产生了良好的反响。1987年2月,全国2500万选民中有87%参加投票,通过了一部"保证民主"的新宪法。新宪法规定总统任期为6年,不得连

---

① [埃及] 布特罗斯·加利. 联合国与民主化[M]. 刘军宁, 译. 北京: 商务印书馆, 1999: 305.

任。根据宪法规定，1992—2016年，菲律宾又顺利地举行了四届总统选举。至此，这个亚洲民主化的先行者已经按照民主程序完成了五次政府领导人的权力转移，民主政治有了较深的根基。2015年，菲律宾当选为联合国人权理事会成员国。

马来西亚的政治制度的建立则是一个渐进的过程，从总体上看，马来西亚的宪政体制是模仿英国的。马来西亚的立宪君主称为最高元首。与英国君主一样，马来西亚的最高元首只是一个"虚君"，他的权力基本上是象征性的。与英国的君主稍有不同的是，马来西亚的最高元首不是世袭终生制的，而是由统治者议会从9名世袭统治者(来自马来西亚的9个拥有世袭统治者的州)中遴选产生，任期5年，不得连任。在很大程度上，马来西亚的国会也是英国议会制度的翻版。马来西亚国会是马来西亚最高立法机关，分为上议院和下议院。与英国类似，马来西亚国会的权力中心在下议院。仿照英国，马来西亚实行责任内阁制。内阁即政府，是马来西亚的最高行政机构，向国会负责。然而，马来西亚有一项重大政治制度不同于英国，是受美国的影响，那就是联邦制。马来西亚的州政府体制与中央政府体制类似，拥有州宪法和一整套完整的州政府机构，包括州元首、州议会和州行政机构。马来西亚各州的元首也没有实权，州议会议员由选民直接选举产生，州议会的多数党组成州执行委员会或州行政委员会，多数党领袖出任州务大臣或首席部长，负责本州的行政事务。

(二) 拉丁美洲的民主化进程

拉丁美洲并不是一个纯地理的概念，而是兼具地理、历史、政治、文化等多重属性的综合性概念。从文化属性来看，拉丁美洲地区的国家有着共同的特征。15世纪末以后，在葡萄牙和西班牙殖民主义统治之下，深受伊比利亚文化的影响。在非西方国家中，拉丁美洲是最早受到西方民主思想影响，掀起民主运动的地区，但是这个地区的民主化道路艰难而曲折。直到20世纪70年代末，这片大陆上仍然基本上是权威主义的天下，只有个别民主或半民主政体。20世纪70年代中期，拉美地区原来的宗主国葡萄牙和西班牙结束专制政体，实现了向民主转变，标志着世界性的第三次民主化浪潮开端。拉美各国紧步其后，掀起一波强大的民主浪潮。

这一时期拉美民主化浪潮主要表现为各国军人交出政权，退出政府，表示忠于和捍卫本国宪法，在政治上保持中立。同时，按民主的程序举行全民自由选举，产生国家和政府最高领导人，组成文人政府。国家重回代议制民主的轨道。

这场民主化浪潮最早起源于巴拿马、厄瓜多尔和尼加拉瓜。1978年，地处中美洲的巴拿马通过间接选举开始由文人担任总统，揭开拉美新一轮民主化进程的序幕。1979年，尼加拉瓜人民也奋起推翻了统治这个国家达42年之久的索摩查家族的专制独裁统治。同年，南美洲赤道之国——厄瓜多尔结束了长达7年的军人统治，成立了文人政府。民主化进程扩展至整个南美大陆。进入20世纪80年代，拉美的军人政权兵败如山倒，拉美的民主化进程呈现势如破竹的态势。秘鲁(1980年)、洪都拉斯(1982年)、玻利维亚(1982年)、阿根廷(1983年)、萨尔瓦多(1984年)、乌拉圭(1984年)、巴西(1985年)、危地马拉(1985年)、海地(1996年)和苏里南(1988年)等国先后通过大选建立了文人政府，结束了军人统治，恢复了民主政权。1989年2月,巴拉圭的阿·斯特罗斯纳将军在统治这个国家长达35年之后被推翻,从而结束了西半球统治时间最长的个人独裁政权。当年5月,该国产生了民选政府。同年,智利民选的帕·艾尔文政府宣誓就职,取代了以奥·皮诺切特将军为首的军人政府。至此,这一时期拉美军人专制政权全部垮台,各国基本上都建立了民选的文人政府。拉美民主化进程取得了决定性进展,成为第三世界率先实现民主化的大洲,在全球范围内产生了广泛的影响。

(三) 非洲的民主化进程

在政治版图上,非洲大陆撒哈拉沙漠以南、林波河以北(除南非共和国)的广袤地区泛称黑非洲。这里集中了世界上很多不发达的国家,大众政治心理基本上都停留在部族政治文化的水平上,国家政治生活充满了个人专制、频繁的军事政变,以及血腥的内战、骚乱和部族仇杀。然而,在这片大陆上仍然出现了当代民主化潮流。

黑非洲的民主化运动集中表现为由"一党制"向"多党制"的转变。其多党制风潮在1989年已有萌芽,自20世纪90年代初正式登陆黑非洲,先后经历了两轮风潮,分别出现在1990年和1992年。多党制风潮起始于被称为"西非病儿"的贝宁。1990年,多党制风潮在贝宁冲开了第一道缺口,接着便迅速蔓延扩展。1990年年初,黑非洲有18个国家已经实行或者宣布实行多党制。1991年,多党制风潮已经基本上控制了黑非洲的政局。1992年,多党制再掀高潮,几乎原来所有一党制国家都已经实行或者宣布实行多党制。1993年以后,多党制民主浪潮在空间上的扩展已近极限,开始向纵深发展。在空间的扩展方面,仍有个别国家继续完成向多党制的转变,例如,1997年,莫桑比克举行了大选;1998年,尼日利亚军事强人阿巴查病逝,新任军事领袖在1999年举行公正选举,并将政权移交给文人政府。还有一些国家出现了小规模的军事政变回潮。1994年下半年起,先后发生了多次军事政变和军队哗变,有些政变成功,有些则通过调解得以解决。而军事政变的领导人也往往通过选举使其政权具备合法性,从而迅速实现由军人政府向民主政府转变。同时,有些国家的政变也受到强烈谴责。例如,布隆迪政变就受到非统组织和周边国家的强烈谴责,它们施加了强大的压力,迫使政府当局恢复民主。在引领非洲多党制风潮的贝宁,政治发展也较为平稳,于1996年举行了第二次多党竞选,这被外界视为多党制成熟的重要标志。截至1998年,尽管还存在个别的军人政权,部分已经转向多党制政体的国家政局还有动荡,但是从整体来看,黑非洲的多党制民主风潮已经趋于稳定,经济也开始回升。

南非曾长期是一个实行种族歧视和种族隔离的"邪恶帝国",少数白人集团对占人口多数的黑人的歧视和压迫至深,其法律政策的野蛮和不人道非常突出。特别是"二战"后,在种族主义和殖民主义普遍衰落的情况下,南非当局却强化了被称为"内部殖民主义"的种族主义统治,因此成为世界进步主旋律中的极不和谐音,曾激起世界舆论的一致谴责,并遭到国际社会的严厉制裁。种族压迫使南非的民主化进程存在特殊的困难。种族主义造成了深刻的社会分裂,种族压迫深入公共生活并涉及私人生活的各个领域,造成了严重的社会不平等。种族间敌视和仇恨情绪根深蒂固,其实现和解的难度只有平息宗教纷争可与之相比。人们曾经认为南非和平实现向民主化过渡的可能性几乎是零，进入20世纪80年代，在世界性的民主化大潮中，这个种族主义的最后堡垒开始坍塌。80年代后期，种族主义政策开始松动，直至1994年，正式实现了由少数白人向多数黑人的权力转移，其民主化进程超乎人们的想象。

(四) 中东地区的民主化进程

这里讲到的中东地区是以地中海地区为中心，包括北非各伊斯兰教国家、土耳其、伊朗等广大的地区。在人种上，除伊拉克和土耳其以外，多数是以阿拉伯民族为主体的国家。从文化和宗教角度来看，它们都是伊斯兰教国家。中东，尤其是中东的阿拉伯国家是伊斯兰世界的中心。中东处于欧、亚、非三大洲的汇合处，是人类上古文明的发祥地，也是上古几个重要文明汇聚交融之地。到了近代，由于它处于"世界的十字路口"，扼守几条重要的国家航道，又是世界上最大的石油宝库，所以战略地位极为重要。

中东地区由于有着悠久的历史传统和独特的宗教文化，特别是伊斯兰教拥有强烈的排他性和政治参与性，宗教包容政治，宗教与政治结合，使这个地区的政治发展和民主化走上一条非常独特的道路。在现代历史上，与世界其他发展中国家相比，这个地区民主化的冲动是最弱的。20世纪七八十年代以后，世界性的民主化浪潮使大批非西方国家的权威主义政体垮台以后，这股潮流在中东地区也掀起了一定的波澜。但是，这一地区的民主化远没有其他地区那样顺利，民主化浪潮在这块自由民主的沙漠上减弱了它的势头。

中东的政治自由化和民主化从20世纪70年代中期开始，一直持续到现在，以1991年的海湾战争为界，分为两个阶段。

埃及最早启动了政治民主化改革。1974年，萨达特总统为缓解经济困难和政权危机，开始了经济自由化改革。1976年，改革扩大到政治领域，例如在一定程度上实行多党选举，允许新闻自由发展，重新组织了独立的司法制度。然而，这些改革的举措仍然是有限的，政府对多党选举进行各种正式限制和非正式干预。萨达特的有限开放政策被1981年继任的穆巴拉克继承下来。在他执政期间，埃及有限的多党制、选举制、议会制和政治协商制基本确立起来；摩洛哥的哈桑国王于1977年开始了政治改革；阿曼国王卡布斯于1981年建立了政治咨询机构；土耳其于1983年恢复多党制和代议制；苏丹领导人尼迈里于1986年举行多党议会选举，产生新的联合政府；突尼斯于1989年举行多党国民议会选举。海湾战争之前，政治民主化在中东地区已经形成了一股可观的政治潮流。各国政府先后迫于民众和反对派的压力，进入政治改革的轨道。

海湾战争以后，各国普遍感到政治改革的压力，政治民主化进一步在一些中东国家缓慢展开，形成一个新的高潮，而在另一些国家则停滞不前甚至退缩了。约旦在海湾战争以后，很快重新开始了民主化的改革。1992年3月，废除了自1967年生效的紧急状态法。经过25年的中断后，于1992年7月恢复多党制。9月，议会通过了新闻和出版的新法律，放宽了对新闻出版的限制。1993年11月，进行了80个议席众议院选举。观察家认为，这次选举是公正民主的。同时，摩洛哥的改革也备受关注。海湾战争一年后，哈桑国王宣布了政治改革的设想。1993年6月举行了选举。在埃及,改革趋于停滞,没有出现新的进展。1990年,埃及宣布进行议会选举,但是两个主要的反对党联合抵制选举,抗议不公平的政治竞争。在突尼斯,1989年年末和1990年年初,原教旨主义分子与政府间发生了一系列的冲突。海湾战争期间,各政党休战一年,然后又重新恢复对抗。在1994年3月的新国民议会选举中,反对党以少数议席第一次进入议会。也门于1993年4月举行南北也门合并后的首次多党选举。选举是顺利而成功的,没有一个政党获得多数,但所有政党都有适当的代表。黎巴嫩是有长期议会传统的国家;1972年之后,受内外因素的影响,黎巴嫩就没有再进行议会选举了。1992年,黎巴嫩恢复了议会选举,128个议会席位分配给各教派。新政府于1992年建立。

在直接卷入和接近海湾战争的海湾6个国家中,统治者有了合法的理由推出民主化。海湾战争结束一年以后,一些统治者才表现出认真地迈向真正参与政治的步伐。科威特在1992年恢复了议会选举,对于这次选举,民众没有表现出不满。一些新面孔进入国民大会,反对派力量获得明显多数的支持。这是伊拉克入侵和占领后的第一次选举,也是1986年议会中止以来第一次选举。沙特处于海湾战争的中心。危机使反对派的活动趋于活跃。地下流通的传单和盒式磁带批评王室的无能。人们要求政府更多地向社会负责,实施政治改革。1992年,国王终于宣布了改革的意向,3月,公布了国家的《基本法》。在这个历来只以《古兰经》为宪法的国家从此有了一部类似宪法的文件。在叙利亚、利比亚和伊拉克并没有出现明显的政治变革的迹象。叙利亚在1992年举行了批准总统阿萨德新的6年任期公民投票,结果是获得了99.99%的选民支持。利比亚政府加强了政府的权力。伊拉克的政治改革被战争和战后特殊政治形势无限期地拖延下来,专制政治进一步强化。但是,经过这场战争和战后联合国的制裁,萨达姆的威权主义政权被极大地削弱。2003年,萨达姆政权被推翻以后,伊拉克政权一直处于动荡当中,民主化道路建设更是遥遥无期。

三、西方民主的新发展

(一) 大众传播时代的西方民主

任何一个对当代西方政治生活进行过粗略观察的人都会发现大众传播媒介的巨大作用。在西方,大众传播媒介的政治作用受到普遍关注,被称为与传统的立法、行政、司法权并立的"第四种权力"。这表明,大众传播媒介已经承担起重要的政治功能。如今,传播媒介以其高度发达的手段,广泛介入政治生活,渗透政治生活的每个领域,极大地改变了社会政治结构、公民的政治行为和政治心理。大众传播已经成为政治系统的有机组成部分。大众传播媒介主要是指书刊(包括图书、杂志和报纸等)、电影(主要指商业性的故事片)和广播媒介等。其中,对政治影响最大的是报纸(和杂志)、广播和电视、网络。大众传播在人类历史上第一次穿透等级界限,使公众能够平等地获得信息。现代大众传播还缩短或取消了人们之间的时空距离,从而保证人们能够更加有效地参与到民主决策中来。

民主政治必须使政治事务公开化、透明化,使公民在充分了解的情况下作出决定,并且使政府官员时刻受公众的监督。同时，大众传播还有利于提高公民的知情权。知情权又叫获知权、知晓权，是指公民了解政府和行政机关的各种公共信息的权利。在民主社会，公民获得了参政的权利，但公民只能根据得到的信息作出决定，而这些信息主要由媒介提供。向公民提供信息是参与过程的必要组成部分。知情权的确定使大众传播媒介在监督政府、沟通政府与公众参与方面发挥更大的作用，同时也保证了公民更有效的参政。

大众传媒在西方民主制度中的作用主要表现为以下几点。

(1) 助力选举。选举是政治生活中一件广受关注的大事，政治家和政党可以利用媒介进行宣传，媒介也希望利用这个机会争取更多的受众。

(2) 改变政党政治形态。在大众传播时代，媒介深深卷入选举活动，在很大程度上削弱了传统的对政党执政绩效的诉求。在激烈竞争中，究竟鹿死谁手，很大程度上要看候选人在媒介上的形象。

(3) 模塑政治行为。在模塑政治行为方面作用最突出的媒介是电视。在电视普及的时代，公民们足不出户，政治家便可向他们阐述政纲。1960年，肯尼迪和尼克松进行了四次总统候选人的电视辩论，尼克松在这次竞选中败北，很大程度上是因为他在电视上的形象不如肯尼迪。

(4) 引导公民参与。造就充分的知情权、具有高度参政热情的公民，是现代民主制度的基本前提。现代社会，公民依赖大众传媒了解更多的信息和政治事务。在西方，大众媒介向公民提供客观正确的知识，使公民自己作出判断和选择，使公民参政所需具备的知识水平大大提高。

(二) 信息时代西方民主的新趋势

20世纪五六十年代以来，西方社会已经进入了信息社会，近年来，有人甚至称"后信息时代"已经到来。以计算机技术为代表的新的科学技术，已经使社会面貌发生了深刻的变革。与此相适应，工业时代建立的政治民主也出现了新的趋势。

当代信息传播技术的发展，为公民参与政治活动创造了更加多样化的形式和广阔的前景。1974年以来，"电子投票""电子市政会议"等技术的问世，扩大并重新定义了民主的内涵。新的技术手段使交互式的媒介以及多媒体信息高速公路的通信网络普及化。传统大众传播媒介中，信息只能单向度流通，受众只是被动的接受者。采用新的技术手段之后，信息双向流动，受众既是信息的接收者也是信息的发送者。这为每个人、每个家庭、不同的利益集团、各类组织、多层次的政治机构，提供了直接性的、普遍交互式的表达意愿、传递信息、商议、咨询、监督、审核、建议、选举、表决的先进技术装备。

信息技术的发展为了解民意提供了最便捷的渠道。民意测验是较新的发现民意的手段。民意测验通过大众传媒及时发布，加强了它的影响力。传媒业大量采用民意测验、内容分析及实验等社会科学的研究方法来报道新闻，使新闻内容能更正确地反映与解释各种社会现象。一些西方媒体将社会学研究方法与传统新闻报道技巧融为一体的新报道方法称为"精确新闻报道"。

时至今日，民意测验已经被西方各国普遍采用，也为其他一些国家所效仿。民意测验虽然受到一些批评家的指责，然而随着民意或者舆论对政治决策越来越深入地介入，民意测验已经成为当代民主发展不可逆转的趋势。应该说，民意并不总是正确的，但是民主政治就是民意政治，要了解民意，民意测验是最为有效的方式。

总之，新的信息技术为公民广泛、深入地参与政治生活开辟了渠道，其交互性和快捷性强的特征鼓励了公民积极参与社会生活，也为公民的参与提供了有效的技术手段。

(三) 西方女权运动和妇女参政

妇女获得与男人平等的选举权并开始积极参与政治生活，也许是20世纪西方民主取得的最突出的成就。历史上，妇女长期被排斥在政治生活之外，政治被视为男人的事务。但是，20世纪以后，情况发生了根本改变，西方妇女有史以来第一次获得了平等的选举权和被选举权，并在20世纪70年代进一步争取到了平等的决策权和执行公务的权利。作为一个独立的性别团体，妇女在政坛上已经形成一支独立的、活跃的力量，其政治影响日益增强。

在美国，受启蒙思想的影响，18世纪末，女权运动在美国兴起。1890—1920年，妇女在历史上第一次获得了宝贵的选举权。1923年，美国妇女党向国会提出了"平等权利修正案"，试图从法律上保障妇女权利的平等。尽管该议案最终"流产"，但是妇女在争取议案的过程中，其直接参政的领域和能力都获得了长足的扩展与进步。经过数十年的努力，女权主义运动大大改变了美国的政治生活。人们认为，女权主义最重要的成就在于：它改变了公众的意识，改变了公众对性别平等问题的观点。

在西欧，各国的女权运动发端于启蒙运动时期。自此以后，每次重大的社会革命和改革运动中，都能听到妇女解放和两性解放的呼声。早期女权运动以英国和法国最为突出。1789年，法国大革命爆发以后，巴黎市的一群妇女进军凡尔赛宫，发动了声势浩大的女权运动。大革命中，出现了一批女权运动组织，涌现了一批女权政治活动家。19世纪，妇女争取选举权成为女权运动的中心问题。19世纪中期到20世纪初，形成欧洲女权运动的第一次浪潮。这次浪潮的直接结果是，从20世纪初到第一次世界大战结束，西欧许多国家的妇女取得了选举权。第二次世界大战结束后，不仅西欧许多国家的妇女获得选举权，法国和意大利等受传统观念影响较强的国家的妇女也获得了选举权。1971年，瑞士开始允许妇女参加联邦大部分州的选举。1976年，列支敦士登妇女获得选举权。现在，西欧大多数国家和地区都在法律上明确规定了男女政治权利平等的内容。

四、世界民主化浪潮对中国民主的推动

(一) 世界民主化浪潮与社会主义

亨廷顿的民主化浪潮理论比较简要地描述了现代民主政治发展的历程，但是却忽略了在此期间崛起和发展的另一种民主政治类型，这就是起源于1871年的巴黎公社革命，再经

1917年十月社会主义革命胜利,后又在第二次世界大战后发展为东欧和东亚十几个人民民主国家的社会主义民主①。19世纪末和20世纪初出现了第二次民主化浪潮,其主要标志是世界上第一个社会主义国家的建立。列宁所领导、创立的苏维埃民主制度是一种崭新的国家形式,区别于封建国家的君主统治以及资本主义国家的资产阶级统治,它允许广大人民群众参与国家经济社会管理,让群众自下而上地直接参加国家的民主建设。在苏联建国初期,这一无产阶级民主形式确实吸引了千百万工农大众、平民百姓投身到建设和管理社会主义新国家的洪流中来,激发了他们创造历史奇迹的巨大潜力,显示了社会主义民主相较于资本主义民主的无比优越性②。

在这次全球化民主浪潮中,社会主义参与其中并发挥了主导作用,一些殖民地和半殖民地国家在其影响下开始了民主化的变迁。在世界范围内,社会主义成为抗衡资本主义并克服其资本扩张弊端,使全球化进程朝着健康、合理方向发展的重要推动力量。20世纪50年代末起,世界民主化浪潮开始出现回潮,人们发现,这些民主化回潮大多与社会主义阵营各国有关。由于很多国家跟随苏联形成了僵化的集权模式,最终从原来的民主体制转向专制体制,不可避免地加入了世界民主化第二波回潮的队列。

(二) 世界民主化浪潮对中国的影响

民主化浪潮不仅是一种经验现象,在其背后还隐藏着民主化扩张的必然规律。从基本层面来讲,科学技术和经济发展的力量是造成现代民主大潮的基本驱动力,它以不可逆转的趋势推动着各国的民主政治向前发展,市场经济发展所要求的自由、平等、竞争等精神逐渐构建起民主政治的基石。同时,人类自身知识水平的提高、独立性和自我意识的增强,都在为民主创造着基础和条件,推动着民主政治的形成和发展。此外,全球领域内的文化互动极大地扩充了人们政治理性的思维空间,人们深刻地认识到民主政治在社会文明进步过程中不可替代的积极作用。民主政治是人类社会的一部分,是人类社会进步的必然结果。

一个国家的民主化主要依赖其内部诸条件,但是外部影响也是其民主化进程的重要变量之一。对一些国家而言,外部影响在一定时期甚至起着决定性的作用。在全球化时代,每个国家的政治发展都要受到外部因素的强大影响,对于第三次民主化浪潮中的发展中国家而言,这种影响更为普遍、更为明显,也更为重要。在当今世界日益一体化的情况下,率先实现民主化的国家会鼓舞其他国家的民主化,民主的示范效应在地理和文化上相近的国家会产生最强的反响,那些民主化的成功先例会为其他国家所效仿。它向一个社会证明了另一个社会的领导人和人民建立民主政治的能力,也向后续走上民主化道路的人民展示出可以学习和仿效的方法和技术,以及如何躲避危险和克服困难。

无疑,时代精神和国际潮流成为民主化浪潮中各国实现民主化的重要推动力量。对于

---

① 高放. 全球背景下的中国民主建设[M]. 重庆:重庆出版社,2005:2.
② 高放. 纵览世界风云[M]. 北京:中国书籍出版社,2002:127.

社会主义国家的中国而言，在第三次世界性的民主化浪潮中，其民主建设面临来自资本主义民主的客观挑战。在现实世界中，社会主义将与资本主义长期共存、相互竞争，两种制度在实践中将展现各自的优劣。为了体现社会主义的优势和不可替代性，中国在大力发展生产力和先进文化的同时，必须努力创造出比资本主义更先进的民主，这是增强社会主义优越性和吸引力的重要途径。第三次民主化浪潮的蓬勃发展，客观上要求作为世界上最大的社会主义国家的中国，必须在现有的基础上尽快地推进民主政治建设。与此同时，第三次世界性民主化浪潮也为中国的民主政治发展创造了良好的机遇。在当今世界，经济全球化蓬勃发展，各国的经济联系日益增强。经济上的密切联系和交往，会使世界各国间在文化上展现出文化交融发展的趋势。全球化进程提供了各种制度之间交流与学习的机会，同时客观上也会为彼此的改进和变革创造新的动力。在全球化时代的民主化浪潮中，中国可以更多地吸收和借鉴人类文明的共同政治成果，其中也包括资本主义民主建设的某些合理因素，例如西方选举制度中某些行之有效的做法、权力监督中的某些科学设置，以及法治的原则和精神、新闻媒介监督的形式等，以此为契机促进社会主义民主政治的发展。全球化趋势的发展对中国民主发展是一种机遇，只有抓住机遇、积极顺应、选准方向、加快改革，不断推进中国的政治民主化进程，才是中国面对全球化趋势应当采取的战略选择。

第二节　当代中国的民主政治建设

近代以来，为了挽救民族危亡，推动国家的现代化转型，就必须冲破封建专制主义的桎梏，因而，对民主政治的追求就成为中国近现代政治发展的主题。几代中国人不断探索，试图找到一条适合中国实际需要的民主政治发展道路。一百多年来，经过辛亥革命、中华人民共和国成立及改革开放三次历史转轨，在对民主政治起点、道路及发展模式的三次抉择中，终于开辟出一条符合中国国情及发展趋向的民主政治发展道路——中国特色社会主义民主政治发展道路。这条民主政治发展道路在改革开放40多年的实践中不断完善，初步形成了中国共产党的领导、人民当家作主和依法治国三者有机统一的运行机制，从而体现了有别于西方及传统社会主义国家民主政治发展道路的主要特征。

一、中国特色社会主义民主政治发展道路的历史演进

（一）改革开放以前中国民主政治发展道路的转化

1. 存亡的抉择：封建帝制与民主共和

在中国几千年的传统政治发展中，小农经济的经济基础以及之上的集权官僚制度构成了传统封建政治的运行基础，政治发展的历史更多地表现为同形式政治形态的重复，历史

的变化也只是表现在同形式的不同王朝的更迭之中①。中国的封建社会在其漫长的历史发展中不断地演绎着这样带有规律性的"历史周期率"。纵观中国历代王朝的更迭,几乎无一不是按照"兴盛—腐败—衰亡"的历史周期循环。历朝历代的不少圣君明主和名臣贤相都力图在治乱循环的怪圈中找出一条江山永固的道路,但是最终还是始终走不出自身设定的兴亡逻辑。

"历史周期率"是君主专制政治所不能跳出的"一人治"桎梏,而民主政治则是对君主政治或人治的否定与超越。只有民主政治能够彻底有效地克服中国传统君主政治的弊端,从根本上避免"历史周期率"的发生。作为末代王朝的清王朝自然也没能置身于"历史周期率"之外,只是在近现代的世界历史进程中更增添了不少复杂的因素。在资本主义的全球扩张中,中国沦落为一个半殖民地半封建的国家,帝国主义和封建主义成为中国社会发展的最大障碍,中华民族逐渐进入亡国灭种的边缘。这样的国情就要求中国在推翻封建王朝、推进国内民主建设的同时,还必须完成保障民族国家独立和统一的重大任务。因此,反抗封建主义的专制统治,抵制帝国主义的肆意侵略,实现国家的民主和独立,就成为鸦片战争以后中国政治发展的基本内容。 在内忧外患之下,自19世纪60年代起,清王朝的部分官僚发动了"洋务运动",它以"自强、求富"为口号,以"中学为体,西学为用"为宗旨,企图通过发展先进军事装备和科学技术,以挽救清王朝日益没落的封建专制统治。但是这种封建政权中的上层官僚启动的洋务运动,旨在维持现存秩序和统治,并不能产生独立于传统农业基础之外的超强工商社会。由于存在封建势力的深层障碍,清政府未能处理好从传统向现代的转变,"洋务运动"的强国梦想也被近敌日本通过甲午战争而打断,中国丧失通过了"洋务运动"走上国家富强道路的机会。甲午战争的失败使先进的中国人似乎从日本的兴盛中找到了救国方略,戊戌变法就是在这样的历史背景下展开的。戊戌变法是近代中国资产阶级改良派发动的自上而下的爱国政治运动,中国的现代化开始从浅层次变革向制度层面深入。自强运动孕育的一代知识分子试图通过制度创新来实现社会的转型,但是在封建顽固势力的打击下,戊戌变法历时103天便告夭折,这充分证明了中国传统体制的僵滞性及其抵制现代因素成长的巨大惯性。戊戌变法的致命缺陷就在于,维新派企图在中国发展资本主义,但又不从根本上否定封建制度,主要依靠帝党官僚来推行资本主义的一套主张,这当然很难有成功的希望。维新运动的失败,"不仅仅暴露了中国的政治制度对于全面改革的惊人无能,而且也反映出政治领导是多么没有能力使制度恢复生气和缺乏经受危机时所必需的自我改造。"②

20世纪初,帝国主义国家的联合入侵激发了更为深重的民族危机和反抗,这就对变革传统权威政体提出了更加紧迫的要求。然而,清王朝家天下的传统意识以及官僚全体维护其既得利益的强烈本能,使腐朽专制的统治阶层顽固地抗拒现代政治变迁,最终走上了自绝于中国人民的历史不归路,中国社会不得不以体制外的革命方式取代之前体制内的变革

---

① 周治滨. 现代政治学引论[M]. 成都:电子科技大学出版社,2014:198.
② 费正清. 剑桥中国晚晴史[M]. 杨品泉,译. 北京:中国社会科学出版社,1993:381.

尝试。1911年，中国社会从传统向现代的演变进入了新的阶段，革命代替改革走上了政治发展的舞台。代表中下资产阶级愿望的革命派放弃内部变革的希望，主张推翻清政府统治，建立民主共和国，以此来挽救国家危亡，争取国家的独立和富强。清政府拖延立宪变革的顽固态度，也使得本来忠于清政府的立宪派与之关系由近而远。清政府将立宪派逼到了自己的对立面，这在客观上进一步壮大了反清力量，清政府随后在日益高涨的革命与民主的大潮中被资产阶级领导的辛亥革命颠覆。辛亥革命的核心就是以民主政治取代集权官僚专制，标志着中国人民对民主政治的第一次选择，从此开始了中国走向民主政治的发展道路。

2. 道路的抉择：资本主义与社会主义

辛亥革命所导引的社会变革走上了摧毁传统政治权威的路径，革命之后政治秩序上出现"旧者已去，新者未立"的混乱局面。孙中山反思民国成立初期多党政治失败的教训，从中国的国情出发逐步形成了"以党治国"的理念。孙中山"以党治国"理念的初衷是建立一个党权至上、党内民主、以民众为价值取向的政体，而且党国体制被设计成一个由训政向宪政转化的过渡政体。这一独具特色的政治发展道路，既是苏俄政党体制进入中国政坛的结果，也是传统中国政治文化与西方现代政党体制及理念相互作用的产物。在当时的中国，实行革命党的"以党治国"具有历史的合理性和必要性。"以党治国"可以加强中央权威，协调各种社会关系，保持政局的安定，促进经济、文化和整个社会的进步，为民主政治的实现创设必要的条件和环境。而且，孙中山的"以党治国"理念确实产生了很好的政治效应，在国民党统治初期快速地实现了中国统一和一定程度的发展。但是，"以党治国"理念也存在很大的弊端和隐患，革命党的"以党治国"毕竟也实行集权体制，与专制主义的独裁政治一样，如果没有适当的权力制衡机制，"以党治国"就极容易演变为专制独裁，蒋介石实行的国民党专制统治正是这种演变的典型。蒋介石政权代表的是大地主、大资产阶级的利益，其经济结构中占统治地位的是封建土地所有制经济和官僚资本主义经济，这就决定了其上层建筑必然具有浓厚的封建性和独裁性。蒋介石政权在思想上长期鼓吹"一个主义，一个政党，一个领袖"的新专制主义，大肆鼓吹对蒋介石本人的个人崇拜，并逐步建立起军统、中统两大特务系统，监视人民和抓捕进步人士。在基层，蒋介石政权还长期推行封建保甲制度，大力维护其专制统治。在军事上，蒋介石迷信武力，大搞内战，对中国共产党领导的人民武装进行全力围剿。这种黩武主义不但给中国革命带来极大危害，而且使中国的政治建设根本没有以和平方式开展的可能性。

建立英美式资产阶级共和国是以胡适为代表的资产阶级自由派所一直追求和倡导的，对于当时抵制和反对蒋介石政权的反动统治来说是具有积极意义的。但是他们所主张的这种政治发展模式具有致命的缺陷，西方的民主政治制度在当时的中国既缺乏现实根基，又满足不了底层广大工农群众的利益要求。民族资产阶级因其自身软弱性也无法形成强大的政治力量。而且对于中国而言，资产阶级民主共和国方案在俄国十月革命后已经成为一种过时的旧方案。资产阶级共和国方案既不合乎国情，也不合乎世情，"西方资产阶级的文明，资产阶级的民主主义，资产阶级共和国的方案，在中国人民的心目中，一起破了产。资产阶级的民主主义让位于工人阶级领导的人民民主主义,资产阶级共和国让位给人民共和国"[1]。

资产阶级的软弱以及效仿西方民主政治制度的失败,是中国政治发展转向社会主义的一个重要前提。毛泽东在《论人民民主专政》一文中总结了中国近现代历史上民主政治实践的经验教训,在此基础上明确提出了中国必须彻底打倒反动势力所坚持的专制统治,走最广大人民群众作为力量源泉的人民民主专政的政治发展道路,人民民主专政的政治发展道路是一种全新的政治发展道路,它是中国共产党用马克思主义国家观分析中国政治现实而得出的科学结论,同时也是对中国现代政治发展经验的科学总结和升华。这一道路继承并发展了孙中山新三民主义中的建立"为一般平民所共有,非少数人所得而私"[2]的新共和国的合理因素,将资产阶级民主共和国方案提升为人民民主共和国方案,为中国政治民主化找到了一条全新而现实的发展道路,对于中国社会政治的发展和进步具有重大而深远的意义。首先,这一道路顺应了世界历史发展的总潮流,确保了中国始终坚持社会主义的正确方向。其次,这一政治道路合乎中国广大人民群众的利益需求,本身具有极大的政治整合功能,而且也能调动起广大人民群众参与社会主义建设的积极性、主动性和创造性。再次,这一政治道路从一开始就坚决反对旧政治道路的剥削性质,有利于防止中国社会制度的倒退,使社会发展始终保持一种进步的态势,使人民政权始终把公平和正义作为根本价值追求。

3. 模式的抉择:苏联模式与中国特色

苏联作为世界上第一个社会主义国家,在历史发展过程中逐步建立起高度集权的政治体制。这种政治体制的特点主要表现在以下三个方面:一是表现在政党制度上。苏联在建国后不久就结束了分掌政权的状况,建立起布尔什维克一党执政的领导体制。二是表现在党政关系上。尽管苏联在理论上否定以党代政,但在实际政治运作中,国家经济和行政管理职权均为党的机关所把持。三是表现在中央与地方的关系上。权力高度集中于中央,各加盟共和国独立决策的权力很小。四是表现在党和社团的关系上。苏联只强调社会主义的一致性,忽视社会各阶层、各群体利益的差异性,否定了社会团体作为桥梁和纽带的社会职能。五是无视选举制度的规定,在干部任用方面自上而下实行委派制,而且党的干部在政治生活中普遍缺乏人民群众的有力监督。六是在意识形态领域,少数人垄断了马克思主义的解释权,社会科学甚至自然科学都缺乏学术自由,阻碍了党的思想的进步和国家智力资源的发挥。正是基于上述几个方面的原因,在苏联,人民民主没有从根本上得到充分体现和发挥其应有的作用。

中华人民共和国成立初期的政治体制是照搬苏联模式建立起来的。必须看到,与中华人民共和国成立前相比,新中国的人民民主事业得到了巨大发展,站起来的中国人民成为国家的主人,积极参与到国家政治生活中去。但是,1957年反"右派"斗争扩大化之后,

---

[1] 毛泽东选集:第2卷[M]. 北京:人民出版社,1991: 147.
[2] 孙中山选集(下)[M]. 北京:人民出版社,1956: 526.

新中国的民主法制建设受到严重干扰，官僚主义、权力过分集中、家长制、干部领导职务终身制、形形色色的特权等弊端大量存在、滋长，个人崇拜不断抬头，群众运动接连不断，思想文化领域万马齐喑，这些现象的不断发展，最终造成了民主政治进程的巨大挫折，甚至发生了"文化大革命"，给党、国家和民族造成巨大损失。

在反思"文化大革命"的教训之后，中共十一届三中全会着重提出了健全社会主义民主和加强社会主义法制的任务，强调必须有充分的民主，才能做到正确的集中；强调宪法规定的公民权利，必须坚决保障，任何人不得侵犯；为了保障人民民主，必须加强社会主义法制，使民主制度化、法律化，使这种制度和法律具有稳定性、连续性和极大的权威，做到有法可依，有法必依，执法必严，违法必究。针对"文化大革命"中思想僵化、迷信盛行、个人崇拜的状况，这次会议强调真理标准的实践性，为当代中国政治发展解除了精神枷锁，从而在观念形态上为未来中国的政治发展开辟了广阔的前景。这次会议也标志着中国政治发展的主题从"斗争"向"建设"的转换，开启了对社会主义政治发展模式的新探索，因而也成为当代中国政治发展的重要历史转折点。中国从此开始了全面的政治制度化与法治化建设，开创了社会主义政治文明建设的新的历史阶段。

总而言之，中共十一届三中全会在政治上实现了从封闭到开放，从斗争向建设，从人治向法治的"三个转变"，因而成为开启和发展中国特色社会主义民主政治发展道路的新的逻辑起点。

(二) 改革开放以后中国民主政治发展道路的历程

中共十一届三中全会后，中国共产党、中国政府不断强调发展民主政治的重要意义。40多年来，中国民主政治建设在取得丰硕理论成果的同时，也在实践中不断积极地探索民主政治发展的道路和形式。可以说，中国特色社会主义民主政治发展的过程，是不断摆脱传统社会主义政治发展模式束缚的过程，也是吸收和借鉴世界各国优秀政治文明成果、丰富和完善有中国特色社会主义民主政治的过程。经过多年努力，中国已经初步形成了民主政治发展的自身特色和道路。

1. 中国政治体制改革的启动阶段

"文化大革命"结束的时候，中国百废待兴，各项政治制度亟待修复和完善。中共十一届三中全会实现了思想路线和政治路线的拨乱反正，并把"改革和完善社会主义政治制度"确立为政治领域改革的主要目标。中国的政治体制改革也是从中共十一届三中全会开始启动的，不过，当时没有明确提出政治体制和政治体制改革的概念，而是要求多方面改变与生产力发展不相适应的生产关系和上层建筑，改变一切不相适应的管理方式、活动方式和思想方式。

1980年8月，邓小平在著名的《党和国家领导制度的改革》的讲话中，总结了"文化大革命"的教训，指出改革的重点是"切实改革并完善党和国家的制度，从制度上保证党和国家政治生活民主化、经济管理社会化、整个社会生活的民主化，促进现代化事业的顺利发展"①。邓小平的这篇讲话是在总结以往教训的基础上对中国共产党和国家领导制度的一次深刻反思,成为开启中国政治体制改革的纲领性文献。1981 年 6 月,中共十一届六中全会通过的《关于建国以来党的若干历史问题的决议》再次强调,为了保障社会主义民主政治健康发展,必须使民主制度化、法律化。1982 年,党的十二大首次提出了政治体制的概念。从 20 世纪 80 年代中期开始,邓小平在历次谈话中集中并突出地强调政治体制改革问题,"政治体制"与"政治体制改革"才真正成为中国政治生活中的一个基本理论和政治范畴。1987 年召开的党的十三大是新中国成立以来中国共产党关于政治体制改革论述最为深入的一次,它总结了中共十一届三中全会以来中国政治体制改革的经验,向全党全国正式提出了开展政治体制改革的战略任务。当时邓小平强调,政治体制改革的主要内容"首先是党政分开,解决党如何善于领导的问题。这是关键,要放在第一位"②。但是,在实践中,有人把党政分开错误地理解为党只管党,放松了党对各项工作的全面领导,在实践中造成了一些消极的后果。

2. 市场经济体制基础上的法治建设阶段

20 世纪 80 年代末和 90 年代初,北京政治风波和苏东剧变的发生,使中国刚刚起步的政治体制改革遭遇到严峻考验。为了应对来自国内外的冲击和挑战,中国共产党在坚持改革开放以来路线、方针、政策的同时,也对政治体制改革思路做了必要的调整,强调要"坚持和完善社会主义基本政治制度",有利于加强党的领导、巩固党的执政地位,这是符合中国政治现状的更加现实和合理的政治体制改革决策。

改革开放后,中国城乡经济体制发生了巨大变化,市场取向改革收到明显的成效,但出现的新情况、新问题还极为复杂,必须通过更为深化的经济体制改革来加以解决,因而建立社会主义市场经济体制就成为当时经济体制改革的总目标。这时候需要的改革是全方位和多层次的,而且必须首先在思想层面继续打破禁忌和藩篱。1992 年,邓小平审时度势发表南方谈话,又在历史重要关头起到了重大的思想解放作用,在客观上加快了中国从计划经济体制向市场经济体制的转变。随后,党的十四大正式提出了建立社会主义市场经济体制的重大命题。此后,中国的改革开放和社会主义现代化建设事业进入一个崭新的发展阶段。

市场经济的发展客观上需要更为完善的政治体制来保驾护航,经济发展中出现的新的矛盾和问题也需要通过健全的法律手段来解决。针对社会主义市场经济体制下的新形势,结合市场经济体制发展过程中对政治改革的客观要求,党的十五大指出:"中国经济体制改革的深入和社会主义现代化建设跨世纪的发展,要求我们在坚持四项基本原则的前提下,继续推进政治体制改革,进一步扩大社会主义民主,健全社会主义法制,依法治国,建设社会主义法治国家。""依法治国"的重大战略方针在国内外引起了强烈的反响。依法治国是中国共产党治国方针的重要发展,根本目标是达成以法治代替人治、以法律至上代替权

---

① 邓小平文选:第 2 卷[M]. 北京:人民出版社,1994:336.
② 邓小平文选:第 3 卷[M]. 北京:人民出版社,1993:177.

力至上的理想政治状态。中国共产党在历史上首次提出"依法治国,建设社会主义法治国家"理念,并将其作为治理国家的目标和任务,试图在法治层面上探索解决诸如权力高度集中、党政不分、人治等弊端和问题,将政治体制改革纳入现代法治的理性框架,使政治体制改革的目标更加明确、立意更加高远,与经济体制改革的结合也更加紧密。

3. 社会建设基础上的人本政治阶段

邓小平提出"让一部分人和一部分地区先富起来",但是也没有忽略与之相对应的贫富分化和社会公正问题。他指出:"如果富的越来越富,穷的越来越穷,两极分化就会产生,而社会主义就应该而且能够避免两极分化。""可以设想,在 20 世纪末达到小康水平的时候,就要突出地提出和解决这个问题。"[①]

中国经济社会发展中出现的比较突出的社会公平问题主要表现在三个方面:第一,贫富差距、城乡差距和地区差距扩大,已经威胁到社会的安定和团结;第二,社会事业发展相对滞后,社会弱势群体困难众多,基本生活未得到很好保障;第三,贪污腐败现象严重,干群关系比较紧张,人民群众不满情绪增多。可以说,进入 21 世纪,社会领域的改革已经成为关系到经济社会能否稳定和持续发展的重大问题。基于这种情况,社会建设重大战略思想的提出,就是要从理论和实践上解决好社会公平问题,从而保证中国特色社会主义事业的兴旺发达和长治久安。中国共产党提出社会建设总的方针就是要构建社会主义和谐社会,其本质要求就是要把满足人的全面需求和促进人的全面发展作为经济社会发展的根本出发点和落脚点。在一定意义上说,以人为本也就是社会主义和谐社会的构建之本。这种伟大理想和崭新实践更是对民主政治建设提出了新的要求,以人为本已成为中国政治发展所追求的根本价值目标。中国经济结构和社会结构的"双重转型",在推动中国政治实践从"以阶级斗争为纲的政治"转到"以经济建设为中心的政治"之后,又发展到"以人为本的政治"的新阶段。这种民主政治发展的趋向,完全扎根于人民民主的精神土壤之中。它意味着,现代社会主义国家在政治生活中不仅要谋求人民的群体政治主体性,而且也更加注重公民的个体政治主体性及个人自由而全面发展的民主权利,并借此来保障和推进公民政治、法治政治和宪法政治在国家社会生活中的整体实现。"人本政治"的价值观是对社会主义政治理念的溯源和再造,它有助于合理定位当前阶段中国民主政治发展的指导思想。对"人本政治"的追求,客观上要求在政治生活中要以实现人的全面发展为基本目标,以人民群众的根本利益为出发点和落脚点,并以此定位政治发展的基本向度,规划政治发展的具体路径,实现政治发展的历史提升。人本政治观的确立,也有助于树立以人为本、执政为民的执政理念,从而有助于从根本上提升中国共产党的执政能力和执政党的合法性。人本政治观的确立,还明确了人民群众的政治主体地位,为社会主义民主政治发展指明了价值所在和前进方向。党的十八大后确立的"以人民为中心"的新发展理念,强调人民所向往、追求的美好生活,包括了民主、法治在内,因而可以说在政治建设方面继承、发展、升华了"人本政治"的理念。

---

① 邓小平文选:第 3 卷[M]. 北京:人民出版社,1993:373.

二、中国特色社会主义民主政治的制度框架

民主政治发展道路有着特定的政治制度框架，并以一定的政治体制作为基本依托。中国的政治制度包括根本政治制度和基本政治制度，两者共同构成了中国特色社会主义民主政治的制度框架。其中，人民民主专政是中国的国体，人民代表大会制度是中国的政体、根本政治制度，中国共产党领导的多党合作和政治协商制度、民族区域自治制度以及基层群众自治制度则属于基本政治制度的范畴。这些政治制度是中国共产党领导中国人民在长期的民主政治实践中创造的，是民主政治在当今中国时代条件下的主要实现形式。

(一) 中国特色社会主义民主政治的国体与政体

1. 国体：人民民主专政

国体，即社会各阶级在国家中的地位，是指由哪个或哪些阶级当家作主，对哪个或哪些阶级实行专政。中国的宪法明确规定："中华人民共和国是工人阶级领导的、以工农联盟为基础的人民民主专政的社会主义国家。"这一规定表明，人民民主专政是工人阶级(经过共产党)领导的、以工农联盟为基础的、对人民实行民主和对敌人实行专政的国家政权，国家的一切权力属于人民。人民民主专政是马克思列宁主义关于无产阶级专政的理论与中国革命具体实践相结合的产物，是中国共产党在领导革命斗争中的一个创造。中国现阶段的人民民主专政实际上是无产阶级专政。因为它与无产阶级专政的性质相同，作用、职能、历史使命都相同。不过，中国的人民民主专政衔接了新民主主义和社会主义两个不同的历史时期，准确地说明了中国的国家政权具有民主和专政的双重含义，比无产阶级的提法更符合中国实际，易于为广大人民所理解和接受。实践证明，人民民主专政是适合中国国情和革命传统的一种形式，具有鲜明的中国特色。坚持人民民主专政的实质，就是要不断发展社会主义民主，切实保护人民的利益，维护国家的主权、安全、统一与稳定。一方面，要坚持国家的一切权力属于人民，保证人民当家作主；另一方面，要在充分发挥人民民主的基础上，加强国家政权的专政力量，打击各种敌对势力和犯罪活动，用人民民主专政来维护人民的政权，保护人民的根本利益，维护社会稳定，构建和谐社会。

2. 政体：人民代表大会制度

"所谓'政体'问题，就是指政权构成的形式问题；指的是一定的社会阶级采取何种形式去组织反对敌人保护自己的政权机关。"[①]简言之，政体就是国家政权的组织形式。人民代表大会制度是符合中国国情、体现中国社会主义国家性质、能够保证中国人民当家作主的根本政治制度和最高实现形式，也是中国共产党在国家政权中充分发扬民主、贯彻群众路线的最好实现形式，是中国社会主义政治文明的重要制度载体。中国宪法规定："中华人民共和国的一切权力属于人民，人民行使国家权力的机关是全国人民代表大会和地方各

---

① 毛泽东选集：第 2 卷[M]. 北京：人民出版社，1991: 677.

级人民代表大会。"各级人民代表大会都是由选举产生,对人民负责,受人民监督,人民是国家的主人,是国家权力的主体。在建设中国特色社会主义的过程中,必须毫不动摇地支持、巩固和完善人民代表大会制度。一要加强和改进立法工作。加强重要领域立法,确保国家发展、重大改革于法有据,把发展改革决策与立法决策更好地结合起来。坚持问题导向,提高立法的针对性、及时性、系统性、可操作性,发挥立法引领和推动作用。抓住提高立法质量这个关键,深入推进科学立法、民主立法,完善立法体制和程序。二要加强和改进法律实施工作。法律的生命力在于实施,法律的权威也在于实施。不断推进科学立法、严格执法、公正司法、全民守法的进程。三要加强和改进监督工作。人民代表大会制度的重要原则和制度设计的基本要求,就是任何国家机关及其工作人员的权力要受到制约和监督。四要加强与人大代表和人民群众的联系。各级国家机关加强与人大代表的联系,加强与人民群众的联系,是实行人民代表大会制度的内在要求,是人民对自己选举和委派代表的基本要求。五要加强和改进人大工作。新的形势和任务对各级人大及其常委会工作提出了更高的要求,要按照总结、继承、完善、提高的原则,推进人民代表大会制度理论和实践创新。

(二) 中国特色社会主义民主政治的基本制度

1. 中国共产党领导的多党合作和政治协商制度

中国共产党领导的多党合作和政治协商制度简称中国多党合作制度,是马克思主义政党理论和统一战线学说与中国具体实际相结合的产物,作为有别于旧式的一党制和多党制的新型政党制度,它是中国社会主义民主政治制度的重要组成部分。中国多党合作制度在中国革命斗争过程中形成,是中国共产党、中国人民和各民主党派、无党派人士的共同选择。在中国多党合作制度中,中国共产党的领导是首要前提和根本保证,多党合作是核心内容。中国有八大民主党派,它们是接受中国共产党领导、与中国共产党通力合作的亲密友党,是中国特色社会主义参政党。无党派人士,则是指没有参加任何政党、有参政议政愿望和能力、对社会有积极贡献和一定影响的人士,其主体是知识分子。

中国多党合作制度的显著特征是"共产党领导、多党合作,共产党执政、多党派参政"。中国共产党与各民主党派合作的基本方针是"长期共存、互相监督、肝胆相照、荣辱与共"。中国人民政治协商会议是中国人民爱国统一战线的组织,是中国多党合作制度的重要机构,也是中国政治生活中发扬社会主义民主的重要形式。中国人民政治协商会议的主要职能是政治协商、民主监督、参政议政。社会主义协商民主是中国共产党和中国人民的伟大创造,源自中国共产党领导人民进行革命、建设、改革的长期实践。协商民主为发展中国社会主义民主政治丰富了形式,拓展了渠道,增加了内涵。要充分发挥人民政协作为协商民主重要渠道和专门协商机构的作用。中华人民共和国成立以来,中国多党合作制度的重要性不断增强,实践证明,这一制度能够在中国特色社会主义共同目标下把中国共产党领导和多党派合作有机结合起来,实现广泛参与和集中领导的统一、社会进步与国家稳定的统一、充满活力和富有效率的统一。

2. 民族区域自治制度

民族区域自治是中国共产党解决民族问题的基本政策，是在统一而不可分离的国家领导之下，在各少数民族聚居的地方设立自治机关，行使自治权，实行区域自治。其核心是保障少数民族当家作主，管理本民族、本地方事务的权利。实行民族区域自治制度，是中国共产党根据中国的历史发展、文化特点、民族关系和"大杂居小聚居"的民族分布特点等具体情况作出的制度安排，符合各民族人民的共同利益和发展要求。实践证明，民族区域自治制度把民族因素和区域因素相结合，体现了中国政府坚持实行各民族平等、团结、合作和繁荣的原则，是中国共产党和各族人民的一个伟大创举。

3. 基层群众自治制度

基层群众自治是依照宪法和法律的规定，由居民(村民)选举的成员组成居民(村民)委员会，实行自我管理、自我教育、自我服务、自我监督的制度。它是一种基层自治和民主管理制度，是社会主义民主广泛而深刻的实践。改革开放以来，随着中国的发展和进步，全国城乡基层民主不断扩大，公民有序的政治参与渠道增多，民主的实现形式日益丰富。目前，中国已经建立了以农村村民委员会、城市居民委员会和企业职工代表大会为主要内容的基层民主自治体系。广大人民在城乡基层群众性自治组织中，依法行使民主权利，实行民主自治，已经成为当代中国最直接、最广泛的民主实践。

习近平强调指出："中国实行工人阶级领导的、以工农联盟为基础的人民民主专政的国体，实行人民代表大会制度的政体，实行中国共产党领导的多党合作和政治协商制度，实行民族区域自治制度，实行基层群众自治制度，具有鲜明的中国特色。这样一套制度安排，能够有效保证人民享有更加广泛、更加充实的权利和自由，保证人民广泛参加国家治理和社会治理；能够有效调节国家政治关系，发展充满活力的政党关系、民族关系、宗教关系、阶层关系、海外同胞关系，增强民族凝聚力，形成安定团结的政治局面；能够集中力量办大事，有利于社会生产力解放和发展，促进现代化建设各项事业，促进人民生活质量和水平不断提高；能够有效维护国家独立自主，有力维护国家主权、安全、发展利益，维护中国人民和中华民族的福祉。"①

三、中国特色社会主义民主政治制度的实现机制与优越性

(一) 中国特色社会主义民主政治制度的实现机制

发展社会主义民主政治、建设社会主义政治文明，是全面建成小康社会的重要目标，是建设中国特色社会主义总体布局的重要组成部分，是中国共产党带领中国人民实现中华民族伟大复兴中国梦的政治保证。中国共产党经过长期实践和反复探索，尤其是总结"文化大革命"和苏联解体的历史教训，终于逐步掌握了社会主义民主政治发展的规律，成功

---

① 习近平. 在庆祝全国人民代表大会成立60周年大会上的讲话[N]. 人民日报，2014-09-06.

开辟了中国特色社会主义政治发展的道路，为实现最广泛的人民民主确定了方向，从根本上回答了在当代中国如何发展社会主义民主政治的问题。这就是要在中国的社会主义政治制度基础之上，在国家现实政治运行和实践之中，切实地把坚持共产党领导、人民当家作主和依法治国有机统一起来。只有将党的领导、人民当家作主和依法治国有机统一起来，才能保证中国特色社会主义政治发展道路的平稳发展和社会主义政治文明建设目标的顺利实现。

(1) 中国共产党的领导是人民当家作主和依法治国的根本保证。中国特色社会主义最本质的特征是中国共产党领导，中国特色社会主义制度的最大优势是中国共产党领导。中国共产党的领导地位不是与生俱来的，而是历史和人民的选择。中国共产党是中国最广大人民根本利益的代表，肩负着带领全国各族人民建设社会主义民主政治的重任。在中国这样一个发展中的大国，离开中国共产党的领导就不可能把全国人民的力量和意志凝聚起来，发展社会主义民主也就无从谈起。推进政治建设和政治体制改革，必须有利于坚持和完善中国共产党的领导，增强中国共产党和国家的活力，而绝不能削弱中国共产党的领导。

(2) 人民当家作主是社会主义民主政治的本质和核心要求，是社会主义政治文明建设的根本出发点和归宿。人民民主是社会主义的生命。社会主义民主政治的本质是人民当家做主，共产党执政就是领导和支持人民当家做主。健全民主和法制，全面落实依法治国的基本方略，切实尊重和保障人民的政治、经济和文化权益，是社会主义民主政治建设的根本要求，也是中国共产党执政的根本目的和可靠基础。发扬人民民主又是加强和改善中国共产党的领导的有效途径。中国共产党只有领导人民创造各种有效的当家做主的民主形式、坚持依法治国，才能充分实现人民当家做主的权利，才能坚持和巩固中国共产党的执政地位。

(3) 依法治国是中国共产党领导人民治理国家的基本方略。依法治国与人民当家作主、党的领导是紧密联系、相辅相成、相互促进的。依法治国不仅从制度上、法律上保证人民当家作主，而且也从制度上、法律上保证党的执政地位。中国的宪法和法律是党的主张和人民意志相统一的体现。人民在党的领导之下，依照宪法和法律治理国家，管理社会事业和经济文化事业，保障自己当家做主的各项权利，这是依法治国的实质。中国共产党领导人民通过国家权力机关制定宪法和各项法律，人民要在宪法和法律的范围内活动，严格依法办事，保障法律的实施，从而使党的领导、人民当家作主和依法治国有机统一起来。

将中国共产党的领导、人民当家作主和依法治国三者有机地统一起来，是中国特色社会主义民主政治发展道路的实现机制，必须将三者统一于建设中国特色社会主义民主政治的伟大实践之中，绝不能把它们分割开来或对立起来。在现实政治运行和政治发展中，中国共产党发挥主导力量，凝聚人民群众的利益和意志，通过国家层面的法律保障来推进经济社会的发展。这一机制的突出优势在于，它聚合了政党在国家治理中的强大功能、人民在管理自己的事务时所焕发出来的自主精神，以及法制规范在现代社会中不可替代和逾越的重要功能,所释放出的巨大能量是资本主义政治机制,乃至传统社会主义的政治机制不可比拟的[①]。

(二) 中国特色社会主义民主政治制度的优越性

中国特色社会主义民主政治制度符合中国的国情,既体现了民主政治的一般原则,又反映了民主政治的社会主义性质,具有强大的制度优势和政治优势,是建设中国特色社会主义事业的强有力保证。中国政治制度的优势集中体现在以下四个方面。

(1) 运行符合中国的基本国情。中国是一个发展中的大国,人口众多、幅员广阔、民族多样、地区差异显著,国家发展既体现出整体性需求,又展现出浓厚的局部特征,因此,这就要求政治制度既要能够保证国家的整体统一,又要保持内部的多样性。现有的政治制度中,人民代表大会制度作为根本政治制度,能够实现国家意志的集中和统一,而其他基本政治制度,既能够广泛地保证各个阶层和城乡基层居民民主权利,又能够在国家的整体内,赋予少数民族地区发展的主动性和创造性。因此,现有的政治制度满足了国情的复杂性和发展需求,充分保护和动员了国家内部各种力量的积极性和创造性,形成了建设国家和发展社会主义事业的合力。而且中国政治制度运行的基本原则是民主集中制,民主集中制是民主基础上的集中和集中指导下的民主相结合的政治运行法则,它通过充分发挥民主和达成统一认识,能够集中力量有效地完成确定的任务。

(2) 内部形成了相互支持的关系。中国的根本政治制度和基本政治制度构成一套完整的制度体系,人民代表大会制度在这套体系中如同大厦的屋顶,而基本政治制度作为其延伸和辅助,彼此相互关联共同构成了支持大厦存在的支柱。人民代表大会制度作为中国的根本政治制度,明确规定了国家性质、权力来源以及政权组织形式。共产党领导的多党合作和政治协商制度则为国内各种社会力量表达利益需求提供了有效的途径,为各阶层和群体实现了解和协商合作提供了坚实的平台。民族区域自治制度把国家的统一领导与少数民族聚居区的区域自治结合起来,体现了国家因素与区域因素、历史因素与现实因素、政治因素与经济因素的有机统一;基层群众自治制度充分尊重基层群众的主体地位,发挥了他们的积极性、主动性和创造性,从而成为社会主义民主政治建设的基础性工程。这些政治制度从不同方面分别解决了不同的问题,实现了民主与效率的有机统一。

(3) 适应经济社会发展的要求。中国的这套政治制度具有本质上的巨大优越性,在根本上适应了社会生产力的发展要求。但是经济社会的发展变化,使中国的政治制度又处于不断的改进和完善过程。一方面,政治制度的主要内容在开放中不断丰富。多党合作和政治协商制度是最早建立的,人民代表大会制度和民族区域自治制度则是在20世纪50年代确立,而基层民主自治制度则是到20世纪80年代才全面发展起来。另一方面,各项政治制度的具体内容也在不断充实。比如,为了适应社会各阶层政治发展需要,中国在政治协商制度的基础上明确提出协商民主是社会主义民主的实现形式。为了推进民主政治的法制

[①] 雷振文. 中国特色社会主义政治发展道路研究[M]. 南昌:江西人民出版社,2008:228.

化，中国把依法治国确立为坚持和完善人民代表大会必须遵守的原则。为了扩大基层群众政治参与范围，中国在基层群众自治制度内容中增添了除民主选举外的民主协商、民主决策、民主管理、民主监督等形式。总而言之，各项政治制度的不断完善体现了这套政治制度适应经济社会发展的强大生命力。

(4) 能够支撑国家发展和民族复兴。政治制度从根本上而言是适应社会生产力的发展要求而建立和完善的。因而，判断一套政治制度是否具有合理性，最重要的标准就是看其能否对社会生产力的发展产生积极的支持和推动作用。新中国成立以来70多年的历史经验和成就充分证明，中国的政治制度适应了生产力的发展需要，推动了经济社会的持续变革，改革开放以来的经济快速发展尤其体现了这一点。之所以产生这样的效果，根本原因就在于中国的政治制度为新确立的社会主义市场经济提供了稳定的制度环境，提升了各种经济活动主体参与经济活动的积极性和创造性。当前阶段，中国正处于全面推进中华民族复兴的重要战略机遇期，强大的制度保障是实现国家发展和人民富裕的必要基础。中国的政治制度能够发挥巨大的作用和提供持续的动力。

四、尊重和保障公民的自由与人权

民主从其内在结构上可分为民主价值和民主制度两个层面。民主价值主要是自由权和人权(生存权和发展权)，是民主制度赖以生存的灵魂；而民主制度则是民主价值的具体外化和保障。民主、自由、人权是人类共同追求、共同创造的文明成果，但是在阶级社会中，民主、自由、人权必然会打上时代的和阶级的烙印，它们随着社会历史的发展而逐渐产生，又在历史发展的不同阶段被赋予不同的内容。实践证明，中国特色社会主义民主政治制度是迄今为止最为真实和有效的新型民主制度。中华人民共和国成立70多年来，尤其是改革开放40多年来，中国逐步确立并完善了以社会主义公有制为主体、多种所有制经济共同发展的基本经济制度，建立和完善了社会主义市场经济体制，从而为中国特色社会主义民主政治制度奠定了坚实的物质基础，有效地保证了人民群众的自由权、生存权和发展权。正是因为中国在改革开放的伟大进程中，始终坚持和不断完善社会主义民主政治制度，充分保障和发展人民的自由和权利，形成了正确的社会价值、社会导向、社会竞争系统，使得中国社会焕发出前所未有的生机与活力。

(一) 尊重和保障公民的自由

自由不是一个抽象概念，有其实质性的内容。西方标榜是自由世界，但在资本主义社会里，劳动人民只能说具有形式上的自由，实际上通行的是财富上的自由，谁占有金钱和财富，谁就有自由和权利。

中国特色社会主义民主政治制度解决了资本主义自由无法解决的最广大劳动人民群众实际行使自由权利的问题。以社会主义公有制为主体的基本经济制度，从经济基础上铲除了金钱对自由的束缚，劳动人民当家作主，政权在人民手中，这就是最大的政治自由。与此同时，以马克思主义理论为指导的社会主义文化建设，开辟了人类自觉创造历史的新时代，使人们在思想上获得了空前的自由。

中国高度重视人的自由而全面发展问题。中国正在培育和践行的社会主义核心价值观——国家层面的"富强、民主、文明、和谐"，社会层面的"自由、平等、公正、法治"，公民层面的"爱国、敬业、诚信、友善"，就包含"自由"这一重要内容。习近平强调，要把培育和弘扬社会主义核心价值观作为凝魂聚气、强基固本的基础工程，继承和发扬中华民族优秀传统文化和传统美德，广泛开展社会主义核心价值观宣传教育，积极引导人们讲道德、遵道德、守道德，追求高尚的道德理想，不断夯实中国特色社会主义的思想道德基础。他指出："核心价值观是文化软实力的灵魂、文化软实力建设的重点。这是决定文化性质和方向的最深层次要素。一个国家的文化软实力，从根本上说，取决于其核心价值观的生命力、凝聚力、感召力。培育和弘扬核心价值观，有效整合社会意识，是社会系统得以正常运转、社会秩序得以有效维护的重要途径，也是国家治理体系和治理能力的重要方面。历史和现实都表明，构建具有强大感召力的核心价值观，关系社会和谐稳定，关系国家长治久安。"

社会主义条件下的自由具有丰富的科学内涵，具体表现在以下方面。

(1) 社会主义自由是具体的、历史的。马克思主义认为，自由并非人先天固有，也不会独立于人之外而永恒存在。人类历史是一个不断地从必然王国向自由王国发展的过程，这决定了人的自由也是具体的、历史的。当前，中国正处于发展的重要战略机遇期，同时也是社会矛盾凸显期，为此必须坚持具体性、历史性有机统一，用发展眼光、动态思维把握社会主义自由。自由的实现既要关照现实，从中国国情、生产力发展阶段、社会经济结构、社会阶层结构等现实情况出发，又要审时度势，不断化解各类社会矛盾，随着实践发展不断创造自由实现的良好条件。

(2) 社会主义自由是形式自由和实质自由的有机统一。形式自由和实质自由如同一枚硬币的两面，共同构成自由的完整内涵。形式自由强调自由的实现程序和途径，实质自由强调自由的实质性内容。无论自由的实现形式多么健全，但离开实质性内容就没有落脚点。同样，离开自由的有效实现形式，就算自由的内容再丰富，也只能是镜中花、水中月。因此，形式自由与实质自由是不可分割的有机整体。社会主义自由坚持形式自由和实质自由的有机统一，将实现人的实质自由和全面发展作为人的发展的最终目的。基于这一认识，在社会主义现代化进程中，中国共产党和中国政府不断明确自由的科学内涵、拓宽自由的实现路径，在经济建设、政治建设、文化建设、社会建设和生态文明建设各领域全面深化改革，切实保障全体人民的形式自由和实质自由。

(3) 社会主义自由是个人自由和社会自由的有机统一。每个个体的自由与他人的自由互为前提和条件，认为个人的自由不受任何约束，可以脱离社会和集体的自由而存在，这对于个人发展和社会进步都是极其有害的。在资本主义社会中，个人自由被无限放大，事实上这种自由反映的只是少数人的个人自由。在社会主义社会，生产资料公有制使得绝大多数人成为自由的真正主体，社会自由为个人自由的实现搭建了良好平台。当个人自由不断发展进而与社会自由达到有机统一时，个人自由才能聚合成为社会前进的动力。诚然，在社会主义初级阶段，个人自由的全面发展还受到生产力发展水平不够高的限制，但社会主义始终坚持在促进社会全面进步的基础上，促进个人自由的全面发展。

(4) 社会主义自由是自由、平等、公正、法治的有机统一。在社会主义社会，自由的实现与平等、公正、法治的社会环境息息相关，因而社会主义核心价值观在社会层面将自由、平等、公正、法治作为不可分割的四大价值范畴。特别是社会主义法治，对自由的实现尤为重要。人们只有在法律的规范和保护下，才能为自己争取最大的自由空间，才能获得现实的自由。对自由进行抽象化和绝对化的理解，把自由视为不受法律约束的为所欲为，这种观点在理论上是空洞的、在实践上是有害的。

(二) 尊重和保障公民的人权

人权，最初是资产阶级革命时期为反对神权和封建特权提出来的。人权作为社会权利的一种表现形式，是社会的产物。从马克思主义观点来看，人权不能局限于个人政治权利，而应该扩大范围。人权的基础是生命的生存和发展，没有生存权，其他人权均无从谈起。邓小平曾经指出："什么是人权？首先一条，是多少人的人权？是少数人的人权，还是多数人的人权，全国人民的人权？西方世界所谓'人权'和我们所讲的人权本质上是两回事，观点不同。"[①]西方发达国家人权理论主要强调的是个人的政治权利，而不大讲经济和社会权利。中国所强调的人权不仅包括个人权利，还包括集体人权；不仅包括政治权利，还包括经济、社会、文化、公民权利。对于发展中国家来说，生存权和发展权是最根本、最重要的权利。新中国成立以来，特别是改革开放以来，中国大力组织扶贫开发，解决了几亿人的温饱问题，充分证明社会主义对人的生存权和发展权的高度重视。

人权是具体的、相对的，不是抽象的、绝对的，与一个国家的政治状况、经济发展、历史传统、文化结构和整个社会的发展水平有很大关系。经济文化落后，即使拥有了先进的社会制度，人权的发展也会受到限制。由于中国经济文化比较落后，现在建设的社会主义还是初级阶段的社会主义，实现社会主义民主、自由、人权的社会条件还不是很充分，因而中国必须集中力量发展生产力，集中力量提高综合国力和人民生活水平。因此，邓小平反复强调稳定压倒一切，经济发展压倒一切，江泽民也指出："在一个国家里，实现民主、自由和人权的根本途径是社会的进步、稳定和经济的发展。"[②]

当然，作为一个负责任的大国，中国一贯支持参与国际人权事业，竭力推动人权事业的进步和发展，实践着人权的真谛，把人权落实为国家行动计划。

进入 21 世纪，随着中国国民经济的发展和国际社会地位的提高，中国人权事业取得了可喜的成就。

(1) 人民生活条件全面改善，生活水平全面提高。改革开放以来，中国经济以年均 9.8%的速度持续增长，人均国民生产总值由 1978 年的 155 美元，上升到 2018 年的 9769 美元，

[①] 邓小平文选：第 3 卷[M]. 北京：人民出版社，1993: 125.
[②] 江泽民论有中国特色社会主义(专题摘编)[M]. 北京：中央文献出版社，2002: 322.

比2017年增长6.6%。随着国家经济的持续高速增长，城乡居民收入水平和富裕程度显著提高。总体上，中国已经解决了温饱问题，达到了小康，正在走向富裕社会。同时，中国在消除贫困、改善贫困地区人民基本生活条件方面取得了历史性的突破。40年前，中国有2.5亿人生活在绝对贫困状态，得不到温饱。2018年，这一数字减少到1660万人。近几十年来，人类取得的减贫成就，2/3应归功于中国。

(2) 经济社会权利迅速发展。40年来，中国实施积极的就业政策，就业规模不断扩大，2018年就业人员已超过7.8亿人，比1949年扩大了33倍多。中国的教育事业取得了长足的发展，9年义务教育全面普及，高等教育进入"大众化"时代。2018年，全国各类高等教育在学总规模达到3833万。中国人均寿命由1945年的不足35岁提高到2018年的77岁。而且中国社会保障框架基本形成，社会保障水平也随之不断的提高。

(3) 公民政治权利得到不断扩大。40年来，有中国特色的民主政治体制不断完善，人民参与政治的权利不断扩大。人民代表大会制度不断完善，差额选举和定期换届已经基本形成制度。中国共产党领导的多党合作和政治协商制度在国家政治和社会生活中的重要性不断增强。基层民主不断扩大，公民进行有序政治参与的渠道更加通畅。全国农村普遍实行了村民委员会直接选举。民主选举、民主协商、民主管理、民主决策、民主监督已经成为农村管理的基本模式。公民的基本人权和自由得到了进一步保障。

(4) 强化法治，立法、执法和司法等人权保障得到进一步加强。改革开放以来，中国把建设法治国家作为国家制度建设的重要目标，初步建立起社会主义法制国家的基本框架，在这些法律框架中包括大量的人权保障内容。

(5) 少数民族的平等权和特殊权益得到保障。改革开放以来，中国进一步完善了民族区域自治制度，把这一制度提升为国家的一项基本政治制度。强化了对民族自治、地方自治权利的保护。少数民族平等参与国家事务管理的权利和自主管理本地区、本民族事务的自治权利依法得到保障。少数民族享有使用和发展本民族语言文字的自由。少数民族的传统文化、风俗习惯和宗教信仰得到尊重和保障。少数民族地区的生活水平不断提高，贫困人口不断减少。

(6) 人权理论研究快速发展。中国的人权理论研究是随着改革开放成长起来的。从20世纪90年代开始，以中国人权研究会为中心，中国已经建立了一支遍布全国各地的，由高等院校、科研院所和研究专家组成的专业人权研究力量。中国学术界翻译了大量国外人权研究著作，编著了比较系统、完整的人权研究资料，发表了数百部人权著作和数千篇有关人权的研究论文，并在社会上广泛普及人权知识，进行人权教育。

(7) 人权领域的对外交流和国际合作不断发展。改革开放以前，中国很少参加国际人权活动，改革开放以后，中国逐渐成为国际人权合作的重要成员。中国已经参加包括《经济、社会及文化权利国际公约》在内的25项国际人权公约，正在积极研究批准《公民权利和政治权利国际公约》。中国积极参与联合国人权领域的活动，长期担任联合国人权委员会成员，目前仍然是联合国人权理事会成员。中国分别与澳大利亚、加拿大、英国、欧盟、德国、美国等国家和地区开展了人权对话，增进了解，减少分歧，扩大共识。中国人权研究会作为在联合国享有咨询地位的非政府组织,与联合国有关机构、各国人权机构和人权组织等进行了广泛的交流与合作,增进了相互了解。

第三节 当代世界法治

法治是人类政治文明的重要成果,是现代社会的一个基本框架。大到国家的政体,小到个人的言行,都需要在法治的框架中运行。

一、法治是人类政治文明的重要成果

(一) 法治的概念及基本含义

法治,是一种与"人治"相对应的治理社会的理论、原则、理念和方法,也是一种以民主为前提和基础,以严格依法办事为核心,以制约权力为关键的社会管理机制、社会活动方式和社会秩序状态。

法治的含义体现在两个方面:一是形式意义上的法治。形式意义上的法治强调"依法治国""依法办事"的治国方式、制度及其运行机制。二是实质意义上的法治。实质意义上的法治强调"法律至上""法律主治""制约权力""保障权利"的价值、原则和精神。当然,形式意义上的法治应当体现法治的价值、原则和精神,实质意义上的法治也必须通过法律的形式化制度和运行机制予以实现,两者均不可或缺。

(二) 法治的基本内容

一般来讲,法治所体现的依法办事的良好社会状态至少应包括以下内容:一是这个国家要具备完善而良好的法;二是这种法要得以普遍而自觉地遵守;三是已建立健全完备的、使这种法得以正确适用与遵守的国家权力机构体系,而且这种权力体系是以权力的互相制约、监督为前提条件的。

(三) 法治与法制的区别和联系

法制和法治是既有区别又有联系的两个概念,不容混淆。法制指法律和制度,包括政治、经济、文化与司法等领域的各类法律规范及其制度。任何一个政权要维持正常的国家机构的运作与社会秩序的稳定,都必须用法制规范人们的行为,调整不同利益群体和个人的利益。法治则意味着不仅要有完备的法律体系和制度,而且要求树立法律的权威,以此保障社会主体认真对待和遵从法律,切实依照法律治理国家。另外,法制存在于各种政体之中,有国家就必然有维护国家秩序的法律和制度,而法治的实践只会存在于民主与共和的政体之中。

法治与法制的联系在于:第一,法制是法治的基础和前提条件,要实行法治,必须具有完备的法制;第二,法治是法制的立足点和归宿,法制的发展前途必然是最终实现法治。

法治与法制的区别在于:第一,法制是法律制度的简称,属于制度的范畴,是一种实际存在的东西;而法治是法律统治的简称,是一种治国原则和方法,是相对于"人治"而言的,是对法制这种实际存在的事物的完善和改造。第二,法制的产生和发展与所有国家直接相联系,在任何国家都存在法制;而法治的产生和发展却不与所有国家直接相联系,只在民主制国家才存在法治。第三,法制的基本要求是各项工作都法律化、制度化,并做到有法可依、有法必依、执法必严、违法必究;而法治的基本要求是严格依法办事,法律在各种社会调整措施中具有至上性、权威性和强制性,而不是当权者的任性。第四,实行法制的主要标志,是一个国家从立法、执法、司法、守法到法律监督等方面,都有比较完备的法律和制度;而实行法治的主要标志,是一个国家的任何机关、团体和个人,包括国家最高领导人在内,都严格遵守法律和依法办事。

(四) 法治的积极意义

虽然各个国家产生法律、立法代表的方法不太相同,但现代大部分国家都认同法治的重要性,因为法治相对于人治而言具有许多优越性。

法治的优越性主要体现在:第一,法治社会的法律作为成文的、衡量是非对错的标准,由于没有特别针对某一部分人群,所以具有普遍适用性;第二,法治社会的法律条文明确规范,所以能够约束社会中每个人和每个团体的行为;第三,法治社会的法律不随时间或者具体应用情况而改变,保证了法律的公正性和权威;第四,法治社会的法律出发点为保证每个社会成员的基本权利和自由,为法律制定的本身提供了正当性。而对于以上的每一条,人治社会都无法给予保证。

二、当代西方国家的法治

在西方国家,法治思想和法治理念渊源悠长,不仅法治本身最初就是西方社会中的一个概念,而且法治思想最早可追溯到古希腊时期。亚里士多德(Aristotle)在其名著《政治学》一书中对法治的定义是人们所熟悉的,这就是:"我们应该注意到邦国虽有良法,要是人民不能全都遵循,仍然不能实现法治。法治应该包含两重意义:已成立的法律获得普遍的服从,而大家所服从的法律又应该是本身制订得良好的法律。"在这里,"良法"和"普遍服从"构成了亚里士多德法治观的基本内核,其中,"良法"是前提,"普遍服从"是法治所要达到的一种状态。亚里士多德对法治的这一基本诠释,厘定了西方法治思想的大致走向,从一定意义上说,从古希腊罗马,经中世纪,到近现代的所有思想家,他们对法治的论述,不过是对亚里士多德法治思想进行符合自己时代精神的发挥和进一步阐释而已,他们或者结合自己所处的时代背景和现实要求论证社会成员守法的正当性、合理性和神圣性,并进而设计出保证法律被一体遵行的各项政治法律制度(如司法独立、权力制衡、公开审判等);或者从"良法之道"上下功夫,提出自己有关"良法"的一系列形式标准和实质标准。而今，西方发达的资本主义国家都依照市场经济和民主政治的本质要求建立了法治国家，其法治思想和理念也集中体现在下列法律基本原则之中。

(一) 私有财产神圣不可侵犯原则

维护私有财产权即私有制，始终是西方国家法律制度的核心。这一条原则是资本主义法律的首要原则，因为它准确地反映了资本主义生产方式最本质的要求，为交易安全提供了有力保障，对资本主义市场经济的发展具有重大意义。私有财产神圣不可侵犯的原则首先出现在1789年法国的《人权宣言》中："财产是神圣不可侵犯的权利，除非当合法认定的公共需要所显然必需时，且在公平而预先赔偿的条件下，任何人的财产不得受到剥夺。"后来，西方国家宪法都规定了保护私有财产的原则，并且在各部门法中作出详细的规定。

私有财产神圣不可侵犯原则的含义：①拥有私有财产是每一个人的自然权利。②根据自然权利以及通过自然人之间的契约结成的政治社会中的法律，政府、社团和个人不可侵犯私人财产。③政府在以税收和其他方式征用人民的财产时，一定要经人民或其代表的同意，并有相应的法律程序加以保证，即不同意不纳税或先同意后纳税；人民是决定并管理税收的主权者，通过民主的代表制度行使这种主权，政府不得以任何非法形式侵犯公民的私有财产，人民有权推翻侵犯私有财产的政府。

私有财产神圣不可侵犯原则开始在西方国家的法律中表现为一种绝对的所有权，它允许所有权人几乎可以完全任意地使用和处分自己的财产，任何人包括政府都不得干涉。所谓"风可以进，雨可以进，国王不能进"，就是对绝对所有权的一种经典表述。但这种绝对的所有权后来引发了一系列严重的社会矛盾，特别是当资本主义发展到垄断时期以后，西方国家对经济生活的干预日益加强，法在经济领域中的作用也日益扩大，法律在肯定私有财产权的同时，对私有财产神圣不可侵犯的原则作了某些限制。例如，1919年德国《魏玛宪法》规定："所有权受宪法之保障，其内容和限制以法律规定之。公用征收仅限于有益于公共福利及有法律依据时，始得行之。公用征收，除联邦法律有特别规定外，应予相当赔偿。"再如，法国于1950年制定的新宪法第五章《议会和政府的关系》第34条规定："法律均由议会通过"，议会可以通过"有关企业国有化和公有企业的资产转为私人所有"。在当代西方国家中，除英国、意大利等少数几个国家，其他国家一般已不再公开标榜私有财产神圣不可侵犯的原则，而1948年《世界人权宣言》、1950年《欧洲人权公约》也都没有关于"私有财产神圣不可侵犯"的条款。因此，在当代西方国家中，私有财产权在法律上不再被认为是一种天赋的自然权利，而是认为所有权使用应同时具有为"公共福利"服务的社会职能。

(二) 契约自由原则

契约自由原则意味着承认一切人都具有独立的法律人格，具有平等的法律地位，可以在法律界定的广阔领域内自主地处分自己的利益和权利，并且在交易双方达成合意的条件下，建立或改变彼此之间的权利、义务关系。因为市场经济是自由交换的经济，它在法律上就表现为一个契约自由化的过程。所以，契约自由原则是市场经济关系本质要求在法律上的体现。

契约自由原则的基本内容如下：

(1) 缔结契约的自由。这是最大的自由选择权，即任何人均能自由决定是否要成立一定的契约，不受缔约或不缔约的强制。

(2) 选择缔约相对人的自由。当事人有权决定与谁缔约的自由，即当事人有权决定与谁缔约和不与谁缔约的自由。

(3) 契约形式的选择自由。缔约当事人对契约的形式可以协商一致决定，法律不得强制当事人采用固定的契约形式。

(4) 决定契约内容的自由。即使契约有严重的不公平，如果是当事人的真实意思表示，就具有强制力。

(5) 变更自由。在契约履行过程中，当事人可以合意的方式就契约的给付方式、标的物、价金、债之关系的转移等事项进行调整。

(6) 终结契约的自由。在契约关系存续中，当事人有解除或终止契约的自由。

西方国家首次将契约自由上升为调整社会经济关系的基本原则。1804年颁布的《拿破仑法典》中虽没有"契约自由"的字样，但第1134条第1款可称为契约自由的经典性解释："依法成立的契约，在缔结契约的当事人间有相当于法律的效力。" 1919年的《德意志共和国宪法》最先将契约自由原则写入法律。该法第152条规定："经济关系，应依照法律规定，为契约自由原则所支配。"

在西方国家的法律体系中，契约自由原则开始是以绝对的、极端的形式表现出来的，即国家和法律对契约关系的形成持放任的态度。但绝对的契约自由引发的许多社会矛盾和反道德行为，使市场经济受到破坏。因此，自20世纪初至今，契约自由与私有财产一样受到法律的限制，社会从绝对的契约自由阶段进入到相对的契约自由阶段。例如，1890年美国国会通过的《谢尔曼反托拉斯法案》，就禁止以托拉斯或其他联合形式串通起来控制州际贸易；1913年美国国会颁布的《克莱顿法》，就对各种限制性商业行为和垄断行为作出详细规定。《谢尔曼反托拉斯法案》的出现标志着西方国家开始运用经济法有目的地直接干预经济，即契约自由受到一定的限制。

(三) 法律面前人人平等原则

法律面前人人平等原则源自"人权"理论，是对等级特权的否定，因而具有划时代的意义。法律面前人人平等的原则具有丰富的内容，其中，最基本的精神有三点：第一，所有自然人的法律人格(权利能力)一律平等。这种权利能力生而具有，不以任何特定事实为条件，它实际上就是人权，即任何人都享有做人的权利和资格。第二，所有公民都具有平等的基本法律地位。公民是一种法律概念，只要具有公民资格，就享有与其他公民平等的基本权利和义务。第三，法律平等地对待同样的行为。

西方国家对法律面前人人平等原则的确认也经历了一个逐步发展的过程。法国在1789

年《人权宣言》第 1 条就规定:"在权利方面,人们生来是而且始终是平等的。"美国也在 1776 年《独立宣言》中宣布:"我们认为这些真理是不言而喻的:人人生而平等,他们在造物主那边被赋予了某些不可转让的权利,其中包括生命权、自由权和追求幸福的权利。"但直到 20 世纪上半叶,西方国家的法律制度还公开确认对公民的不平等待遇。例如,对选举权和被选举权加以财产资格限制,对工人的结社权加以限制,法律中公开允许种族歧视,性别歧视也得到法律的确认。当然,从 20 世纪中期起,西方国家的法律已取消了上述不平等规定。

(四) 人民主权原则

人民主权原则又称主权在民原则,是指国家或政府的最高权力来源于和最终属于人民,即国家或政府最高权力的"民有",并且这种来源是政府或国家权力的合法化依据或前提。人民主权意味着国家的一切权力来源于人民的授予,国家权力尊重和保障公民的权利与自由,人民能自主、平等地参与国家权力的运转和公共政策的形成,人民能够共享经济改革和社会发展的文明成果,人民能对国家权力进行有效的监督和控制,人民是一切国家权力的最终拥有者,国家权力为人民服务,依照人民意思行使,接受人民的监督。如果不按人民的授权办事,则人民有权将其打倒。

人民主权原则对于法治的意义在于:第一,现代化国家在世俗化过程中推动了现代政治合法性位移,即在改变了公共权力转移的质变逻辑的同时,也改变了公共权力转移的量变逻辑。以人民主权为核心的宪法表明了现代国家中一切思想和利益的冲突可以用可预见的、和平的方式来解决,避免了人类在帝国、君主国、暴政和专制主义的漫长历史长河之中以不可预见的、暴力的方法推动国家更替的局面。第二,人民主权原则的意义在于在正确理解权利和权力关系的基础上,恰当地配置权力,以使它能够限制权力滥用的作用,从而表明限制政治权力是宪政政体的核心任务。第三,人民主权原则提供了人类社会自出现公共权力以来国家与社会之间关系发展的方向,展示了政治国家将其从社会中攫取的权力重新还给社会的努力,从而体现出以人民主权原则为现代国家制度,一方面可以维持社会对国家及其制度安排的认同,化解国家和社会之间在传统国家时期的高度对立关系;另一方面人民主权原则在化解现代国家的认同危机的同时,也提升了现代国家的能力。

近代首倡人民主权思想的当属英国著名的诗人与政论家约翰·弥尔顿(John Milton)。他认为,所有的国王都是人民"根据一定的条件托付给他权力的""一旦国王不遵守这些条件""权力就必须交还给人民""一切权力的源泉一向是来自人民"。人民不但有选择自己的政府和官吏、监督政府工作的权利,而且还有立法和司法的权利。对后世产生巨大影响并构成西方各国宪法人民主权原则思想基础的是法国的让·雅克·卢梭(Jean-Jacques Rousseau)。卢梭以社会契约论为基础,认为国家由人民和由人民组成的政治共同体相互订立契约组成,缔约者必须遵守契约,服从"公意"。人民的公意在国家中就表现为最高权力,而主权就是公意的具体体现。美国总统亚伯拉罕·林肯(Abraham Lincoln)在南北战争期间的葛特斯堡演说中,提出的"民有、民治、民享"原则被认为概括了人民主权的全部内涵。

1776 年，美国《独立宣言》是首次体现人民主权原则的具有法律效力的文件。《独立宣言》规定："如有任何政府损害这些目的(保障生命、获得自由及追求幸福)，人民就有权利改变或废除它……"现在，西方国家都把人民主权原则体现在宪法及基本法律中。从各国宪法内容来看，有以下方式规定人民主权原则：①明确规定人民主权原则。例如1958年的法国宪法在第3条就明确规定："国家主权属于人民，由人民通过其代表和通过公民投票的方法行使国家主权。任何一部分人民或者任何个人都不得擅自行使国家主权。"1947年的意大利宪法则规定："主权属于人民，由人民在宪法规定的方式和范围行使之。"②通过规定人民行使国家权力的形式来保障人民主权，包括：一是直接的代议制形式，二是间接的代议制形式。③通过规定公民广泛的权利和自由来体现人民主权。各国宪法大多设有专门部分规定公民的基本权利和自由。

(五) 法律至上原则

法律至上原则是指法律是公民行为的最终导向或者是司法活动的唯一准绳，不论是个人还是政府，都必须受到法律的约束。"法律至上"是法治的基本要义，英国学者戴西(A.V.Dicey)就认为，"法律至上"是法治的主要特征，美国《布莱克法律词典》将法治一词解释为"法律的至高无上地位"。

法律至上原则要求人们对法律的服从——一种非人格化的服从。卢梭在分析法律对象的普遍性时揭示了法律的非人格化品性，认为："法律只考虑臣民的共同体以及抽象的行为，而绝不考虑个别的人以及个别行为。"因此，一个人，不论他是谁，擅自发出的号令，就绝不能成为法律，即使是主权者对于某个个别对象所发出的号令，也不能成为一条法律，而只能是一道命令。因而人们只能服从国家的法律，而非服从国家的官吏。人们对法律表示忠诚，而非对某个特定官员表示忠诚。国家的文官系统是法律的执行者，只对法律负责。这种非人格化的服从，不仅使法律的权威具有至上性和独立性，而且使法律的权威具有稳定性和一贯性。

法律至上原则从历史渊源角度来看，最早发端于中世纪的神学信仰，但是作为一种制度形态和法律精神，则是近代西方社会法律理性化的产物。"法律至上"的观念最早可溯源自日耳曼法思想中的"司法权优越"思想，后为英国法律所继承、发展，逐渐成为普通法上的一项特有原则，并最初在1689年的《权利法案》中得到了确认。在最初意义上，法律至上是指国王及其代理机关的行为必须获得法院认可，才具有法律效力。它包括两方面的内容：一方面，国王及其代理机关未经法律规定的程序，不得剥夺臣民的生命、财产及人身自由；国王政府要执行逮捕、羁押、搜查、扣押等强制性措施，必须经过普通法院颁布令状，此即司法令状主义；另一方面，臣民如果受到国王及其代理人的行政行为的违法侵害，可以向普通法院寻求司法救济，由普通法院对政府行政行为的合法性进行审查，这是行政诉讼制度的雏形。此后，法律至上原则的适用范围大大拓展，成为限制一切统治权力，而依赖于现实的法律存在的最明确原则。

随着19世纪西方各国宪法的陆续颁布实施和宪政体制的最终确立，法律至上这一法治主义的形式程序原则进一步发展和凝结为宪法至上。因为宪法的精义在于控制权力和保护权利,近代宪法在于确定国家权力的来源、结构、范围及其活动原则和程序。宪法至上口号的提出,无疑是对法律至上这一法治主义形式程序原则的发展和完善。现在,西方国家都采用违宪审查制度来保障宪法至上原则的实现。违宪审查,是指由特定的国家机关对立法机关的立法活动和国家机关的行为是否合宪进行审查。西方国家行使违宪审查权的国家机关,大致上有以下3种体制。

(1) 由立法机关或最高国家权力机关行使违宪审查权。例如瑞士联邦议会有权采取旨在执行联邦宪法,保障各州宪法以及执行联邦义务的措施。

(2) 由普通司法机关行使违宪审查权。这本是美国联邦最高法院在审判实践中形成的宪法惯例,后来有许多国家仿效这种制度,并在宪法中作了明文规定。

(3) 由特设机关行使违宪审查权。设立宪法法院、宪法法庭或宪法委员会等专门机构,专门处理违宪案件,保证法律性文件同宪法一致。奥地利、西班牙等国建立了宪法法庭,意大利、德国等国建立了宪法法院,法国建立了宪法委员会。

(六) 有限政府原则

有限政府原则是指在权力、职能和规模上都受到宪法和法律的严格约束与限制的政府,具体包括以下内容。

(1) 职能有限。政府职能应是如何建立和保障市场经济的竞争机制、有限市场经济管理职能、保持经济稳定、防止大的社会衰退、实施强制的义务教育、管理外交关系、加强国防和有限的济贫功能。

(2) 权力有限。权力由人民所选举出的代表,通过一定程序制定法律,法律授予政府有限的权力,集中在保护知识产权、维护社会秩序、促进公平正义的实现等方面。而公民自我保留的权利则是政府权力绝对不能涉足的。

(3) 政府责任有限。政府的有限责任都是至关重要的,主要包括保护产权、维护市场秩序、保护国家安全与社会稳定、促进社会公正等重要责任。政府应当去保护没有能力养活自己的人,使他们有尊严地生活下去,提供给所有的人一个平等的权利,包括福利、受教育权利和受保护权利。

(4) 政府职权的法律授予。行政本身是对法律的一种执行。作为行政执法的政府,只有在宪法和法律明确授权具有某种行政权,才能够按照法律所规定的程序行使行政权。对于公民权利而言,"法无禁止即合法";对于政府权利而言,"法无明文授予即非法"。

实行有限政府原则的意义在于:第一,为公共资源的确定提供依据。公共资源是政府履行其有限责任的物质基础,只有确定了政府的责任边界,才能界定公共资源的规模。第二,界定了政府权力的边界,防止政府对公众自由和利益的肆意践踏,维护了公民合法权益。如果政府是"全能政府",必然要赋予政府至高无上的权力,政府也必然要无限地扩张公共资源。第三,便于公众对政府履行职责的情况进行监督和评价。如果政府是"全能政府",承担的是无限责任,在整个社会资源稀缺的约束下,即便把所有的资源都转变为公共资源，政府不能履行或不能完整地履行某些职责也是顺理成章的事情。

基于社会契约论，西方国家一般认为，政府与公众是一组契约关系，公民将权力授予政府，但并没有将所有权力都转让，而是保留了相当一部分，所以政府天然是有限的。有限政府的实质，是建立在市场自主、社会自治的基础之上。只有这样的政府，才是与自身能力相契合的。从法治的角度来看，法治之下的权力是一种有限权力，严格依法行政的政府必然是有限政府。在法治社会，宪法和法律划定了政府行为的明确界限，行政权力的行使受到法律的限制，政府职能的设置面临法律的规定，政府机构的规模来自法律的约束，所有这些都是一个有限的框架。现代政府的职责是保障而不是去侵害人们的基本权利和自由，既不能有丝毫越位，也不能有半点缺位，否则都会受到社会和公众的质疑。所以，当今的西方国家大多采用"小政府、大社会"的模式来进行国家、社会的管理，理论基础就是有限政府原则，这也是西方国家非政府组织比较发达的原因。

（七）分权制衡原则

分权制衡原则的内容包括国家权力划分和权力制约两大部分。首先，将国家权力划分为立法权、行政权和司法权。议会行使立法权，政府行使行政权，法院行使司法权。其次，立法权、行政权和司法权应相互制约。要防止滥用权力，须以权力约束权力，形成一种能联合各种政治力量，又能使它们彼此调节配合并相互制约的制度。立法机关有权力审查行政机关对法律的实施情况，但无权审讯行政者本身。行政机关拥有确定立法机关的集会、休会和闭会的权力，同时拥有制止立法机关越权行为的权力。司法权必须独立，不受立法权和行政权的干预，法官的裁判只能依据法律条文的准确解释，而且法官与被告人的地位是平等的，罪犯也有选择法官的权利，这样就充分保障了自由和公正，与立法权、行政权形成制约关系。

分权制衡原则对法治的作用体现在以下方面：第一，制约和监督政治权力有可能使权力分散，降低效率，但实际上，制约和监督政治权力可以杜绝胡乱决策，避免错误决策。即使发生决策错误，制约和监督机制也可以作为一种纠错机制而起作用。从长期来看，在制约和监督权力的情况下决策效率更高。第二，制约和监督权力使权力循着合理合法的轨迹行使，避免在非法的轨道上浪费能量，从而保证政府职能实现，保证办正事的效率高和反方向的效率低。第三，对权力进行监督还能及时发现权力行使和运行中出现的问题或取得的绩效，从而在正确实施的基础上奖优罚劣，激励权力发挥更大的作用。总之，无论是为了发挥权力的能动作用还是防止权力的破坏性，都有必要制约和监督政治权力。因此，在西方宪政的发展过程中，通过分权和制衡，使国家权力不至于集中到少数人或一个人手中，权力之间的彼此制约便不容易出现专制，促进了政局的稳定，使西方国家的政治文明达到了一个新的高度。所以，分权制衡理论对国家权力的行使来说，强调国家机关内部的权力平衡和制约，对于防止专制独裁具有积极作用。

从理论渊源来看，制衡学说源于分权思想，分权思想可以溯源自古希腊的亚里士多德。这位古希腊的先哲在阐释他的"法治应当优于一人之治"的思想时，主张把政府的权力分为讨论、执行、司法三个要素,而权力活动又应当普遍、严格地遵守制定得完好的法律。在分权思想基础上发展起来的制衡学说,形成于资产阶级革命时期。当时尚未掌握政权的资产阶级为了与封建主分享统治权并反对封建主的专横,便提出了分权制衡学说,主张国家的立法、行政、司法三项权力应当分别由三个不同的国家机关去行使,形成三项权力间的相互牵制和相互约束的格局,以保持国家权力间的平衡状态,防止某个机关或某个人的独断专行。18世纪中叶,法国启蒙思想家、法学家查理·路易·孟德斯鸠(Baron de Montesquieu)在其著作《论法的精神》中论述法和政体以及自由的关系时,强调了专制政体与法律的水火不容,认为一切有权力的人都容易滥用权力,要防止权力被滥用,保障人民的自由,就必须以权力约束权力。他认为,如果国家的权力全部或部分地集中在同一个人或同一个机关的手里,那么人民的自由便不复存在。在民主革命后,由分权制衡学说引申而形成的"三权分立"制度首先在美国付诸实践,随后被各个西方国家广泛采用,以此构建权力与权力互相制衡的权力平衡关系,并以不同的形式得以体现。

(八) 普选代议原则

普选原则是指所有公民不受歧视性限制,平等享有选举权。全民普选体现了政府如何重视和尊重人民以及人民的意愿,使社会从落后的封建制度或君主专政中得到更文明、更人性的进步。

西方国家的普选原则也是一个逐步确立的过程。19世纪中期,英国有以男性普选权为主要诉求的宪章运动,提倡无论男性的种族、阶级都有参政选举的权利。19世纪的民主运动自由主义者和社会民主主义者,尤其在北欧,使用了口号"均等共有选举权"。普选权运动包括社会、经济和政治运动,目标在于把选举权扩展到所有种族,但女性普选权或投票权、选举权等则在19世纪末和20世纪初才被重视。

代议,顾名思义就是代表商议、代表议事,是指某人代表某一特定的群体,与另一些代表其他群体的人,就彼此共同面临的问题(事务)进行商议、讨论,必要时共同作出决定,以便采取一致行动。代议民主制又称间接民主制,是由公民以选举形式选出立法机关的成员,并代表其在议会中行使权力。代议民主制的重要特征是代议与轮换,议员代表着民众行使国家或地区权力,议员是由有选举权的人民选举出来的,议员代表有一定的任期,议会有明确的法律规范并通过会议行使权力等内容。

代议制最早产生于古希腊的城邦共和制国家。希腊地区出现了以城市为中心的诸多奴隶制小国的政权组织形式和统治方式,国家设立执政官、贵族会议和公民大会等机构,在人类历史上初步形成了民主政治形式,这就是代议制的民主政治雏形。13世纪,英国出现著名的"大会议"和"模范会议"的代议制形式。中世纪,一些欧洲封建城市共和国相继采取了代议制的内容和形式,如法国的"三级会议"、德国的"帝国议会",但是这些代议制形式多于内容,本质上还是封建专制,不能称为真正意义上的代议制度。真正意义上的代议制度起源于英国。1688年"光荣革命"后产生的封建等级代表会议与内阁制相结合,正式确立进而形成了凌驾于国王之上的最高立法机关,这种议会制被其他国家认可且迅速传播和效仿。第二次世界大战后，代议制逐渐被西方国家广泛采纳。当然，由于各国的历史背景、文化传统、经济社会发展等存在差异，造成不同国家政体有所不同，代议制在不同国家的具体方式上也有所不同，其代议机关在国家政权组织体系中的地位和作用也有所不同。

第四节　当代中国法治

与西方国家相比，古代中国已形成较为完善的法律体系，但缺少相应的法治思想和实践。新中国成立特别是改革开放以来，中国政府积极转变国家和社会管理的理念，把"全面推进依法治国"作为推进国家治理体系和治理能力现代化的目标，"法治"也成为社会核心价值观的主要内容之一。

一、当代中国法治的历史背景

从法制的角度来看，古代中国已形成较为完善的法律体系。中国是一个具有五千年文明史的古国，中华法系源远流长。早在公元前21世纪，中国就已经产生了奴隶制的习惯法。春秋战国时期(公元前770—前221年)，中国开始制定成文法，出现了自成体系的成文法典。唐朝(618—907年)时，中国形成了较为完备的封建法典，并为以后历代封建王朝所传承和发展。中华法系成为世界独树一帜的法系，古老的中国为人类法制文明作出了重要贡献。

古代中国虽然具有较为完善的法律体系，却缺乏法治意识和法治传统。中国土壤里并非没有过法治的种子，古代中国有过"奉法者强则国强"的法治宣言，有过"王子犯法与庶民同罪"的法治原则，但同时也有"刑不上大夫"的法治缺憾。总体而言，中国几千年的封建社会有着漫长的"礼治"或"德治"的历史，突显了明显的人治文化，义务本位型礼法文化及工具主义法律思想阻滞了以个体自由自主为本位的现代法律精神的生存空间，阻止了法律至上、民主、人权等意识的生成。在国家社会治理的层面上，古代中国采用绝对的专制和公权力至上的政治体制，人们只追求"人治"的完善，将治国理想寄托在"圣人""明君"身上；在社会层面上，中国传统社会是一个"情理"社会，强调人和人的道义关系，人们依靠道义来解决和处理交往关系，受传统文化影响，人们不相信法律、不依靠法律，一旦出问题，首先想到的解决办法是人和人之间的情感。

二、当代中国法治的历史进程

当代中国的法治建设经历了一个艰难曲折的过程。从1949年新中国成立至今，中国的法治建设经历了从"人治"到"法制"、从"法制"到"法治"、从"依法治国"到"依宪治国"的发展变化，具体可以分成以下几个阶段。

(1) 1949 年中华人民共和国的建立,开启了中国法治建设的新纪元。从 1949 年到 20 世纪 50 年代中期,是中国法制的初创时期。这一时期中国制定了具有临时宪法性质的《中国人民政治协商会议共同纲领》和其他一系列法律、法令,对巩固新生的共和国政权、维护社会秩序和恢复国民经济起到了重要作用。1954 年第一届全国人民代表大会第一次会议制定的《中华人民共和国宪法》,以及随后制定的有关法律,规定了国家的政治制度、经济制度和公民的权利与义务,规范了国家机关的组织和职权,确立了国家法制的基本原则,初步奠定了中国法治建设的基础。20 世纪 50 年代后期以后,特别是"文化大革命"的爆发,使中国法制遭到严重破坏。

(2) 20 世纪 70 年代末,中国政府总结历史经验,特别是汲取"文化大革命"的惨痛教训,作出把国家工作中心转移到现代化建设上来的重大决策,实行改革开放政策,并明确了一定要靠法制治理国家的原则。为了保障人民民主,必须加强法制建设,使民主制度化、法律化,使这种制度和法律具有稳定性、连续性和权威性,使之不因领导人的改变而改变,不因领导人的看法和注意力的改变而改变,做到有法可依,有法必依,执法必严,违法必究,成为改革开放新时期法治建设的基本理念。在发展民主、健全法制的基本方针指引下,现行宪法及《刑法》《刑事诉讼法》《民事诉讼法》《民法通则》《行政诉讼法》等一批基本法律出台,中国的法治建设进入全新发展阶段。

(3) 20 世纪 90 年代,中国开始全面推进市场经济建设,由此进一步奠定了法治建设的经济基础,也对法治建设提出了更高的要求。1997 年,中国政府将"依法治国"确立为治国基本方略,将"建设法治国家"确定为现代化的重要目标,并提出了建设、健全法律体系的重大任务。1999 年,将"中华人民共和国实行依法治国,建设社会主义法治国家"载入宪法,中国的法治建设揭开了新篇章。

(4) 21 世纪以来,中国的法治建设继续向前推进。2002 年,中国政府将"民主更加完善,法制更加完备,依法治国基本方略得到全面落实"作为全面建设小康社会的重要目标。2004 年,将"国家尊重和保障人权"载入宪法。2013 年,中国政府提出,通过"坚持依法治国、依法执政、依法行政共同推进,坚持法治国家、法治政府、法治社会一体建设",加快建设法治中国。

三、中国政府全面推进依法治国

转变国家和社会管理的理念,全面实行依法治国,不是一朝一夕就能完成的。目前,与推进国家治理体系和治理能力现代化目标相比,中国的法治现状还存在许多不适应、不符合的问题,主要表现为:有的法律法规未能全面反映客观规律和人民意愿,针对性、可操作性不强,立法工作中部门化倾向、争权诿责现象较为突出;有法不依、执法不严、违法不究现象比较严重,执法体制权责脱节、多头执法、选择性执法现象仍然存在,执法司法不规范、不严格、不透明、不文明现象较为突出,群众对执法司法不公和腐败问题反映强烈;部分社会成员尊法、信法、守法、用法、依法维权意识不强,一些国家工作人员特别是领导干部依法办事观念不强、能力不足,知法犯法、以言代法、以权压法、徇私枉法现象依然存在。

为了全面推进依法治国，2014年10月，中共十八届四中全会出台了《关于全面推进依法治国若干重大问题的决定》，提出了"形成完备的法律规范体系、高效的法治实施体系、严密的法治监督体系、有力的法治保障体系，坚持依法治国、依法执政、依法行政共同推进，坚持法治国家、法治政府、法治社会一体建设，实现科学立法、严格执法、公正司法、全民守法，促进国家治理体系和治理能力现代化"的总体目标，并为实现这样的目标设定了具体的任务。

(一) 完善以宪法为核心的法律体系，加强宪法实施

(1) 健全宪法实施和监督制度。全国各族人民、一切国家机关和武装力量、各政党和各社会团体、各企业事业组织，都必须以宪法为根本的活动准则，并且负有维护宪法尊严、保证宪法实施的职责。一切违反宪法的行为都必须予以追究和纠正。完善全国人大及其常委会宪法监督制度，健全宪法解释程序机制。加强备案审查制度和能力建设，把所有规范性文件纳入备案审查范围，依法撤销和纠正违宪违法的规范性文件，禁止地方制发带有立法性质的文件。将每年12月4日定为国家宪法日。在全社会普遍开展宪法教育，弘扬宪法精神。建立宪法宣誓制度，凡经人大及其常委会选举或者决定任命的国家工作人员正式就职时公开向宪法宣誓。

(2) 完善立法体制。健全有立法权的人大主导立法工作的体制机制，发挥人大及其常委会在立法工作中的主导作用。建立由全国人大相关专门委员会、全国人大常委会法制工作委员会组织有关部门参与起草综合性、全局性、基础性等重要法律草案制度。增加有法治实践经验的专职常委比例。依法建立健全专门委员会、工作委员会立法专家顾问制度。加强和改进政府立法制度建设，完善行政法规、规章制定程序，完善公众参与政府立法机制。重要行政管理法律法规由政府法制机构组织起草。明确立法权力边界，从体制机制和工作程序上有效防止部门利益和地方保护主义法律化。对部门间争议较大的重要立法事项，由决策机关引入第三方评估，充分听取各方意见，协调决定，不能久拖不决。加强法律解释工作，及时明确法律规定的含义和适用的法律依据。明确地方立法权限和范围，依法赋予设区的地方立法权。

(3) 深入推进科学立法、民主立法。加强人大对立法工作的组织协调，健全立法起草、论证、协调、审议机制，健全向下级人大征询立法意见机制，建立基层立法联系点制度，推进立法精细化。健全法律法规规章起草征求人大代表意见制度，增加人大代表列席人大常委会会议人数，更多地发挥人大代表参与起草和修改法律的作用。完善立法项目征集和论证制度。健全立法机关主导、社会各方有序参与立法的途径和方式。探索委托第三方起草法律法规草案。健全立法机关和社会公众沟通机制，开展立法协商，充分发挥政协委员、民主党派、工商联、无党派人士、人民团体、社会组织在立法协商中的作用，探索建立有关国家机关、社会团体、专家学者等对立法中涉及的重大利益调整论证咨询机制。拓宽公民有序参与立法途径,健全法律法规规章草案公开征求意见和公众意见采纳情况反馈机制，

广泛凝聚社会共识。完善法律草案表决程序,对重要条款可以单独表决。

(4) 加强重点领域立法。依法保障公民权利,加快完善体现权利公平、机会公平、规则公平的法律制度,保障公民人身权、财产权、基本政治权利等各项权利不受侵犯,保障公民经济、文化、社会等各方面的权利得到落实,实现公民权利保障法治化。增强全社会尊重和保障人权意识,健全公民权利救济渠道和方式。

(二) 深入推进依法行政,加快建设法治政府

(1) 依法全面履行政府职能。完善行政组织和行政程序法律制度,推进机构、职能、权限、程序、责任法定化。行政机关要坚持法定职责必须为、法无授权不可为,勇于负责、敢于担当,坚决纠正不作为、乱作为,坚决克服懒政、怠政,坚决惩处失职、渎职。行政机关不得法外设定权力,没有法律法规依据不得作出减损公民、法人和其他组织合法权益或者增加其义务的决定。推行政府权力清单制度,坚决消除权力设租、寻租空间。

(2) 健全依法决策机制。把公众参与、专家论证、风险评估、合法性审查、集体讨论决定确定为重大行政决策法定程序,确保决策制度科学、程序正当、过程公开、责任明确。建立行政机关内部重大决策合法性审查机制,未经合法性审查或经审查不合法的,不得提交讨论。

(3) 深化行政执法体制改革。根据不同层级政府的事权和职能,按照减少层次、整合队伍、提高效率的原则,合理配置执法力量。健全行政执法和刑事司法衔接机制,完善案件移送标准和程序,建立行政执法机关、公安机关、检察机关、审判机关信息共享、案情通报、案件移送制度,坚决克服有案不移、有案难移、以罚代刑现象,实现行政处罚和刑事处罚无缝对接。

(4) 坚持严格规范公正文明执法。依法惩处各类违法行为,加大关系群众切身利益的重点领域执法力度。完善执法程序,建立执法全过程记录制度。明确具体操作流程,重点规范行政许可、行政处罚、行政强制、行政征收、行政收费、行政检查等执法行为。严格执行重大执法决定法制审核制度。

(5) 强化对行政权力的制约和监督。加强党内监督、人大监督、民主监督、行政监督、司法监督、审计监督、社会监督、舆论监督制度建设,努力形成科学有效的权力运行制约和监督体系,增强监督合力和实效。

(6) 全面推进政务公开。坚持以公开为常态、不公开为例外原则,推进决策公开、执行公开、管理公开、服务公开、结果公开。各级政府及其工作部门依据权力清单,向社会全面公开政府职能、法律依据、实施主体、职责权限、管理流程、监督方式等事项。重点推进财政预算、公共资源配置、重大建设项目批准和实施、社会公益事业建设等领域的政府信息公开。

(三) 保证公正司法,提高司法公信力

(1) 完善确保依法、独立、公正行使审判权和检察权的制度。各级党政机关和领导干部要支持法院、检察院依法独立、公正行使职权。建立领导干部干预司法活动、插手具体

案件处理的记录、通报和责任追究制度。任何党政机关和领导干部都不得让司法机关做违反法定职责、有碍司法公正的事情,任何司法机关都不得执行党政机关和领导干部违法干预司法活动的要求。对干预司法机关办案的,给予党纪政纪处分;造成冤假错案或者其他严重后果的,依法追究刑事责任。

(2) 优化司法职权配置。健全公安机关、检察机关、审判机关、司法行政机关各司其职,侦查权、检察权、审判权、执行权相互配合、相互制约的体制机制。

(3) 推进严格司法。坚持以事实为根据、以法律为准绳,健全事实认定符合客观真相、办案结果符合实体公正、办案过程符合程序、公正的法律制度。加强和规范司法解释和案例指导,统一法律适用标准。

(4) 保障人民群众参与司法。坚持人民司法为人民,依靠人民推进公正司法,通过公正司法维护人民权益。在司法调解、司法听证、涉诉信访等司法活动中保障人民群众参与。完善人民陪审员制度,保障公民陪审权利,扩大参审范围,完善随机抽选方式,提高人民陪审制度公信度。逐步实行人民陪审员不再审理法律适用问题,只参与审理事实认定问题。

(5) 加强人权司法保障。强化诉讼过程中当事人和其他诉讼参与人的知情权、陈述权、辩护辩论权、申请权、申诉权的制度保障。健全落实罪刑法定、疑罪从无、非法证据排除等法律原则的法律制度。完善对限制人身自由司法措施和侦查手段的司法监督,加强对刑讯逼供和非法取证的源头预防,健全冤假错案有效防范、及时纠正机制。

(6) 加强对司法活动的监督。完善检察机关行使监督权的法律制度,加强对刑事诉讼、民事诉讼、行政诉讼的法律监督。完善人民监督员制度,重点监督检察机关查办职务犯罪的立案、羁押、扣押冻结财物、起诉等环节的执法活动。司法机关要及时回应社会关切。规范媒体对案件的报道,防止舆论影响司法公正。

(四) 增强全民法治观念,推进法治社会建设

(1) 推动全社会树立法治意识。坚持把全民普法和守法作为依法治国的长期基础性工作,深入开展法治宣传教育,引导全民自觉守法、遇事找法、解决问题靠法。坚持把领导干部带头学法、模范守法作为树立法治意识的关键,完善国家工作人员学法用法制度,把法治教育纳入国民教育体系,从青少年抓起,在中小学设立法治知识课程。

(2) 推进多层次、多领域依法治理。坚持系统治理、依法治理、综合治理、源头治理,提高社会治理法治化水平。深入开展多层次、多形式法治创建活动,深化基层组织和部门、行业依法治理,支持各类社会主体自我约束、自我管理。发挥市民公约、乡规民约、行业规章、团体章程等社会规范在社会治理中的积极作用。

(3) 建设完备的法律服务体系。推进覆盖城乡居民的公共法律服务体系建设,加强民生领域法律服务。完善法律援助制度,扩大援助范围,健全司法救助体系,保证人民群众在遇到法律问题或者权利受到侵害时能够获得及时、有效的法律帮助。发展律师、公证等法律服务业,统筹城乡、区域法律服务资源,发展涉外法律服务业。健全统一司法鉴定管理体制。

(4) 健全依法维权和化解纠纷机制。强化法律在维护群众权益、化解社会矛盾中的权威地位，引导和支持人们理性表达诉求、依法维护权益，解决好群众最关心、最直接、最现实的利益问题。健全社会矛盾纠纷，预防化解机制，完善调解、仲裁、行政裁决、行政复议、诉讼等有机衔接、相互协调的多元化纠纷解决机制。加强行业性、专业性人民调解组织建设，完善人民调解、行政调解、司法调解联动工作体系。完善仲裁制度，提高仲裁公信力。健全行政裁决制度，强化行政机关解决与行政管理活动密切相关的民事纠纷功能。

(五) 加强法治工作队伍建设

(1) 建设高素质法治专门队伍。推进法治专门队伍正规化、专业化、职业化，提高队伍的职业素养和专业水平。完善法律职业准入制度，健全国家统一法律职业资格考试制度，建立法律职业人员统一职前培训制度。建立从符合条件的律师、法学专家中招录立法工作者、法官、检察官的制度，畅通具备条件的军队转业干部进入法治专门队伍的通道，健全从政法专业毕业生中招录人才的规范便捷机制。加强边疆地区、民族地区法治专门队伍建设。加快建立符合职业特点的法治工作人员管理制度，完善职业保障体系，建立法官、检察官、人民警察专业职务序列及工资制度。建立法官、检察官逐级遴选制度。初任法官、检察官由高级人民法院、省级人民检察院统一招录，一律在基层法院、检察院任职。上级人民法院、人民检察院的法官、检察官一般从下一级人民法院、人民检察院的优秀法官、检察官中遴选。

(2) 加强法律服务队伍建设。构建社会律师、公职律师、公司律师等优势互补、结构合理的律师队伍。提高律师队伍业务素质，完善执业保障机制。加强律师事务所管理，发挥律师协会自律作用，规范律师执业行为，监督律师严格遵守职业道德和职业操守，强化准入、退出管理，严格执行违法、违规执业惩戒制度。加强律师行业党组织的建设，扩大党的工作覆盖面，切实发挥律师事务所党组织的政治核心作用。

(3) 创新法治人才培养机制。健全政法部门和法学院校、法学研究机构人员双向交流机制，实施高校和法治工作部门人员互聘计划，重点打造一支政治立场坚定、理论功底深厚、熟悉中国国情的高水平法学家和专家团队，建设高素质学术带头人、骨干教师、专兼职教师队伍。

拓展阅读

1. 私有财产神圣不可侵犯原则——德国皇帝与磨坊主的故事

19 世纪，弗里德里希三世(Friedrich III，1797—1888)担任德国皇帝时期，曾在距离柏林不远的波茨坦修建了一座行宫，而行宫的视线却被紧挨着宫殿的一座磨坊挡住了。弗里德里希派人前去与磨坊的主人协商，希望能够买下这座磨坊。不料这个磨坊主脑子一根筋，他认为这座磨坊是从祖上传下来的，不能败在他手里，坚决不卖。久经协商不成，皇帝派人把磨坊拆除了。而磨坊主一气之下将皇帝诉至法院，最后法院判决皇帝败诉，要求皇帝必须将磨坊"恢复原状",并赔偿由于拆毁房子造成的损失。皇帝事后只好原地复建磨坊。这处磨坊至今仍存,成为波茨坦一大景观,德国人认为这是法治对权力的一个胜利标志,也是德国司法独立的象征。

——陆勇强. 波茨坦磨坊[J]. 星火, 2005(21).

2. 违宪审查第一案——马伯里诉麦迪逊案

马伯里诉麦迪逊案发生于 1803 年。该案起因是美国第二任总统约翰·亚当斯(John Adams)在其任期(1797—1801 年)的最后一天(1801 年 3 月 3 日)午夜突击任命了 42 位治安法官,但因疏忽和忙乱有 17 份委任状在国务卿约翰·马歇尔(John Marshall)(同时兼任首席大法官)卸任之前没能及时发送出去。继任的总统托马斯·杰斐逊(Thomas Jefferson)让国务卿詹姆斯·麦迪逊(James Madison)将这 17 份委任状统统扣发。威廉·马伯里(William Marbury)即是被亚当斯总统提名、参议院批准任命为治安法官,而没有得到委任状的 17 人之一。马伯里等 3 人在久等委任状不到,并得知是被麦迪逊扣发之后,向美国联邦最高法院提起诉讼。

1803 年,最高法院运用司法审查这个手段摆脱了两难境地。首席法官马歇尔在他起草的全体最高法院法官一致同意的判决书中,先是承认马伯里被任命为法官是合法的,是有权得到委任状的,而总统和国务卿不予颁发是没有理由的,马伯里的正当权利由此而遭到侵犯,是有权得到补偿的。但是,他却又说,最高法院不能颁发这样的执行命令,因为它超出了宪法第 3 条关于最高法院管辖权的规定。根据宪法第 3 条规定,最高法院除对极少数案件有第一审管辖权外,只能审理上诉案件,责成最高法院对公职人员颁发执行命令的 1789 年《司法条例》第 13 条规定是与宪法相违背的。马歇尔认为,此案的关键性问题在于"是由宪法控制任何与其不符的立法,还是立法机构可以通过一项寻常法律来改变宪法。在这两种选择之间没有中间道路。宪法或者是至高无上、不能被普通方式改变的法律,或者它与普通法律处于同一水准,可以在立法机构高兴时被改变。如果是前者,那么与宪法相互冲突的立法法案就不是法律;如果是后者,那么成文宪法就成为人们的荒谬企图,被用来限制一种本质上不可限制的权力。""宪法构成国家的根本法和最高的法律""违反宪法的法律是无效的""断定什么是法律显然是司法部门的职权和责任"。如果法官不承担起维护宪法的责任,就违背了立法机构所规定的就职宣誓,规定或从事这种宣誓也同样成为犯罪。

通过马伯里诉麦迪逊案的判决,美国确立了普通法院违宪审查制,即最高法院确立了有权解释宪法、裁定政府行为和国会立法行为是否违宪的制度。

——任东来. 美国宪政历程:影响美国的 25 个司法大案[M]. 北京:中国法制出版社, 2015.

3. 中国违宪审查第一案——孙志刚事件

2003 年 3 月 17 日晚,任职于广州某公司的湖北青年孙志刚在前往网吧的路上,因缺少暂住证,被警察送至广州市"三无"人员(即无身份证、无暂居证、无用工证明的外来人员)收容遣送中转站收容。次日,孙志刚被收容站送往一家收容人员救治站。在这里,孙志刚受到工作人员以及其他收容人员的野蛮殴打,于 3 月 20 日死于该收容人员救治站。

孙志刚事件发生后，由3位公民发起的关于审查《城市流浪乞讨人员收容遣送办法》的建议书被送到全国人大常委会，建议全国人大常委会依法撤销与宪法和法律相抵触的行政法规。中国《宪法》规定，公民的人身自由不受侵犯。同时，根据《立法法》相关规定，对公民政治权利的剥夺、限制人身自由的强制措施和处罚，只能由法律制定。而《城市流浪乞讨人员收容遣送办法》是1982年制定的行政法规，其中有关限制人身自由的内容，与中国《宪法》《立法法》相抵触。《立法法》规定，法律的效力高于行政法规、地方性法规、规章。对于超越权限的和下位法违反上位法规定的法律、行政法规、地方性法规、自治条例和单行条例、规章，应由有关机关依法予以改变或者撤销。因此，《城市流浪乞讨人员收容遣送办法》属于应改变或者撤销的行政法规。孙志刚离世3个月后，2003年6月20日，《城市生活无着的流浪乞讨人员救助管理办法》公布。40天后，饱受争议却实施20年之久的《城市流浪乞讨人员收容遣送办法》被废止。

——牛龙云."孙志刚事件"与违宪审查制度[J]. 瞭望新闻周刊，2003(22).

思 考 题

1. 结合世界民主化进程，谈谈你对"民主是个好东西"这句话的看法。
2. 中国特色社会主义政治发展道路的鲜明特征表现在哪里？
3. 人民主权原则对于法治有怎样的意义？
4. 中国政府提出的全面推进依法治国的总体目标和主要任务是什么？

推 荐 阅 读

1. 萨缪尔·亨廷顿. 第三波：20世纪后期的民主浪潮[M]. 刘军宁，等，译.上海：上海三联书店，1998.
2. 唐亮. 渐进·民主——变革中的中国政治[M]. 新加坡：八方文化企业公司，2004.
3. 何勤华. 现代西方的政党、民主与法治[M]. 北京：法律出版社，2010.
4. 张金才. 中国法治建设40年：1978—2018[M]. 北京：人民出版社，2018.

第四章

当代世界与中国的文化

文化是一个民族生存和发展的重要力量。人类社会的每一次进步，人类文明的每一次升华，无不伴随着文化的历史性进步。在全球化竞争日益激烈的今天，文化已经成为各国综合国力的重要组成部分。弘扬和繁荣中华优秀传统文化，加强文化建设，是摆在当代中国面前的一项艰巨而紧迫的任务。

第一节 世界文化的多样性

"文化"是一个包罗万象的庞大体系，它与"文明"既有区别又有联系。由于人类所处自然环境、所属民族及从事的社会实践活动不同等原因，世界文化表现出多样化特点。

一、文化

(一) 文化的概念

"文化"是一个包罗万象的庞大体系，给它下一个严格而精确的定义是一件非常困难的事情。据《大英百科全书》统计，全世界正式的出版物对"文化"的解释有160多种，至今仍没有一个公认的界定，这从侧面说明了世界文化的绚丽多彩。

在中国的语言系统中，"文化"一词源于"文"和"化"的复合使用。"文"的本义指各色交错的纹理，后来引申为文物典籍、礼乐制度等。"化"的本义指生成、造化，后来引申出教人去恶为善的意思。"文"与"化"并在一起使用，较早见于《周易·贲卦·彖传》。《周易·贲卦·彖传》曰："观乎天文，以察时变；观乎人文，以化成天下。"孔颖达在《周易正义》中注释说："观乎人文以化成天下者，言圣人观察人文，则诗书礼乐之谓，当法此教而化成天下也。""人文"与"化成"体现的是通过教化，使天下人均可以遵守文明礼仪的思想观念。将"文"与"化"联缀一词，最早见于西汉刘向的《说苑·指武》，用于表示陶冶人的性情和教养人的品德。

关于文化，《辞海》将其界定为："从广义来说，指人类在社会历史实践过程中所创造的物质财富和精神财富的总和；从狭义来说，指社会的意识形态，以及与之相适应的制度和组织机构。"

(二) 文化与文明

要了解"文化"究竟是什么，需要了解"文化"与"文明"之间的关系。有时候，"文化"和"文明"两个概念被人们混用或等同；有时候，"文化"与"文明"有着严格的区别。

1. 文化与文明的区别

(1) 从词源学的维度来看，"文化"(culture)一词源自拉丁文 cultura，本义为对土地的耕耘和对植物的栽培。"文明"(civilization)一词源自拉丁文 civil，本义为公民的、国家的、城市的。可以说，文明的最初含义是与城市和公民联系在一起的，而城市和公民是人类社会生产力发展到一定阶段才形成的。法国历史学家基佐认为："'文明'一词的天然含义是进步、发展，它是以运动着的人民为前提的。"[①] "文化"与"文明"两者在词源上是存在差异的。

(2) 从人类历史发展的阶段来看，文化产生的历史要比文明产生的历史悠久。路易斯·亨利·摩尔根(L.H.Morgan)在《古代社会》中，按照从低级向高级发展的过程，将人类历史的史前时期划分为不同的文化生成与演进的三个阶段：蒙昧时代、野蛮时代与文明时代。蒙昧时代是以获取现成的天然产物为主的时期，人工产品主要是用作获取天然产物的辅助工具；野蛮时代是学会畜牧和农耕的时期，是学会靠人的活动来增加天然产物生产的方法的时期；文明时代是学会对天然产物进一步加工的时期，是真正的工业和艺术的时期。[②] 从摩尔根的人类史前时期的文化分期可以看出，人类很早就开始创造自己的文化了，例如使用火取暖、用语言交流、发明打猎的弓箭等，但是只有到了人类文化发展的较高阶段时，才进入文明时代。

我们也可以从日常生活的具体语境中体会文化与文明的区别。例如，我们可以称一个受过高等教育的人是有文化的人，但是在称其为"文明人"时需要谨慎，因为一个受过高等教育的人有可能是社会秩序的破坏者，有可能是违法乱纪者。我们通常称诸如违法乱纪、乱扔垃圾等行为是野蛮的、非文明的行为。如果一个人谈吐优雅、举止得体，很有修养，我们往往称其为"文化人"或"文明人"。这时，"文化"与"文明"是通用的。

有学者认为文明偏重物质，文化偏重精神。例如钱穆先生在《中国文化史导论》中指出："文明文化，皆指人类群体生活而言，文明偏在外，属物质方面，文化偏在内，属精神方面，故文明可以向外传播与接受，文化则由其群体内部精神累计而产生。"

---

① 刘吉，王健刚. 文明与科学——纪念马克思逝世一百周年[J]. 世界科学，1983(3): 1-5.
② 马克思恩格斯选集：第 4 卷[M]. 北京：人民出版社，1995: 24.

2. 文化与文明的联系

"文化"与"文明"虽然有概念上的差异,但是,两者之间也相互联系,有相互重合的部分。文化与文明都是人创造的,都扎根于人们的实践。人类实践衍生了文化与文明,是文化与文明的源头。除此之外,人类文化与文明发展的总趋势是进步的,推动人类文化与文明向前发展的永不衰竭的动力仍是人类的实践。

文化与文明之间相互渗透,相互作用。例如穿衣,我们穿的衣服能否御寒、是否舒适,这涉及"文明"的问题。在远古时代,人们用树叶或兽皮御寒护身;在现代,人们用各式羽绒服或毛呢大衣御寒。我们穿什么样的衣服,这又涉及"文化"问题,例如是中山装,还是西装;是汉服,还是和服。汉服与和服体现的是两种不同的文化,两者又是中华文明与日本文明的外在表现形式。可以说,一定的文明以一定的文化存在为基础,一定的文明表现为一定的文化。一个民族的文明发展程度虽然不能与其文化发展程度绝对画等号,但是一个民族的文明发展程度可以大致地通过其文化高低程度来判定。

二、多样化的世界文化

文化的发生和发展从来都是多元的。联合国教科文组织在 2001 年发表的《世界文化多样性宣言》中提出,文化在不同的时代和不同的地方具有不同的表现形式。这种多样性的具体表现是构成人类的各群体和各社会所具有的独特性和多样化。文化多样性是交流、革新和创作的源泉,对人类来讲就像生物多样性对维持生物平衡那样必不可少。文化多样性是人类的共同遗产,应当从当代人和子孙后代的利益出发对文化多样性予以承认和肯定。2005 年,联合国教科文组织在《文化多样性公约》中指出,文化多样性是指各群体和社会借以表现其文化的多种不同的形式。文化多样性不仅体现在人类文化遗产通过丰富多彩的文化表现形式来表达、弘扬和传承的多种方式,也体现在借助各种形式和技术进行的艺术创造、生产、传播、销售和消费的多种形式。

(一) 多样化世界文化的形成

全球化是当今世界的重要发展趋势,这在一定程度上促进了世界文化的形成和发展。由于自然环境、民族和人类社会实践活动等差异,世界文化表现出多元化的特点。

1. 自然环境

自然环境是人类社会赖以生存和发展的重要物质基础。在人类社会发展早期,自然环境直接影响甚至决定了人类的文化生产和创造活动,是影响文化特性、塑造民族精神、国民性格的重要因素。世界之大,自然环境千变万化。不同国家和地区在土壤、气候、矿藏、水等自然环境方面存在的差异,塑造了多样化的饮食、穿衣、居住等生活习惯,塑造了多样化的文化。部分具有民族特色的建筑如图 4-1 和图 4-2 所示。

图 4-1　傣族的竹楼

图 4-2　永定客家土楼

傣族人生活的地区处于亚热带，至今保留着祖先的"多起竹楼，傍水而居"的生活习惯。为什么傣族人坚持这种生活习惯，而不是住平房呢？元代李京在《云南志略》中说："金齿百夷……风土下湿上热，多起竹楼，居濒江，一日十浴。"原来，傣族人的这种生活习惯是因为竹楼有妙用：下可避湿，上可避热，濒临江畔，还可一日十浴。

客家人原本居中原一带，因战乱、饥荒等各种原因被迫南迁。不管是长途跋涉，还是新到一处人生地不熟的居地，期间的许多困难都得依靠本族人团结互助、同心协力方可解决。因此，他们每到一处，本姓本家人总要聚居在一起，这样也就形成了客家民居独特的建筑形式——土楼。由于客家人大多居住在偏僻的山区或深山密林之中，当时不但建筑材料匮乏，豺狼虎豹、盗贼嘈杂，加上惧怕当地人的袭扰，客家人便营造了"抵御性"的城堡式建筑住宅——土楼。

2. 民族

文化作为人类的一种社会实践活动，其生产和创造的主体人往往属于某一民族。即使生活在相同的自然环境中，每一个民族的语言、居住环境、服饰、礼仪等也独具特色。这些特色正如基因，世代相传。法国艺术哲学家伊波特里·丹纳(H. A. Taine)在《艺术哲学》中提出："你们不妨把一些大的民族，从他们出现到现在，逐一考察，他们必有某些本能，非革命、衰落、文明所能影响。……在最初的祖先身上显露的心情与精神本质，在最后的子孙身上照样出现。这便是原始的花岗石，寿命与民族一样长久，那是一个底层，让以后的时代把以后的岩层铺上去。"①任何文化产品的生产和创造都不是凭空产生的,都是在先前世代积累的基础上形成的。例如,中国崇尚的"和而不同""天人合一""厚德载物""自强不息"等精神,西欧的绅士精神,日本的武士道精神等。

3. 人类实践活动

实践是人存在的方式,也是人类文明赖以存在与发展的基石。在实践活动中,生产什么、怎样生产直接影响了生产的产品特性,包括文化产品。人类的社会实践有多种形式:处理人类社会和自然关系的生产实践、处理社会内部人与人关系的实践、科学实验。社会实践形式的多样化促进了文化的多样性。例如,在生产实践活动中,为了解决吃、穿、住、行等问题,人类发明各类食物、各类交通工具,设计各种各样的衣服,创造了饮食文化、服饰文化、有关交通工具的文化。通过科学实验,人类提出并形成了涉及政治、经济、文化等领域的各种理论与学说,研发了各种技术,发明了很多工具,这些都是文化的重要组成部分,是文明的重要表现形式。除此之外,从生产方式上来说,人类文明的发展变化经历了农业文明和工业文明两个时代。在农业文明时代,种植和畜牧主要依靠人力。工业革命的发生是人对自然的前所未有的解放,机器操作大大解放了人力,科学与技术的进步极大促进了生产力的发展。

多样性的文化记载着各族人民在一定的自然环境下开展实践活动的轨迹与特殊性,这不仅体现在不同文化之间,而且也体现在同一文化现象内部。比如,工业文明存在于世界很多国家,但是在不同国家,工业文明出现的时间及形式、发展程度等是不同的,其表现出的工业文化亦是不同的。多样性的文化是"同一性"与"多元化"的辩证统一。

(二) 世界文化的类型

人类社会自形成以来,便形成了多元的文化现象。世界各地不同的自然环境、各族人民通过不同的社会实践活动塑造了千姿百态的文化,创造了绚丽多姿的文明。文化类型是以不同地理环境因素及由此所决定的语言、宗教信仰和其他文化精神因素为本质特征的各种不同的文化圈。每个地区、每个民族、每个国家都有自己区别于其他地区、民族、国家的显著文化特质。"西方文化"和"东方文化"这两个比较大的概念就体现了文化的差异性和多样性。在"西方文化"与"东方文化"内部,又存在很多种大大小小的文化形态。例如,"东方文化"中有中国文化、印度文化、日本文化和朝鲜文化等;"西方文化"中有罗马文化、希腊文化等。

关于世界文化的分类,最有代表性的观点如下(有的学者用的是"文明",基于"文明"与"文化"的关系,相关的"文明"也可以说是不同类型的"文化")。

(1) 钱穆依据人类文化的源头将世界文化划分为三种类型:发源于高寒草原地带的游牧文化、发源于河流灌溉平原的农耕文化、发源于滨海地带及近海岛屿的商业文化。

---

① [法]伊波特里·丹纳. 艺术哲学[M]. 傅雷,译. 兰州:敦煌文艺出版社,1994: 302.

(2) 19世纪下半叶，俄罗斯著名的历史学家和文化哲学家丹尼拉维斯基(N. Danilevsky)将世界文明分为 10 类：埃及文明，叙利亚，巴比伦，腓尼基，卡尔丹族或古代闪族文明，中国文明，印度文明，伊朗文明，希伯来文明，希腊文明，罗马文明，新闪族或阿拉伯文明，日耳曼、罗马或欧罗马文明。

(3) 德国著名历史学家斯宾格勒(O. Spengler)认为文化是一种有机体，犹如花卉一般，有萌发、盛放、凋谢、衰亡四个阶段。他根据各种文化的基本象征将世界文明分为 8 个类型：埃及文明、巴比伦文明、印度文明、中国文明、希腊-罗马文明、阿拉伯文明、西方和墨西哥文明，以及尚未完全形成的俄罗斯文明。

(4) 美国著名的政治学家萨缪尔·亨廷顿把当代世界文明分为 8 类：西方文明、中华文明、伊斯兰文明、俄罗斯文明、日本文明、印度文明、拉丁美洲文明和非洲文明。

(5) 阿诺德·约瑟夫·汤因比(A. J. Toynbee)将人类历史概括为 26 个文明形态(也有 21 个文明形态或 37 个文明形态之说)。这 26 个文明形态分别是西方基督教文明、东正教文明(可分为拜占庭文明和俄罗斯文明)、伊朗文明、阿拉伯文明(可与伊朗文明合并为伊斯兰教文明)、印度文明、远东文明(可分为中国文明和朝鲜-日本文明)、古代希腊文明、古代叙利亚文明、古代印度文明、古代中国文明、米诺斯文明、苏美尔文明、赫梯文明、巴比伦文明、古代埃及文明、安第斯文明、古代墨西哥文明、育加丹文明、玛雅文明，以及 5 个停滞的文明——波利尼西亚文明、爱斯基摩文明、游牧文明、斯巴达文明、奥斯曼文明。

(三) 多元文化的冲突与交融

虽然全球化促进了世界文化的形成与发展，但是全球化并不意味着世界文化的同一性。当发达的科学技术不断清除人们的交往限制时，不同文化便有了更多传播、交流与沟通的机会。文化冲突与文化交融是多元文化共存的基本形式。

1. 文化冲突

文化冲突是指不同文化模式之间相互抵触和相互排斥的过程与状态。根据文化冲突产生的时间和空间，文化冲突可以划分为纵向的文化冲突和横向的文化冲突两种类型。纵向的文化冲突表现为不同时代的文化模式的相遇与对抗，是旧文化解体与新文化产生的一个时期，是文化发展过程中的一种现象。例如封建神学反对现代科学，现代科学批判封建神学等。横向的文化冲突表现为不同地区或民族的文化模式的相遇与对抗。在同一时间，不同地域、不同民族、不同国家的文化发生了联系，其中每一种文化模式都试图维护自身的存在，抵制外来文化的介入，同时又抵挡不住这一文化的冲击，结果形成了僵持、对峙和正面交锋[①]。美国当代政治发展理论的权威萨缪尔·亨廷顿是文化冲突论的代表人物。

随着东欧剧变、苏联解体，世界格局走向多极化的趋势越来越清晰。在文化领域，与

---

① 李庆霞. 社会转型中的文化冲突[M]. 哈尔滨：黑龙江人民出版社，2004: 51.

殖民地时期西方国家在全世界范围内推广自己的经济、政治制度及文化观念相比，今天，在很多民族国家出现了一股复兴传统文化、增强民族文化认同感的热情和趋势。特别是随着全球化进程的加快和深入，不同国家之间的政治、经济的交流大大超过了以往任何时代，世界文化更加多元，不同文明之间的文化分野与冲突的可能性凸显，并越来越多地引起人们的关注。

2. 文化交融

不同的民族文化之间有冲突，但是冲突并不是绝对的。不同民族文化存在排他趋势的同时，也有融合的特点和趋势。文化的交融是指两种以上的不同文化彼此借鉴、吸收和认同，有些文化因素逐渐相互糅合在一起，并最终融为一体的过程。文化交融的根源在于文化之间的理解和文化发展的自身需求。不同文化的融合结果并不是"合二为一"，而是表现为外来文化的本土化，或者通过外来文化与本土文化之间的冲突与调和实现重组，产生新型文化。

交流和融合是文化发展的重要途径，也是推动人类社会进步的动力。"不同文化的交流过去已经多次证明是人类文明发展的里程碑。希腊学习埃及，罗马借鉴希腊，阿拉伯参照罗马帝国，中世纪的欧洲又模仿阿拉伯，而文艺复兴的欧洲效仿拜占庭帝国。"①古今中外，许多著名的音乐、绘画、建筑风格、文学艺术等都是在不同文化的交流和融合中产生的。正如日本，在中古时代，受中华文化影响巨大，从文学到宗教风俗，从文献到中央集权制度的设计，几乎所有方面都有中华文化的痕迹。近代以来，日本文化的巨大变化则是日本中古文化传统与现代西方文化为主的外来文化融合的结果。

古往今来，文化交融是文化发展和演进的主流。在古代，虽然各民族之间的文化交融受语言、地理条件等方面的限制，但还是在不断融合着。一部人类的文明史，实际上就是人类社会相互交流的历史。人类通过文化的传播与交流，相互借鉴和学习，在影响其他文化的同时，也在不断地丰富和完善着自己。特别是随着以经济全球化为特征的信息时代的到来，各国之间文化交流的方式获得了极大扩展，全球性文化交流日益频繁、广泛和深入。各国都意识到，本国要获得发展，必须与其他国家开展文化交流，吸收和融合一切有利于本国发展的因素。文化交流和融合要建立在平等和相互尊重的基础上，要关注民族文化的独立性和主体性，防止全球单一文化的一统天下；应该在和平竞争中取长补短，在求同存异中共同发展，实现"各美其美，美人之美，美美与共，天下大同"。

第二节　当代世界相互激荡的社会思潮

在人类社会生活的长河中，各类思潮相互激荡。社会思潮是一定时期人类生活的反映，同时又对人类生活、社会生产、人类的精神等产生不同程度的影响。透过社会思潮的波澜起伏，可以从侧面洞悉社会发展的现状及走向。

---

① [英] 伯特兰·罗素. 一个自由人的崇拜[M]. 胡品清，译. 北京：时代文艺出版社，1988: 83.

一、社会思潮的内涵

按照《辞海》的解释，思潮是指某一历史时期内反映一定阶级或阶层利益和要求的思想倾向以及涌现出来的思想感情。一种思想观点和思想倾向可否成为一种思潮？梁启超先生认为："凡'思'非皆能成'潮'；能成'潮'者，则其'思'必有相当价值，而又适合于其时代之要求者也。"也就是说，并不是所有的思想都可以成为思潮，只有那些有非常丰富的思想内涵、符合时代要求的思想才可以成为思潮。

《中国大百科全书》哲学卷认为，社会思潮是"反映特定环境中，人们的某种利益或要求并对社会生活有广泛影响的思想趋势或倾向。社会思潮有时表现为由一定理论形态的思想作主导，有时又表现为特定环境中人们的社会心理，是社会意识的综合表现形式"[①]。理论形态以一定的学说为主体，表现为概念体系，用理性征服人心；心理形态则以一定的信念为主体，表现为不系统、不定型的观念冲动，用情感激动人心。

任何社会思潮都是理论形态和心理形态的统一。因为任何社会思潮必将系统、完整的理论体系作为基础，但由于了解和掌握这种理论的人毕竟是少数，如果这种理论观点只停留在学术研究层面，而没有引起较多的人们的关注，没有调动起较多人们的情绪时，那么这种理论观点还不足以成为一种社会思潮。社会思潮一旦形成，就不仅是理论，它必然掺杂着大量的情绪、意愿、兴趣和需要等，是融理论形态与心理行为为一体的。

二、主要的社会思潮

（一）新自由主义思潮

新自由主义即现代自由主义，是当代西方资产阶级经济思潮，也是当代西方资产阶级政治思潮中最为重要的流派之一。所谓新自由主义，是相对于古典自由主义而言的，是古典自由主义的演化与发展。古典自由主义主张个人的自由是不可剥夺和侵犯的，国家或政府应该对经济与社会生活采取"不干涉原则"。19世纪中后期，资本主义社会并没有出现自由主义者所期望的全面繁荣，而是出现了广大工人劳动条件恶劣、社会道德沦丧、经济危机等各种问题。这些问题给资本主义世界带来巨大损失的同时，也给资产阶级的思想家很大的教训：不仅要发展资产阶级的个人自由，而且要调节好社会出现的大量矛盾，避免大的社会动荡。在这种情况下，新自由主义应运而生。新自由主义流派众多，例如伦敦学派、现代货币学派、理性预期学派等，其侧重点各异，但是从总体来看，它们所坚持的理论观点大体一致，主要包括以下四点。

(1) 主张私有制，反对公有制。新自由主义者认为，私有制有利于发挥每个人的积极性，有利于保障人的自由，而公有制以行政命令代替分散决策经营，不仅会扼杀个人的积极性，而且导致低效率和浪费。

---

① 中国大百科全书总编辑委员会. 中国大百科全书[M]. 北京：中国大百科出版社，1987: 765.

(2) 推崇市场原教旨主义，维持市场竞争。新自由主义者认为，资本主义市场经济是完善的，有利于实现资源的合理配置，并主张在法律制约下进行市场竞争，反对垄断。

(3) 否定国家干预，敌视社会主义制度。在新自由主义者看来，在国家干预之下，市场无法正常传递信息，私人经济活动会受到各种限制，这不仅会降低经济效率，而且在政治上容易导致对民主的破坏以及对个人权利的侵犯。

(4) 推崇有限政府，反对国家福利制度。新自由主义反对政府干预，但并不认为政府不应该发挥任何作用，只是主张政府发挥的作用要尽可能地缩小。另外，新自由主义批评"福利国家"制度，认为庞大的社会福利开支不仅培养了大量的"懒汉"，而且增加了国家的财政负担，影响了企业的生产效率和国家竞争力。

新自由主义极力主张个人主义，强调极端的自由，具有鲜明的资产阶级主流意识形态特征。这种主张必然导致个人和集体、个人与国家之间的对立。新自由主义强调"市场万能"性，这种极力美化市场，高度贬斥国家干预的做法具有很大的风险，不利于经济社会的和谐稳定发展。另外，新自由主义极力否定公有制，否定社会主义制度和国家干预，削弱了政府的威信和国家权威。

(二) 新保守主义思潮

新保守主义是当代西方另一个很有影响的思潮。20世纪70年代以来，它在西方资本主义国家取代新自由主义占据主导地位，成为近20年西方国家政策的主要思想理论基础。新保守主义起源于古典保守主义。古典保守主义产生于18世纪末，其创始人是英国资产阶级政治思想家埃德蒙·伯克(Edmund Burke)。20世纪60年代末70年代初，西方主要国家陷入严重的经济滞胀危机，引发大量的社会问题。新自由主义陷入困境，新保守主义取而代之，成为西方国家占主导地位的政治思潮。新保守主义的主要代表人物有英国籍奥地利政治思想家哈耶克(F. A. Hayek)、美国的弗里德曼(M. Friedman)等。新保守主义者将自由放任主义与保守主义结合在一起，其主要主张有以下三点。

(1) 在政治问题上，新保守主义主张维护社会现状和历史传统，反对一切激进的革命和革新，主张节制政治，倡导建立一个充分体现个人自由和自主的市民社会。

(2) 在经济问题上，新保守主义者拥护市场经济机制，猛烈抨击新自由主义的国家干预理论和政策，以及社会主义的计划经济。新保守主义者认为："自由市场的存在当然并不排除对政府的需要。相反地，政府的必要性在于：它是'竞赛规则'的制定者，又是解释和强制执行这些已被决定的规则的裁判者"[①]。

(3) 在社会问题上，新保守主义主张"机会平等"。新保守主义者认为，奉行国家干预政策来调节人们收入差距时，得到了结果平等，但是危及了机会平等和人们自由竞争的权利，使辛苦劳动的人养活那些靠社会福利而生活的人，这是不公平的，会导致政治专制。因此，他们主张可以对需要帮助的人予以援助，但反对政府滥施社会福利。

---

① [美] 米尔顿·弗里德曼. 资本主义与自由[M]. 张瑞玉, 译. 北京：商务印书馆, 1986: 36.

尽管新保守主义与新自由主义的观点不同，但是其本质是一致的，都力求维护资本主义私有制。两者之间关于政府要不要干预、如何干预等问题的争论，对建立社会主义市场经济体制具有一定的启示：充分发挥市场经济在资本配置方面的决定作用，但同时要看到市场的负面影响，建立必要的和强有力的宏观调控。

(三) 后现代主义思潮

后现代主义于 20 世纪 60 年代首先兴起于法国和美国，80 年代风靡西方，并向全世界蔓延，是当今盛行的一股综合性的哲学与文化思潮。后现代主义是相对于现代主义而言的。后现代主义与现代主义的关系有两种解释：第一，就时间顺序而言，"后"即"在……之后"，即后现代主义与现代主义在时间顺序上有个前后相继的关系；第二，就文化样态而言，后现代主义是对现代主义秉承的价值的继承、批判与更新。后现代主义是一股源自现代主义但又反叛现代主义的思潮，是对工业文明的负面效应的思考与回答，是对现代化过程中出现的剥夺人的主体性、机械划一的整体性、同一性等的批判与解构。一言以蔽之，后现代主义的特征或后现代性即对传统思想文化的批判和超越，具体表现在以下五个方面。

(1) 批判传统的"主体性"。后现代主义认为，建立在传统的"主体性"基础上的人文主义，造成了人与自然的疏离、对立，抹杀了人的情感、意欲等人性的重要方面，使人变成知识、科学的附属品，生活变得毫无审美意义。

(2) 批判理性至上主义。后现代主义思想家米歇尔·福柯(Michel Foucault)认为，人主要是非理性的，只具有理性的、独立于客体之外而载于客体的人是不存在的。福柯强调差异性，反对一切超感性的、超验的永恒性、普遍性，认为永恒性、普遍性是理性至上主义的产物。福柯断言，理性破坏了理性自己原想实现的自由的愿望，站到了自由的对立面。

(3) 批判崇尚超感性的、超验的东西的传统形而上学。

(4) 批判以普遍性、同一性压制个体性、差异性的传统思想模式。

(5) 最终把对传统思想文化的批判归结为人的审美生活——自由生活的彻底实现。由于"现代性"片面强调个人在社会中遵循经济和法律秩序，贬抑了人的感性功能，使人的日常生活失去了"诗意"，而艺术、审美有利于把人从理性至上主义的束缚中解放出来。所以，后现代主义认为，艺术、审美应该与日常生活相融合。

(四) 全球化思潮

20 世纪 70 年代以来，信息通信等技术的发展、国际资本的自由流动、全球性问题(例如环境保护)的产生等极大地增强了人们的全球意识，也极大地推动了经济、科技、文化的全球化。在这样的背景下，20 世纪 80 年代中期以来，国外兴起了一股谈论和研究"全球化"的思潮。"全球化"一词自 20 世纪 80 年代中期开始流行后，迅速取代"国际化""跨国化""一体化"等术语，成为描述人类社会跨边界的互动网络不断强化的概念。

目前研究全球化的理论模式主要有四种：美国马歇尔·麦克卢汉(Marshall McLuhan)

的"地球村";美国著名社会学家安东尼·吉登斯(Anthony Giddens)的"时—空伸延"与全球化;美国罗兰·罗伯森(Roland Robeertson)论"世界压缩和全球意识的增强";戴维·哈维(David Harvey)论"时间—空间压缩"与全球化。这些理论模式从时间、空间的角度分析全球化,将全球化理解为人类之间互动的增强和世界范围内社会关系的强化。但是,由于资本全球化和市场一体化在当今人类社会全球化进程中居主导地位,因此在大多数西方学者看来,全球化往往特指资本主义的全球化,是西方意识形态、社会组织方式、制度在全球范围内的扩展,具有浓重的西方中心主义色彩。

全球化是一把双刃剑,它有利于打破人类各群体的地域封闭性和狭隘性,促进人类之间的交流,增进人类之间的相互理解,但是它也会加剧本来已经十分巨大的世界不平等鸿沟,造成两极分化和生态破坏。因此,与全球化思潮并存的,还有一股值得关注的反全球化思潮。总之,在全球化进程中,如何抓住全球化带来的发展机遇,趋利避害、化害为利是包括中国在内的发展中国家面临的艰巨任务。

(五) 西方马克思主义思潮

随着俄国十月革命的胜利,马克思主义学说以突飞猛进之势在全世界广泛传播,成为全世界无产阶级和被压迫民族的革命思想体系。西方马克思主义是20世纪20年代在欧洲出现的思潮,是一种有别于列宁主义的"学院式的马克思主义",是游离于政党之外的学者们的马克思主义。匈牙利共产党理论家卢卡奇(Ceorg Lukacs)和原德国共产党理论家柯尔施(Karl Korsch)是西方马克思主义的创始人。早期的西方马克思主义具有四个特点:第一,早期的西方马克思主义仅仅是共产国际内部的一个反对派,仅仅是在欧洲共产党内部出现的一种对马克思主义的不同解释,这种解释固然有不当之处,但并没有达到离经叛道的地步。第二,早期西方马克思主义的斗争矛头主要指向伯恩斯坦(Eduard Bernstein)和考茨基(Karl Kautsky)等人的机会主义及其哲学基础,它与列宁主义的分歧和对立不是很明显,而且经常是以批判第二国际机会主义的名义出现的。第三,早期西方马克思主义者作为共产党的理论家,关注无产阶级革命斗争的现实问题,积极探索在发达资本主义社会条件下进行无产阶级革命的可能性和现实性,致力于增强无产阶级的阶级意识,这与后来的西方马克思主义者理论脱离实践、单纯注重哲学学术研究的倾向有明显区别。第四,早期西方马克思主义固然也受到资产阶级哲学思潮的影响,但是并没有与其融合[①]。第二次世界大战之后,西方马克思主义与列宁主义相对立,且具有与非马克思主义思潮相融合的倾向,也没有成为无产阶级政党的意识形态。

20世纪70年代中期以后的西方马克思主义被称作当代西方马克思主义,这一时期的西方马克思主义发生了一些变化。例如,一反过于局限于哲学思辨领域的传统,开始密切关注生态、妇女、种族等全球性的问题。东欧剧变、苏联解体给西方马克思主义带来巨大冲击。弗里德里克·詹姆逊认为,马克思主义不会随着苏联东欧共产党政权的垮台而死亡,

---

① 邢贲思. 当代世界思潮[M]. 北京:中共中央党校出版社,2004: 279.

因为"马克思主义是关注资本主义的唯一科学,其认识论方面的使命在于它具有描述资本主义历史起源的无限能力"[①]。只要资本主义社会存在,马克思主义就有存在的意义。当代西方马克思主义最有影响的理论有五个:晚期资本主义危机理论、市场社会主义理论、分析的马克思主义理论、生态的马克思主义理论、依附理论。

第三节 光辉灿烂的中华文化

古代埃及、古代巴比伦、古代印度和古代中国是人类文明最早诞生的地区,是世界四大文明古国。在这四大文明古国中,只有中华文明薪火相传,从未间断,其他三个古文明都已消失。早在19世纪,德国哲学家黑格尔(G. W. F. Hegel)在比较了各个文明古国的发展史之后就曾断言:"只有黄河、长江流过的那个中华帝国是世界上唯一持久的国家。"后来,英国著名学者罗素(Bertrand Russell)也发出类似的惊叹:"自孔子以来,埃及、巴比伦、波斯、马其顿,包括罗马的帝国,都消亡了,但是中国却以持续的进步生存下来了。"文化是文明的重要表现形式。中华文化是中华各族人民创造的文化财富的总和,是中华各族人民智慧的结晶。

一、中华与中华文化

"中华"一词,是公元300年魏晋时期忠信"天人合一"观念的哲人从"中国"和"华夏"两个名称中各取一字复合而成的。

"中国"这一称谓始见于1963年在陕西宝鸡市贾村出土的西周铜器"何尊",其铭文中有"惟武王既克大邑商,则廷告于上天曰:余其宅兹中国,自之辟民"的记载,意思是皇天将"中国"的人民与土地交给周武王治理。最开始,"中国"即周初时期原商朝统治的中心区域——黄河中下游一带,只是一个地域性和文化性概念,并不具有统一的国家实体的含义。秦汉统一后,"中国"一词在地域上的范围也逐渐扩大,并被用于代表大一统的国家。1689年,清朝康熙皇帝委派钦差大臣索额图与沙俄政府签订《尼布楚条约》,当时索额图的头衔是中国大圣皇帝钦差大臣、分界大臣、议政大臣、领侍卫内大臣。这时,"中国"作为主权国家的政治名词,被正式用于外交事务,且在地域上涵盖清王朝统治的整个区域,包含汉族、满族、蒙古族、藏族等生活在这片土地上的所有民族。"中"侧重自然(天),寓意天下之中。

有学者研究,"华"通"花",原意为精粹、光辉,最初用于部族名称。目前在中国相关研究文献中,最早出现"华夏"两字并称的记载是《左传•定公十年》"裔不谋夏,夷不乱华",孔颖达疏曰:"夏,大也。中国有礼仪之大故称夏;有服章之美谓之华。华、夏一也。"意即因中国是礼仪之邦,疆界广阔,故称"夏","夏"有文明高雅的意思;冕服彩装很美,故作"华"。久而久之,"华夏"便成了中国的代名词。

---

① 俞可平. 全球化时代的"马克思主义"[M]. 北京:中央编译出版社,1998: 46.

中华文明亦称华夏文明,是世界上最古老的文明之一,也是世界上持续时间最长的文明。中华文明史源远流长,若从夏朝时代算起,已有4000多年。有学者指出,中华民族有"三十万年的民族根系、一万年的文明史、五千年的国家史"。举世公认,中国是历史最悠久的文明古国之一。一般认为,中华文明的直接源头有多个,而其中又以黄河文明和长江文明为主,中华文明是多种区域文明交流、融合、升华的果实,学术界一般称之为"多源一体"的文明形成模式。

中华人民共和国将"中华文化"定义为中国所有民族(即中华民族)的文化总汇,但由于汉族是中华民族的主体民族,并且汉文化在中国历史上一直占据着主导地位,所以普遍认为汉文化是中华文化的主体。

二、中华传统文化的基本内容

中华传统文化是中华民族在中国古代社会形成和发展起来的比较稳定的文化形态,是中华民族智慧的结晶,是中华民族的历史遗产在现实生活中的展现。中华传统文化博大精深,主要包括宗教文化、哲学文化、政治文化、审美文化、民俗文化与科技文化六大块。

(一) 宗教文化

宗教是一种文化现象,是人类认识和把握世界的方式之一。自然崇拜、祖先崇拜、鬼神崇拜、图腾崇拜、生殖崇拜等是中国原始宗教的重要表现形式及内容。除了原始宗教之外,道教、佛教是中国的主要宗教。

(1) 道教。道家是战国时代的诸子百家之一,而道教由对道家哲学的信仰演变而来,将道家哲学家神化。例如,将道家哲学的创始人老子视为太上老君。道教发源于春秋战国时期,兴盛于隋唐时期,明末后趋于衰落。道教的发展历时长久,且派系林立,其教义处于不断变革中,但是其信仰和主要宗旨不变:得道成仙、长生不老、济世救人。

(2) 佛教。佛教于公元前五六世纪由印度佛陀创立,并于公元前二三世纪传入中国。由于各地的社会习俗不同,佛教传入中国后,逐渐形成了不同的派系。中国佛教是印度佛教中国化的结果。佛学家在译经、创作佛学故事时,信徒在传教时,都注意吸收中国传统文化的思想内容与方法,对印度佛教既有继承也有创新。佛法是佛教的基本教义。佛法的内核以人生为苦,苦在人有七情六欲。佛教旨在教人灭六欲,通过修行发现生命和宇宙的真相,超越生死和苦,解除人世间的苦难。

不管是道教,还是佛教,都是中华文化的重要组成部分,都对中国民众的生活产生了重要影响。例如,中国的化学、医药与道教具有很深的渊源;中国人在过春节时贴门神、灶神的传统也源于道教;中国的很多艺术作品以佛教为写作背景和素材,如文殊问疾、莫高窟的壁画与雕像、洛阳龙门石窟等。如今,中国政府全面贯彻宗教信仰自由政策,尊重每个公民信仰宗教的自由和不信仰宗教的自由,同时要求宗教必须在宪法和法律规定的权利和义务范围内活动。

(二) 哲学文化

英国哲学家罗素认为，一切确切的知识都属于科学，一切涉及超乎确切知识之外的教条都属于神学，哲学介乎神学与科学之间。冯友兰认为，哲学就是对于人生有系统的反思思想。哲学文化是中华民族智慧的理性积淀和内在体现，是中国传统文化的核心。儒家、道家、墨家哲学是中国哲学文化的主要代表。

(1) 儒家哲学。儒家，即春秋战国时期形成的以孔子为宗师的学派。孔子是儒家哲学的创始人。儒家哲学是中国哲学文化的主干，其基本精神对中华儿女的思想、风俗习惯、民族心理等发挥了极其重要的作用。儒家哲学的核心思想包括四个方面：贵仁、尊礼、重教、尚中。儒家哲学认为"仁"是处理人与人关系的最高道德原则。孔子认为，人要有仁爱之心，而不管与他人是不是有血缘关系。"礼"是"仁"的外在表现形式。孔子要求用"礼"来约束人们的一切行动："非礼勿视，非礼勿听，非礼勿言，非礼勿动"。儒家的尊礼思想不仅有利于整个社会的和谐稳定，另外，由于它执行严格的等级名分制度，因此也极大限制了个体的能动性和创造性。孔子是一名伟大的教育家，他对教育的重视以及诸如"有教无类"的教育理念在中国教育史上发挥了深远的影响，至今仍有积极意义。"尚中"即推崇"中庸"的道德准则。"中庸"要求把握适当的限度，保持事物的平衡，使人的言行合乎既定的道德标准。

(2) 道家哲学。道家因为将"道"作为世界的本原，故称为"道家"。老子和庄子是道家哲学的主要代表人物，因此，道家学说也常被称为"老庄之学"。老子认为"道"是人与世界的本源。"道生一，一生二，二生三，三生万物，万物生于有，有生于无。""道"原指具体的道路、途径，后来被逐渐抽象为事物发展变化的规律和法则。在人与万事万物的关系方面，道家哲学主张"无为"。"无为"的含义主要有两层：在处理人与自然的关系上，强调人要与天地万物和谐相处，不能破坏自然；在处理社会人际关系方面，主张统治者应该简化各种社会规范和制度，使老百姓保持淳朴的民风。"无为"不是指无所作为，而是主张人要遵守自然法则，不要人为、刻意地去改变它。魏晋哲学家王弼将"无为"解释为"顺其自然"。

(3) 墨家哲学。墨子是墨家哲学的创始人。墨家哲学的核心思想是"兼爱""尚贤""非攻"。所谓"兼爱"，主张爱别人如同爱护自己一样，彼此之间相亲相爱，不受等级地位的限制；"尚贤"是墨子关于用人的政治主张，主张破除门第观念，推举贤才；"非攻"即反对战争。

(三) 政治文化

政治文化是人类处理个体与个体、个体与群体、群体与群体之间关系的文化产物，它是文化体系中最具权威的因素，决定着文化整体的性质。中国古代政治文化的主体是礼仪制度、法律制度、官制、科举与教育制度。

(1) 礼仪制度。中国素有"礼仪之邦"之称，礼在中国政治、经济、文化、社会生活中占有极其重要的地位。礼起源于原始社会，源于人类解决群体生活中诸多矛盾的要求。

根据现有文献,西周时期,"礼"已发展为一整套以维护宗法等级制为核心的礼仪制度。根据礼仪的外在形式,中国古代的礼仪制度包括五种:吉礼、凶礼、宾礼、军礼、嘉礼。吉礼,即对天神、地祇、人鬼的祭祀典礼。凶礼不仅包括丧葬礼节,也包括其他一些与灾难有关的礼节。宾礼,即接待宾客之礼。军礼,即军队操演、征伐之礼。嘉礼是与人际关系、沟通、联络感情有关的礼仪,如婚礼、宴饮的礼仪。

(2) 法律制度。中国的法律制度始于公元前21世纪的夏朝。法的产生最初以不成文法的形式,即习惯法的形式出现。春秋战国时期,正式公布成文法规,如郑国的《刑书》。从不成文到成文,从第一个奴隶制王朝夏朝到最后一个封建王朝清朝,中国的法律制度历经数千年的发展流变,形成了自己的特色。总体来讲,中国法律制度以儒家思想为指导,国家的基本法典是"法自君出",是按照帝王的旨意编纂的,立法的内容以刑法为主。

(3) 官制。"官"的本义是房舍,后被引申为具有权力的官府及官员。官制是按照职能和职位分工、分层管理原则建立起来的行政权力体系。中国古代官制有中央与地方之分。古代官员从魏晋时期开始以"品"来表示级别高低。例如,在唐代,官员等级有九品。"爵位"是中国古代奴隶主国王和封建君主对有血缘关系的亲族和功臣授予的一种称号,是社会地位高低和物质待遇多少的标志。例如,隋唐实行九等爵制。

(4) 科举与教育制度。教育在原始社会就已萌芽。在原始社会中,人们将生产与生活的经验传授给下一代,这就是最早的教育。随着社会的进步与发展,教育逐渐从社会生活等活动中分化出来,其分化的结果就是学校的产生。古代学校包括官学和私学。科举制度是一种选拔官吏的制度,初创于隋朝,形成于唐朝。随着科举制的产生和发展,教育开始与科举融合在一起发展,并逐渐形成一套服务于科举制度的教育体系。所谓"学校储才,以应科举",《明史·选举志一》指出:"科举必由学校",即只有接受学校教育取得出身的学子才有资格参加科举考试,学校教育的直接目的是参加科举考试。如此一来,科举以学校教育为基础,学校以科学考试为目的,两者紧密结合,共同为当时的社会政治服务。自明朝中叶,各地学校为了追求科举录取名额,常以儒家经典和八股时文作为主要的教学内容,导致学生知识单一和思想僵化。1905年,清末,科举制被废除。

(四) 审美文化

审美文化,即以人的精神体验和审美的形式观照为主导的社会感性文化。中国的诗词、文章、书画、音乐和舞蹈等构成了庞大的审美文化体系。

(1) 琴棋书画。"琴棋书画"即古时所谓的"四艺"。第一,关于琴。据确切的文物及文献证明,琴在中国有三千年以上的历史。中国古人特别钟爱琴,因为琴是品行高洁的象征,古人常将琴作为端正人心的修身工具。第二,关于棋。与琴、书、画合称的"棋"主要指围棋。围棋是世界上最古老的棋种,至今已有四千多年的历史。下围棋与军事上的运筹谋划相似,中国较早涉及围棋的论著常将围棋和兵法、战争联系在一起,这体现了围棋的实用性。唐宋时期,围棋更加普及和专业化,并作为一门艺术被完全确认。第三,关于书。"书"即书法。刻镂在龟甲上的甲骨文,记录在铜器或金属钱币上的金文,出现于西周的大篆与秦朝的小篆，产生于东汉的隶书，在唐代达到极高水平的行书、楷书与草书等都是书法艺术的重要形式。第四，关于画。"画"即中国画、国画，是用毛笔、墨及颜料在宣纸或绢上进行绘画的中国传统民族艺术。国画按内容分，主要有人物画、山水画和花鸟画。

(2) 诗赋文章。在诗歌领域，中国有反映社会生活的、吟唱"窈窕淑女，君子好逑"的《诗经》；以屈原的《离骚》为代表的楚辞；以山水田园、边塞将士为题材的唐诗；从市井生活中取材、包含婉约派和豪放派的宋词。在中国传统文化中，散文与诗歌并列为文学正宗。在不同的时期，散文在题材、形式与内容等方面多有差异。例如，在春秋战国时期，散文主要有两类：史官记录与整理的当时重大历史事件和著名人物的著名言论；中国传统哲学各学派代表人物的言论。在魏晋南北朝时期，散文作者打破了叙史的局限，开始描写山水田园与个人的心境，散文多辞藻华丽，但内容空洞；得益于韩愈和柳宗元倡导的古文运动，晚唐时期出现了很多讽刺、批判和反思现实的散文。

(3) 戏曲小说。中国戏曲的萌芽最早可以追溯到秦汉时期，成熟于宋元时期，历经明清的不断发展而进入现代，至今有360多个剧种，包括京剧、越剧、黄梅戏、评剧、豫剧。就小说体制而言，中国古典小说可以分为志怪、志人、传奇、话本、章回五类。所谓志怪小说，是指描述鬼神怪异的作品，如《聊斋志异》。所谓志人小说，是指记录轶事谈话的作品。传奇小说受志怪小说的影响，但是与志怪小说相比，它更具有现实性，往往以现实生活中的爱情与婚姻为题材。"话本"是专业说书人所凭依的底本，主要讲述历史上的帝王将相的故事和民间平凡人的故事。章回小说由话本小说发展而来，是分章回叙事的白话小说。

(4) 音乐舞蹈。在人类社会发展的早期，音乐和舞蹈的形式、内容与宗教的祭祀活动密切相关。随着社会经济的发展，在夏商周时期，音乐和舞蹈逐渐摆脱对宗教的依附，表现出世俗性。在汉代，由乐器演奏、歌唱和舞蹈相结合的宫廷歌舞大曲蓬勃发展。在唐朝，音乐和舞蹈发展达到鼎盛时期，并出现了一些重要的音乐理论专著。宋代以后，由于戏曲、说书等艺术形式的发展，舞蹈不再是独立的动态艺术，而是与戏曲、杂剧融合在一起。

(五) 民俗文化

民俗又称民间文化，是一个民族或社会群体在长期的生产实践和社会生活中，逐渐形成并世代相传的、较为稳定的文化事项，具有民族性、地域性、稳定性、传承性等特征。民俗主要包括以下三部分。

(1) 有关物质生活的民俗。例如饮食风俗，由于选材、切配、烹饪等方面的不同，中国最有影响和代表的有"八大菜系"。例如居住风俗，北方有四合院，黄土高原有窑洞，广东客家族有土楼，蒙古族有蒙古包等。

(2) 有关精神生活的民俗。例如图腾崇拜，内蒙古以狼为图腾，壮族以青蛙为图腾。例如民间戏曲，安徽有黄梅戏，河南有豫剧，陕西有秦腔，四川有川剧等。例如方言，按照现代通俗的分法，现代汉语方言有七大方言区：北方方言、吴方言、湘方言、客家方言、闽方言、粤方言、赣方言。

(3) 有关社会行为的民俗。例如节庆习俗，汉族有春节、清明节、端午节，藏族有洛萨节，彝族有火把节，等等。例如人生仪礼，有诞生礼(报喜、洗三、满月、百日、抓周等)、成年礼、婚礼(传统婚礼主要有"六礼"：求婚、讨八字、订婚、送彩礼、选择婚期、迎娶)、丧葬礼(葬式又包括土葬、火葬、树葬、水葬等)等。

(六) 科技文化

16世纪以前，中国古代的科技文化一直处于世界领先地位。英国科学家李约瑟在《中国科学技术史》中提出："中国人在许多重要方面有一些科学技术发明，走在那些创造出著名的希腊奇迹的传奇式人物的前面，和拥有古代西方世界全部文化财富的阿拉伯人并驾齐驱，并在3—10世纪保持西方所望尘莫及的科学水平"。除了四大发明之外，中国在天文历法、医学、农林数理、发明创造等方面皆有杰出成就。

(1) 天文历法。在古代，为了指示方向、确定时间和季节，人们观察日月星辰的位置及变化规律，并依此编制了历法。天象观测和历法是中国古代天文学发展的重要内容。在编制历法方面，汉武帝推行中国第一部有完整文字记载的历法——《太初历》；唐朝，僧一行在大规模观测的基础上，编写了《大衍历》，这是后来历法的典范。在天象观测方面，汉代出现了世界公认最早的太阳黑子和新星的记录；东汉张衡发明了候风地动仪和浑天仪，为了纪念张衡，联合国天文组织将月球背面的一个环形山命名为"张衡环形山"，将太阳系中的1802号小行星命名为"张衡星"；元代制造了简仪，它的设计和制造水平在世界上领先300多年。

(2) 医学。中华医药文化绵延数千年，至今从未中断，这在世界医学史上是罕见的。早在新石器时代，人们就了解到天然植物的药用性能，并发明了砭石这一医疗工具，采用灸法、汤剂疗法治病。春秋战国时期，出现了专职医生，专门医学著作也陆续问世，如《黄帝内经》《神农本草经》等。东汉末年，华佗首创用麻沸散为患者施行外科手术。唐代伟大的医学家孙思邈著有《千金要方》和《千金翼方》两部医学著作，记载了包括食疗、针灸在内的各种治疗方法，以及上百种药物的采集和炮制方法。明朝伟大的医药学家李时珍撰写了《本草纲目》，记载了明清之前的药物知识。《本草纲目》后来被译成英、俄、日、德等多种文字，传到欧洲和日本。

(3) 农林数理。中国古代人民在从事农业与林业的生产中积累了丰富的实践经验。在农业与林业的生产过程中，农具的发明与使用、粮食作物和林木的栽培技术与管理、农田耕作技术、桑蚕生产技术、有关森林资源保护的政策和法令等，都是中国农业文化和林业文化的重要组成部分。中国古代人民在数学方面的研究在世界数学史上独树一帜，遥遥领先。例如，勾股定理的发现和应用比毕达哥拉斯至少早了500多年；《九章算术》在世界上最早提出了线性方程组的概念等。中国古代物理学成就主要体现在力学、光学、热学、磁学等方面。例如在力学方面，古代人发明了秤和在生产劳动中被广泛应用的滑车；在光学方面，发明了取火的工具——燧；在热学方面，人们利用热空气上升的原理发明了"孔明灯"；在磁学方面，中国人的祖先利用磁体的极性发明司南等。

(4) 发明创造。造纸术、印刷术、指南针与火药是中国四大发明，这些发明对世界产生了巨大影响。英国哲学家弗兰西斯·培根(Francis Bacon)表示:"印刷术、火药、指南针这三种发明已经在世界范围内把事物的全部面貌和情况都改变了:第一种是在学术方面,第二种是在战事方面,第三种是在航行方面,并由此又引起了难以数计的变化,竟至于任何帝国、任何教派、任何星辰对人类事物的力量和影响都仿佛无过于这些机械性的发现了。"[1]

三、中国传统文化的现代化

具有悠久历史的中国传统文化对世界文明的发展作出过重要贡献。当人类历史发展到近代以后,在整个世界近现代化的潮流面前,中国传统文化出现了严重的危机。通过中西方文化的碰撞与交融,中国传统文化开始了走向现代化的艰难历程。随着中华民族的复苏与振兴,中国文化的发展进入了新的阶段,优秀的中国传统文化将会为现代化建设作出更大贡献,中华文化将会走向更为辉煌灿烂的时期。

(一) 西学东渐中的文化现代化

中国传统文化的现代化之路与近代西学东渐密切相关。西学东渐是指近代西方学术思想向中国传播的历史过程。明末清初,中国传统文化就已经与西方近代文化有了较多的接触与交流。以利玛窦(Matteo Ricci)为代表的耶稣会传教士在传教的同时,也将西方科学文化传入中国。

19世纪中叶,西方的坚船利炮轰开了中国的大门,随着西方文化的涌入,部分有志之士认识到,西方列强既是侵略者,也是先进文化、先进技术的拥有者,若想抵抗侵略,必须向自己的对手学习。于是,魏源提出"师夷长技以制夷"的思想,主张通过学习西方先进技术,抵抗西方的侵略,克敌制胜;张之洞提出"中学为体,西学为用"的口号,主张既保留中国传统文化的基本精神即理论要义,同时引进西方的科学技术;以孙中山为代表的资产阶级革命派主张学习西方的制度;陈独秀、李大钊以《新青年》为阵地,发起了批判封建纲常名教、大力宣传西方的民主与科学、要求青年树立科学的人生观的新文化运动,从而将中国传统文化的转型从制度层面推进到伦理和心理层面。

新文化运动后,围绕中西文化的关系形成了两大阵营:中国文化本位论与全盘西化论。20世纪30年代,在中国文化本位论与全盘西化论的论证中,一种超越两者的新文化观逐渐形成,即毛泽东在《新民主主义论》中概括的文化观:民族的科学的大众的文化。所谓民族性,即强调文化的民族特性和民族主体意识。所谓科学性,即反对封建和迷信思想,对传统文化要取其精华,去其糟粕,要尊重中国历史,反对民族虚无主义。所谓大众性,即文化需要为工农大众服务。

不管是"师夷长技以制夷",还是"中学为体,西学为用";不管是新文化运动,还是毛泽东的"新民主主义文化"的主张,都是中西文化碰撞、交流的过程,都推动了中国传统文化向现代化转型的进程。

---

[1] [英] 弗兰西斯·培根. 新工具[M]. 许宝骙,译. 北京:商务印书馆,1984: 103.

(二) 全球化中的文化现代化

在全球化时代，高新科学技术日新月异，不同地域之间的文化交流越来越频繁。高新科学技术在促进文化交流便利的同时，也在消解着传统文化的个性与魅力。特别是由于西方文化霸权主义的潜行，中国文化在全球化和现代化过程中遭遇西化的危机。把现代化等同于西化的观点是不成立的，正如有的学者所说："全球化时代中国文化重建的问题，事实上可以归结为中国传统的基本价值与中心观念在现代化的要求下如何调整与转化，而不是对西化的移植。"[①]

中国传统文化上下五千年，历经兴衰变化，延续至今的原因有很多，其中非常重要的一点是，中国传统文化包含很多有利于人与社会发展的积极因子，例如以人为本的精神、重视教育的思想、爱国意识、敬业观念、求实精神。20世纪六七十年代全盘否定传统文化的"文化大革命"与80年代认为中国传统文化一无是处的"彻底重建"论都是错误的。另外，中国作为一个拥有几千年文明史的古国，其传统文化对一个民族的行为方式、思维方式、民族心理等的制约性是强大的。中国传统文化需要现代化，但是其现代化的过程不能脱离传统文化，特别是优秀的传统文化。中国优秀的传统文化是中华民族的"根"与"魂"，是中华民族的突出优势。中华民族伟大复兴需要以中华文化的发展繁荣为条件，需要结合新的时代条件传承和弘扬中国优秀传统文化。

第四节 当代中国的文化建设

习近平指出："中华民族创造了源远流长的中华文化，也一定能够创造出中华文化新的辉煌。"当代中国文化建设包括构筑中国精神、中国价值与中国力量，发展教育科学文化，办好孔子学院，建设社会主义文化强国，提高中国文化的国际影响力。

一、构筑中国精神、中国价值与中国力量

任何一个社会都存在多种多样的价值观念和价值取向，要把全社会意志和力量凝聚起来，必须有一套与经济基础和政治制度相适应并能形成广泛社会共识的核心价值观。没有共同的核心价值观，一个民族、一个国家会魂无定所、行无依归。习近平指出，"社会主义核心价值观是当代中国精神的集中体现，凝结着全体人民共同的价值追求"，"培育和践行社会主义核心价值观，不断增强意识形态领域主导权和话语权，推动中华优秀传统文化创造性转化、创新性发展，继承革命文化，发展社会主义先进文化，不忘本来、吸收外来、面向未来，更好构筑中国精神、中国价值、中国力量，为人民提供精神指引"。

---

① 李建中. 中国文化概论[M]. 武汉：武汉大学出版社，2005: 459.

(一) 社会主义核心价值观的内涵

当今世界正处于大发展、大变革、大调整时期，各种观念的碰撞激荡不断加剧，各种文化交流、交融、交锋日益频繁。文化是一个国家、一个民族的灵魂，文化自信是一个国家、一个民族发展中更基本、更深沉、更持久的力量。价值观是文化最深层的内核，价值观自信是文化自信最本质的体现。中国独特的文化传统、独特的历史命运、独特的基本国情，注定了它必然坚守根植于中华文化沃土又具有当代中国特色的价值观。

如前所述，当代中国所要培育和践行的社会主义核心价值观是富强、民主、文明、和谐，自由、平等、公正、法治，爱国、敬业、诚信、友善。社会主义核心价值观把涉及国家、公民、社会的价值要求融为一体，深入回答了当代中国要建设什么样的国家、建设什么样的社会、培育什么样的公民的重大问题。

(二) 培育和践行社会主义核心价值观的途径

培育和践行社会主义核心价值观，才能凝魂聚力，更好地构筑中国精神、中国价值、中国力量，为中国特色社会主义事业提供源源不断的精神动力和道德滋养。为此，需要通过教育引导、舆论宣传、文化熏陶、行为实践、制度保障等努力，使社会主义核心价值观内化于心、外化于行。

1. 教育引导

培育和践行社会主义核心价值观，必须坚持育人为本、德育为先，围绕立德树人的根本任务，推动核心价值观融入思想道德教育、文化知识教育、社会实践教育各环节，贯穿启蒙教育、基础教育、职业教育、高等教育各领域，体现到教材教学、校风学风建设之中。学校教育不是孤立的，需要与家庭、社会教育相结合。所以，培育和践行社会主义核心价值观，需要完善学校、家庭、社会三者结合的教育网络，引导广大家庭和社会各方面主动配合学校教育，以良好的家庭氛围和社会风气巩固学校教育成果，形成家庭、社会与学校携手育人的强大合力。除此之外，培育和践行社会主义核心价值观，需要充分发挥榜样的作用，需要广大干部带头学习和弘扬社会主义核心价值观，用自己的模范行为和高尚人格感召群众、带动群众；需要运用各类文化形式，生动具体地表现社会主义核心价值观，用高质量、高水平的作品形象地告诉人们什么是真善美，什么是假恶丑，什么是值得肯定和赞扬的，什么是必须反对和否定的。

2. 舆论宣传

核心价值观的培育贵在知行统一，而知是前提、是基础，内心认同才能自觉践行，春风化雨才能润物无声。培育和践行社会主义核心价值观，一定要在增强认知认同上下功夫，使其家喻户晓、深入人心。抓好宣传教育始终是一项基础性工作。通过各种形式的宣传，引导人们牢牢把握富强、民主、文明、和谐作为国家层面的价值目标，深刻理解自由、平等、公正、法治作为社会层面的价值取向，自觉遵守爱国、敬业、诚信、友善作为公民层面的价值准则。做好舆论宣传工作，还需要把当代中国价值观念的传播展示与中国梦的宣传教育有机结合起来，深入阐释中国梦是当代中国人民共同理想和价值追求的形象表达，是中华民族团结奋斗的最大公约数。

3. 文化熏陶

培育和弘扬社会主义核心价值观，必须立足中华优秀传统文化。中华文化源远流长，积淀着中华民族最深层的精神追求，代表着中华民族独特的精神标识，为中华民族生生不息、发展壮大提供了丰厚滋养，蕴含着丰富的思想道德资源。培育和弘扬社会主义核心价值观，要坚持创造性转化、创新性发展，大力实施中华优秀传统文化传承发展工程，深入挖掘中华优秀传统文化蕴含的思想观念、人文精神、道德规范，结合时代要求继承创新，让中华文化展现出永久魅力和时代风采。要坚持古为今用、推陈出新，不忘本来、辩证取舍，深入阐发中华文化讲仁爱、重民本、守诚信、崇正义、尚和合、求大同等核心思想观念，用中华民族创造的一切精神财富化人、育人。要充分运用传统文化中的道德教化资源，深化孝老爱亲教育、诚信教育、勤劳节俭教育，着力发展乡贤文化、弘扬企业精神，引导人们不断提升道德水准。

4. 行为实践

一种价值观要真正发挥作用，必须融入社会生活，让人们在实践中感知它、领悟它。培育和弘扬社会主义核心价值观，需要做到以下几点：按照社会主义核心价值观的基本要求，健全各行各业规章制度，完善市民公约、乡规民约、学生守则等行为准则，使社会主义核心价值观成为人们日常工作生活的基本遵循；要建立和规范一些礼仪制度，组织开展形式多样的纪念庆典活动，传播主流价值，增强人们的认同感和归属感；要把社会主义核心价值观的要求融入各种精神文明创建活动之中，吸引群众广泛参与，推动人们在为家庭谋幸福、为他人送温暖、为社会作贡献的过程中提高精神境界、培育文明风尚；要利用各种时机和场合，形成有利于培育和弘扬社会主义核心价值观的生活情景和社会氛围，使核心价值观的影响像空气一样无所不在、无时不有。

5. 制度保障

政策法律对培育和践行核心价值观有着重要的导向作用。培育和弘扬社会主义核心价值观，首先，需结合推进国家治理体系和治理能力现代化的实践，结合全面深化改革的进程，做好有关政策、法规的制定和修订工作，使经济、政治、文化、社会和生态文明建设等政策措施都有利于弘扬社会主义核心价值观，防止背离现象、脱节问题。其次，需要善于通过科学的立法、执法、司法实践推动核心价值观的培育和践行，用有效的制度机制来规范人们的行为，使符合核心价值观的行为受到鼓励，使违背核心价值观的现象受到制约。最后，需要加大对先进典型、道德模范的关心和帮助，不仅要给予舆论上的推崇和道义上的支持，还应当给予物质上的激励和生活上的关心，推动形成好人好报、善有善报的正向机制，形成崇德向善、见贤思齐的社会氛围。

二、发展教育科学文化

人类文明进步的历史充分表明,没有先进文化的引领,一个国家、一个民族不可能屹立于世界先进民族之林。当今时代,文化在综合国力竞争中的地位日益重要,谁占据了文化发展的制高点,谁就能够更好地在激烈的国际竞争中掌握主动权。教育科学文化事业建设是先进文化建设的基础工程。教育对提高全民族的思想道德素质和科学文化素质、发展科学技术、培养人才具有基础性作用。

(一) 优先发展教育

随着科学技术的迅猛发展,人类正从工业时代走向信息时代,经济和社会的发展日益取决于人的文化素质和能力的发展。教育是提升人的素质的关键,是知识经济时代生产力发展的重要源泉。优先发展教育是提升国民素质、提升国际竞争力的根本大计,是加快生产力发展的根本保证。习近平强调:"建设教育强国是中华民族伟大复兴的基础工程,必须把教育事业放在优先位置,深化教育改革,加快教育现代化,办好人民满意的教育。"

坚持教育优先发展战略需要做到以下几点:第一,全面贯彻国家教育方针,落实立德树人根本任务,发展素质教育;第二,推动城乡义务教育一体化发展,高度重视农村义务教育,办好学前教育、特殊教育和网络教育,普及高中阶段教育,努力让每个孩子都能享有公平而有质量的教育;第三,完善职业教育和培训体系,深化产教融合、校企合作;第四,加快一流大学和一流学科建设,实现高等教育内涵式发展;第五,健全学生资助制度,使绝大多数城乡新增劳动力接受高中阶段教育、接受高等教育;第六,支持和规范社会力量兴办教育;第七,加强师德师风建设,培养高素质教师队伍,倡导全社会尊师重教;第八,办好继续教育,加快建设学习型社会,大力提高国民素质。

(二) 促进教育公平

教育公平是社会公平的重要基础,是人的全面发展和社会公平正义的客观要求,历来受到国家的高度重视。《国家中长期教育改革和发展规划纲要(2010—2020年)》明确提出:"把促进公平作为国家基本教育政策。"宏观层次上的教育公平,依照教育公平的重要程度和实现过程,依次可以分为起点公平、过程公平和结果公平。起点公平指受教育者权利和受教育机会公平;过程公平指公共教育资源配置公平;结果公平指教育质量公平[①]。努力保障公民依法享有受教育的权利,这是教育起点的公平,也是最大、最重要的教育公平。促进教育公平,需要促进义务教育均衡发展和扶持困难群体,合理配置教育资源,向农村地区、边远贫困地区和民族地区倾斜,加快缩小城乡、区域教育发展差距;需要不断完善国家助学制度,继续扩大奖学金、助学金规模和覆盖面;需要加强农村寄宿学校建设和管

---

① 王善迈. 教育公平的分析框架和评价指标[J]. 北京师范大学学报(社会科学版), 2008(3): 93-97.

理，解决留守儿童上学问题；需要办好特殊教育学校，保障残疾儿童平等接受教育。另外，需要以促进教育公平机制为目标，着力形成政府主导、全社会共同推进教育公平的良好社会氛围。

(三) 重视教育质量

教育质量是对教育水平高低和效果优劣的评价，是教育发展的生命线。追求高质量的教育，办人民满意的教育是学校的神圣使命，是全面建设小康社会的基础工作。《国家中长期教育改革和发展规划纲要(2010—2020年)》明确提出："把提高质量作为教育改革发展的核心任务。"为了提高教育质量，应该做到以下五点：第一，树立科学的质量观。教育质量观是对教育质量的基本看法和评价。科学的教育质量观应该把促进人的全面发展、适应社会需要作为衡量教育质量的根本标准。第二，树立以提高质量为核心的教育发展观，注重教育内涵发展，鼓励学校办出特色、办出水平，出名师，育英才。第三，建立以提高教育质量为导向的管理制度和工作机制，把教育资源配置和学校工作重点集中到强化教学环节、提高教育质量上来。第四，制定教育质量国家标准，建立健全教育质量保障体系。第五，加强教师队伍建设，提高教师整体素质。

(四) 深化教育体制改革

中共十八届三中全会通过的《中共中央关于全面深化改革若干重大问题的决定》提出，全面深化改革的总目标是"完善和发展中国特色社会主义制度，推进国家治理体系和治理能力现代化"。从"管理"向"治理"转变，体现了执政理念的改变和执政方式的改进。在教育领域，若想实现教育治理体系和治理能力的现代化，需要创新教育管理方式。创新教育管理方式的核心要求就是由微观管理走向宏观管理，由直接管理走向间接管理，由办教育向管教育转变，由管理向服务转变。其核心是正确处理好政府、学校、社会的关系，构建"政府管教育、学校办教育、社会评教育"的教育发展新格局。

深化教育体制改革的举措有以下几点：①落实和扩大学校办学自主权。政府要减少和规范对学校的行政审批和直接干预，更多运用法规、政策、标准、公共财政等手段引导和支持教育发展。②各级政府都要按教育规律管教育，各级各类学校都要按教育规律办教育。③保障高校依法自主开展教学、科研活动，推进学校民主管理；扩大普通高中和中等职业学校在办学模式、育人方式等方面的自主权；逐步取消各类学校实际存在的行政级别和行政化管理模式，克服行政化倾向。④倡导教育家办学，努力培养和造就一大批具有先进教育理念、独特办学风格的人民教育家。⑤大力发展民办教育，落实民办学校与公办学校的平等法律地位。⑥扩大教育对外开放。

三、办好孔子学院

随着中国经济的发展和国际交往的日益广泛，世界各国对汉语学习的需求急剧增长。为推动汉语加快走向世界，提升中国语言文化影响力，自2004年始，中国在借鉴英、法、德、西等国推广本民族语言经验的基础上,探索在海外设立以教授汉语和传播中国文化为宗旨的非营利性教育机构"孔子学院"。几年来,孔子学院建设快速发展,已成为世界各国人民学习汉语和了解中华文化的园地,是中外文化交流的平台及加强中国人民与世界各国人民友谊合作的桥梁,受到广泛欢迎。

(一) 孔子学院的设立

为推广汉语文化,增进世界各国人民对中国语言文化的理解,中国政府在 1987 年成立了"国家对外汉语教学领导小组",简称"汉办"。为了向各国汉语学习者提供方便、优良的学习条件,国家对外汉语教学领导小组办公室在世界上有需求、有条件的若干国家建立以开展汉语教学为主要活动内容的孔子学院,并在中国北京设立孔子学院总部。境外的孔子学院都是孔子学院总部的分支机构,主要采用中外合作的形式开办。孔子学院总部对境外孔子学院提供教学模式、课程产品等主要教学资源;选派国际汉语优秀教师;组织对各地孔子学院进行评估,并有权与违背办学宗旨或达不到办学质量标准的海外孔子学院终止协议。孔子学院并非一般意义上的大学,而是推广汉语、传播中国文化与国学的教育和文化交流机构,是一个非营利性的社会公益机构,一般下设在国外的大学和研究院之类的教育机构里。

(二) 孔子学院的作用

1. 提高中华文化的影响力

语言是信息传播的基础,也是衡量一个国家软实力大小的重要指标。与位居全球第二的中国经济总量、"出超"的中国对外贸易相比,中国的对外文化交流和传播则是严重的"入超",且目前将汉语作为国家通用语言或工作语言的国家和地区并不多,汉语在国际社会重要交际领域中的使用也十分有限。这不利于华人社会的融合,也直接影响当地社会乃至国际社会对汉语和中华文化的认知与认同。因此,要想最大限度地扩大中华文化的传播范围,使之在世界具有广泛的吸引力和感召力,需要加强语言传播。在这种情况下,孔子学院作为中国的对外汉语教学机构,成为中国在国际舞台上发声的一个重要平台。

从全球第一所孔子学院于 2004 年在乌兹别克斯坦创办开始,孔子学院就以推广汉语和传播中华文化为己任[1]。部分教学活动如图 4-3 和图 4-4 所示。截至目前,全球已有 162 个国家(地区)设立了 541 所孔子学院和 1170 个孔子学堂。其中,亚洲 39 个国家(地区),孔子学院 135 所,孔子学堂 115 个;非洲 46 个国家(地区),孔子学院 61 所,孔子学堂 48 个;欧洲 43 个国家(地区),孔子学院 187 所,孔子学堂 346 个;美洲 27 个国家(地区),孔子学院 138 所,孔子学堂 560 个;大洋洲 7 个国家(地区),孔子学院 20 所,孔子学堂 101 个[2]。派出汉语教师 3.4 万人,培养培训本土教师 6 万多人次。孔子学院成为覆盖面最广、包容性最强、影响力最大的全球语言文化共同体之一。

---

[1] 钟英华. 办好孔子学院促进民心相通[N]. 光明日报,2017-06-21.
[2] 关于孔子学院/课堂[EB/OL]. http://www.hanban.org/confuciousinstitutes/node_10961.htm.

图 4-3　德国孔子学院的学生正在学习中国武术

图 4-4　肯尼亚肯雅塔大学孔子学院的学生们在练习书法

在孔子学院的影响下，英国有 5200 多所中小学开设了汉语课；美国学习汉语的人数超过 280 万人，仅次于学习西班牙语的人数。美、英、法、日、韩等 43 个国家将汉语教学纳入国民教育体系。更为重要的是，许多华人华侨把孔子学院作为下一代学习中国语言文化的重要场所，视作维系民族情感的纽带[①]。孔子学院作为中国的对外汉语教学机构，经过几年的努力和实践，已经成为推广汉语教学、传播中国文化及国学的全球品牌和平台，是当代中国文化"走出去"并扩大世界影响力的一个重要符号。

2. 推动中外文化交流

当今世界正处在大发展、大变革、大调整之中，中国则向世界传递出和平合作、开放包容、互学互鉴、互利共赢的丝路精神，提出"一带一路"倡议，为全球化的进一步发展给出中国方案。"国之交在于民相亲，民相亲在于心相通。"民心相通对于"一带一路"倡议具有重要意义。民心如何凝聚，关键在于文化的沟通与认同。孔子学院就是一座实现民心相通的重要桥梁，也是一条文化交流的重要纽带。孔子是中国传统文化的代表人物，

[①] 钟英华. 办好孔子学院促进民心相通[N]. 光明日报，2017-06-21.

选择孔子作为汉语教学品牌是中国传统文化复兴的标志,是要秉承孔子"和为贵""和而不同"的理念,以建设一个持久和平、共同繁荣的和谐世界为宗旨,推动中外文化的交流与融合。

依据《孔子学院章程》的规定,孔子学院的主要职能是:面向社会各界人士,开展汉语教学;培训汉语教师;开展汉语考试和汉语教师资格认证业务;提供中国教育、文化、经济及社会等信息咨询;开展当代中国研究。2007年12月7日,中国首家广播孔子学院在中国国际广播电台正式成立,开展远程多媒体教学,使用38种语言向世界各地学院教授汉语。有了汉语作载体,中国的书刊、杂志、影视等走出国门不再步履维艰;有了孔子学院这样一个平台,中国东方式的生活方式及价值观进一步被西方以及其他第三世界国家更多地了解和认识。2008年10月,日本立命馆大学理事长长田丰臣指出:"在许多国家和地区,孔子学院就是接触中国文化的一道大门,没有文化的交流与人民的互动,国与国之间的关系不可能有丰硕的收获。"[1]2016年,在云南召开的第十一届孔子大会上,尼日利亚拉各斯大学校长说:"尼日利亚目前有2个孔子学院,我们在街头进行的中华文化展演在当地很受欢迎,孔子学院在两国的经济、文化、教育、科技方面发挥着重要作用,我们希望在我们国家有更多的孔子学院加入进来。"[2]孔子学院不仅是一个学习汉语的场所,也是所在地民众近距离了解当代中国的窗口,是与中国进行教育、文化等交流合作最前沿、最便捷的平台。

孔子学院作为中国重点打造的文化出口产品,发展并非一帆风顺,主要是国外有些人以固有的意识形态思维审视孔子学院,称中国在境外创办孔子学院是一种"文化侵略",孔子学院是中国文化渗透的"特洛伊木马",甚至认为孔子学院是间谍机构。国外主流媒体对孔子学院的误读反映了大众心理面对孔子学院表现出的复杂心态:一方面,鉴于日益上升的中国影响力,他们既需要学习汉语言文化以便于经济交流;另一方面,他们又担心通过孔子学院这一平台,中华文化走出国门对本土文化造成威胁,从而造成有意或无意的误读。然而,这些"抹黑"言论根本站不住脚。在现实运作中,由外方大学或相关教育机构首先向孔子学院总部提出申请,经批准成立后,采取中外合作的方式办学。孔子学院实行理事会领导下的院长负责制,中方与外方院长共同负责孔子学院的日常运营和管理。在实际操作上,一般由外方院长提出需求为主,中方给予配合和帮助。以开办学术活动为例,议题由双方共同商定,共同邀请中国或东亚问题相关的研究者,会上既陈述观点,也展开学术论辩。而在更为普遍的汉语教学与文化课堂当中,老师们都尽量授之以渔,呈现丰富而多面的中国社会[3]。

---

[1] 孔子学院发展综述:汉语世界升温是件大好事[EB/OL]. https://www.chsi.com.cn/jyzx/200703/2007319/760184.html.

[2] 孔子学院:让世界读懂文明中国[EB/OL]. http://www.jyb.cn/world/zwyj/201612/t20161220_690205.html.

[3] 李婕. 人民日报关注孔子学院:做中外的架桥人[EB/OL]. http://news.jqilu.com/yangmei/20161227/3292586.shtml.

实际上，很多国家都有类似于孔子学院的文化交流机构，其创建目的是保护本民族语言安全。因为，时至今日，作为世界标准语言的英语有利于促进世界各国的文化、经济、政治交流，但同时也被一些学者比喻为"语言杀手"，威胁着世界各国的本民族语言。为了保护和促进自己语言的使用，抵制英语霸权对本民族语言文化安全的威胁，一些国家纷纷成立了带有官方性质的语言推广机构。例如，法国有"法语联盟"、德国有"歌德学院"、西班牙有"塞万提斯学院"等。事实上，国家汉办的宗旨就是强调"向世界推广汉语，增进世界各国对中国的了解"，旨在借助汉语这一语言媒介，为不同文化之间的交流提供一个纽带，增进彼此的了解与认知，助推跨文明对话与世界和平发展。中国在借鉴西方发达国家诸如法语联盟、英国文化协会、歌德学院等文化机构先进经验的基础上，搭建了孔子学院这样一个平台，其理念和初衷与这些已经比较成功的跨文化交流平台都是一致的。孔子学院不应该在国外被特殊化，也不应该被政治化解读。习近平曾经说过："孔子学院属于中国，也属于世界。""以和为贵""和而不同"是孔子学院跨文化传播的重要原则。相信这家承载着中国梦想的、秉持"以和为贵""和而不同"理念的文化交流机构，在不断的成长进步中，以它博大的胸襟拥抱世界的同时，也会赢得世界对它的认可与尊重。

思 考 题

1. 如何理解世界文化的多样性？
2. 如何理解"文化既是民族的，又是世界的"？
3. 中华优秀传统文化的历史地位和当代价值表现在哪里？
4. 如何正确理解孔子学院在传播中华文化、推动中外文化交流中的作用？

推 荐 阅 读

1. 苏国勋，等. 全球化：文化冲突与共生[M]. 北京：社会科学文献出版社，2006.
2. 邢贲思. 当代世界思潮[M]. 北京：中共中央党校出版社，2004.
3. 李建中. 中国文化概论[M]. 武汉：武汉大学出版社，2005.
4. 赵士林. 中华传统文化开讲[M]. 北京：中华书局，2016.

第五章

当代世界与中国的科技

20世纪中叶以来，世界范围内的科技发展速度之快，运用规模之大，作用范围之广，产生影响之深远，是史无前例的。世界各国都在积极调整科技战略与政策，抢占科技创新制高点，以加快科技发展步伐，巩固或争取科技竞争乃至整个综合国力竞争中的有利地位。中华人民共和国成立以来，中国的科技事业经历了一段不平凡的历程，取得了辉煌的成就，也积累了宝贵的经验。当前，中国特色社会主义进入新时代，中国正在加快推进创新型国家建设，深入实施创新驱动发展战略，建设世界科技强国的号角已经吹响。

第一节 当代世界科技发展

科学技术(简称"科技")是一个复合概念。科学是人类通过实践活动对客观世界及其规律的理论概括，是社会发展的一般精神产品。技术有广义和狭义之分。广义的技术包括生产技术和非生产技术。狭义的技术是指生产技术，即人类改造自然、从事生产的方法和手段。在当代，科学活动与技术活动的联系越来越紧密，科学解释世界的功能与技术改造世界的功能相互联系和渗透，使科技幻化为巨大的物质力量，从而深刻影响着人类社会生活的方方面面。

一、当代世界科技发展的主要特征

当代世界科技发展日新月异，明显地表现出以下几个方面的特征。

1. 科学技术加速发展，呈现知识爆炸的现象

近几十年来，人类所取得的科技成果的数量，比过去两千年的总和还要多，出现了所谓"信息爆炸""知识爆炸"的现象。由于科技知识量的急剧扩张，科技知识的更新速度也在加快。相关研究指出，18世纪知识更新的周期为80~90年，19世纪初—20世纪初为30年，20世纪50—70年代为15年，70年代以来则进一步缩短为5~10年。在当代，终身教育的理念正在逐渐普及，成为一种教育实践。

2. 科学与技术各领域愈加交融

基础科学尤其是前沿基础科学理论的突破，需要复杂的仪器设备和实验装置等高技术手段的支持，而高新技术研究和开发以基础科学、技术科学和应用科学的突破性进展为先导，需要借助基础科学理论的指导而形成系统的技术科学。因此，在当代，一方面，科学在继续分化的同时，由于研究领域的交叉、理论方法的移植，边缘性、横断性、综合性的新兴学科的大量涌现，使科学改变了过去那种零散分割的状态，正在形成一个前沿不断扩大、多层次、相互联系的综合整体。另一方面，技术建立在深厚的科学理论基础之上，呈现群落化和跨学科、跨领域现象。尤其是主导性技术群落的科学知识密集程度日益提高，成为多种人才群体、多种行业优势综合的系统工程。新技术研究和开发领域各学科、各技术的交叉和融合，使技术自身日益综合化。科学整体化和技术综合化的横向与纵向整合，使得当代科学技术日趋一体化和立体化。

3. 自然科学与人文社会科学日益交叉

在古代，自然科学与人文社会科学是简单统一的，哲学包含了所有的科学知识，科学家集自然科学与人文社会科学于一身。16—19世纪，近代自然科学首先在欧洲诞生并发展，自然科学和人文社会科学也逐渐分离为两大门类。19世纪末—20世纪上半叶，现代自然科学迅速发展，自然科学和人文社会科学又出现了相互结合的趋势。在当代，自然科学与人文社会科学在更宽领域和更高层次交叉与融合，一系列综合学科如环境科学、材料科学、空间科学、思维科学、行为科学等不断涌现。自然科学与人文社会科学交融的原因在于以下两点：一方面，自然科学与人文社会科学的范畴、原理、方法的内在关联和相互渗透。另一方面，当代人类所探索的领域愈加深广，所面临的问题往往超出了某一学科门类的范围，例如资源问题、环境问题等，既是科技问题，也是经济问题、社会问题。这就需要综合运用自然科学与人文社会科学领域的相关理论进行研究并解决。

4. 科学研究、技术开发与产业发展一体化趋势更加明显

在当代，传统意义上的基础研究、应用研究、技术开发和产业化边界日趋模糊，科技创新链条更加灵巧，产学研结合愈发紧密，科技成果的应用、推广直至形成新产业的周期日益缩短，产业更新换代速度不断加快，展示出了巨大的发展潜力。在19世纪，照相机从发明到应用时间间隔为100多年的时间，电动机为65年，电话为56年，无线电为35年，真空管为31年，电磁波通信为26年；而到了20世纪，从发明到应用的时间间隔极大地缩短了，如雷达从发明到应用为15年，喷气发动机14年，电视为12年，尼龙为11年，原子能为6年，晶体管为4年，集成电路用了2年时间就得到应用，而激光器仅仅用了1年。美国国会的一项调查报告显示，从科学的发现、技术的发明到实际应用，平均所经历的时间在20世纪初为35年，两次世界大战之间为18年，第二次世界大战后则为9年。

5. 科技研发的集约化和全球化趋势明显加快

世界各国都把科技发展提高到了国家战略的重要地位，逐步加强了对科技研发的规

划、投入、组织和调控，竭力实现科技资源的最佳配置；大部分科研项目采取了集体攻关形式，科技研发从基于个人兴趣的探索行为，发展成为组织、区域、国家乃至跨国的行为。同时，全球性的信息网络使得科技发展突破地域、文化等因素的壁障，从而为全球范围内的科研协作提供了新的便利，科技研发活动全球化的步伐进一步加快，"全球研究村"的格局已经形成。在这一格局下，科技人才、机构、经费、大型仪器设备、数据信息等科技资源按照比较优势原则在全球范围内流动。科技活动的全球管理已成为现实，出现了虚拟实验室、虚拟图书馆等面向全球开放的多种新型的科技组织形式，同时世界各国按照共同的国际规则进行科技成果的交易，并为科技成果的持有者提供知识产权保护。科技研发成果公开、共享引发了全球研发模式和创新模式的转变，科学技术知识的溢出和扩散已成为当代世界经济生活中的重要现象之一。从本质上说，当代科技的全球化既是全球化的突出特征和最新拓展领域，也是全球化的重要驱动力和媒介。

6. 科技对经济社会发展的支撑作用显著增强

在 20 世纪以前，科学技术在经济社会发展中一直处于从属地位，基本的模式就是生产的实际需要刺激技术的发展，并进一步为科学理论的形成奠定基础。例如 18 世纪中期在社会生产的推动下改良了蒸汽机，直到 19 世纪中叶才发现蒸汽机理论依据的热力学原理。在当代，技术、生产和科学的相互作用机制出现了逆转的现象。科学理论不仅走在技术和生产的前面，而且为技术突破和生产发展开辟了各种可能的途径。例如，先有了量子理论，而后促进了集成电路和电子计算机的发展；运用相对论和原子核裂变原理，形成和发展了核技术；运用分子生物学和遗传学的最新成就，形成了生物技术。可以说，当代高新技术或重大工程的高附加值就来自科学理论的超前性和知识的高度密集。当代科技的迅猛发展不仅为世界经济增长注入了强大动力，而且极大地改善了社会民生，也引发了社会组织结构和管理模式的变革，对日常社会生活和国际交往关系产生了广泛而深刻的影响。科技发展对经济社会发展的支撑作用既是当代科技发展的重要特征，也是必然结果。

二、当代世界科技的发展趋势

当今世界科技发展正呈现以下趋势[①]。

1. 前沿基础研究正孕育重大突破，颠覆性技术层出不穷，将催生产业重大变革

前沿基础研究正在向宏观拓展、微观深入与极端条件方向演进和发展，一些基本科学问题正在或有望取得重大突破性进展。前沿基础研究的重大突破可能超越和深化人类对客观世界与主观世界的现有认知，不同领域的交叉融合发展可望催生新的重大科学思想和科学理论，为技术和经济发展开辟新的前景。同时，作为全球研发投入最集中的领域，信息科学和技术、生物科技、清洁能源、新材料与先进制造等领域正孕育并产生一批具有重大产业变革前景的颠覆性技术，这些颠覆性技术将不断创造新产品、新需求、新业态，推动

---

① 白春礼. 创造未来的科技发展新趋势[N]. 人民日报, 2015-07-05(005).

社会生产力飞跃式发展。例如以人工智能、量子信息、移动通信、物联网、区块链为代表的新一代信息技术加速突破应用，将促进以物质生产、物质服务为主的经济发展模式向以信息生产、信息服务为主的经济发展模式转变，世界正在进入以信息产业为主导的新经济发展时期。

2. 科技发展将更加以人为本，倡导绿色、健康、智能

未来科技发展将以绿色科技为主要内容，更加重视生态环境保护与修复，致力于研发低能耗、高效能的绿色技术与产品，发展新能源、生命健康、生物制造、现代农业、人工智能等产业。以清洁、高效、可持续为目标的能源技术的加速发展将引发全球能源变革，以绿色经济和低碳技术为标志的先进、安全、可靠、清洁的替代能源和可再生能源等新兴产业将蓬勃发展；以合成生物学、基因编辑、脑科学、再生医学等为代表的生命科学领域孕育新的变革，医学模式将进入个性化精准诊治和低成本普惠医疗的新阶段；生物技术和制造技术的结合将使得生命科学逐渐走向制造化，人体器官和组织的替代品的人工制造将会变得愈加容易；以分子模块设计育种、加速光合作用、智能技术等研发应用为重点，绿色农业将创造农业生物新品种，提高农产品产量和品质，保障粮食和食品安全；服务机器人、自动驾驶汽车、快递无人机、智能穿戴设备等的普及，将持续提升人类生活质量，促进人类解放；智能化成为继机械化、电气化、自动化之后的新"工业革命"，工业生产向更绿色、更轻便、更高效的方向发展，拓展人类生存发展新疆域，增进人类福祉。

3. 国际科技合作重点围绕全球共同挑战，向更高层次和更大范围发展

全球气候变化、能源资源短缺、粮食和食品安全、网络信息安全、大气海洋等生态环境污染、重大自然灾害、传染性疾病疫情和贫困等一系列全球重大问题，事关人类共同安危，携手合作应对挑战成为世界各国的共同选择。太阳能、风能、地热能等可再生能源开发、存储和传输技术的进步，将提升新能源利用效率和经济社会效益，深刻改变现有能源结构，大幅提高能源自给率。据国际能源署(IEA)预测，到2035年可再生能源将占全球能源的31%，成为世界主要能源。极富发展潜能的新一代能源技术将取得重大突破，氢能源和核聚变能可望成为解决人类基本能源需求的主要方向。人类面临共同挑战的复杂性和风险性、科学研究的艰巨性和成本之高昂，使其相互依存与协同日趋加深，将大大促进合作研究和资源共享，推动高水平科技合作广泛深入开展，并更多上升到国家和地区层面甚至使全球共同行动。

4. 国际科技竞争愈演愈烈，科技制高点向深空、深海、深地、深蓝拓展

随着科技全球化的不断推进，世界各国之间的科技联系越来越密切，科技往来越来越频繁，同时各国之间的科技竞争也越来越激烈。空间进入、利用和控制技术是空间科技竞争的焦点，天基与地基相结合的观测系统、大尺度星座观测体系等立体和全局性观测网络将有效提升对地观测、全球定位与导航、深空探测、综合信息利用能力。海洋新技术突破正催生新型蓝色经济的兴起与发展，多功能水下缆控机器人、高精度水下自航器、深海海底观测系统、深海空间站等海洋新技术的研发应用，将为深海海洋监测、资源综合开发利

用、海洋安全保障提供核心支撑。地质勘探技术和装备研制技术不断升级，将使地球更加透明，人类对地球深部结构和资源的认识日益深化，为开辟新的资源能源提供条件。量子计算机、非硅信息功能材料、第六代移动通信技术等下一代信息技术向更高速度、更大容量、更低功耗发展。

三、当代世界科技发展对人类社会的影响

在人类文明史上，科学技术始终是推动历史前进的巨大动力和杠杆。在当代，科学技术及其应用更是以前所未有的广度和深度影响着社会生产和生活的方方面面，并且这种影响和作用还在持续增强。当代科学技术对人类社会的巨大影响，既可能是推动和促进作用，也可能是阻碍和破坏作用。从总体上来说，当代科学技术的影响是积极的、正面的。

（一）当代世界科技的正面效应

当代科学技术作为先进社会生产力的重要标志，对于推动生产方式、生活方式和思维方式的深刻变革和社会的巨大进步起着至关重要的作用。

1. 对生产方式产生了深刻影响

(1) 科学技术改变了社会生产力的构成要素。当代科学技术渗透到生产力各个要素中，极大提高了劳动者的劳动技能和生产经营的管理水平，创造了更完善的劳动工具，扩大了劳动对象，改变了劳动方式、职业结构和经济发展方式，开拓了新的生产领域，使生产力实现了质的飞跃。科学技术发展推动了生产社会化和自动化程度的提高，大大地改变了体力劳动与脑力劳动的比例，使劳动力结构向着智能化发展。在信息科学技术的推动下，很多需要大量人力投入的工作岗位正被替代；同时，移动互联网和技术、大数据、新能源及人工智能技术等又将创造很多新的职业和工作岗位。

(2) 科学技术改变了人们的劳动形式。以计算机科学技术和信息科学技术迅猛发展和广泛应用为标志，当代科学技术使得人们的劳动形式经历了由机械自动化走向智能自动化，由局部自动化走向大系统管理和控制自动化的根本性变革，从而将人类从繁重的体力劳动和脑力劳动中解放出来，增加了大量可供自由支配的闲暇时间。由于有了更多的时间进行创造性的活动，人们不断满足自身个性发展的需要，为个人的全面发展创造了条件。其结果是，劳动者自身的素质以及社会生产效率都得到了极大提升。

(3) 科学技术改变了社会经济结构，特别是推动了产业结构的变革。合理、均衡的产业结构是国民经济进一步健康、快速发展的前提条件，反映了一个国家经济与科学技术的发展水平。当代科技发展使得原有产业部门得到改造，形成了以第三产业为主导的产业结构。产业结构的变化又引起就业结构的变化，从事第三产业的人数比例迅速增长，科技人员和管理人员的比例日益增长。据世界银行统计，第三产业增加值占国民生产总值的比重，中等收入国家平均在50%左右，发达国家一般在60%以上，发展中国家在40%以上。

2. 对生活方式产生了巨大影响

社会生产方式和生活方式紧密关联，当代科技在推动社会生产方式变革的同时，也推动着社会生活方式的不断变革。科技发展极大地改善了人们的物质和精神生活条件，提高了人们的生活质量，加快了人们社会生活的节奏，全方位地改变了人们的家庭生活方式、消费方式、学习方式和社会交往方式。

从家庭生活方式来看，网络化的生产方式引起工作形式在时间和空间上出现分离，居家工作、远程工作成为可能，这使得家庭功能发生变化，家庭内部关系更加趋于平等。传统、单一的家庭结构开始改变，单身家庭、丁克家庭以及不同于传统的新的群居家庭——电子大家庭日益呈现。从消费方式来看，生产的迅速发展使物质产品极大丰富，人类的消费趋向多样化；时尚消费、品牌消费、超前消费、借贷消费、过度消费等成为消费的重要形式；网络社区、网络银行、网络购物、远程学习和远程医疗逐渐实现，成为人们生活的重要组成部分。从学习方式来看，当代科技的飞速发展要求人们的知识结构由单一的专业型逐步转变为基础型和综合型，要求人们主动、持续地充实和更新知识，促进了传统的常规教育向终身教育和终身学习积极推进，提高了人们的自我发展能力。从社会交往方式来看，私人交通工具、飞机和高速铁路交通的发展，电话、手机等电子通信工具尤其是网络通信工具的进步，突破了人类交往的时空限制，社会交往日益呈现多样化的态势，人类的交往和沟通更加方便和频繁。

3. 促进了思维方式的变革

当代科技发展对人的思维方式产生的重要影响，集中体现在当代科学理论和技术手段以尊重实践、崇尚理性、开拓创新为灵魂，通过对思维主体、思维客体和思维工具的重塑，推动人的思维方式的变革，使人类的科学文化素质和认知能力提高到一个崭新的高度。随着新科技革命的不断推进，人们获得了新的知识理论结构，能够运用新的理论工具和现代化技术手段去研究一系列新现象、新领域、新课题。而人的思维方式摆脱了传统的狭隘性和零散性，逐步走向系统思维阶段。与传统思维相比，系统思维使以往被遮蔽了的某些复杂特性得以彰显，如特殊性、偶然性、不确定性和不可传递性等，使人类对事物和现象的认识更接近其本来面目，因而更具全面性、客观性和科学性[①]。

(二) 当代世界科技的负面效应

对人类社会而言，当代科技发展在一定意义上是一把"双刃剑"。它为人类创造了空前的物质财富和精神财富的同时，也带来了一系列消极影响。

1. 全球范围内的资源和环境压力加大

迄今为止，人类创造的许多科技成果和工程成就都是以大量消耗自然资源尤其是不可再生资源为代价的。20世纪中叶以后，随着世界范围内人口数量的激增和人类征服、改造

---

① 李小艳，金瑞. 试论人类思维方式的历史演变[J]. 系统科学学报，2015(2).

自然能力的增强,煤炭、石油等被大量开采,森林被大规模砍伐,草原被大面积垦殖,自然资源日趋枯竭匮乏,自然生态日益恶化。核能的广泛使用,钢铁、化工、纺织等大工业的迅猛发展,使得环境污染由区域性逐渐扩展为全球性。世界各地接连发生重大污染事件,如1952年伦敦烟雾事件、苏联时期的切尔诺贝利事件、2011年日本福岛核泄漏事件等。从某种程度上说,当代科技进步是以生产更多社会产品为目的、以高效率为手段的,而制造更多的产品需要耗费更多的资源,由此导致了一系列严重的资源和环境问题。

2. 由科技研发及应用导致的不平等趋势扩大

从社会发展层面来说,科技应用的阶层及群体差异导致科技发展倾斜,它所带来的社会落差会进一步拉大。例如,人工智能的广泛使用,可能产生工作机会的两极分化,并最终导致更大的收入差距;"赢者通吃"市场的崛起,少数成功企业和产品将主导经济生活,等等。从国家发展层面来说,在科技全球化进程中,发达国家无疑是最大的受益者。对于发展中国家来说,一方面,研究和开发的国际化通过技术扩散和人才流动,有可能推动国家科技实力总体水平的提高。另一方面,发展中国家科技发展面临着严峻挑战,具体表现在:发展中国家往往科技基础薄弱,科技与经济不同程度脱节,科技运行的良性循环尚未形成,科技研发的资金支撑、科技人员的创新能力、高新技术群等与发达国家有一定差距,从而在科技资源争夺中处于不利地位;发展中国家与发达国家的科技和产业竞争日趋激烈,发达国家有可能凭借其经济和科技优势对发展中国家进行技术封锁和技术压制,进而对发展中国家的民族产业产生更大冲击。

3. 当代国家安全形势将愈加严峻

国家安全是国家的基本利益,是一个国家没有外部威胁和侵害,也没有内部混乱和疾患的状态与能力。当代国家安全体系包括政治安全、国土安全、军事安全、经济安全、文化安全、社会安全、科技安全、生态安全、信息安全、资源安全、核安全、生物安全等方面。科技安全既是国家整体安全的重要内容和重要标志,也是重要支撑和重要保障。当代科技的突飞猛进和不平衡发展,在相当程度上决定了国际竞争格局的变化,成为影响国家安全的重要因素。出于国家安全的考虑,绝大多数国家尤其是发展中国家都高度重视科技发展,将提升本国科技竞争力作为国家重点关注的战略目标之一。

4. 科技伦理问题凸显

当代科学技术尤其是网络与信息科学技术、基因科学技术、纳米科学技术等新兴科学技术的发展和应用,对人类伦理道德提出了严峻的挑战。以生物和医学技术为例,基因技术、克隆技术、人造组织器官等生物技术带来诸多伦理诘难;辅助生殖、器官移植等临床医学技术面临一系列伦理难题。如何合理应对这些伦理难题已成当务之急。

当代世界科技发展导致消极后果的原因主要在于:科学技术的发展方向、目标和进程以及科技成果的转化和应用,既受到一定社会制度、利益关系和价值观念的影响,也受到人类认知水平的制约。一方面,从某种意义上说,科学技术只是人类认识和改造世界的工具或手段,其基本内容是客观的,是没有阶级属性的。但就其社会属性而言,它不仅是一种知识体系，还是人类的一种有目的的活动、一种社会建制，必然受到经济、政治、意识形态等诸因素的影响。人类发展和应用科技是为了满足自身的需要，而不同的主体所追求的价值目标是不同的，由此决定了发展和应用科技目的的多样性。这些因素共同作用于科学技术，可能存在不断扩张的资本和特殊利益集团对科学技术的"绑架"、法律法规和制度监管的缺失、道德约束和价值观导向不足等问题。另一方面，人类对自然规律及人与自然的关系问题认识不够，或缺乏对科学技术消极后果的完全预测能力或强有力的控制手段。在当代，人类的认识和实践能力已经取得了巨大的进步，并且这种能力也是无限发展的。但是，人类对自然规律的认识和把握总带有片面性和局限性。科学越向深度和广度发展，人类越显得"无知而渺小"。

要最大限度地消除或克服当代科技的负面效应，应当避免两种错误倾向：一种是因噎废食，对当代科技发展彻底否定；另一种则是寄希望于未来的科技手段化解今天的科技效应悖论。正确运用当代科技为人类造福，必须始终坚持使科学技术为人类社会的整体利益服务，法律法规、政策、体制、伦理准则、技术手段、宣传教育等措施多管齐下，共同作用。

第二节　世界各国抢占科技创新制高点

随着全球化的不断加快和新一轮科技革命的孕育兴起，全球科技创新呈现出新的发展态势。科技创新与经济社会发展的结合越来越紧密，成为引领和推动全球发展的核心和动力源泉。以科技创新为基础的新一轮科技革命不仅支撑了世界主要经济体的经济复苏进程，还将深刻改变世界未来发展格局。积极调整科技战略与政策，走创新型国家之路，成为世界各主要国家和地区在全球竞争中占据有利地位的共同选择。

一、科技创新的战略地位空前提高

创新(innovation)的概念最早是由美国经济学家熊彼特提出来的，指的是把一种新的生产要素和生产条件的"新结合"引入生产体系。熊彼特的创新概念既涉及技术性变化的创新，也包括非技术性变化的组织创新。第二次世界大战后，创新概念和理论得到很大拓展。现代经济发展理论和世界经济社会发展的历程表明：创新既是建设现代化经济体系的战略支撑，是推动经济增长的内在动力，也是人类社会发展的重要标志。

科技创新是原创性科学研究和技术创新的总称，是指创造和应用新知识、新技术和新工艺，采用新的生产方式和经营管理模式，开发新产品，提高产品质量，提供新服务的过程。科技创新一般分为三种类型：知识创新、技术创新和现代科技引领的管理创新。知识创新为技术创新和管理创新提供了文化基础，技术创新为知识创新和管理创新提供了物质基础，管理创新则为知识创新和技术创新提供了必要的微观与宏观环境。知识创新和管理创新是经济社会发展的"软件"，技术创新则是"硬件"，三者相互影响、相辅相成。

（一）科技创新在全面创新中的引领作用更加突出

创新表现为理论创新、体制创新、制度创新、人才创新、科技创新等多种形式，其中科技创新居于主导地位，起引领作用。科技创新之所以能够在全面创新中起引领作用，其根本原因在于它决定了理论创新、体制创新、制度创新、人才创新等各方面创新推进的广度、深度和实现程度，是推动全面创新的基础，也是提高社会生产力和国家综合国力的战略支撑。

科技是先进生产力的基因、提高经济质量和效益的引擎、转变生产方式和交换方式的芯片、创造新资源新要素的母机、提高全要素生产率的酵母、优化生态环境的杠杆，能够释放新需求，创造新供给。一方面，科技创新作为引领发展的第一动力，在促进经济增长方式转变、经济结构调整和产业结构优化升级的过程中，在增强科技进步对经济增长的贡献度，实现经济平衡性、包容性和可持续性增长的过程中，所起到的作用极为突出。另一方面，科技创新是基于对自然规律的深化认识和具体把握，创造出新理念、新手段、新工具，能够更大范围、更深程度地运用自然力、发展生产力，改善自然和人文环境，进而推动国家发展、社会进步。

当然，科技创新的过程不是孤立的，除了依靠科技积累，还必须有理念、制度、机制、经济结构、人才、文化等多种因素的协同配合。在当代，科学技术在广泛交叉和深度融合中不断创新，而科技创新活动正不断突破地域、组织和技术的界限，以前所未有的速度、范围、规模和力量引领着社会全面创新，驱动着世界经济社会全面发展。

（二）以科技创新为基础的新一轮科技革命将深刻影响世界格局

科技革命和产业革命都是以科技创新为基础的。历史经验表明，科技革命的发生绝不是偶然的，科技创新的不断出现与发展是科技革命发生的必然前提。从过去几次大的科技革命和产业变革来看，科技革命一般都具备以下几个特征或标志：①要有科学技术的革命性突破为基础和先导；②要有紧迫和现实的重大需求；③能够应对经济社会发展带来革命性的变化，包括引发生产方式、产业结构和组织等方面的变革，对人们的生活方式带来颠覆性变化。当前，全球范围的科技创新进入空前密集活跃期，并深度融合、广泛渗透到人类社会的各个方面，加快了新一轮科技革命兴起的步伐。

科技革命往往会引发产业革命，推动经济快速增长和重大转型，并将深刻影响世界格局。历史上的科技革命和产业革命从来不是在全球均衡推进，只有少数战略上重视、政策上支持、抓住了机遇的国家受益。近代以来，人类社会出现过多次科技革命，引发了一系列产业变革，引起了世界科技中心和工业重心的转移，同时伴随着大国的兴衰和国际竞争格局的大调整。18世纪，以蒸汽机和动力机械技术为代表的科技和产业革命，使英国崛起为世界头号强国；19世纪中期，以电机和内燃机为代表的电气化革命中，德国跃升为世界工业强国，美国成为世界头号经济大国；20世纪四五十年代开始的以原子能、电子计算机和空间技术的发展为主要标志，涉及信息技术、新能源、新材料、生物工程、海洋工程等诸多领域的科学技术革命，使美、德、法、英等国进入工业化成熟期，助推日本实现了经济腾飞。从这种意义上说,以科技创新为基础的科技革命决定着世界政治经济力量对比的变化,也决定着各国、各民族的前途命运。

21世纪以来,全球科技创新进入空前密集活跃的时期,新一轮科技革命和产业变革正在重构全球创新版图、重塑全球经济结构。对于发展中国家而言,当代科技革命和产业革命既提供了赶超发达国家的历史机遇,又提出了前所未有的巨大挑战。一方面,随着经济全球化进程的加快和新兴经济体的崛起,特别是2008年国际金融危机爆发以来,全球科技创新资源由美欧向亚太、由大西洋向太平洋扩散的总体趋势持续发展。韩国、俄罗斯、中国、印度、印度尼西亚、波兰、墨西哥、巴西等新兴经济体成为科技创新的活跃地带,对世界科技创新的贡献率快速上升。未来全球科技创新格局将由以欧美为中心向北美、东亚、欧盟"三足鼎立"的方向加速发展。另一方面,发达国家的科技优势积累明显,与发展中国家的"技术鸿沟"不断扩大。统计数据表明,占世界人口75%的发展中国家的科技能力,只占世界科技能力的5%,并集中于亚洲和拉丁美洲少数掌握一定科技能力的发展中国家。

二、世界主要国家和地区科技创新概况

在当代,世界各主要国家和地区纷纷围绕科技创新展开竞逐,将抢占科技创新浪潮制高点作为战略重心和政策焦点。

首先,各国加强了对科技创新的整体规划和战略部署,把国家发展纳入可持续的创新驱动轨道。其次,一些国家从推进科技管理体制改革,提高科技创新治理水平,加强科技领域立法等方面保障科技和经济的有机结合,保障政产学研用等各类创新主体的统筹协调和国家创新体系的整体运行效能。再次,各国纷纷围绕新兴技术和产业强化部署,持续快速增加科技创新投入,为科研活动提供优良的创新基础条件、创新生态环境和创新网络平台。全球将进入空前的创新密集和产业振兴时代。最后,随着科技创新资源在全球范围的快速流动,各国积极争夺配置人才、资本、专利、标准、市场等战略性创新资源,同时积极开展科技外交,促进国际科技创新合作。

由于历史和现实的差异,各国在科技创新战略上各有侧重、各具特色,但本质上都是提高科技创新能力,服务于本国的核心利益。

(一)美国

美国在世界经济中的霸主地位,很大程度上取决于其科技创新实力。美国拥有和保持着全球最强的科技研发与应用能力,与美国具备联邦政府实验室、研究型大学、非营利性研究机构、私营企业共同参与科技研发,并着力推动科技产业化的国家创新体系密不可分。美国的科技创新体系有其独特优势,对美国经济和社会发展的支撑作用非常突出。据美国商务部估计,第二次世界大战后,美国经济增长的75%来源于产业创新和技术革新,创新是国家经济发展的关键。

1. 政府对科技发展的引导和协调

美国是一个联邦制国家,其科技管理模式是以联邦政府为主、州政府为辅的互为补充的多元分散的二级组织模式。联邦政府在科技发展中的作用体现在以下方面:以间接干预为主,以宏观管理为辅,制定并实施一系列国家重大科技政策、科技计划、科技法律法规,提供科技研发经费,等等。冷战结束后,随着国际竞争的焦点转移,美国联邦政府制定了人类基因组计划、信息高速公路计划和国家纳米技术计划等,力图全面控制和抢占新时期的科技制高点。这些计划以国家利益为最高宗旨,具有很强的前瞻性。州政府在科技发展中的作用同样不可忽视:一方面积极宣传和争取联邦政府的科技发展项目,加强本州企业与设在本州内的国立研究机构的联系,争取获得更多经费支持;另一方面,制定和实施有利于本州科技发展的政策与措施,服务本州经济和社会发展。美国联邦政府和州政府非常重视科技创新对经济增长和综合国力竞争的关键作用,不断出台并适时调整科技发展战略,是科技发展的重要推手。但也正是由于美国的这种多元分散的科技管理模式,联邦政府和州政府之间的统筹协调成为一大挑战,一些计划并未实现最大程度的资源整合和高效利用。

2. 持续增加科技创新投入

美国研发支出多年来稳居世界第一。美国国家科学基金会公布的数据显示,从1957年开始,美国的研究开发投资就已经超过国内生产总值的2%。20世纪80年代以来,美国科技政策体系的核心就在于持续增加科技投入,支持研究与开发。美国的研究开发经费占联邦政府年度预算的比例长期保持在6%左右。联邦政府的科技支出更多地投向了基础研究。美国政府对基础研究的重视与投入远超过其他国家,使其基础研究始终处于世界领先水平,而高水平的基础研究又为技术突破与企业发展奠定了坚实的基础,惠及经济和社会发展的各个领域。例如互联网、全球定位系统(GPS)、超音速飞机等重大技术革新,最早均是源于美国联邦政府的资助。美国还探索出了一种有效的科技投入社会化供给机制,充分发挥了政府、企业、高等院校和研究机构在科技产业化各个阶段的优势互补作用。美国企业研究与开发投资不仅规模总量巨大,占到全美研发经费的2/3,而且表现出持续增长的态势。

3. 研究型大学实力雄厚

研究型大学是美国科技创新体系的显著特征和独特优势。美国研究型大学是美国第二大研发执行者,执行超过一半的基础研究。大学与企业、联邦和地方政府的良性互动促进了创新经济的发展。美国的大学不仅为创新培养高技能劳动力,而且创造了大量研究成果。大学和企业的合作研究,产生了大量的联合实验室、卓越中心、工程研究中心和产学研究中心等,学科之间的界限以及科学研究与工程应用之间的界限明显被打破,新产品和工艺商业化的障碍趋于缩小。

4. 加强国际科技合作

国家利益至上、国际合作服务国内需求是美国开展国际科技合作的原则。美国的国际科技合作战略一贯坚持"以我为主,对我有利",凭借其世界科技强国的地位,在与其他国家开展的双边与多边科技合作中居于主导地位,主导合作方向、合作内容、合作方式及合作成果的分享方式。

5. 争夺全球优秀科技人才

美国政府十分重视科技人才引进,在全球范围内吸引了大批发展中国家人才流入美国,满足了美国科技发展和经济结构调整的需要。美国吸引全球科技人才的主要措施包括:一是实施技术移民政策;二是通过工作签证吸收外国科技人才;三是吸引留学生和访问学者;四是通过直接设在海外的研究机构利用别国科技人才。美国成功吸引全球优秀科技人才的政策和机制被很多国家效仿。

(二) 日本

第二次世界大战结束后,日本的经济发展大致经历了四个时期:1945—1955年的恢复发展期、1956—1972年的高速增长期、1973—1990年的低速增长期和1991年以来的相对停滞期。纵观其经济发展历程,科技创新和科技进步发挥了举足轻重的作用。

1. 积极调整科技战略,推进科技体制改革

由于科技资源在"二战"中已经毁坏殆尽,20世纪50年代初—70年代,日本政府制定了"技术引进—消化吸收—改进提高—国产化—出口"的技术战略,政府从税收、财政等方面加大支持力度。技术引进为日本迅速重振经济、赶超世界先进国家水平节省了宝贵的资金成本和时间成本。在经历了20世纪70年代的石油危机后,日本愈加认识到资源匮乏对本国长远发展的影响,着重强调科学技术的综合性和社会性,将发展节能和环保技术作为科技政策与经济发展的重点内容之一。20世纪80年代以后,面对激烈的国际经济竞争和科技较量,日本确立了"科技立国"的发展战略,强调发展独创性科学技术,占据高新技术制高点。在政府的直接干预和指导下,"科技立国"战略的实施取得了重大成效,日本也逐渐从"技术大国"发展成为"科学技术大国",成功跻身于世界发达国家行列。从20世纪90年代中期开始,基于人口老龄化、产业空洞化、赶超战略效力衰弱以及改善国家形象等的需要,日本进一步提出并确立"科技创新立国"战略目标。为此,日本推行了一系列科技体制改革,主要包括:改革科学技术行政管理体制,强化政府对科技工作的管理;推进独具特色的产学官合作的科研体制;推进科技评价体制的改革,保证科技创新活动的健康发展;健全知识产权保护体制,等等。进入21世纪后,日本的科技政策经过多次变革。2001年,日本政府公布实施《IT基本法》,正式提出"坚持IT立国的方针,用5年时间使日本成为世界上最先进的IT国家"。随着这一战略的实施,日本互联网的用户大幅增加。为确保科技发展项目的自主知识产权保护,日本政府又于2002年7月通过《日本知识产权战略大纲》,提出"知识产权立国"战略。如今,日本已经形成了较为完善的知识产权整体战略体系。

2. 持续、稳定地增加科技创新投入

科研经费投入是科技创新的物质基础和根本保证,也是反映科技发展动态和发展水平的重要指标。"二战"后，日本的科技投入一直处于世界前列，占GDP的比重也不断上升。但日本的科研资源长期集中于应用开发研究，基础研究得不到重视。20世纪90年代以来，日本经济发展放缓，政府财政收紧，但日本的科技总投入并未减少，仍基本保持了稳定。同时，在政府的积极推动下，日本的基础研究投入有了大幅增加。政府运用国家职能，充分调动、组织企业和社会力量筹集资金，政府主导的研发经费筹资模式转变为企业主导筹资模式，企业研发资金占全部研发资金的比重达70%左右。充足的科技投入加速了日本科技的快速发展，日本的经济也在科技这个加速器的作用下迅速增长。

3. 法律保障国家科技创新战略的推行

日本1995年制定并实施《科学技术基本法》，这是日本首部关于科学技术政策的基本法，也是日本以"科学技术立国"为目标，强有力地推进科学技术振兴的坚实法律后盾。之后，日本通过制定实施每五年一期的"科学技术基本计划"来推进国家科技创新战略。日本还通过修正《内阁府设置法》，将设置于内阁府的"综合科学技术会议"改组为"综合科学技术创新会议"，作为日本科技创新政策的指挥塔，具备统揽全局和横向串联的功能。此外，历届日本政府通过制定并实施一系列的科技创新战略及法律来推进科技创新，如《产业技术力强化法》(2000年)、《长期战略指针"创新25"》(2007年)以及每年内阁会议出台的"科学技术创新综合战略"。

4. 建立科技人才综合培养体系，积极争夺全球科技人才

日本主要从建立人才成长机制、加强创新人才培养和推进人才结构调整三方面着手，建立科技人才培养和储备战略体系。另外，日本积极参与科技人才的全球争夺战，将外国优秀科技人员纳入本国重要人才库。日本总结出一套适合本国国情的"重金"招揽人才的方法，即通过购买、吞并外国企业或公司，或通过购买、资助世界名牌大学的实验室，获取全球高级科技人才和智力资源。此外，日本政府还设立了专门的制度吸引外国研究员到日本进行研究。同时，日本不断扩招留学生，以充分利用外国留学生旺盛的创造力。

5. 加强国际科技合作与交流，在合作中谋求主动

日本将"科学技术活动的国际化"列为科学技术发展的基本政策之一，并采取诸多举措，取得了一些效果。这些举措主要包括：积极参与联合国组织的以及地区间的多种科技合作，谋求发挥主导地位作用；积极开展国际间科技人才的国内接收和国外派遣；设立国家科学技术情报中心，积极开展国际间信息交流，保障了获取科技研究信息的先进性和全面性。

(三) 欧盟

欧盟是世界经济实力最强、一体化程度最高的国家联合体。欧盟的科技创新理念相对先进，科技创新制度、法律法规、创新体系和机制相对完善，科技发展整体水平较高。欧盟的科技产出约占全世界科技产出的1/3，是世界上最大的知识生产工厂和全球科研与创新的重要中心。2019年，世界知识产权组织、美国康奈尔大学、欧洲工商管理学院等联合

发布的"全球创新指数报告"(GII)显示，欧盟有6个成员国进入全球最具创新力国家的前十强，分别是第一名瑞士、第二名瑞典、第四名荷兰、第六名芬兰、第七名丹麦、第九名德国。但相对于美国、日本，欧盟人口多、地域广，各成员国之间以及成员国不同地区、不同行业科技创新资源和能力分布不均，实际上仍处于科技创新追赶者的位置。长期以来，欧盟在科技创新领域面临三大挑战：人才流失、技术差距和"欧洲悖论"（即欧洲对知识的巨大投资似乎并未带来相应经济增长的现象）。欧盟为提升科技创新能力的诸多部署主要围绕这三大挑战展开。

1. 积极推进科技创新计划

20世纪70年代中期，西欧在科技领域尤其是高新技术领域方面逐渐落后于美国和日本。面对世界科技竞争压力，20世纪80年代，西欧国家制定并实施了一项在尖端科学领域内开展联合研究与开发的计划，即"尤里卡计划"。目标在于通过促进"市场导向"性的技术研发合作，为企业搭建创新网络的平台，解决基础研究与市场脱节的难题，提高欧洲企业的国家竞争能力。"尤里卡计划"实施30多年来成效显著，推行这一计划的国家数量由最初的17个增加到36个，包括所有的欧盟成员国和瑞士、土耳其等国。2008年的国际金融危机引发了全球性的经济衰退，欧洲债务危机和经济增长乏力使欧盟各成员国更加强烈地意识到科技创新的重要性。2011年，欧盟公布了"地平线2020"科研规划提案，以期依靠科技创新摆脱内外交困的泥潭。如今，欧盟在优化科技创新政策举措、国际科技合作与交流等方面不断有新动作，"地平线2020"规划的组织实施工作正有条不紊地推进。同时，欧盟各成员国也都制定了各自的科技发展和科技创新战略。例如，瑞典通过制定《研究政策法案》《创新体系中研究开发与合作》《瑞典增长和复兴政策》和《创新瑞典战略》等，建立起高效的创新政策体系和运行机制。又如，德国始终重视以科技创新为基石，推动国家经济尤其是工业制造业的发展。2006年，德国通过了《高技术战略》，这是德国第一个从国家层面进行通盘设计的创新战略。2010年，德国政府将这一战略拓展为《高科技战略2020》。随着这一战略的实施，德国科研创新投入、参与科研创新的人数、科研产出等均有所增长。

2. 优化欧盟科技创新资源配置，推动欧洲科技大联合

多年来，欧盟各国科技创新资源条块分割、缺少统筹协调，存在大量重复研究和资源浪费。例如，数字电话公共交换系统的研制几乎花费了欧盟国家70亿美元，相当于日本的4倍、美国的2倍。一项专利获得欧盟27个成员国的保护比获得美国专利保护贵15倍。为统筹和协调欧盟成员国乃至整个欧洲的科技创新资源，欧盟在2000年"里斯本战略"中提出建立欧洲研究区(ERA)，实现科技人才、资源和知识在欧洲的自由流动。2010年，欧盟又在"欧洲2020"战略中提出实施创新型联盟旗舰计划，促进欧洲科技人员的合作和科研活动的统筹协调。由于目前欧洲的大部分科技创新资源仍然掌握在成员国手里，要想真正建成欧洲研究区和创新型联盟，欧盟还有很长的路要走。

3. 重视科技人才队伍建设，构筑科技创新人才高地

(1) 建立欧洲研究理事会(ERC)，面向全球凝聚高端科技人才。数十年来，欧盟及其成员国科技人才尤其是青年科技人才流失严重。欧洲研究理事会成立后，积极支持优秀科学家、学者和工程师在欧洲开展高风险、创造性的研究，尤其鼓励科学家开展超越当前知识前沿和学科边界的研究，以保持欧盟在基础研究领域的领先地位。欧盟各成员国也纷纷设立专项计划和资金支持优秀科技人才从事科技研发。

(2) 实施欧盟"蓝卡计划"，争夺高技术移民。在与美国等争夺发展中国家人才的竞争中，欧盟长期以来处于下风。为扭转这一局面，欧盟于2007年提出效仿美国绿卡制度的"蓝卡计划"。该计划于2009年由成员国根据本国情况具体实施，成效显著。在欧盟的成员国中，德国发放的"蓝卡"数量最多，占到欧盟国家"蓝卡"发放总量的85%。自2012年8月正式启动"蓝卡计划"以来，德国已向高级人才移民发放超10万张"蓝卡"。

(四) 英国

英国拥有较为雄厚的科学、技术和工程基础。面对激烈的国际竞争，英国十分重视科技发展战略的制定和调整，科技创新越来越受重视并被摆在突出位置。

英国科技战略的调整经历了以下几个阶段。

(1) "二战"后到20世纪80年代，将国防事业和武器装备作为科技发展的首要目标。"二战"后，英国紧随美国参与冷战，放弃了科技发展的首要目的在于改善民生的方针，把大量最优秀的科技人才投入国防和武器的研制之中，导致英国民用科技产品在国际市场上的竞争力大大减弱。

(2) 20世纪80年代后期，两大阵营对峙开始淡化以后，英国才意识到这种以军为主的科技政策的偏差并着手纠正，强调军转民技术和开发军民两用技术的重要性，把促进经济和社会发展作为科技政策的主要目标。

(3) 20世纪90年代，英国启动科技预见计划，对未来5～10年的重要科技发展前景作出预测，为政府制定科技政策、确定优先发展领域提供依据，也为研究机构和企业发展提供参考。

(4) 21世纪初，英国启动了历史上第一次由政府主持制定的科学技术长远发展规划，即《2004—2014年科学与创新投入框架》，将"服务于创新全过程"作为今后英国创新文化建设的核心内容。而在此前，英国每三年变更一次科技计划。2008年国际金融危机爆发后，英国经济和社会发展面临诸多重大挑战，英国又提出科学与创新是英国经济和社会发展政策的核心，强调要通过实施科学与创新战略实现使英国成为世界上科学与商业最好的国家的目标。

在科技研发方面，英国在科技创新投入领域存在结构性投资不足，科技总投入占国内生产总值的比例偏低。因此，英国政府不断尝试调整科技预算，争取缩小与其他国家的差距。英国政府还采取积极措施，加强高端科技人才储备和高素质、高技能劳动力的培养，取得了较好效果。同时，自20世纪90年代以来，英国开始尝试调整外来移民的工作许可

证制度；2002年1月，英国又实施了高技术移民政策，从此由传统意义上的非移民国家转变为同美国、加拿大等一样的移民国家。英国科技成果的产出效率非常高。统计资料表明，英国以占世界1%的人口从事着全球约5.5%的科研活动，每年发表的科技文献数量和引文数量均长期居于世界前列。

在科技成果转化方面，英国实施以下措施：改革政府科技管理机构，设立技术创新中心，充分发挥英国技术集团(BTG)在科技成果转化过程中的中介服务作用，支持企业与科研机构及大学开展合作研究，设立科技成果转化基金。自20世纪80年代以来，英国出台了一系列促进科技成果转化的政策和法规，形成了由政府指导协调，企业与科研机构、大学合作开发的机制。

在国际科技合作方面，英国政府发挥积极作用，重点加强与欧洲国家的合作，积极参与欧盟研究与技术发展框架计划、欧盟"地平线2020计划"等合作框架计划。英国脱欧使其失去了原来与欧盟进行便捷国际科技合作的优势。为了应对这一挑战，英国在竭力维持与欧盟先前的科技合作关系和模式之外，越来越重视与美国等其他西方国家以及中国、印度、巴西、南非等新兴经济体的科技合作。

(五) 韩国

韩国的科技事业在20世纪60年代之前几乎是空白。作为后发工业化国家的代表，韩国在短短的几十年内从一个"三无"(无资本、无资源、无技术)国家，一跃成为东亚工业大国。韩国科技的迅速发展和工业的腾飞，很大程度上源于它顺应了全球科技创新潮流，提升了科技创新能力和产业整体竞争力。

1. 确定科技立国战略，有效制定并实施科技规划，强化科技管理体系功能

首先，韩国在20世纪60年代提出振兴科技的口号，历经几十年的实践，"科技立国"的观念渗透到社会各界，崇尚科技蔚然成风。其次，韩国抓住历史机遇，依据国情适时调整科技政策：20世纪60—70年代，以引进吸收为主；20世纪80年代，以技术创新增强经济竞争力，大力发展资金和技术密集型产业；20世纪90年代，以自主创新为主。进入21世纪，以政府为主导的科技体系逐渐向以私营部门为主导的科技体系转变。最后，科技部的科技管理功能不断得到提升。韩国科技部在内阁中地位较高，统一负责科技发展政策和计划的制订与实施，以及各部门研究机构的管理、协调，人才培养、信息扩散和成果转化等业务。

2. 夯实创新基础，优化国家创新体系，打造创新环境

韩国不仅在科技研发投入总量上突飞猛进，科技研发总支出占国内生产总值的比重长期位居世界前列，而且对研发经费实行多重管理监督，确保研发经费的高效利用。政府、企业、大学和科研院所是国家创新体系的主要组成部分。韩国通过改革公共研究机构，大力扶持中小企业，强化大学的研究功能，优化了国家创新体系，提高了国家创新能力。在打造创新环境方面，韩国于1997年颁布实施《科学技术创新特别法》和《科学技术创新五

年计划》，不仅为科技创新提供了法律依据，还设定了具体路线。此外，实施技术开发准备金制度、技术及人才开发费税金减免制度以及新技术推广投资税金减免制度等税收优惠，为提高科技创新能力提供了优良环境。

3. 加强科技成果转化，培养产业科技人才，产业国际竞争力已然形成

韩国产业界的研发活动较为活跃，是产业技术发展的重要助力，而大学和科研院所存在着科技成果转化和技术转移不力的情况。为此，韩国政府十分重视建立产业、大学和研究院所之间的合作研究机制，通过竞争与合作促进科技创新。韩国对高新技术研发实行集中咨询和审议制度，根据市场需要确定研发项目。很多项目在研发初期便与市场挂钩，一有成果就能很快产业化、商品化。产业的发展离不开大量的产业科技人才，韩国通过自主培养、"走出去"和"请进来"相结合的方式，提升科技人才结构，组建高水平的科技队伍。层次清晰、结构合理的产业科技人才结构，为韩国的产业发展奠定了坚实的基础。目前，韩国的多种产业如传统产业中的汽车业、造船业，文化产业中的网络游戏业，高新技术产业中的信息通信业等，已形成较强的国际竞争力。

4. 充分利用全球开放的创新环境和资源为本国科技发展服务

为克服本国科技创新资源的限制，韩国于 1994 年制定了科学技术"世界化"战略，1999 年又制定了国家中长期科技发展规划——"2025 构想"，重点强调利用全球创新资源和加强国际合作。韩国政府非常重视吸引跨国公司的研发投资，近年已出台一系列措施，旨在鼓励跨国公司设立研发机构，同时在项目申请、投资、土地利用权及税收等方面给予许多优惠政策。

尽管韩国的科技整体竞争力近年来稳中有升，但一些突出的问题也严重影响和制约其科技发展。受全球经济停滞导致的出口放缓和内需不振等因素的影响，未来韩国经济增长率不容乐观。而韩国政局的动荡又会影响科技创新政策和科技体制改革的连续性与稳定性。可以预见，未来韩国的科技创新之路充满不确定因素。

第三节　当代中国科技发展

中华人民共和国成立以来，中国的科技事业在艰难中起步，在改革中发展，在创新中突破，不断实现新的历史性跨越。当前，中国科技正步入以跟踪为主转向跟踪、并跑和领跑并存的新阶段，中国在全球创新版图中的位势进一步提升，已成为具有重要影响力的科技大国。

一、当代中国科技发展的历史进程

纵观中华人民共和国成立以来科技发展的实践，中国共产党把发展科学技术摆在国家战略的重要位置，并在国家经济社会发展的不同时期作出了一系列重要科学论断和重大决策部署，探索和实践了一条中国特色的科技发展道路。

(一) 科技事业新的起点(1949—1965年)

中华人民共和国成立之初，百废待兴，万事待举。党中央、国务院高度重视发展科学技术，在科技队伍建设、科技机构设置、先进技术引进、科学规划制定、科技方针引领、科技管理体制、科技成果研发等方面，都取得了历史性的成就。中国科技事业开始进入一个有计划的、蓬勃发展的新阶段，为中国的建设和发展奠定了良好的基础。

1. 科技队伍建设和科技机构设置方面

中华人民共和国诞生时，科技人员十分缺乏，而社会建设又急需大量掌握科学技术知识的专门人才。科研基础设施严重不足，水平落后。从当时的实际出发，中国将"包下"留用人员、召唤海外学子归国和培养新型科技人才有机结合起来，使科技队伍迅速扩大。1949—1965年，全国科技工作者的数量从26万增长至352万，成为建设中国的一支生力军。全国专业科研机构已超过800个，初步形成了由中国科学院、高等院校、国务院各部门研究单位、各地方科研单位、国防科研单位五路科研大军组成的科技体系。

2. 先进技术引进方面

迫于当时的国际国内形势，向苏联寻求科技支持是中国唯一的选择。向苏联学习与引进技术，包括引进苏联科研管理和规划制定技术，引进国防尖端技术，引进成套机器设备、工艺和产品设计，开展技术合作，引进苏联专家，派遣留苏学生，等等。由于当时中国财政困难，技术引进往往是与资金借贷同步进行的。

3. 科技规划、科技政策与科技管理体制方面

1956年，国家科学规划委员会成立，制定了《1956年至1967年科学技术发展远景规划》(简称《十二年科技规划》)。《十二年科技规划》是中国第一个科学技术发展的长远规划，它的制定和实施是中国发展现代科技的重要里程碑。随后，一系列科技政策陆续出台，例如，大力号召向现代科学进军；实行"双百"发展进步方针，促进科学学术思想解放；制定《科学工作十四条》，为知识分子脱帽加冕，等等。由国家科委、国防科工委和中国科学院组成的三足鼎立的国家科技管理体制形成，它们统一于中国共产党的领导，既有分工也有合作。1958年9月，中华人民共和国科学技术协会(简称"中国科协")组建成立，负责管理全国性的专业学会和群众性科学普及、技术革新工作，成为中国共产党和中国政府联系广大科技工作者的桥梁和纽带。

中华人民共和国成立后的16年间，科技教育事业有较大发展，使发展科学技术有"用武之兵"。初步建成具有相当规模和一定技术水平的工业体系，使发展科学技术有"用武之地"。在艰难的国内外环境中锤炼出的英雄气概，使发展科学技术有"用武之志"。中国成立初期的巨大科技成就，是在"一穷二白"的基础上取得的，相对于辉煌灿烂的历史，只能称为恢复性增长。与当时世界整体科技发展水平相比，仍然存在相当大的差距。由于教条主义僵硬化、计划经济单一化、阶级斗争扩大化、执政方式运动化、科技经济二元化、人才教育功利化、信息渠道封闭化等诸多影响因素，中国的科技事业不可避免地遭遇挫折。

(二) 科技事业遭受重创(1966—1976年)

从1966年开始,中国经历了长达10年的"文化大革命"。这场政治运动对中国的科学技术事业无疑是一场巨大的灾难。中华人民共和国成立之初确立的科技发展的路线、方针和政策遭到否定,科技管理陷入瘫痪,大量科研机构被肢解、撤销,国内外学术交流和科技传播中断。科技人才队伍也受到严重冲击,大批科学技术工作者被迫停止科研工作,下放到农村或厂矿劳动改造。中国的科学技术几乎停滞不前,科技水平与世界先进国家的差距越来越大。

"文化大革命"中后期,周恩来、邓小平等人为保护和发展中国科技事业作出了艰苦的努力,科研秩序也得到了缓慢恢复。在极为困难的环境下,科技战线上的广大干部和知识分子忍辱负重、爱国奉献、不懈追求,为发展科技事业付出了无数心血和汗水。这一时期,中国在核技术、人造卫星和运载火箭等尖端科学技术领域以及重大工程建造领域取得了难得的成就。

(三) 科学的春天(1977—1994年)

1978年3月,邓小平在全国科学大会开幕式上的讲话中强调了"科学技术是生产力"的观点,提出"四个现代化,关键是科学技术的现代化"和"知识分子是工人阶级的一部分"。这些科学论断澄清了此前束缚科学技术发展的重要理论问题,打破了多年政治运动加诸知识分子的桎梏。这次全国科学大会开启了科学的春天,知识分子的命运也发生了根本的转变。

1. 确立实施科技发展战略,夯实科技计划发展根基

1978年10月,《1978—1985年全国科学技术发展规划纲要》发布,提出了"全面安排,突出重点"的方针和中国科技工作的八年奋斗目标。1982年,规划的主要内容被调整为38个攻关项目,以《"六五"国家科技攻关计划》的形式开始实施。这是中国第一个被纳入国民经济和社会发展规划的国家科技计划,也是20世纪中国最大的科技计划,它标志着中国综合性的科技计划从无到有,成为中国计划体系发展的里程碑。随后,《1986—2000年科学技术发展规划》和《1991—2000年科学技术发展十年规划和"八五"计划纲要》相继发布并实施,为科技事业发展指明了方向。

2. 积极推进科技体制改革

中国的科技体制改革源于1978年春召开的全国科学大会。这次大会将科学从意识形态的束缚下解放出来,并开始探索科研管理体制的改革。1982年10月,中共中央在全国科学技术奖励大会上提出了"科学技术工作要面向经济建设,经济建设要依靠科学技术"的科技发展方针,这一方针对解决中国长期以来存在的科研与经济生产脱节问题具有重要的指导意义。1985年3月,《中共中央关于科学技术体制改革的决定》发布,揭开了中国科技体制改革的序幕。中国政府在推动科技体制改革的政策供给方面作出了巨大努力,陆

续推出了包括改革科技拨款制度、改革科技单位管理方式、开发技术市场转化、支持和鼓励民营科技企业自主发展、建立高新技术产业开发试验区等一系列重大举措。

3. "科学技术是第一生产力"的论断为科技发展提供了精神引领和强大动力

1988年9月，邓小平提出"科学技术是第一生产力"的科学论断，进一步强调了大力发展科学技术的极端重要性。1992年年初，邓小平在南方谈话中，再次强调了"科学技术是第一生产力"论断。这一论断科学反映了当代科学技术与生产力之间的本质联系，对中国的经济建设具有重要指导意义。在这一论断的影响下，中国制定和实施了一系列旨在发展科学技术的政策措施，包括《国家中长期科学技术发展纲领》《1992—1993年科技体制改革要点》等，从发展高技术、推进基础研究和应用研究、科技工作为实现经济社会发展的战略目标服务等三个层次上向纵深拓展。

4. 发展高科技，实现产业化

中国政府、科技界积极应对世界新科技革命浪潮，大批鼓励科技创新、扶持高新技术、发展高科技产业的科技政策得以有效实施，中国高新技术产业蓬勃发展。同时，中国紧跟世界科技和经济发展潮流，把兴建高新技术产业开发区作为开拓新产业、发展高技术的重要战略举措。以科技企业集团为核心，一批大学科技园逐渐在一些大学校园及其周边形成；培育和扶植高新技术中小企业的服务机构——科技企业孵化器的数量持续增长，孵化能力不断增强。

这一时期，中国科学技术领域发生了深刻的变化，出现了质的飞跃。中国科技事业的战略重点开始转向国民经济建设这个主战场，科技体制改革开始进入有领导、有组织的全面实施阶段，科技资源配置格局开始发生可喜的变化，科技管理和研发开始逐步适应社会主义市场经济需求。同时，中国国际科技合作与交流也空前活跃，官方、民间、双边、多边、多渠道、多层次、多形式的科技合作交流广泛展开。然而，科学发展之路从来就不是一帆风顺的，也不是一蹴而就的。中国科技发展起点低，基础力量薄弱，难度大。科技工作为经济建设服务的指导思想在实践中未能一以贯之，造成科技发展与生产实际存在不同程度的脱离现象；科技规划的宏伟目标，无论是从科技投入、科技力量，还是从资源储备、建设周期来说，都显得力不从心；地方科技项目盲目上马，科研力量分散严重；科技运行机制、组织结构、人事制度等方面都存在不足之处。

(四) 科教兴国，面向未来(1995—2005年)

随着改革开放的步伐加快，中国经济增长速度举世瞩目，但其增长点主要依靠资源、资金和廉价劳动力推动的外延式、粗放式经济。实现国民经济持续、快速、健康发展，必须依靠科技进步。为此，从20世纪90年代以来，中国相继实施了科教兴国战略和人才强国战略，并取得了显著成就，开创了科技事业发展的新局面。

1995年5月，《关于加速科学技术进步的决定》发布，首次提出实施科教兴国战略是全面落实科学技术是第一生产力思想的战略决策。同年，江泽民在全国科技大会上号召全党和全国人民积极投身于实施科教兴国战略的伟大事业。中共十四届五中全会在关于国民经济和社会发展"九五"计划和2010年远景目标的建设中,把实施科教兴国战略列为今后15年直至21世纪加速中国社会主义现代化建设的重要方针之一。1997年,党的十五大强调,实施科教兴国战略,使经济建设真正转移到依靠科技进步和提高劳动者素质的轨道上来。由此,科教兴国成为中国的基本国策。这是继1956年号召"向科学进军"、1978年强调"科学技术是生产力"之后,中国科技事业发展进程中第三个重要里程碑。

科教兴国战略,即全面落实"科学技术是第一生产力"的思想,坚持教育为本,把科技和教育摆在经济、社会发展的重要位置,增强国家的科技实力及向现实生产力转化的能力,提高全民族的科技文化素质,把经济建设转移到依靠科技进步和提高劳动者素质的轨道上来,加速实现国家的繁荣强盛。

为全面落实科教兴国战略,农业、工业、国防、财贸等行业和部门都提出了依靠科技振兴行业的发展目标。各省、市、自治区及各地(市)、县(市)也制定了科教兴省、科教兴市、科教兴县的战略和方针。为解决人才资源与国家发展的矛盾,2000年,中共中央经济工作会议首次提出"要制定和实施人才战略"。随后,《2002—2005年全国人才队伍建设规划纲要》印发,首次提出了"实施人才强国战略",对新时期中国人才队伍建设进行了总体规划,人才强国战略成为发展中国特色社会主义的基本战略之一。人才强国战略与科教兴国战略同为中国的现代化战略体系的重要组成部分,两者相辅相成,不可分割。

这一时期,中国科技事业硕果累累,取得了举世瞩目的成就,国家科技计划在深度和广度上都得到进一步拓展和延伸,新技术成果加速转化应用。但是,作为一个发展中的大国,中国科技自主创新能力薄弱、核心技术缺乏,总体科技实力与发达国家仍有较大差距,并已成为中国经济和社会发展的瓶颈。因此,把科技进步和创新作为经济社会发展的首要推动力量,把提高自主创新能力作为调整经济结构、转变增长方式、提高国家竞争力的中心环节,把建设创新型国家作为面向未来的重大战略,成为全面建设小康社会步入关键阶段的必然抉择。

(五) 创新型国家建设(2006年至今)

2006年1月,胡锦涛在全国科技大会上提出,要推动中国经济增长从资源依赖型转向创新驱动型,推动经济社会发展切实转入科学发展轨道。随后,《关于实施科技规划纲要,增强自主创新能力的决定》发布,提出全面提升国家竞争力,创新体制机制,走中国特色自主创新道路,为建设创新型国家而奋斗。2006年2月,《国家中长期科学和技术发展规划纲要(2006—2020年)》发布,这是中国市场经济体制基本建立及加入世贸组织后的首个国家科技规划。党的十七大把提高自主创新能力、建设创新型国家作为国家发展的战略核心和提高综合国力的关键。党的十八大提出实施创新驱动发展战略,强调科技创新是提高社会生产力和综合国力的战略支撑,必须摆在国家发展全局的核心位置。为加快实施创新驱动发展战略,中共中央多次召开会议,研究实施这一战略的顶层设计,出台了一系列新政策和新举措。2016年5月,《国家创新驱动发展战略纲要》发布,明确了实施创新驱动发展战略的要求、部署、任务和保障措施。党的十九大进一步提出，要紧扣社会主要矛盾变化，坚定实施科教兴国战略、人才强国战略、创新驱动战略，加快建设创新型国家。

创新之路，永无止境。建设创新型国家标志着中国科技发展战略迈入一个新的历史阶段。在中国特色社会主义进入新时代的背景下，让创新成为国家意志和全社会的共同行动，走出一条从科技强到产业强、经济强、国家强的发展新路径，将为中国未来十几年乃至更长时间创造出一个新的增长周期。

二、当代中国科技发展的辉煌成就

中国科技发展取得的伟大成就，主要体现在以下几个方面。

(一) 科技计划体系逐渐完善

20 世纪 80 年代以来，中国相继设立并实施了多个专项科技计划，如国家科技攻关计划、国家科技成果推广计划、"星火计划""火炬计划""攀登计划"、863 计划、973 计划等。为加快推进国家创新体系建设，破解科技资源配置"碎片化"难题，2017 年，国家科技计划全面整合为国家自然科学基金、国家科技重大专项、国家重点研发计划、技术创新引导专项（基金）、基地和人才专项等新五大类科技计划，并建成公开、统一的国家科技管理平台。国家科技计划体系布局的优化，为创新驱动发展战略的顺利实施提供了有力保障。

(二) 科技发展条件不断优化

科技发展条件不断优化可以表现在以下四个方面：一是科技人力资源总量稳定增长，形成了一支规模适度、结构合理、创新能力较强的科技研究队伍。中国已从科技人力资源的弱国发展成为位居世界前列的科技人力资源大国。科技部发布的《中国科技人才发展报告》显示，2017 年中国科技人力资源总量已逾 8705 万，研究与试验人员总量达到 621.4 万，均居世界首位。二是科技研发经费投入持续大幅增加。根据国家统计局发布的数据，全国研究与试验发展经费支出从 1995 年的 348.69 亿元增长到 2019 年的 21 737 亿元。三是科研结构日趋合理。中国已经形成了包括研究实验基地、大型科学仪器、自然科技资源、科学文献和科学数据等较为完备的科研基础条件体系，在基础研究、前沿技术研究、社会公益性研究、应用开发及产业化方面，形成了比较合理的、多层次的科技力量布局。一批标志性的重大科技基础设施、大科学工程、高新技术产业园区等建设完成，正在发展成为国际一流的科技创新平台。四是科技立法与科技政策体系不断完善。制定和颁布了《专利法》《科学技术进步法》《促进科技成果转化法》《科学技术普及法》等科技法律法规，建立并实施了科技奖励制度和知识产权制度，出台了一大批激励自主创新的政策措施。

(三) 科技研发水平和工程技术水平大幅提升

在基础研究领域，中国相继在多元复变函数论、拓扑学、人工合成牛胰岛素、哥德巴赫猜想、陆相生油理论、高能物理、化学研究、地理研究、考古发现、高温超导、中微子物理、量子反常霍尔效应、量子通信、纳米科技、干细胞研究、肿瘤早期诊断标志物、人类基因组测序等基础科学领域攻克了一系列科技难关。其中，20世纪六七十年代，在极为艰苦的科研条件下，屠呦呦及其团队与中国其他机构合作，先驱性地发现了青蒿素，开创了疟疾治疗新方法，全球数亿人因此而受益。屠呦呦也因此获得2015年诺贝尔生理医学奖。在应用研究领域，中国在汉字激光照排系统、巨型计算机研制、生命科学与工程、超级杂交水稻、超大规模集成电路、高性能计算机、载人航天、载人深潜、互联网、移动通信、量子通信、清洁能源、核电、工程机械等领域实现了关键核心技术的重大突破。在工程建造领域，中国在极为困难的历史条件下，在核技术、人造卫星和运载火箭等尖端科学技术领域以及工程建造领域取得了重要成就。在社会主义建设新时期，随着载人航天与探月工程的实施，中国已成为少数几个独立掌握空间先进技术的国家之一。一系列关键技术难关的攻克，确保了南京长江大桥、刘家峡水电站、正负电子对撞机、秦山核电站、三峡工程、西气东输、西电东送、南水北调、青藏铁路、跨海大桥、高速铁路、航空母舰等国家重大工程建设的成功实施。

(四) 高新技术产业蓬勃发展

中华人民共和国成立后，中国科技人员研制出一批国家发展急需的重大基础工业装备和新型材料，勘探开发了一批大型油田和矿藏，甩掉了贫油、少矿的帽子。改革开放以来，中国科技发展面向经济建设主战场，在引进消化吸收国外先进技术的基础上，开发应用了一批重大关键共性技术，重大技术装备自主开发能力、国产化水平以及综合工程化能力明显提高，基础工业、加工制造业的技术创新能力进一步增强，电子信息、生物医药、新能源、先进制造等一批新兴产业蓬勃发展，高新技术产业规模不断扩大，一大批富有活力的高新技术企业迅速成长。高新技术产业开发区充分发挥集聚、辐射和带动作用，成为自主创新的重要基地。高新技术产业的发展，为推进中国工业化进程、走新型工业化道路提供了有力支撑。

(五) 科技发展成果惠及亿万人民

中国在农业科技领域取得长足进步，从"靠天吃饭"的传统生产，发展成良种良法配套、农机农艺融合的现代农业技术体系。农业育种创新取得突破性进展，主要农作物良种覆盖率达96%以上。粮食单产从新中国成立初期的69千克/亩增加到目前的375千克/亩。粮食综合生产能力大幅度提高，使中国能够以不足世界10%的耕地养活占世界20%的人口，为世界粮食生产和安全作出了重要贡献。一大批农业科技成果的转化和应用，多元化农村科技服务体系的建设，数以百万计的农村实用技术人才的培养，推动了传统农业向现代农业转变，支撑了社会主义新农村建设和城乡统筹发展。中国在人口健康、资源环境、公共安全、防灾减灾等领域突破了一批关键技术，为应对突发公共卫生事件和重大自然灾害提供了科技支撑。科普活动在全社会展开，全民科学素质不断提高，为社会主义和谐社会建设提供了精神文化和智力支持。

(六) 国际科技合作蓬勃发展

改革开放以来，一方面，中国政府始终把加强国际科技合作作为国家科技事业发展的一项重要任务来抓，在引进技术、合办研发机构、加入国际科技组织、规范知识产权等领域出台了一系列政策和措施。另一方面，按照"平等互利、成果共享、保护知识产权、遵从国际惯例"的原则，以双边、多边、官民并举等形式，广泛、深入地开展国际科技合作与交流并在其中发挥了重要作用。迄今为止，中国已先后与150多个国家和地区建立了科技合作与交流关系，签署的政府间科技合作协议或政府间经济、技术合作协议多达上百个。中国在国际科技合作领域已经基本形成了政府引导、民间参与、机构互动、产学研结合的国际科技合作架构，呈现出全方位、多层次、宽领域、高水平的良好局面，为国家科技进步、经济社会发展提供了有力支撑，在国家总体外交和科技发展中发挥了独特作用。

同时也要看到，当前中国科技发展面临着发达国家蓄势占优、发展中国家加速赶超的多重外部压力。与世界科技强国相比，中国科技领域还存在一些薄弱环节和深层次问题，主要表现为：一是科技基础仍然薄弱，企业对基础研究重视不够，重大原创性成果缺乏，不少领域关键核心技术受制于人的局面尚未根本扭转。技术研发聚焦产业发展瓶颈和需求不够，以全球视野谋划科技开放合作不够，科技成果转化能力不强。二是制约科技创新的思想观念和深层次体制机制障碍依然存在，创新体系整体效能不高，适应创新驱动的体制机制亟待建立健全。三是科技政策措施落实力度需要进一步加强，科技创新政策与经济、产业政策的统筹衔接还不够。四是创新型科技人才结构性矛盾突出，科技人才队伍大而不强，世界级科技大师缺乏、高层次领军人才和尖子人才不足，工程技术人才培养同生产和创新实践脱节。中国的科技发展任重而道远。

第四节　当代中国的创新型国家建设

根据实现工业化和现代化的不同方式，一般把国家分为三类：一类是资源型国家，主要依靠自身丰富的自然资源增加国民财富，如中东产油国家；一类是依附型国家，主要依附于发达国家的资本、市场和技术，如一些拉美国家；还有一类是创新型国家，主要依靠科技创新来驱动经济社会发展。近半个多世纪以来，一些发达国家已经逐步成为创新型国家，如美国、日本、芬兰、韩国等。当前，中国正在加快推进创新型国家建设。中国建设创新型国家的战略目标是，到2020年进入创新型国家行列，到2035年跻身创新型国家前列，到中华人民共和国成立100年时成为世界科技强国。

一、创新型国家的基本特征

作为创新型国家，应具备以下几个基本特征。

(1) 科技进步贡献率较高，一般都超过70%。20世纪80年代以来，美国和日本的科技进步对经济增长的贡献率高达 80%。中国科技进步贡献率已由 2010 年的 50.9%增加到 2019 年的 59.5%。

(2) 创新投入高，国家的研究与试验发展投入(即 R&D 支出)占 GDP 的比例较高，一般在 2%以上。尽管美国 R&D 支出占 GDP 的比例从未超过 3%，但因其 GDP 总额逐年增长而使美国的 R&D 经费近 50 年来始终保持增长趋势；日本 R&D 支出占 GDP 的比例近 10 年来一直保持在 3%以上。2018 年，中国 R&D 支出占 GDP 的比例为 2.19%，与发达国家尚有一定差距。

(3) 国家的对外技术依存度指标较低，一般在 30%以下。美国和日本的对外技术依存度仅为 5%，而中国在核心基础零部件、关键基础材料、基础技术和工业等产业上的对外技术依存度在 50%以上。以集成电路产业为例，我国每年消费的集成电路价值约占全球出货量的 33%，但集成电路产业规模仅占全球集成电路总规模约 7%，80%的集成电路依赖进口。

(4) 自主创新能力较强。目前世界上公认的创新型国家有 20 个左右，这些国家所拥有的发明专利数量占全世界总数的 99%，且技术含量高，多在高科技领域。2017 年中国的发明专利申请量和授权量居世界首位，有效发明专利保有量居世界第三。但中国在维持 10 年以上的有效发明专利和光学、发动机、运输、音像技术、医学技术等部分领域的专利集中度方面，与美国、日本等创新型国家相比尚存较大差距。

二、中国加快建设创新型国家的意义

中国将加快建设创新型国家作为现代化建设全局的战略举措，具有重大而深远的意义。首先，加快建设创新型国家是中国迈向现代化强国的内在要求。世界上的现代化强国无一不是创新强国、科技强国。只有加快建设创新型国家，突出科技创新能力提升，迈向现代化强国才能获得强有力支撑。其次，加快建设创新型国家是解决中国新时代社会主要矛盾的必然选择。当前，中国社会主要矛盾已经转化，经济发展大而不强、大而不优的矛盾突出，经济社会发展对科技创新的需求空前迫切。只有加快建设创新型国家，加速向主要依靠知识积累、技术进步和劳动力素质提升的内涵式发展转变，才能为解决社会主要矛盾开拓更广阔的空间。最后，加快建设创新型国家是抓住新科技革命和产业变革历史机遇的战略举措。当今世界正处于新一轮科技革命和产业革命的前夜。中国既面临赶超跨越的难得历史机遇，也面临差距拉大的严峻挑战，只有加快建设创新型国家，全面增强科技创新能力，力争在重要科技领域实现跨越发展，才能在全球竞争中赢得战略主动。

三、实施创新驱动发展战略，增强自主创新能力

所谓创新驱动，是指创新作为引领发展的第一动力，科技创新与制度创新、管理创新、商业模式创新、业态创新和文化创新相结合，推动发展方式向依靠持续的知识积累、技术进步和劳动力素质提升转变，促进经济向形态更高级、分工更精细、结构更合理的阶段演进。实施创新驱动发展战略关系中国经济社会发展全局，是一项重大而长期的任务。

实施创新驱动发展战略,最根本是要增强自主创新能力。自主创新是创新主体依赖自身所具有的能力和资源进行并完成创新活动的创新形式,包括原始创新、集成创新和引进消化吸收再创新三种类型。原始创新,是指前所未有的重大科学发现、技术发明、原理性主导技术等创新成果。集成创新,是指企业通过对各种创新要素和创新内容的选择、优化和有效集成,形成有市场竞争力的产品或者新兴产业。引进消化吸收再创新,是指在引进国内外先进技术的基础上,学习、分析、借鉴并进行再创新,形成具有自主知识产权的新技术。从本质上说,自主创新就是从增强国家创新能力出发,加强原始创新、集成创新和在引进先进技术基础上的消化吸收再创新。

人才是创新驱动发展的核心要素。创新驱动实质上是人才驱动,综合国力竞争归根结底是人才的竞争。谁拥有人才上的优势,谁就会拥有创新实力上的优势。针对创新型科技人才结构性矛盾突出等问题,中国将培养造就一大批具有国际水平的战略科技人才、科技领军人才、青年科技人才和高水平创新团队作为实施创新驱动发展战略的优先任务。这是增强自主创新能力、建设创新型国家的重要人才基础。

四、加强国家创新体系建设

国家创新体系概念是 1987 年由英国经济学家 C. 弗里曼(C. Freeman)首次提出的。一般而言,国家创新体系主要由创新主体、创新基础设施、创新资源、创新环境、外界互动等要素组成。国家创新体系是决定国家发展水平的基础,战略科技力量是国家创新体系的中坚力量,国际竞争很大程度上是科技创新能力体系的比拼。

建立适应当代中国社会、经济、科技发展特点和要求的国家创新体系,是一项复杂而长期的任务。在计划经济体制下,中国创新体系以政府指令型为特征,其主要方法为:由政府制定具有权威性的创新任务;创新活动的展开依靠政府力量强力推动;创新资源主要依靠政府投入。这种创新体系的最大优势是,能够在行政力量的强力推动下,充分调动各种创新资源。然而,这种创新体系也存在明显的缺陷:政府对创新资源的计划配置往往与创新活动的探索性和预期性之间存在冲突;国家研究机构的研究活动与企业生产实践存在相当距离,导致科技发展与经济社会建设相脱节;政府根据国家计划目标供给创新资源,创新主体的自主性受到很大约束,创新活动难以充分开展;政府科技奖励的主要对象是研究机构而非个人,而对机构的资助也并非建立在公平竞争的基础上,导致创新主体创新动力不足。

20 世纪 80 年代,以计划经济体制向社会主义市场经济体制的过渡为核心线索,中国国家创新体系开始从政府指令型向政府引导型转变。20 世纪 90 年代以来,中国政府、学术界和产业界开始更加有意识地运用国家创新体系的理论来研究和指导国家创新体系建设问题。1996 年发布的《国务院关于"九五"期间深化科学技术体制改革的决定》确定了国家创新体系的基本框架。1999 年发布的《中共中央、国务院关于加强技术创新,发展高科技,实现产业化的决定》首次正式提出建立国家创新体系。从全球化的新挑战和国际竞争的新格局出发,《国家中长期科学和技术发展规划纲要(2006—2020 年)》明确提出,中国特色的国家创新体系是以政府为主导、充分发挥市场配置资源的基础性作用、各类科技创新主体紧密联系和有效互动的社会系统。

中国特色的国家创新体系由五个基本部分构成：一是以企业为主体、市场为导向、产学研相结合的技术创新体系，使企业真正成为研究开发投入的主体、技术创新活动的主体和创新成果应用的主体，全面提升企业的自主创新能力。二是科学研究与高等教育有机结合的知识创新体系，以建立开放、流动、竞争、协作的运行机制为中心，高效利用科研机构和高等院校的科技资源，稳定支持从事基础研究、前沿高技术研究和社会公益研究的科研机构，集中力量形成若干优势学科领域、研究基地和人才队伍。三是军民结合、寓军于民的国防科技创新体系，加强军民科技资源的集成，实现从基础研究、应用研究开发、产品设计制造到技术和产品采购的有机结合，形成军民技术的共享和相互转移的良好格局。四是各具特色和优势的区域创新体系，促进中央与地方的科技力量有机结合，发挥高等院校、科研机构和国家高新技术产业开发区的重要作用，增强科技创新对区域经济发展的支撑力度。五是社会化、网络化的科技中介服务体系，培育和发展各类科技中介服务机构，引导科技中介服务机构向专业化、规模化和规范化方向发展。

五、深化科技体制改革

建设创新型国家必须坚持科技创新和体制机制创新双轮驱动，只有两个轮子协调运转，才能把创新驱动的新引擎全速发动起来。中国的科技体制改革自 1985 年全面启动已逾 30 年。随着中国进入全面建成小康社会的决胜期，即将开启全面建设社会主义现代化国家的新征程，中国科技发展既面临重要战略机遇，也面临严峻挑战。

中国科技体制与经济社会发展和国际竞争的要求不相适应，突出表现为：企业技术创新主体地位没有真正确立，产学研结合得不够紧密，科技与经济结合问题没有从根本上解决，原创性科技成果较少，关键技术自给率较低；一些科技资源配置过度行政化，分散、重复、封闭、低效等问题突出，科研项目及经费管理不尽合理，研发和成果转移转化效率不高；科技评价导向不够合理，科研诚信和创新文化建设薄弱，科技人员的积极性和创造性尚未得到充分发挥。这些问题已成为制约科技创新的重要因素，影响国家科技实力和国际竞争力的提升。因此，进一步深化科技体制改革的重要性和紧迫性更加突出。

深化科技体制改革是实施创新驱动发展战略、建设创新型国家的重要任务和根本要求，也是全面深化改革的重要内容。近年来，特别是党的十八大以来，一系列重大科技体制改革举措陆续出台。2015 年 9 月，《深化科技体制改革实施方案》印发并实施。这一方案是定位于整体性、系统性贯彻落实已出台的各项科技体制改革举措，突出内容的涵盖性、制度的可持续性、措施的针对性和实施的时序性，画出的一张措施有力、脉络清晰、操作有序的"施工图"。

深化科技体制改革的主要内容包括：建立健全技术创新的市场导向机制和政府引导机制；构建更加高效的科研体系；改革人才培养、评价、管理和激励机制；健全促进科技成果转化机制;建立健全科技和金融结合机制;构建统筹协调的创新治理机制;推动形成深度融合的开放创新局面;营造激励创新的良好生态;推动区域创新改革。

党的十八大以来,中国在实施创新驱动发展战略上取得了显著成就。科技进步对经济增长的贡献率明显提高,有力推动了产业转型升级,持续提升了中国经济发展的质量和效益,拓展了国家发展的新空间。中国的国家创新体系建设正在全面推进,已经初步形成了技术创新体系、知识创新体系、国防科技创新体系、区域创新体系和科技中介服务体系的整体发展、协调互动的良好局面。中国科技体制改革紧紧围绕促进科技与经济结合,以加强科技创新、促进科技成果转化和产业化为目标,以调整结构、转换机制为重点,取得了重要突破和实质性进展。走好科技强国之路,加快建设创新型国家,前程远大,前景可期!

思 考 题

1. 如何看待当代科学技术发展的"双刃剑"效应?如何实现当代科学技术与经济社会的协调发展?
2. 联系中国特色科技发展道路的实践,说明中国建设创新型国家的必要性和可能性。
3. 如何认识坚持走中国特色自主创新道路的重要意义?
4. 结合当前中国科技发展的现状,分析实施创新驱动发展战略所面临的主要问题,以及如何正确处理自主创新和科技引进的关系。

推 荐 阅 读

1. 艾伦·查尔默斯. 科学究竟是什么[M]. 鲁旭东,译. 北京:商务印书馆,2007.
2. 丹尼尔·李·克莱曼. 科学技术在社会中:从生物技术到互联网[M]. 张敦敏,译. 北京:商务印书馆,2009.
3. 布里奇斯托克,等. 科学技术与社会导论[M]. 刘立,等译. 北京:清华大学出版社,2005.
4. 陈劲,等. 科学、技术与创新政策[M]. 北京:科学出版社,2019.
5. 中华人民共和国科学技术部. 中国科技发展70年(1949—2019)[M]. 北京:科学技术文献出版社,2019.

第六章

当代世界与中国的生态

生态是关乎人类生存和发展的重大问题。人类社会的可持续发展，需要节约能源资源，保护生态环境。在全球气候变暖以及生态环境恶化的新形势下，节约资源、保护环境成为各国发展战略的重要组成部分。中国作为世界上最大的发展中国家，资源紧缺和环境污染问题比较突出。为了实现可持续发展，为了实现中华民族伟大复兴的中国梦，吸收、借鉴他国治理污染的经验和教训，加强生态文明建设是摆在每一个中国人面前的一项艰巨而紧迫的任务。

第一节 当代世界的可持续发展共识

人类自诞生之日起，就面临着如何与自然环境共处的问题。人类进入文明时代之后，由于社会发展阶段不同，人类与自然界的相处方式和对自然界的认知模式也不同。事实上，人类自古以来就在不断认识自然、改造自然和利用自然，追求生产发展和生活富裕。但是在古代社会，特别是在原始社会，人对自然的认识水平和改造能力极其低下，生态环境基本上处于原始状态。由于生产极端落后，人在很大程度上只能消极地顺从自然和敬畏自然，还难以与自然和谐相处。到了近代，随着社会生产力的迅速发展，人类一度又走到另一个极端，以为人是自然的主宰，要征服自然。人类改造自然无疑是必要的，但要征服自然是对人与自然关系的错误认识，把人摆在了自然的对立面。由此导致对自然肆无忌惮的掠夺和破坏，使人与自然依旧处于不和谐状态。直到20世纪后期，人类在饱尝破坏生态环境的恶果之后开始醒悟，重新认识和调整人与自然的关系，积极探索生产发展、生活富裕和生态良好相统一的发展道路。

一、20世纪世界环境污染的大爆发

在人类文明的发展史上，生态环境问题有一个从无到有、从小到大的过程。自18世纪后期开始，英国首先开始工业革命，19世纪后，工业革命波及美国、法国、德国、日本等国家。新的煤矿被勘探，煤炭开采量大幅度上升，到1900年时，世界先进国家英、美、

德、法、日5国煤炭产量总和已达6.641亿吨。煤的大规模开采及燃用，在提供动力推动工厂的开办和蒸汽机的运转并方便人们的日常生活的同时，也必然会释放大量的烟尘、二氧化硫、二氧化碳、一氧化碳和其他有害的污染物质。总体而言，这一时期的环境污染尚处于初发阶段，污染源相对较少，污染范围不广，污染事件只在少数国家或局部地区发生。

20世纪之后，随着第二次工业革命的深入开展，内燃机经过不断改进，发展成为比较完善的动力机械，在工业生产中广泛替代了蒸汽机。20世纪30年代前后，以内燃机为动力机的汽车、拖拉机和机车等在世界先进国家普遍发展起来。1929年，美国汽车的年产量为500万辆，英、法、德等国的年产量也都接近20万～30万辆。由于内燃机的燃料已由煤气过渡到汽油和柴油，石油便在人类所用能源构成中的比重大幅度上升[①]。开采和加工石油不仅刺激了石油炼制工业的发展，而且引起了石油化工的兴起。但是，石油的应用却给环境带来了新的污染。

人类因过度使用煤炭、石油等自然资源，20世纪，世界爆发了著名的"八大公害"事件：比利时马斯河谷烟雾事件、美国多诺拉镇烟雾事件、英国伦敦烟雾事件、美国洛杉矶光化学烟雾事件、日本水俣病事件、日本富山骨痛病事件、日本四日市哮喘病事件、日本米糠油事件。以上重大环境污染事件，全部发生在西方国家以及日本[②]。

作为头号资本主义工业强国的美国，其原油产量在世界上遥遥领先，汽车拥有量在1938年时达到2944.3万辆。汽车排放的尾气中含有大量的一氧化碳、碳氢化合物、氮氧化物，以及铅尘、烟尘等颗粒物和二氧化硫、醛类等有毒气体；一定数量的碳氢化合物、氮氧化物在静风、逆温等特定条件下，经强烈的阳光照射会产生二次污染物——光化学氧化剂，形成具有很强氧化能力的浅蓝色光化学烟雾，对人、畜、植物和某些人造材料都有危害；污染尾气遇有二氧化硫时，还会生成硫酸雾，腐蚀物体。这是一种新型的大气污染，因最早发生在洛杉矶，因此又称洛杉矶型烟雾。1943年，洛杉矶首次发生光化学烟雾事件，造成人眼痛、头痛、呼吸困难甚至死亡，家畜犯病，植物枯萎坏死，橡胶制品老化龟裂以及建筑物被腐蚀损坏等。这一事件第一次显示了汽车内燃机所排放气体造成的污染与危害的严重性。洛杉矶位于美国西南海岸，西面临海，三面环山，一旦发生光化学烟雾污染，烟雾容易聚集，不容易散去。20世纪40年代初期，美国加州洛杉矶250万辆汽车每天有1000多吨汽车尾气被排入洛杉矶上空，在阳光作用下生成了光化学烟雾。仅1950－1951年，美

---

① 梅雪芹. 工业革命以来西方主要国家环境污染与治理的历史考察[J]. 世界历史，2000(7): 25-26.
② "八大公害"事件因现代化学、冶炼、汽车等工业的兴起和发展，工业"三废"排放量不断增加，环境污染和破坏事件频频发生，在20世纪30—60年代，发生了8起震惊世界的公害事件：①比利时马斯河谷烟雾事件(1930年12月)，致60余人死亡，数千人患病；②美国多诺拉镇烟雾事件(1948年10月)，5910人患病，17人死亡；③英国伦敦烟雾事件(1952年12月)，短短5天致4000多人死亡，事故后的两个月内又因事故得病而死亡8000多人；④美国洛杉矶光化学烟雾事件("二战"以后的每年5～10月)，烟雾致人五官发病、头疼、胸闷，汽车、飞机安全运行受威胁，交通事故增加；⑤日本水俣病事件(1952—1972年间断发生)，共计死亡50余人，283人严重受害而致残；⑥日本富山骨痛病事件(1931—1972年间断发生)，致34人死亡；280余人患病；⑦日本四日市哮喘病事件(1961—1970年间断发生)，受害人2000余人，死亡和不堪病痛而自杀者达数十人；⑧日本米糠油事件(1968年3—8月)，致数十万只鸡死亡、5000余人患病，16人死亡。资料来源：邹瑜. 法学大辞典[M]. 北京：中国政法大学出版社，1991: 16.

国因大气污染造成的损失就达15亿美元。1955年和1970年，洛杉矶又两度发生大规模的光化学烟雾事件，前者致使400多人因中毒、呼吸衰竭而死亡，后者则造成约75%以上的市民患上红眼病。

20世纪50年代，环境污染开始成为西方工业国家普遍面临的重要的社会和发展问题，这就是所谓的第一次人类环境危机，主要表现为大气污染、水污染、土壤污染、固体废物污染、有毒化学物品污染，以及噪声、电磁波等物理性污染。面对这些棘手的问题，西方发达国家从政府到民众，各个层面都积极行动起来，普遍采取了环境保护措施，使城市的环境污染问题得到有效控制或解决。

"八大公害"事件其中有四件发生在20世纪五六十年代的日本，而这四大公害事件都与"二战"后日本大力发展石油化学工业有极大关系。1955—1972年是日本经济的高速增长期，也是日本完成工业化，迈入发达国家行列的时期。这一期间，日本经济的主要特点是大量投资、大量消费和大量出口。日本政府片面追求经济的高速发展，以产业经济的发展为全国首要任务。1960年，日本池田内阁会议通过《国民收入倍增计划》，计划在10年内使国民生产总值增加一倍以上。政府投入巨资进行大规模的公共事业建设，通过投资大规模的基础设施带动了制造业、建筑业、服务业、运输、通信等行业的高速发展。

随着日本重化学工业化进程的加快，日本国内能源消耗量增大，加之石油燃料的便利性，自1961年起，日本的石油需求量开始超过煤炭需求量，能源的主角在十年间也由煤炭转为石油(1955年度能源消费中煤炭占49.2%，石油占19.2%；1965年度能源消费中煤炭占27.3%，石油占58.0%)。到1965年，石油代替煤炭成为日本最主要的能源。钢铁和化学类重化学工业部门占据了制造业能源消耗量的60%左右。因此，随着工业生产及能源消耗的激增，工厂排放的煤烟粉尘、工业废水等大量增加，而当时的日本企业将资金大量投入设备投资中，对于工业污染防治设备的投资则少之又少。这导致在日本经济发展最快的历史时期，环境污染也最为严重。

日本环境公害事件中，最著名的是水俣病事件和四日市哮喘病事件。四日市区有大量的石油化工联合企业，石油冶炼和工业燃油产生大量的硫氧化物、碳氢化物、氮氧化物和飘尘等污染物，使整座城市终年黄烟弥漫。大气中二氧化硫浓度超过标准五六倍，二氧化硫在大气中浓度达到一定程度，会强烈地刺激和腐蚀人的呼吸器官，导致呼吸阻力增加，换气量减少。四日市居民长年累月呼吸肮脏的空气，导致很多人患有呼吸系统疾病。1961年，四日市哮喘病大发作，患者中慢性支气管炎占25%，支气管哮喘占30%，哮喘支气管炎占40%，肺气肿和其他呼吸系统疾病占5%。1972年，四日市哮喘病患者达817人，死亡超过10人。因大气污染导致的呼吸道公害病"四日市哮喘"因而得名。

日本熊本县水俣湾外围的不知火海，是被九州本土和天草诸岛围起来的内海。水俣镇是水俣湾东部的一个小镇，有4万多人居住，周围的村庄住着1万多农民和渔民。1925年，日本氮肥公司在这里建厂，随后开设了合成醋酸厂。1949年，这个公司又开始生产氯乙烯。长期以来，工厂把没有经过任何处理的废水排放到水俣湾中。1956年，水俣湾附近发现了一种奇怪的病，这种病最初出现在猫身上，被称为"猫舞蹈症"。患者由于脑中枢神经和末梢神经被侵害，口齿不清、步履蹒跚、面部痴呆、手足麻痹或变形、视觉丧失，严重者神经失常，或酣睡，或兴奋，身体弯弓高叫直至死亡。

这种怪病就是日后轰动世界的水俣病，是由于工业废水排放污染造成的公害病。水俣病的罪魁祸首是当时处于世界化工业尖端的氮生产企业。氮常用于肥皂、化学调味料等日用品，以及醋酸、硫酸等工业用品的制造上。然而，这个"先驱产业"的肆意发展，却给当地居民及其生存环境带来了无尽的灾难。在制造氯乙烯和醋酸乙烯的过程中，要使用含汞的催化剂，这使排放的废水中含有大量的汞。当汞在水中被水生生物食用后，会转化成甲基汞。这种剧毒物质只要有挖耳勺一半大小就可以致人死亡。水俣湾由于常年被工业废水严重污染，这里的鱼虾类也因此被污染。这些被污染的鱼虾通过食物链进入动物和人的体内。进入脑部的甲基汞会使脑萎缩，侵害神经细胞，破坏掌握身体平衡的小脑和知觉系统。水俣病使日本政府和企业日后为此付出了极其昂贵的治理、治疗和赔偿的代价。迄今为止，因水俣病而提起的旷日持久的法庭诉讼仍然没有完结。

在1956年确认日本氮肥公司的排污为病源之后，日本政府毫无作为，以至于该公司肆无忌惮地继续排污12年，直到1968年为止。据统计，至1982年3月底，仅熊本、鹿儿岛、新泻三县，被政府承认为水俣病受害者的人数就有1898人，死亡人数为605人。实际受害者的人数远远不止这个数字。

英国是世界上第一个工业国家，煤炭是支持工业革命的核心燃料，经济和技术飞速发展，伴随而来的是城市污染急剧加重。当时的大多数工厂都建在市内和近郊，居民家庭又大量烧煤取暖，煤烟排放量急剧增加。煤炭在燃烧时，会产生水、二氧化碳、一氧化碳、二氧化硫、二氧化氮等物质。这些物质排放到大气中后，会附着在浮尘上，凝聚在雾气中。在没有风的时节，烟尘与雾混合变成黄黑色，经常在城市上空笼罩多天不散。整个19世纪，英国以"煤火和高烟囱已经成为英国的独特制度"而自豪，首都伦敦被世界各国称为"雾都"。19世纪末期，伦敦每年有1/3的时间是大雾笼罩的日子。19世纪50年代，伦敦光化学烟雾事件现场如图6-1所示。

图6-1　19世纪50年代伦敦光化学烟雾事件

"二战"以后，英国为了恢复"二战"中严重受损的国民经济，加快了工业化的进程。煤炭的使用和排放随之也大为增加，空气中的雾霾随之大量增加。1952年12月4日，高气压一直盘旋在伦敦上空，导致大气湿度增加、风力微弱，煤烟极难扩散，12月5日，伦敦开始完全被大雾笼罩。市中心空气中的烟雾量几乎增加了十倍，全城能见度下降到惊人的程度。

烟雾使数千伦敦人染上了支气管炎、气喘和其他影响肺部的疾病，1952年12月5—8日这4天，有4000~6000人死亡，多数是小孩和呼吸系统脆弱的人群。12月9日，烟雾被狂风驱散，此后两个月内，又有近8000人因为烟雾事件而死于呼吸系统疾病。45岁以上人群的死亡数是平时的9.3倍，1岁以下婴儿的死亡人数是平时的2倍。此后，伦敦因空气污染造成的烟雾，又在1956年、1962年分别夺去1000多人和750人的生命。伦敦为摘掉"雾都"帽子，用了30年时间。

20世纪六七十年代以来，环境问题逐渐成为各国经济社会发展过程中不可忽视的重要问题。不论是社会主义国家还是资本主义国家，都不同程度地存在环境问题。人类在利用自然服务于自己的生产和生活的同时，如何看待和解决环境问题对人类发展带来的不利影响，从而使人类社会与自然和谐相处，逐渐成为一个世界性的难题。

20世纪六七十年代，人类所面临的环境危机开始超出发达国家的范围，日益扩大为全球性环境问题，这就是所谓的第二次人类环境危机，表现为资源短缺、人口暴增和全球生态系统的全面破坏。在严重的生态环境危机面前，最早享受了工业文明成果的西方发达国家民众对此开始了深刻反思。人们力图逐渐从观念、制度和政策等层面选择一条能够实现人类与自然和谐共存的崭新发展道路，生态文明在西方发达国家的理论缘起及其进展，同时也为生态文明在这些国家的进一步发展奠定了坚实的理论和实践基础。

二、可持续发展原则、目标的提出

西方国家对生态环境问题开始进行系统性反思，一般认为是以1962年美国作家蕾切尔·卡逊创作的《寂静的春天》一书出版为标志。当时人们普遍认为，化学农药能够杀除病虫害，能够保证农作物的丰收。但是，卡逊敏锐地观察到了化学农药在农村大量使用以后产生的严重后果。书名之所以叫《寂静的春天》，就是告诉人们使用化学农药前后生态环境的变化，花鸟虫鱼被化学农药杀死，春天由热闹变得寂静。她注意到："在人对环境的所有袭击中，最令人震惊的是空气、土地、河流以及大海受到了危险的甚至致命物质的污染。这种污染在很大程度上是难以恢复的，它不仅进入了生命赖以生存的世界，而且也进入了生物组织内，这一罪恶的环链在很大程度上是无法改变的。在当前这种环境的普遍污染中，在改变大自然及其生命本性的过程中，化学药品起着有害的作用，它们至少可以与放射性危害相提并论。"

《寂静的春天》出版后，虽然遭到美国化学工业等资本势力的激烈反对、恶意中伤，但以它的问世为契机，人类开始重新审视片面追求经济效益给环境带来的灾难性后果。受此书影响，1972年美国法律禁止使用DDT农药。难能可贵的是书中最后呼吁："我们长期以来行驶的道路，容易被人误以为是一条可以高速前进的平坦、舒适的超级公路，但实际上，这条路的终点却潜伏着灾难，而另外的道路则为我们提供了保护地球的最后唯一的机会。"这条另外的道路，卡逊虽然没有提出明确的概念来加以表述，但为未来可持续发展共识的达成提供了问题导向和话语基础。卡逊与《寂静的春天》一书如图6-2所示。

图6-2　卡逊与《寂静的春天》一书

1968年，来自10个国家的30位科学家、教育家、经济学家和实业家关注、探讨与研究人类面临的共同问题，成立了以美国麻省理工学院 D. 梅多斯(D. L. Meadows)教授为首的研究小组，研究小组名为"罗马俱乐部"。研究小组在分析人类环境承受能力极限的基础上，做了一份长篇分析报告，并集结成书，于1972年出版，取名为《增长的极限》。书中强调地球的支撑力会由于人口增长、粮食短缺、资源消耗和环境污染等因素在某个时期达到极限，使经济发生不可控制的衰退；为了避免因超越地球资源极限而导致世界崩溃，最好的方法是限制增长。《增长的极限》出版后，同样引发了强烈的反响和尖锐的争论。书中对人类前途的忧虑，促使人们密切关注人口、资源和环境问题，但书中反对经济增长的观点受到了各国政府尖锐的批评和责难；该书还促使世界各国开始重新思考经济增长方式与生态环境保护之间的辩证关系，为孕育各国可持续发展共识提供了思想准备。

以《增长的极限》对人类未来的担忧为契机，书中的观点引起了世界范围内反思经济增长模式的思潮，联合国高层领导对此高度重视。1972年，联合国人类环境会议在瑞典首都斯德哥尔摩召开，113个国家或地区参加，联合国第一次把环境问题纳入联合国大会讲坛，大会发表了《联合国环境宣言》(以下简称"宣言")，宣言内容包括37个共同观点，26项共同原则。宣言向全球发出呼吁："我们已经到了这样的历史时刻，在决定世界各地的行动时，必须更加审慎地考虑它们对环境产生的后果。"

保护和改善环境，关系到人民的福祉和经济发展，是世界人民的迫切愿望，是各国政府共同的责任。宣言还分析了发达国家和发展中国家环境问题的不同性质：发展中国家的环境问题多数是由于发展迟缓引起的，因此应致力于发展，并注意保护和改善环境；发达国家的环境问题则多是由于工业和技术发展；同时指出人口不断增长也引起了环境问题。

在联合国人类环境会议与会各国代表的倡议下，1983年3月，联合国成立了世界环境与资源委员会，负责制定长期的环境对策，分析和解决环境问题和经济发展问题。委员会作了非常有成效的工作，1987年发表了研究报告《我们共同的未来》，报告分成三个部分，分别阐述了我们共同的问题、共同的挑战、共同的努力。其主要观点包括：环境危机、能源危机和发展危机不能分割；地球的资源和能源远不能满足人类发展的需要；必须为当代人和下代人的利益改变发展模式。

《我们共同的未来》指出，我们需要有一条新的发展道路，这条道路不是仅能在若干年内、在若干地方支持人类进步的道路，而是一直到遥远的未来都能支持全球人类进步的道路。该报告对可持续发展作了明确的定义：可持续发展是这样的发展，它既满足当代人的需求，而又不损害后代人满足其需求的能力。可持续发展理念的明确提出，是人类对于环境和发展认识的一次巨大飞跃。

1992年，联合国环境与发展大会在巴西里约热内卢举行，中国国务院总理李鹏带领中国代表团参加了大会。大会通过了《环境与发展宣言》(又称"地球宪章")，这是一份纲领性文件，提出了实现可持续发展的27条基本原则。此外，大会还制订了《21世纪议程》，这是全球实现可持续发展的行动计划；与会各国中有154个国家签署了《气候变化框架公约》，148个国家签署了《保护生物多样性公约》。大会集中讨论了从1992—2000年，我们怎么样行动，怎么样转变发展模式。这次大会可以说是人类发展史上的一座重要里程碑，是向各国政府和全球人类发出的总动员，是人类跨向新的文明时代的关键性一步。会议关于可持续发展的定义为：既符合当代人的需求，又不致损害后代人满足其需求能力的发展。会议确立了发达国家和发展中国家共同但有区别的责任，要求发达国家承担更多的义务，同时也要照顾发展中国家的特殊情况和利益。具体责任为发达国家将提供给发展中国家的官方发展援助额提高到占其国内生产总值的0.7%，在援助、减债、消除农业补贴等方面，会议并未出台任何新的时间表，发达国家也未作出新的实质性承诺。

会议还确立了可持续发展的基本思想：可持续发展鼓励经济发展，不仅重视经济增长的数量，更追求经济增长的质量；可持续发展的标志是资源的永续利用和良好的生态环境；可持续发展谋求的是社会的全面进步。

会议通过了可持续发展的原则：第一，公平性原则。公平包括代内公平和代际公平。代内公平是指现在生活在地球上的人，不管人种差别、宗教信仰、社会制度，所有的人都应享有公平地利用地球资源发展经济，实现美好的权利。代际公平是指世世代代的地球公民应享有公平的权利，当代人的发展不能损害后代人的权利。第二，持续性原则。资源的可持续利用和生态环境的可持续性是可持续发展的重要保证；人类发展必须以不损害支持地球生命的大气、水、土壤、生物等自然条件为前提；人类应根据资源与环境的承载能力调整生活方式，不能盲目地、过度地生产、消费。第三，共同性原则。不同国家的历史、经济、文化和发展水平不同，但实现可持续发展的目标是共同的；实现可持续发展必须由全球公民共同努力；致力于达成既尊重各方利益，又保护全球环境与发展的国际协定至关重要。

三、人类可持续发展所面临的困境

联合国环境与发展大会之后，人类逐渐达成可持续发展共识，即与传统发展理论对比来看，从单纯以经济增长为目标转向经济、社会、资源和环境的综合发展；从以物为本的发展转向以人为本的发展；从注重眼前利益和局部利益的发展转向注重长远利益和整体利益的发展；从资源推动型的发展转向知识推动型的发展。

联合国环境与发展大会所制定的环境治理目标有赖于世界各国尤其是发达国家同心协力完成。为督促全球环境治理目标的完成，联合国可持续发展高峰会议于2002年8月26日—9月4日在南非约翰内斯堡举行，会议总结了10年来实施可持续发展战略的成绩和问题。会议通过了《约翰内斯堡可持续发展承诺》的政治宣言(以下简称"政治宣言")和《可持续发展世界首脑会议执行计划》(以下简称《执行计划》)。会议宣布全球的环境危机没有得到扭转。一方面，发展中国家实现经济发展和环境保护的目标由于自身经济不发达而困难重重；另一方面，发达国家并没有履行公约中向发展中国家提供技术资金支持的义务。

"政治宣言"宣布：地球仍然伤痕累累，世界依然冲突不断。恐怖主义、集团犯罪和腐败问题依然严峻。人类社会巨大的贫富差距，发达国家与发展中国家不断扩大的鸿沟均在威胁着全球的繁荣、安全和稳定。全球环境继续恶化，生物多样性不断丧失，鱼类资源不断减少，荒漠化在吞噬越来越多的良田，气候变化的不利影响已显而易见，自然灾害日趋频繁，其危害日趋严重，发展中国家越来越脆弱，空气污染、水污染和海洋污染继续夺去数百万的无辜生命。

联合国报告对地球前景表示悲观：海平面上升、森林遭严重破坏、超过20亿人口面临缺水、每年有300多万人死于空气污染的影响、220多万人因水污染而丧生、贫困人口有增无减。世界面临的其他挑战还有地区冲突、恐怖主义、霸权主义、跨国犯罪、毒品走私等，世界和平和安全受到威胁。

"政治宣言"同时承认1992年里约会议所确定的目标没有实现。《执行计划》强调消除贫困是当今世界面临的最大挑战，也是可持续发展的必然要求，提出到2015年前，将目前全球日收入低于1美元、面临饥荒和不能得到安全饮用水的贫困人口数量减少1/2；到2020年前，显著提高目前全世界1亿多城市贫民的生活水平，努力实现"城市无贫民窟"的奋斗目标。《执行计划》强调，在该计划具体实施的过程中，贯彻执行"共同而有区别的责任"原则的极端重要性，敦促发达国家兑现10年前提出的将国民生产总值的0.7%用于援助发展中国家的可持续发展的庄严承诺，为实现世界可持续发展迈出实际步伐。

但无论是"承诺"还是"计划"，其执行情况并不良好，2015年的世界贫困人口仍然超过7亿，除了中国等少数国家外，贫困人口比例减半目标均未达成。2010—2013年，中国农村贫困人口从1.66亿减少到8249万，中国是最早实现联合国千年发展目标中"贫困人口比例减半"的国家①。正因如此,联合国近年来组织的国际环境大会越来越多,对环境议题越来越关注。2009 年,在丹麦首都哥本哈根举行的世界气候大会上,就发达国家与发展中国家应对环境污染所负责任问题进行了激烈地争论。中国一直保持一贯的立场,在环保和可持续发展问题上,希望发达国家率先垂范,改变不合理的生产和消费模式;同时还希望发达国家为发展中国家提供技术、资金和能力建设等支持。在 2014 年开始的联合国环境大会上,中国代表一再强调发达国家与发展中国家"共同但有区别"责任的立场,但以美国为首的西方国家在环境问题上一再向中国施压,未来世界可持续发展道路依然任重而道远。

第二节　世界各国的生态文明建设

生态文明建设是指人类在利用和改造自然的过程中,主动保护自然,积极改善和优化人与自然的关系,建设健康有序的生态运行机制和良好的生态环境。生态文明是人类社会进步的重大成果。人类经历了原始文明、农业文明、工业文明,生态文明是工业文明发展到一定阶段的产物,是实现人与自然和谐发展的新要求。生态兴则文明兴,生态衰则文明衰,这是人类社会生态灾难总结出来的血的教训。

一、世界范围内环境保护运动的兴起

经济增长必然带来人民生活水平的提高,在经济增长的初期,这种逻辑可以成立。但是当经济发展到一定阶段后,人们的温饱问题已经解决,GDP 增长与国民福利的增长就不再是一一对应的关系。经济增长带来的环境污染、贫富差距等问题,积累到一定程度,导致的负福利效应比正效应还要大。

20 世纪,人类社会出现了前所未有的经济增长,也出现了前所未有的两次世界大战,人类的命运越来越紧密地联系在一起。第二次世界大战之后,世界各国尤其是西方国家和日本,抓紧恢复和发展本国经济,工业化速度非常迅速,但也因没有注意环境问题,环境污染十分严重,造成短期内大量人群发病和死亡的事件,尤其是 20 世纪世界环境最著名的"八大公害"事件。20 世纪 50 年代末,当美国环境问题开始突出时,美国海洋生物学家卡逊花费 4 年时间,阅遍美国官方和民间关于使用杀虫剂造成危害情况的报告,在此基础上写成《寂静的春天》一书,将滥用 DDT 等长效有机杀虫剂造成环境污染、生态破坏的大量触目惊心的事实揭示于美国公众面前。该书于 1962 年出版,引起美国朝野的震动,并推动了全世界公众对环境污染问题的深切关注。1967 年,日本四日市因企业公害而患哮喘病的 9 名居民,将电力公司、化学公司、石油提炼公司等 6 家企业告上法院,请求停止工厂

---

① 首份可持续发展目标报告:发展进步并未平等地惠及所有人[N/OL]. https://www.un.org/development/desa/zh/news/statistics/sdg-report-2016.html.

运营和巨额损害赔偿。这是日本第一次因大气污染提起的公害诉讼，官司打了4年10个月终获胜。当时法院打破传统责任追究认定，认定污染企业"共同的不法行为"，支持了原告全体的损害赔偿请求。日本熊本县水俣湾46名水俣病受害者联合向日本最高法院起诉日本政府在水俣病事件中的无作为，并在2004年获得胜诉。法院判决认为，日本政府在1956年知道水俣病病因后应当立即责令污染企业停止侵害，但直到12年后政府才作出决定，为此，日本政府应当对未能及时作出决定而导致水俣病伤害范围扩大而承担行政责任。一系列环境公益诉讼也迫使日本政府更加关注环境治理问题。

1968年，来自10个国家的30位专家在罗马成立"罗马俱乐部"，研究人类的环境问题。1970年3月9—12日，国际社会科学评议会在日本东京召开"公害问题国际座谈会"，发表《东京宣言》，提出"环境权"要求。同年4月22日，由美国一些环境保护工作者和社会名流发起的一场声势空前的"地球日"运动更是令人瞩目，这是历史上第一次规模宏大的群众性环保运动。

在有良知的学者和广大公众的强烈要求下，在世界舆论的压力下，西方国家从20世纪60年代后逐渐意识到生态环境治理的重要性，采取了一些限制性措施，颁布了一系列环境保护法规。但是，由于人们尚未搞清污染以及公害的原因和机理，仅采取了一些限制性措施或颁布了某些保护性法规，未能阻止环境污染蔓延的势头。到20世纪50—70年代初环境污染问题日益加重时，西方国家相继成立了环境保护专门机构，以图解决这一问题。

因当时的环境问题还只是被看作工业污染问题，所以工作的重点主要是治理污染源、减少排污量；所采取的措施主要是给工厂企业补助资金，帮助它们建立净化设施，并通过征收排污费或实行"谁污染、谁治理"的原则，解决环境污染的治理费用问题。此外，西方政府颁布和制定了一些环境保护的法规和标准，以加强法治。但这类被人们归结为"尾部治理"的措施，从根本上说是被动的，收效不甚显著。这时，西方国家频繁发生的污染公害事件不仅影响了经济的发展，而且污染了人群的居住环境，损害了人们的身体健康，造成了许多人死亡、残疾、患病的惨剧，终于使公众从公害的痛苦中普遍觉醒。

二、发达国家的生态环境治理经验

为应对生态环境破坏对各发达国家人民生命财产的威胁，尤其是发达国家接连发生重大的环境污染事件，联合国于1972年6月在瑞典的斯德哥尔摩召开了"人类环境会议"，试图通过国际合作为从事保护和改善人类环境的政府和国际组织提供帮助，消除环境污染造成的损害。会议发布了《人类环境宣言》(以下简称《宣言》)。《宣言》第一次呼吁全人类要对自身的生存环境进行保护和改善，因为保护自然环境就是保护人类自己。同时，它还要求各国政府开展有效合作，把保护环境同和平与发展统一起来，作为人类的共同目标去实现。这次会议无疑是世界环境保护工作的一个重要里程碑，它加深了人们对环境问题的认识，扩大了环境问题的范围，冲破了以环境论环境的狭隘观点，把环境与人口、资源和发展联系在一起，力图从整体上解决环境问题。具体到环境污染的治理，则开始实行建设项目环境影响评价制度和污染物排放总量控制制度，从单项治理发展到综合防治。

会后，西方发达国家开始了对环境的认真治理，工作重点是制定经济增长、合理开发利用资源与环境保护相协调的长期政策。20世纪70—80年代，这些国家在治理环境污染上不断增加投资，如美国、日本的环境保护投资约占国民生产总值的1%~2%。它们十分重视环境规划与管理，制定各种严格的法律条例，采取强有力的措施，控制和预防污染，努力净化、绿化和美化环境。此外，还大力开展环境科学研究，积极开发低污染和无污染的工艺技术。在环境科学的研究过程中，从理论上或实践上都摸清了主要污染物质的污染规律。例如，伦敦毒雾是低空煤气污染，有毒物质是CO、CO_2、SO_2；洛杉矶是高空光化学污染，有毒物质是NO、NO_2等；同时，还摸清了光化学污染主要发生在北纬42°上下，并具有静风环境条件下的城市。[①]

(一) 日本的生态环境治理

日本政府对本国的四大公害事件进行了认真反思。以民间公害诉讼(四日市哮喘病诉讼、新潟水俣病诉讼、富山县骨痛病诉讼、熊本水俣病诉讼并称为"日本四大公害诉讼")为契机，以巨额损害赔偿来倒逼政府、企业重视污染治理，日本政府开始意识到环境污染的严重危害，采取了一系列措施进行环境治理。

(1) 政府制定严格的环境防控法律制度，明确污染责任主体的法律责任。1962年12月，日本正式生效第一部空气污染控制法——《煤烟排放控制有关法律》。1967年，日本制定了《公害对策基本法》，"公害"即指环境污染，并在1970年的"公害国会"上进行了大规模的法律修订和新法制定，有一处非常重要的修改就是删除了公害防治"与经济的健康发展相协调"这一前提，表明了国家将公害防治放在更为重要的位置上，成为日本大气污染对策的最重要的法律基础。

(2) 在空气污染治理中，针对硫氧化物等主要污染物质，通过立法采取行之有效的限排措施。日本在全世界首次对硫氧化物进行"总量限制"，即依照环境标准值计算出指定区域容许排放的污染物总量，该区域所有单个排放源排放总量应低于容许总量。各地采取诸如更换燃料、节省能源、产业结构转型、排烟脱硫等措施，促使日本实现硫氧化物大幅减少。从20世纪70年代后半期开始，日本因硫氧化物排放引起的大气污染得到了明显改善。其硫氧化物的实际排放总量在20世纪60年代中期曾达到顶峰——约500万吨，到20世纪90年代以后，降至约50万吨，只有高峰期的1/10。

(3) 提升环保部门的行政级别，建立权责明确的监管机制。日本政府的环境厅设立于1971年，2001年升格为环境省。目前，日本已在全国47个都道府县、12个大市和85个政令市全部设立环境行政机构，基本形成以环境省(厅)为核心的全国性一体化行政管理体系。

(二) 美国的生态环境治理

美国政府以洛杉矶光化学污染事件为契机，进行生态环境治理。20世纪60年代末，

[①] 杨朝飞. 环境保护与环境文化[M]. 北京：中国政法大学出版社，1994: 390.

科学家发明汽车尾气净化器,能有效减少碳氢化合物和碳化物的排放。当时市政当局要求所有汽车必须安装这种净化器,此举遭到汽车制造商的激烈反对,先是批评净化器技术上有问题,之后又声称改装成本太高。一直到 1975 年,洛杉矶的汽车才全部安装了尾气净化器。

除了强制加装汽车尾气净化器外,洛杉矶还制定法规,鼓励市民"搭顺风车"。高速公路最左侧的车道被设置为"共乘车道",一辆车上至少搭乘 2 人,才允许在这条快速道上行驶。如果单人开车在共乘车道上行驶,要被罚款 271 美元。2003 年,洛杉矶每年有 50 万人共乘出行。这样多管齐下,至 1999 年,洛杉矶首次实现全年没有一级空气污染警报;2007 年,洛杉矶地区的空气终于达到了清洁标准,此时距 1943 年雾霾大爆发已过去了 64 年。

鉴于汽车尾气对空气质量的污染,加州政府不断提高尾气排放标准,设立排放许可证制度,严格控制排放源;设立空气质量管理区,加大区域环境管理部门的自主权;推动汽车和石油工业不断进行产品研发和技术升级。目前加州汽车尾气有害物排放与 20 世纪 60 年代相比降低了 90%,油耗降低了一半,成为世界上汽车尾气排放清洁度最高的地区。

洛杉矶光化学污染事件是美国环境管理的转折点,不仅催生了著名的《清洁空气法》,也起到了环境管理的先头示范作用。在洛杉矶,环境管理措施的核心包括:①设立空气质量管理区,加大区域环境管理部门的自主权,以期环境政策能够以最有效的方式落实;②设立排放许可证制度,严格控制排放源;③为交通污染源(从内燃机、汽油到排放)设立了严格的环境标准;④开放环境交易市场,将市场化手段引入环境减排中;⑤投入很强的科研及管理力量,开发通用的环评软件及有效的污染控制技术。

经过近 40 年的治理,尽管洛杉矶的人口增长了 3 倍、机动车增长了 4 倍多,但该地区发布健康警告的天数却从 1977 年的 184 天下降到了 2004 年的 4 天。

(三) 英国的生态环境治理

英国政府接受了伦敦空气污染事件的教训,英国民众也意识到伦敦空气污染的严重性,为了解决空气污染问题,从 20 世纪 50 年代中期—80 年代,英国政府先后采取了全方位的治污措施。

(1) 制定严格的防治空气污染法案,设置明确的排污标准。1956 年,英国政府颁布了世界上第一部现代意义上的空气污染防治法《清洁空气法案》,法案规定城市居民的传统炉灶必须大规模改造,只能使用经过清洗的、干净的煤炭,并逐步实现居民生活天然气化,减少煤炭用量,冬季英国政府采取集中供暖;在城市里设立无烟区,区内禁止使用可以产生烟雾的燃料。发电厂和重工业被强制搬迁到郊区。1968 年,又追加了一份《清洁空气法案》,要求工业企业必须加高烟囱,将烟雾排放到更高的空域,从而更好地疏散大气污染物。

1974 年出台《空气污染控制法案》,规定工业燃料里的含硫上限等硬性标准。在这些刚性政策面前,烧煤产生的烟尘和二氧化硫排放量减少,空气污染状况明显好转。到 1975 年,伦敦的"雾日"已经减少到了每年只有 15 天,1980 年降到 5 天,伦敦经过 30 年的治理空气污染终于脱掉"雾都"的帽子。

2000 年以后,伦敦也开始关注空气中的 PM2.5 问题,伦敦市市长鲍里斯・约翰逊认为伦敦空气污染80%的肇因是车辆的尾气排放，因此于2003年推出交通拥堵费，限制私家车进入市区，即使是美国大使馆的车辆也照收不误。鲍里斯计划到2023年把伦敦私车流量减少9%，与此同时，伦敦优先发展公共交通网络，鼓励市民选择地铁或公交系统出行，鲍里斯市长本人则坚持每天骑自行车上下班。

伦敦市政府还推出了抗污产品和环保能源。例如在伦敦市内污染最严重的玛丽勒博路与上泰晤士街上投放一种由醋酸镁和醋酸钙构成的灰尘黏合剂，原理类似胶水，可以有效吸附空气中的微尘。实践证明，吸附剂能减少14%的空气污染。20世纪80年代末开始，人们发现汽车排放的其他污染物如氮氧化物、一氧化碳、不稳定有机化合物等也极为有害，它们被阳光中的紫外线照射后，会发生复杂的光化学反应，产生以臭氧为主的多种二次污染物，形成光化学烟雾。随后，英国开始推行无铅汽油，使用无铅汽油的汽车排出污染尾气大为减少。

(2) 政府将治理空气污染上升到国家战略高度，明确政府主体责任。从1993年1月开始，英国强制所有在国境内出售的新车都必须加装催化器以减少氮氧化物污染的排放。1995年，英国通过了《环境法》，要求制定一个治理污染的全国战略，设立了必须在2005年前实现的"战雾"目标，要求工业部门、交通管理部门和地方政府同心协力，减少一氧化碳等8种常见污染物的排放量。

(3) 政府对空气污染问题予以信息公开，方便民众监督。政府在治理空气方面毫不避讳，各种空气监测信息均向外开放，英国公民可援引《自由信息法》，向政府环保机构索取相关数据，不得被拒绝，以实行全民监督。政府治理稍有疏失，主流媒体也不会替政府粉饰遮掩而是大力抨击。

20世纪80年代后，西方国家基本上控制了污染，普遍较好地解决了国内的环境问题。其中，英国的情况具有代表性。1981年，英国城市上空烟尘的年平均浓度只有20年前的1/8，因污染严重而绝迹多年的100多种小鸟，重新飞翔在伦敦的天空。1980年，全英河流总长的90.8%已无重大污染。1982年8月，人们在离伦敦24千米的一个堰附近，捕捉到20尾绝迹100多年的大马哈鱼，"大马哈鱼的洄游是第二次世界大战结束后开始的反污染工作的一个里程碑"①。今日伦敦已成为一座"绿色花园城市"，城区1/3面积都被花园、公共绿地和森林覆盖，拥有100个社区花园、14个城市农场、80千米长的运河和50多个长满各种花草的自然保护区。

三、发展中国家环境治理的基本举措

在过去100多年的时间里，全球环境污染的主要制造者是发达国家，但是20世纪80年代后，发达国家依托经济优势、技术优势，将高排放企业转移到发展中国家，发达国家的环境治理成效显著。对比之下，发展中国家面临着艰巨的经济增长、民生改善的任务，

---

① 杨朝飞. 环境保护与环境文化[M]. 北京：中国政法大学出版社，1994: 391.

同时又无法再走发达国家"先污染、后治理"的工业发展老路，在背负经济发展压力的同时，还要背负环境保护的压力。

发展中国家的碳排放增幅在近年来明显高于发达国家。其中，中国、印度、南非、巴西等金砖国家的碳排放增加量占整个发展中国家的碳排放增加量的比例逐年提高，这主要与这些国家经济的高速发展有关。虽然从人均排放量上来看，发展中国家仍远低于发达国家，但发展中国家不断在国际会议上面临发达国家的指责，进行有效的环境治理迫在眉睫。

1972年6月联合国在瑞典的斯德哥尔摩召开"人类环境会议"，首次提出发展中国家与发达国家在承担环境保护责任问题上应区别对待。1992年联合国发布《气候变化框架公约》之后，包括2005年《京都议定书》、2007年的"巴厘岛路线图"、2009年的《哥本哈根协议》、2010年的坎昆会议、2011年的德班气候大会、2012年的多哈气候大会等在内的多次谈判中，发达国家总是坚持"共同责任"，要求发展中国家一起履行气候控制方面的国际义务；而发展中国家则一直坚持"有区别的责任"，要求发达国家必须承担更多的义务，并支持发展中国家的减排技术和资金等。最后两者妥协的结果是，在所有这些公约和议定书中均坚持重申"共同但有区别责任"原则，认为该原则的地位是构成所有气候控制国际法规则构建和谈判的基础。在这一阶段中，该原则在生物多样性、物种安全、气候控制等重要的环境法规则中，其作为基本原则的地位得到不断巩固[1]。

所谓"共同但有区别责任"原则，即人类面对地球环境资源方面的保护责任时，必须在承认共同责任的前提下，强调环境责任的实际承担，必须充分考虑到发达国家与发展中国家之间的差别而进行分配。这种差异需要考虑的具体要素包括历史责任、资源分配、经济实力、技术水平和应对环境问题的能力等[2]。

(一) 南非的环境治理

作为重要的发展中国家，南非政府近年来积极推行碳减排政策，将碳减排纳入国家长期发展计划。2011年，南非政府颁布第一个国家级应对温室气体排放的白皮书《南非应对气候变化政策》，明确了该国碳减排路线图。为了协调发展与碳减排之间的关系，南非政府为本国制定了上升、稳定、下降三步走的战略。该国政府认为南非以二氧化碳为主的温室气体排放将经历上升、稳定、下降三个阶段。2020—2025年为上升期，在此期间温室气体排放峰值将突破6000亿吨，2026—2035年为稳定期，2036—2050年为下降期。因此，要依据不同时期的碳排放规模制定相应减排政策。

在目标设定上，南非政府早在2003年就提出用10年时间新增绿色能源100kWh，同时减排20%温室气体。为达到这一目标，南非政府还要求国内企业编制"碳预算"，广泛运用技术、资金、国际援助等方面的资源，同时要求工业、贸易部门制定有针对性的外贸

---

[1] 黄颖. 全球气候治理与"共同但有区别责任"原则的演进[J]. 生态经济，2015, 31(11): 138-143.
[2] 郭璐. 后哥本哈根时代对国际环境法的影响——共同但有区别责任原则刍议[J]. 法制与社会，2013(23): 238-239.

政策，促进生态环保经济发展。在资金方面，南非开发银行与工业开发集团等部门为国内环保与可持续发展项目提供优惠贷款，促进碳减排。

为应对本国二氧化碳等温室气体排放规模持续增加，南非政府于2006年成立了一个远景规划团队，负责水利、农业、土地、矿业、能源、卫生等行业的环保监督机构的设立。上述部门形成了一套制度体系，体系内各机构相互沟通、协调、监督，以该国环保法律法规为依据，促进本国碳减排。

(二) 印度的环境治理

印度政府从法律上推动节能减排目标的实现。印度宪法规定，保护环境是该国的基本国策。2007年印度出台《解决能源安全和气候变化问题》，强调在保证经济增长这一首要任务的同时，要通过开发新能源实现碳减排，具体措施包括发展可再生能源、推行企业能源审计制度。在资金方面，印度政府要求每年用于碳减排等应对气候变化的投资不得低于当年GDP的2%。2008年，印度政府发布《气候变化国家行动计划》，再次强调碳减排战略。2010年，印度政府向企业推广"可再生能源证书"，此举为今后该国实行碳排放权交易提供了现实基础。

除了给予环保企业优惠贷款、减免税收等待遇外，印度政府还在项目审批方面设置较高的碳减排门槛。此外，还通过保护森林资源、开发节碳技术、发展绿色能源等实行全面减排。其中，开发新能源是印度碳减排政策的核心。

印度碳减排机构主要包括总理气候变化咨询委员会、国家环境变化委员会、非条约性能源部和可再生能源发展协会4个。其中，前两个机构主要是在制度设计、不同行业碳减排政策制定等方面促进国内碳减排，推动碳减排政策实施；可再生能源发展协会的功能在于为发展替代能源和可再生能源筹措资金。

(三) 巴西的环境治理

巴西政府于2007年发布气候变化白皮书，白皮书内容涉及新能源、绿色植被及清洁发展机制(CDM)等方面。其中，新能源包括乙醇燃料、生物柴油、替代能源等。此外，巴西政府还重视节能环保，提出节约用电计划，努力建立逆向供应链，用于资源回收利用。在植被保护方面，巴西政府强调合理砍伐和防火防灾两个方面[①]。

通过交流对话加强环境合作的方式成为发展中国家解决环境问题的有效途径。尤其是发展中国家的代表——金砖五国之间近年来环境合作进程不断加快，金砖国家环境部长会议以及中国、印度、巴西、南非"基础四国"气候变化部长级会议成为发展中国家环境合作的典范，通过环境治理问题的交流合作，将进一步丰富金砖国家领导人会晤成果，为共同应对区域乃至全球生态环境面临的挑战提供有力支撑，希望进一步增加交流对话，围绕

---

① 金洪，张宇飞. 发展中国家碳减排政策介绍及借鉴[J]. 赤峰学院学报(自然科学版), 2015, 31(10): 62-64.

空气质量改善、水和土壤环境治理等重点领域交流经验，对接需求，分享应对全球环境问题的最佳实践；着力推进城市可持续发展，推动开展务实合作，实现互利共赢，不断提升金砖国家在国际环境可持续发展领域的话语权和影响力。

金砖国家在国际场合对环境问题共同发声越来越成为新常态。2018年5月19—20日，第二十六次中国、印度、巴西、南非"基础四国"气候变化部长级会议在南非德班举行。在中方积极推动下，本次会议发表的"基础四国"联合声明中写入"在低碳和气候适应型发展领域构建人类命运共同体"，这是"构建人类命运共同体"理念首次体现在应对气候变化领域多边国际文件中。

第三节　中国的资源与环境问题

一、中国主要资源分布现状与资源利用应解决的问题

(一) 中国主要资源分布现状

一个国家的资源地域、总量以及人均分布状况，影响着这个国家和人民未来可持续发展的能力。中国的主要资源呈现种类多、分布不集中、人均占有量少、利用率低、污染浪费比较严重等特点，就主要资源(土地、矿产、森林、水)而言，其基本状况如下。

1. 土地资源

中国人均耕地面积只有1.43亩，不到世界平均水平的40%。其中，北京、上海、天津、浙江、福建、广东等省市的人均耕地低于联合国规定的人均耕地0.8亩的警戒线。60%以上的耕地后备资源分布在水资源缺乏或水土流失、沙化、盐碱化严重地区，补充耕地的潜力十分有限。水土流失面积占国土总面积的近40%，每年流失的土壤在50亿吨以上，中国荒漠化面积已占国土面积的1/3。

2. 矿产资源

44种主要矿产资源人均占有量不到世界平均水平的一半，20年耗竭的有14种，21～50年耗竭的有10种，101～200年耗竭的有4种，201～300年耗竭的有3种，300年以上耗竭的有5种。石油、天然气、铁矿石、铜和铝土矿等重要资源人均储量分别为世界人均水平的11%、4.5%、42%、18%和7.3%。中国的经济快速发展也意味着人均资源消耗量的增长，国内资源供给不足，重要资源对外依存度不断上升。2018年，约90%的铁矿石、70%的石油、45.3%左右的天然气依靠进口，资源安全形势的严峻性、脆弱性在增长，未来经济发展更易于受制于一系列地缘政治力量和非市场因素的影响。

3. 森林资源

中国森林面积列世界第5位，森林蓄积列世界第6位，但森林覆盖率只相当于世界森

林覆盖率的61.3%，人均森林占有面积相当于世界人均占有量的1/4，人均森林蓄积量只有世界人均蓄积量的12.5%，单位面积蓄积量指标远远低于世界林业发达国家水平。超限额采伐问题十分严重，年均采伐消耗量为3.65亿立方米，林龄结构趋于低龄化，可采资源继续减少，林地资源被改变用途或征用数量没有得到有效制止，有害生物蔓延和火灾不断发生威胁着森林资源的安全。

4. 水资源

中国人均淡水资源排在世界第88位，仅约为世界人均水平的1/4。有16个省(区、市)人均水资源拥有量低于联合国确定的1700立方米用水紧张线，其中10个省(区、市)低于500立方米严重缺水线。水资源地区分布不均衡，东部地区、长江以南面积占全国面积的34%，拥有的水资源约占全国的81%；长江以北面积占全国面积的47%，拥有的水资源仅相当于全国的7%；中西部地区面积占19%，拥有的水资源占12%。黄淮海地区和松辽地区的缺水量占全国总缺水量的66.51%；缺水城市达400个，日缺水400万吨，农业缺水每年达300亿立方米，2300万人饮水困难。据估算，每年因缺水造成的直接经济损失为2000亿～3000亿元。缺水导致水资源过度开发引发一系列生态环境问题，如地面沉降、湖泊消失、黄河断流、水体自净能力下降等。

(二) 中国资源利用应解决的问题

资源能否合理开发利用，关乎国家富强、人民幸福、民族复兴。就中国资源的总体状况而言，要做到合理利用和发展，必须妥善解决以下三个主要问题。

1. 资源储量、产量与经济增长需求面临结构性短缺

中国作为世界上人口最多的发展中国家，尽管地域辽阔，自然资源总量大、种类全，但人均少，质量总体不高，资源禀赋不佳。

中国资源结构分布也不合理，有的资源储量无论总量还是人均水平都处于世界领先地位，如稀有金属矿产，但与国家工业化、人民生活息息相关的石油、天然气、水、耕地等基础资源，中国的人均占有量远低于世界平均水平。人均耕地、林地、草地面积和淡水资源分别仅相当于世界平均水平的43%、14%、33%和25%，主要矿产资源人均占有量占世界平均水平的比例分别是煤67%、石油6%、铁矿石50%、铜25%。矿产资源品位低、贫矿多、难选冶矿多；土地资源中难利用地多、宜农地少；水土资源空间匹配性差，资源富集区与生态脆弱区多有重叠。中国资源的地域分布也不均衡，东部发达地区资源分布明显少于中西部地区，这增加了资源调配的成本。

2. 资源的不合理开发和浪费问题比较严重

中国主要资源的人均占有量低于世界平均水平。在过去的经济发展中，粗放型经济增长方式所造成的资源不合理开发和浪费问题也相当严重。

下面以土地、水、煤炭、燃油等主要资源为例，介绍这些资源开发和利用过程中存在的问题。

(1) 土地资源方面：中国目前土地开发利用中主要存在两个方面的问题：一是大面积土地质量退化；二是土地大量浪费，优良耕地减少。前者包括水土流失、土地沙漠化、盐碱化、潜育化以及土地污染等；后者是指土地利用不合理，城乡建设用地逐年扩大，占用了大量耕地等。

(2) 水资源方面：目前，全国地下淡水天然资源总量为 8800 多亿立方米，约占全国水资源总量的 1/3。改革开放以来，全国地下水开采量平均以每年 25 亿立方米的速度增加。全国地下水占总供水量的比例已从 1980 年的 14.0%增长到 2019 年的 15.5%左右。全国有 400 多个城市开采利用地下水，在城市用水总量中，地下水占 30%。全国约有 7000 多万人仍在饮用不符合饮用标准的地下水。不合理开采地下水诱发了诸多环境问题：全国约有一半城市市区的地下水污染比较严重，水质下降，还呈现出由点向面、由城市向农村扩展的趋势；已诱发 46 个城市发生地面沉降、海水入侵等。

(3) 煤炭资源方面：中国煤炭企业以中小型企业为主，技术含量低，甚至相当不具有采煤资质的小煤窑也大量存在，造成煤炭资源浪费严重。目前，全国煤矿资源回收率仅在 40%左右，特别是小煤矿的回收率只有 15%。全国每年浪费的煤炭量高达 10 亿吨，照此下去，到 2020 年，全国将有 560 亿吨煤矿资源被浪费。

(4) 燃油资源方面：随着中国居民收入的提高，私家车等机动交通工具成为居民出行的必要手段。2019 年，中国汽车保有量已经突破 2.6 亿辆，保有量已经仅次于美国，成为全球第二。汽车占有量的提高，豪华型、大排量的汽车消费方式加剧了中国石油资源的紧张，加上石化工业等耗油产业的能源需求，中国目前每年从国外进口的石油占石油总量已经超过了 60%。

3. 资源对外依存度不断提高

改革开放以来，中国出现了前所未有的经济奇迹，出现了人类历史上规模最大的工业化与城镇化浪潮。工业和城市发展的需要，产生了其他任何国家都无法比拟的巨大资源需求。

就能源矿产而言，国内的石油、天然气、铀矿甚至煤矿等都不得不大量依靠进口。从 20 世纪 90 年代初开始，中国已经从石油净出口国转变成石油净进口国，原油进口依存度在 2009 年突破 50%，2019 年全年中国进口原油(海运)总量已突破 5 亿吨大关，达到 5.057 亿吨，同比增长 9.5%，约 72%的石油依赖进口。此外，中国近年来天然气消费持续快速增长，消费增速远高于石油和煤炭。2019 年中国天然气的对外依存度达 43%。此外，出于发展核工业的需要，中国急需铀等核工业资源，铀的对外依存度更高。中国核原料和铀的对外需求度高达 85%，远超 50%的国际警戒线。中国相对丰富的煤炭资源对外依存度也超过了 14%，建筑、钢铁等产业所需的铁矿石资源在 2015 年的对外依存度首次突破 80%。

在国内资源无法自给从而出现资源缺口的情况下，不得不大量依赖进口。严重依赖进口外来资源将对中国经济发展造成以下不利影响：①资源一旦需要大量进口的自然资源国际市场价格上涨，将对中国经济产生十分显著的制约效应，直接影响表现为 GDP 增长率的下降和物价的上涨。②资源大量进口间接导致出口面临着下降的危险，使以石油为主要燃料、原料的产品，因为生产成本上升导致产品竞争力下降，出口随之下降，使国际收支出现困难,进而降低进口能力。能源安全已经成为中国经济安全的核心问题。③一旦发生国际战争或局部军事冲突,急需石油等战略物资,高依存度的能源结构还有可能威胁到中国的政治与军事安全。

二、中国的环境现状与问题

中国环境形势为环境质量总体保持稳定,环境问题仍十分突出。党的十八大以来,中国治理环境问题的力度不断加大,环境状况总体向好的方向转化。在经济快速增长的情况下,全国环境质量总体保持稳定。单位产品的污染物排放量逐年下降,国家控制的主要污染物排放除二氧化硫外增长趋势得到初步遏制,生态保护和建设得到加强。一批环境与经济协调发展的示范城市和地区,出现了经济快速增长、环境质量不断改善的局面。

但是,当前中国的环境问题仍十分突出,由于中国能源生产和消费以煤炭和石油为主,燃煤造成的二氧化硫和烟尘排放量均占其排放总量的80%~90%。目前中国环境形势严峻的状况仍然没有改变。主要污染物排放量已经超过环境承载能力,过去20年间,中国因环境污染和生态退化造成的损失占GDP的7%~20%。截至2018年年底,全国汽车保有量达2.4亿辆,比2017年增加2285万辆,增长10.51%。到2020年,中国汽车保有量有可能超过美国,石油的需求量不断加大、尾气大量排放,将产生一系列有毒有害气体。

中国的环境问题主要表现为:环境污染十分严重,主要污染物排放总量超过环境自净能力;重要河流与湖泊遭受不同程度的污染,一些农村地区的群众仍在饮用不合格的水;城市空气污染严重威胁居民身体健康;工业危险废物、城市垃圾的数量在增加,无害化处理设施的建设滞后;噪声扰民相当严重。

此外,生态破坏问题突出。水土流失、沙化土地以及天然草原退化问题仍然存在;森林生态功能不足;一些北方河流水资源开发利用率超过了河流自身承受能力,其中黄河、淮河、辽河开发利用率超过60%,海河超过90%,大大高于生态警戒线(30%~40%),流域濒危物种面临灭绝危险,生态功能严重失调;华北平原已出现世界上最大的地下水位下降漏斗。环境保护面临更加严峻的挑战。

中国面临完成全面建成小康社会的战略任务,经济总量将比2000年翻两番,经济面临结构调整和产业转型的艰巨挑战。要完成这些目标,环境保护将面临更加严峻的挑战,具体包括:一是在工业化进程中,造纸、酿造、电力、化工、建材、冶金等行业将继续发展,控制环境污染和生态破坏的难度加大;二是以煤为主的能源结构长期存在,二氧化硫、氮氧化物、二氧化碳、烟尘、粉尘治理任务将更加艰巨;三是在城市化过程中,城市环境基础设施建设滞后,大量的垃圾与污水得不到安全处置,工厂搬迁后土地污染凸显,沿海地区高强度的开发加大了近岸海域的环境压力;四是在农业和农村发展中,化肥农药的不合理使用、养殖业的无序发展、农村卫生设施落后、污水灌溉以及工业不断向农村转移,将加剧农业面源和农村环境污染,既损害农民的健康,又威胁农产品安全;五是在社会消费转型中,电子电器废物、机动车尾气、有害建筑材料和室内装饰不当等各类新污染呈迅速上升趋势;六是转基因产品、新化学物质等新技术、新产品将对环境和健康带来潜在风险，持久性有机污染物危害加重。

面对如此严峻的环境形势与挑战，如不采取坚决有效的措施，环境问题将严重抵消改革开放以来中国经济发展成果，危害群众健康，影响社会中长期稳定和中华民族的长远利益。

粗放型增长方式是环境问题的根本原因。中国人口总量过大、人均资源量过少、环境容量小、生态脆弱是中国的基本国情，建立在粗放型经济增长方式基础上的快速增长更加使资源难以为继，环境不堪重负。中国单位产出的能耗和资源消耗水平明显高于国际先进水平，工业万元产值用水量是国外先进水平的10倍，单位国内生产总值排放的二氧化硫和氮氧化物是发达国家的8~9倍。环境治理将会在未来几十年内成为中国政府急需应对和解决的问题之一。

三、生态帝国主义的冲击与应对

世界上所有发达国家都经历过环境改善与经济增长矛盾无法调和的时期，中国也不例外。但是有些西方国家在生态问题上打着"中国威胁论"的旗号，肆意指责中国的环境问题，要求中国承担超出其经济社会发展水平的国际环境责任。面对西方国家的环境指责，中国以负责任的大国形象，提出承担与自身国力相适应的"共同但有区别"环境责任主张。

中国作为世界上最大的发展中国家，人口规模庞大，加上高速的经济发展需求，单位产出能耗与资源消耗水平过高的确是事实。但与西方发达国家相比，中国人均能源消耗量远低于西方国家平均水平，以美国为例，中国石油人均消耗量只有美国的1/6左右，天然气人均消耗量只有美国的1/20左右。西方发达国家以中国的资源消耗过大为由宣扬"中国威胁论"，指责中国未来将消耗过多的自然资源，远超地球实际的承受能力，明显是一种自己不负责任而要求别人埋单的生态帝国主义行为。

在当今世界范围内，应对环境恶化、生态失衡负主要责任的正是西方发达资本主义国家，它们过去的发展已经欠下了生态方面的巨大债务，现在仍以占世界25%的人口消耗着占世界75%以上的能源和80%以上的原料；造成目前地球"温室效应"的祸首也是西方发达资本主义国家，这些国家释放的可产生温室效应的气体，占全世界释放总量的2/3。更有甚者，迫于国内环保组织与民众的压力，近年来，这些国家竟把一些高污染的有毒工业转移到发展中国家，把危害人的健康的废弃物(包括核废料)倾倒在发展中国家土地上。20世纪的后40年里，日本对外转移了60%以上的高污染产业，美国转移出去的高污染产业占40%左右。

"生态帝国主义"一词用于描述当代发达资本主义国家将生态危机转嫁给发展中国家，对发展中国家进行"生态掠夺"的行径。这种生态掠夺与十六七世纪的贩卖黑奴，十八九世纪的对落后国家的商品输出和资本输出的掠夺，本质上是一致的。生态帝国主义对发展中国家的生态掠夺有两种方式：直接的掠夺和间接的掠夺。直接的掠夺是指发达国家将一些高耗费、高污染、劳动密集型的企业迁移到发展中国家，甚至把垃圾场建在这些国家，直接掠夺那里的土地、劳动力、自然资源和洁净的空气、干净的水源。帝国主义国家为了获取廉价石油，为了以最低成本实现资本扩张和对生产、利润的最大化追求，在油田上实行霸权和垄断，或通过政治代理人实现其统治，以粗暴的工业化模式开发原油资源，结果就是人与自然之间的基本的新陈代谢遭到破坏，能源迅速耗尽衰竭。间接的掠夺是指通过操控世界市场体系、网络技术等方式，对发展中国家进行舆论攻势和经济制裁，逼迫发展中国家承担过重的环境责任，进而达到控制发展中国家内政及规避自身环境责任的目的。

第四节　"美丽中国"与绿色发展

一、生态文明建设在中国发展战略中的地位

中国政府从 20 世纪 60 年代开始就意识到生态环境问题的重要性。1968 年，第 23 届联合国大会决定于 1972 年召开人类环境会议，即联合国第一次环境会议。1972 年 2 月，联合国秘书长致函邀请中国参加，此时正值"文化大革命"时期，周恩来毅然决定派团参加。

根据周恩来的指示，确定了来自国家计划委员会、工业、农业、水利、卫生、外交等部门的 20 多人组成的代表团。周恩来要求代表团通过这次会议，了解世界环境状况和各国环境问题对经济、社会发展的重大影响，并以此作为镜子，认识中国的环境问题。

代表团在回国后的总结会上，得出中国城市的环境问题不比西方国家轻，而在自然生态方面存在的问题远在西方国家之上的结论。周恩来当即指示，要立即召开全国性的环境保护会议。

1973 年 8 月 5—20 日，在周恩来的指导下，国务院在北京召开了第一次全国环境保护会议。会议确定了中国第一个环境保护工作方针，并且通过了中国第一部环境保护的法规性文件——《关于保护和改善环境的若干规定》，由此揭开了中国环境保护事业的序幕。

改革开放初期，1979 年 9 月 13 日第五届全国人大常委会第十一次会议通过了试行的《环境保护法》，并于当日公布试行，这是中国第一部环境保护法律。此后，邓小平多次强调环境保护尤其是植树造林的重要性，在 1982 年 12 月 26 日对林业部关于开展全民义务植树运动情况报告的批语中，邓小平提出植树造林这件事，"要坚持二十年，一年比一年好，一年比一年扎实。为了保证实效，应有切实可行的检查和奖惩制度"[①]。

从 20 世纪 80 年代开始，中国针对特定污染防治领域而制定的单项法律包括《水污染防治法》《大气污染防治法》《环境噪声污染防治法》《固体废物污染环境防治法》《海洋环境保护法》。这些法律也根据中国环境形势的变化不断地被修订和完善。

随着理论与实践的不断深入，中国党和政府提出了"科学发展观"的思想，强调其第一要义是发展，核心是以人为本，基本要求是全面协调、可持续发展，根本方法是统筹兼顾。中国党和政府按照"统筹城乡发展、统筹区域发展、统筹经济社会发展、统筹人与自然和谐发展、统筹国内发展和对外开放"的要求，将人与自然和谐发展摆在突出的位置。

---

① 中央文献研究室. 邓小平文选：第 3 卷[M]. 北京：人民出版社，2010：21.

中国特色社会主义进入新时代，习近平着眼于全面建成小康社会、实现社会主义现代化和中华民族伟大复兴的战略考量，强调必须牢固树立创新、协调、绿色、开放、共享五大发展理念。党的十九大报告指出："我们要建设的现代化是人与自然和谐共生的现代化，既要创造更多物质财富和精神财富以满足人民日益增长的美好生活需要，也要提供更多优质生态产品以满足人民日益增长的优美生态环境需要。"当前，加快生态文明体制改革，建设美丽中国，以生态文明推动构建人类命运共同体，已经成了中国人民的共识。

二、中国近年来治理环境污染的成绩

中国自改革开放以来持续的经济高速增长，一方面铸就了世界第二大经济体的"中国奇迹"，令世界各国为之瞩目；另一方面也积累了一系列深层次的问题和矛盾。其中一个突出的问题和矛盾是长期粗放型发展方式不但使中国的资源不堪重负，而且还造成了大规模雾霾、水污染、土壤重金属超标等突出的环境问题。资源环境的承载能力已经逼近极限，高投入、高消耗、高污染的传统发展方式已经不可持续、亟待转变。

近年来，北方出现比较严重的雾霾天气，牵动着每一位中华儿女爱护家园的心。冬季严重的雾霾天气，与华北地区粗放型经济发展方式有着密切的关系。以京津冀及周边地区为例，该区域国土面积占全国的7.2%，却消耗了全国33%的煤炭，主要大气污染物排放量占全国排放总量的30%左右，单位国土面积排放强度是全国平均水平的4倍左右。其中，高污染、高能耗产业大量聚集和燃煤、燃油集中排放是造成该区域大气污染的直接原因。

除此之外，也应注意到大气污染在近年来比较严重与冬季气象条件持续不利也有密切关系。2013年以来，全球冬季气象条件总体不利。2015年发生了强厄尔尼诺现象，2016年仍延续了气候异常的影响，进入秋冬季以来，全球普遍出现异常气候，多个国家包括基本解决空气重污染问题的英国、法国、韩国等发达国家，接连发生较高强度、较大范围的重污染事件。同期，中国也经历了非常不利的气象条件，尤其是北方地区冷空气不活跃，强度弱，风速小，温度明显偏高。据气象监测数据显示，2016年12月是1951年以来最暖的12月，全国的平均气温比多年平均情况高2.6℃，北京偏高1.6℃。这样的气象条件不仅非常不利于污染物的扩散，还会引起细颗粒物(PM2.5)的二次生成，加剧污染。

在对北方大气污染治理问题上，2010—2020年，三北防护林工程清除了中国北方约3000万吨的PM2.5，其中清除最多的地区是华北片，清除量达到PM2.5总量的0.9%。近年来，通过全面加大燃煤锅炉取缔力度，推进城中村、城乡接合部、农村地区散煤治理，加强工业企业冬季错峰生产力度，提高行业排放标准，加强排污许可管理，加大排查、整治中小散乱污染企业力度，强化对高排放车辆的监管等措施，大气环境质量得到改善。据统计，2018年北京每个月的PM2.5平均浓度都在75微克/立方米以下，9月为一年中最低月份，平均浓度仅为28微克/立方米，按照我国标准，35微克/立方米以下为优，35~75微克/立方米为良，75~115微克/立方米为轻度污染，即北京一年中大多数月份的平均空气状态都在良，部分月份可达优。全国338个地级及以上城市空气质量也在持续改进。与发达国家同期相比，中国环境质量改善速度并不慢，大气治理的方向值得肯定。

尤其是珠三角地区，通过产业转型升级，不断调整经济结构，2018全年，广东省空气质量优良天数比例(AQI 达标率)为 88.9%，全省 PM2.5 平均浓度为 31 微克/立方米，较 2017 年同期下降 2 微克/立方米(6.1%)；珠三角地区 PM2.5 平均浓度为 32 微克/立方米，较 2017 年同期下降 2 微克/立方米(5.9%)。中国用十几年的时间取得了英国、美国、日本半个世纪治理大气污染的成绩。近年来，广东环境改善明显。

在其他污染治理方面，中国的城市污水治理能力由 1.25 亿吨增加到 1.82 亿吨，成为全世界污水处理能力最大的国家之一。

在能源消耗方面，煤电 5.8 亿千瓦增加到 8.9 亿千瓦，安装率从 83% 增加到 99% 以上。随着燃煤发电机组的推进，中国煤电行业取得革命性的进步，成为世界上最大的清洁体系之一。"十二五"期间，中国淘汰落后产能水泥 6.5 亿吨、平板玻璃 1.6 亿箱，二氧化硫排放下降 47%，氨氮排放强度下降 42%。

在生态和环境保护方面，中国大力实施天然林保护环境，退耕还林，退耕还草。加强生物多样性保护，建成自然保护区 2740 个，高于 12.7% 的世界平均水平。开展农村环境综合整治，全国 7.8 万村庄完成任务。

在大江大河治理方面，中国也显示出了很大的魄力。2016 年 1 月 5 日，在重庆召开的推动长江经济带发展座谈会上，中国国家主席习近平强调，推动长江经济带发展必须坚持生态优先、绿色发展的战略定位。目前，中国在长江流域全面推行河长制，这为加强长江经济带河湖管理保护提供了制度保障和重要抓手，长江生态与经济效益双赢的局面正在形成。黄河治理一直是中国历代王朝关注的国家治理难题，近年来，中国采取 "节水优先、空间均衡、系统治理、两手发力"的治水思路，黄河流域经济社会发展和百姓生活发生了很大的变化。治理成效突出体现在三个方面：水沙治理取得显著成效；生态环境持续明显向好；发展水平不断提升。中国政府在未来几十年内，将着重从以下五个方面加强黄河治理：第一，加强生态环境保护；第二，保障黄河长治久安；第三，推进水资源节约集约利用；第四，推动黄河流域高质量发展；第五，保护、传承、弘扬黄河文化。

2019 年，二氧化硫、氮氧化物排放量要下降 3%，重点地区 PM2.5 浓度继续下降，推动钢铁等行业超低排放改造。减排带来了变化，全国酸雨区面积约 53 万平方千米，占国土面积的 5.5%，同比下降 0.9 个百分点。中国为解决环境问题作出了重大的贡献，并在不断提升环境保护的能力。当然，中国环境治理仍然需要坚持相当长的时间。

三、美丽中国正在逐步成为现实

随着中国综合国力的不断提升，中国政府有意识地塑造自己作为"负责任大国"的国际形象。中国在生态文明建设上进行巨大的人力、物力投入，采取了一系列环境治理的战略举措，赢得了世界各国的广泛肯定和赞誉。中国政府在 2012 年党的十八大以来围绕环境治理问题进行了坚持不懈的努力，具体包括以下内容。

(1) 强化公民环境意识。树立生态文明的核心是坚持人与自然和谐共生。落实尊重自然、顺应自然、保护自然的理念，加强生态文明宣传教育，增强全民节约意识、环保意识、生态意识，倡导弘扬"牢记使命、艰苦创业、绿色发展"的塞罕坝精神，营造爱护生态环境的良好风气。

(2) 完善生态文明制度体系，用最严格的制度、最严密的法治保护生态环境。2014年4月，十二届全国人大常委会第八次会议通过修订后的《中华人民共和国环境保护法》，推进省以下环保机构监测监察执法垂直管理，建立全国统一实时在线环境监控系统；全面推行河长制，各级党政主要负责人担任"河长"，负责组织领导相应河湖的管理和保护工作[①]。2015年8月，中共中央办公厅、国务院办公厅印发《党政领导干部生态环境损害责任追究办法(试行)》，要求各地区各部门坚决扛起生态文明建设的政治责任，切实把生态文明建设各项任务落到实处。

(3) 积极参与国际合作。中国率先签署全球合作应对气候变化的《巴黎协定》，倡议二十国集团发表首份气候变化问题主席声明；认真落实气候变化领域南南合作政策承诺，设立200亿元人民币的中国气候变化南南合作基金，支持发展中国家应对气候变化挑战，与世界各国携手共建生态良好的地球美好家园。

(4) 大力推进生态文明建设，全党全国贯彻绿色发展理念的自觉性和主动性显著增强，忽视生态环境保护的状况明显改变，生态文明建设成效显著。制定实施《水污染防治行动计划》《大气污染防治行动计划》《土壤污染防治行动计划》，并取得扎实成效，单位国内生产总值能耗、水耗均下降20%以上。重拳整治大气污染，重点地区PM2.5平均浓度下降30%以上。主要污染物排放量持续下降，重点城市重污染天数减少一半，森林面积增加1.63亿亩，沙化土地面积年均缩减近2000平方千米，绿色发展呈现可喜局面。生态文明制度体系加快形成，主体功能区制度逐步健全，国家公园体制试点积极推进。全面节约资源有效推进，能源资源消耗强度大幅下降。重大生态保护和修复工程进展顺利，森林覆盖率持续提高。生态环境治理明显加强，环境状况得到改善。引导应对气候变化国际合作，成为全球生态文明建设的重要参与者、贡献者、引领者。

2017年10月18—24日召开的十九大上，中国国家主席习近平向全世界承诺未来中国政府对于生态文明建设的中长期规划。在中国未来的生态文明建设上，中国政府坚持节约资源和保护环境的基本国策，为人民创造良好生产生活环境，努力形成人与自然和谐发展的新格局。其中包括：第一，把节约资源放在首位；第二，坚持保护优先、自然恢复为主；第三，着力推进绿色发展、循环发展、低碳发展；第四，形成节约资源和保护环境的空间格局、产业结构、生产方式、生活方式。习近平指出，应"加快生态文明体制改革，建设美丽中国"。

在中国未来的生态文明建设上，中国政府十分重视完善生态文明制度体系在环境治理过程中的重要作用。中国国家主席习近平指出："只有实行最严格的制度、最严密的法治，才能为生态文明建设提供可靠保障。"[②]建设生态文明，必须建立系统完整的制度体系，用

---

① 陈小平. 落实河长制必须持之以恒[N]. 人民日报，2018-05-30(20).
② 习近平. 坚持节约资源和保护环境基本国策努力走向社会主义生态文明新时代[N]. 人民日报，2013-05-25(1).

制度保障生态环境、推进生态文明建设。

(1) 要完善经济社会发展考核评价体系。建立系统、完整的生态文明制度体系，最重要的是要把资源消耗、环境损害、生态效益等体现生态文明建设状况的指标纳入经济社会发展评价体系，使之成为推进生态文明建设的重要导向和约束。

(2) 划定生态保护红线，建立责任追究制度。生态红线就是国家生态安全的底线和生命线，这个红线不能突破，一旦突破必将危及生态安全、人民生产生活和国家可持续发展。探索编制自然资源资产负债表，对领导干部实行自然资源资产离任审计，建立生态环境损害责任终身追究制。

(3) 健全法律法规，完善生态环境保护管理制度。中国正在逐渐完善生态环境、土地、矿产、森林、草原等方面保护和管理的法律制度，改革生态环境保护管理体制，建立和完善严格监管所有污染物排放的环境保护管理制度，独立进行环境监管和执法，提高执法工作的权威性。对造成生态环境损害的责任者严格实行赔偿制度，依法追究责任。

中国政府正在加快生态文明体制改革，把生态文明建设纳入制度化、法治化轨道，用制度保障生态环境、推进生态文明建设。

(1) 要推进绿色发展。加快建立绿色生产和消费的法律制度和政策导向，建立健全绿色低碳循环发展的经济体系。构建市场导向的绿色技术创新体系，发展绿色金融，壮大节能环保产业、清洁生产产业、清洁能源产业。推进能源生产和消费革命，构建清洁低碳、安全高效的能源体系。推进资源全面节约和循环利用，实施国家节水行动，降低能耗、物耗，实现生产系统和生活系统循环链接。倡导简约适度、绿色低碳的生活方式，反对奢侈浪费和不合理消费，开展创建节约型机关、绿色家庭、绿色学校、绿色社区和绿色出行等行动。

(2) 要着力解决突出环境问题。坚持全民共治、源头防治，持续实施大气污染防治行动，打赢蓝天保卫战。加快水污染防治，实施流域环境和近岸海域综合治理。强化土壤污染管控和修复，加强农业面源污染防治，开展农村人居环境整治行动。加强固体废弃物和垃圾处置。提高污染排放标准，强化排污者责任，健全环保信用评价、信息强制性披露、严惩重罚等制度。构建政府为主导、企业为主体、社会组织和公众共同参与的环境治理体系。积极参与全球环境治理，落实减排承诺。

(3) 要加大生态系统保护力度。实施重要生态系统保护和修复重大工程，优化生态安全屏障体系，构建生态廊道和生物多样性保护网络，提升生态系统质量和稳定性。完成生态保护红线、永久基本农田、城镇开发边界三条控制线划定工作。开展国土绿化行动，推进荒漠化、石漠化、水土流失综合治理，强化湿地保护和恢复，加强地质灾害防治。完善天然林保护制度，扩大退耕还林还草。严格保护耕地，扩大轮作休耕试点，健全耕地草原森林河流湖泊休养生息制度，建立市场化、多元化生态补偿机制。

(4) 要改革生态环境监管体制。加强对生态文明建设的总体设计和组织领导，设立国有自然资源资产管理和自然生态监管机构，完善生态环境管理制度，统一行使全民所有自然资源资产所有者职责，统一行使所有国土空间用途管制和生态保护修复职责，统一行使监管城乡各类污染排放和行政执法职责。构建国土空间开发保护制度，完善主体功能区配套政策，建立以国家公园为主体的自然保护地体系。坚决制止和惩处破坏生态环境行为[①]。

走向生态文明新时代，建设美丽中国，是实现中华民族伟大复兴的中国梦的重要内容。中国将按照尊重自然、顺应自然、保护自然的理念，贯彻节约资源和保护环境的基本国策，进一步完善生态文明制度体系，把生态文明建设融入经济建设、政治建设、文化建设、社会建设的各方面和全过程，从而为子孙后代留下天蓝、地绿、水清的生产生活环境。

生态文明建设作为"十三五"规划"五位一体"总布局的重要组成部分，是深刻总结中共领导社会主义建设的历史经验、顺应国际国内大势和人民群众美好生活新期待提出来的。落实"五位一体"总布局，必须坚持以经济建设为中心，在经济不断发展的基础上，协调推进政治建设、文化建设、社会建设、生态文明建设以及其他各方面的建设。实现美丽中国的梦想，就必须树立尊重自然、顺应自然、保护自然、生态文明就是生产力的理念，加强生态文明的制度体系建设。

思 考 题

1. 如何理解可持续发展理念的形成过程以及人类面临的可持续发展困境？
2. 如何理解20世纪人类的八大污染公害事件？
3. 如何理解中国当前的资源环境问题？
4. 如何理解中国在解决资源环境问题上所取得的成绩和面临的挑战？

推 荐 阅 读

1. 蕾切尔·卡逊. 寂静的春天[M]. 北京：中国青年出版社，2015.
2. 德内拉·梅多斯，乔根·兰德斯，丹尼斯·梅多斯. 增长的极限[M]. 北京：机械工业出版社，2013.
3. 环境保护部：向污染宣战：党的十八大以来生态文明建设与环境保护重要文献选编[M]. 北京：人民出版社，2016.
4. 马立博. 中国环境史——从史前到现代[M]. 北京：中国人民大学出版社，2015.
5. 习近平. 决胜全面建成小康社会 夺取新时代中国特色社会主义伟大胜利——在中国共产党第十九次全国代表大会上的报告[N]. 人民日报，2017-10-27(4).

---

① 习近平. 决胜全面建成小康社会 夺取新时代中国特色社会主义伟大胜利——在中国共产党第十九次全国代表大会上的报告[N]. 人民日报，2017-10-27(4).

第七章

当代世界与中国的民族和宗教

当今国际社会中的众多热点和难点问题,往往都与民族、宗教问题相关联。宗教问题与民族问题交织在一起,已经成为影响国际政治和世界和平的重要因素。民族,是指在文化、语言、历史或宗教等方面与其他人群在客观上有显著区分的一群人。宗教,作为一种普遍存在的社会意识,是一种历史积淀的文化现象,对社会稳定、国际关系有长期的影响作用。各国应该积极引导宗教与社会发展相适应,加强各民族之间的交流,促进宗教间的平等对话,使宗教发挥其社会功能的良性作用,维护世界和平,促进人类社会的健康发展。学习本章内容,有助于从总体上把握当代世界的民族与宗教概况、主要问题以及中国解决民族、宗教问题的基本政策。

第一节 当代世界的民族和宗教

民族和宗教不仅是历史文化问题,也是当今世界各国必须面对的现实社会问题。在绝大多数国家里,多个族群共同居住、生活,各自又分属于不同的民族类别,有着不同的教派信仰,各方往往恩怨利害错综复杂。这些恩怨利害有的是在国家、地区的漫长历史进程中逐渐形成的,有的是最近一百多年商贸往来、人口迁移、疆界变动等原因造成的。人们对于民族和宗教的现有认知,也是逐渐演变而来的。

一、当代世界的民族

"民族"是在近代西方社会历史进程中逐渐形成并流行全世界的词汇。文艺复兴、宗教改革之后,西欧的英、法等中央集权国家在与罗马教皇争夺对本国教徒控制权的斗争过程中,提出了以地域划分国民,"一个国家,一个民族"的概念。随着西欧各国市场、文化教育的发展,各国方言的规范,流行于欧洲上层社会的拉丁语最终被英、法等国的民族语言所取代,西欧地区的民族国家最终形成。随着西欧资本主义全球扩张,欧洲的"民族"观念也逐渐传播到世界各地,并演绎出不同的解读和定义。斯大林根据欧洲民族国家的情况,对民族作出这样的定义:"民族是人们在历史上形成的一个有共同语言、共同地域、共同经济生活以及表现在共同文化上的共同心理素质的稳定的共同体。"①这是比较常用的定义。简单来说，所谓民族，是指在文化、语言、历史或宗教等方面与其他人群在客观上有所区分的一群人。同一个民族可有不同的宗教信仰；同一个民族也可有不同的历史渊源，不同的民族也可在后期融合成新民族。与种族不同的是，民族单指文化区分，非生理基因上的区分。与国族不同的是，民族是以政治、文化凝结成的新族群，而国族在形成之初必然含有不同的民族。人类社会具有鲜明的多样性，各个国家社会历史的演变进程不尽相同，关于民族的概念和认知也各不相同。中国的汉族在两千年前已经基本形成，而南美、非洲南部一些国家的民族是在摆脱殖民主义之后才显现出来的，甚至有的至今尚未完全定型。同时，由于民族划分在统计中存在一些复杂情况，例如世界上还同时存在着多种类型的人类共同体，有民族、部落集团，甚至还有氏族，人们对"民族"之含义尚无全世界统一的界定，故未能有统一的统计标准；同时，有些国家和地区也尚未进行过人口普查等，所以缺乏有关世界民族成分的完整信息。

民族也泛指历史上形成的、处于不同社会发展阶段的各种人们共同体，如原始民族、古代民族、现代民族等。还有其他更广泛的用法，如中华民族、美利坚民族等。至于近代民族国家的诞生，与政治势力、人为因素有很大关联，譬如边境线的划定使得许多民族跨界而居，形成同一民族分居不同国籍的情况，而且是广泛存在于众多国家。

据中国民族宗教网介绍，目前全世界有2000多个民族，分布在200多个国家和地区。在亚洲有1000个以上的民族，约占世界民族总数的一半，是民族数量最多的一个洲。其中，拥有50多个民族的有中国、印度、菲律宾、印度尼西亚等国。欧洲的民族约有170个，单一民族的国家约有20个。尼日利亚是世界上民族最多的国家，它有8000多万人口，大小民族有250个，占世界民族总数的1/8。世界各民族的人口数量相差悬殊，人口多的超过了10亿，少的只有几十人。中国汉族是世界上人口最多的民族，印度的安达曼族和明戈比族、印度尼西亚的托瓦拉族等只有百人，甚至几十人。菲律宾棉兰老岛的塔萨代族人口仅有24人②。随着全球人口的持续增长，民族的总体数目呈下降的趋势。在民族、文化融合日益加快的形势下，小民族的数目逐渐减少，若干个小民族聚合为一些大民族，继而大民族的数目日渐增多。

关于世界民族分类有不同方法：有的按分布地区，有的按种族特征，有的则按经济文化或语言系属。国际上多以语言谱系分类为基础来划分。学界主流观点认为，全世界的语言分属17个语系。在"地理大发现"以前，属一洲独有的语系有10个：美洲1个，即印第安诸语；大洋洲有2个，即澳大利亚诸语和巴布亚诸语；非洲3个，即尼罗—撒哈拉语系、尼日尔—科尔多凡语系和科伊桑语系；亚洲4个，即汉藏语系、南亚语系、达罗毗荼语系和古亚语系。属两洲跨界的语系有7个：亚、美1个，即爱斯基摩—阿留申语系；

---

① 斯大林选集：上卷[M]. 北京：人民出版社，1979: 61.
② 1971年，一位菲律宾政府官员马纽尔·伊里杂德(Manuel Elizalde)发现了居住在与世隔绝的棉兰老岛的一个还处于石器时代的小部落，人称塔萨代。也有人说，这个族群的发现纯属骗局，实际上是菲律宾前总统马科斯政府官员捏造出来牟利的。

亚、大1个，即南岛语系；亚、非1个，即闪含语系；亚、欧4个，即印欧语系、高加索语系、乌拉尔语系和阿尔泰语系。"地理大发现"时期，大量欧洲移民涌向美洲大陆，以及奴隶贸易，都对美洲及非洲的民族构成产生了深远影响。19世纪后半期，随着资本主义的发展，又有大批欧洲移民流向美洲，部分移居澳大利亚、新西兰、北非和南非。第二次世界大战后，由于帝国主义者制造民族矛盾，也引起了一些大规模的移民。随着移民的扩散，语言分布也发生较大变化。当今世界的语系分布基本情况如表7-1所示。

表7-1　当今世界的语系分布

语　系	使用地区及情形
印欧语系	日耳曼、斯拉夫、罗曼、克尔特、伊朗、印度等10个语族，分布于世界各国，约有150个民族使用，使用人数最多，占全世界人口的45.5%
汉藏语系	使用人数居第二位，包括汉、藏、缅、壮、侗、苗、瑶等语族，分布在中国和东南亚等地
闪含语系	各族主要分布在西亚和北非
尼日尔—科尔多凡语系	各族主要分布在非洲撒哈拉以南
高加索语系	各族分布在高加索地区
达罗毗荼语系	各族分布在印度南部
乌拉尔语系	各族散居于从斯堪的纳维亚半岛到乌拉尔山一带
阿尔泰语系	各族分布于从东北亚到小亚细亚的广大地区
南亚语系	各族分布在中南半岛
南岛语系	各族主要分布在太平洋各岛国
尼罗—撒哈拉语系	各族分布在苏丹地区
科伊桑语系	各族分布在西南非
古亚语系	各族分布在东北亚，爱斯基摩—阿留申语系各族分布在东北亚和北美北极圈内，印第安诸语各族分布在美洲大陆，澳大利亚诸语各族分布在澳大利亚
巴布亚诸语	各族分布在伊里安岛

二、当代世界的宗教

不同民族有着各自不同的生活环境以及社会历史轨迹，其宗教信仰也呈现出鲜明的民族特色。在许多民族和国家的社会生活中，宗教信仰有其特殊作用。学术界常将宗教分为原始宗教、民族宗教和世界性宗教三大类。

1. 原始宗教

原始宗教一般包括图腾崇拜、巫术和万物有灵等观念，在中南半岛、热带非洲、美洲和太平洋岛屿的某些民族(如蒙达人、布须曼人、印第安人、巴布亚人)中，仍然不同程度地存在原始宗教信仰。

2. 民族宗教

民族宗教又称国民宗教，是指流行于部族、民族、国家等一定地域内的宗教，如日本之神道教、印度之印度教、以色列之犹太教等。多与所处地域的社会风俗、习惯、制度等有密切的关系，而未必有宗教开创者或依据之经典。例如日本神道并无特定之教，以原始宗教为基础，根据国家组织而发展。又如中国的道教，有其特定之教祖，亦有其"特殊之教格"而适合该国国民之传统，故难以传入他国。

3. 世界宗教

此类型宗教多随个人意志选择接受信仰，顺从组织内的信条、仪礼、戒律等。通常由特定人物创立，并以特定人物的行迹及教说为中心，形成该教的教理与经典。教团往往站在超越民族、国家的立场而创立，其教法系以全体人类为中心，具有世界性与普遍性之特点。世界性的宗教虽然以全体人类为中心，实际上常以救济个人为基础，具有探索心灵与侧重个人实践修行的特性。在现代社会中，主要的世界宗教有佛教(包括喇嘛教)、基督教(包括天主教、东正教、新教)和伊斯兰教等。这些世界性大宗教的信徒约占全世界民族人口的一半。

(1) 佛教：佛教起源于古印度(今尼泊尔境内)，距今三千多年，为迦毗罗卫国(今尼泊尔境内)王子乔达摩·悉达多所创。西汉末年，佛教经陆上丝绸之路传入中国。如今主要分布在东亚和东南亚地区，大约有教徒 5 亿人。佛教有南传佛教、汉传佛教、藏传佛教三大派系。所谓喇嘛教，即藏传佛教，在藏人和蒙古人中较流行。佛，意思是"觉者"。佛，又称如来、应供、正遍知、明行足、善逝、世间解、无上士、调御丈夫、天人师、世尊等。佛教重视人类心灵和道德的进步和觉悟。佛教信徒修习佛教的目的在于依照悉达多所悟到修行方法，发现生命和宇宙的真相，最终超越生死和苦、断尽一切烦恼，得到究竟解脱。佛教在泰国、柬埔寨等国被奉为国教。

(2) 基督教：基督教是对奉耶稣基督为救世主的各教派的统称，亦称基督宗教。公元 1 世纪，发源于古罗马的巴勒斯坦省(今日的以色列、巴勒斯坦和约旦地区)。它建立的根据是耶稣基督的诞生、传道、死亡与复活。1054 年，因"东西教会大分裂"，基督教分裂为东西两派，形成正教(即东正教)和罗马公教(即天主教)。16 世纪，天主教内又发生反对教皇统治的宗教改革运动，陆续产生一些脱离天主教的新宗派，统称"新教"，主要有路德宗、加尔文宗和安立甘宗三大派，后新教又不断分化，派系日繁。这样，基督教(Christianity)就包括天主教(Catholicism)、东正教(Orthodoxia)、新教(Protestantism)三大教派和其他一些较小教派。在中国，因为历史翻译的原因，通常把新教称为基督教。基督教以《旧约全书》(承袭自犹太教的经典)和《新约全书》为主要经典，称《圣经》。信仰上帝(或称天主)创造并主宰世界，认为人类从始祖起就犯了罪，即原罪，并将永世受苦；只有信仰上帝及其子耶稣基督才能得救。全球共有 24 亿人信仰基督教。基督教对欧美各国历史、文化有深远影响。

(3) 伊斯兰教："伊斯兰"系阿拉伯语音译，原意为"顺从""和平"，指顺从和信仰创造宇宙的主宰安拉及其意志，以求得两世的和平与安宁。信奉伊斯兰教的人统称为"穆斯林"(意为"顺从者")。伊斯兰教包括逊尼派和什叶派两大派别，其中逊尼派占多数。逊尼派主要分布于北非、西非、中亚和印度尼西亚、马来西亚等地；什叶派主要分布于伊朗，在伊拉克、阿拉伯也门和巴林的阿拉伯人中也有部分什叶派教徒。伊斯兰教在伊拉克、叙利亚、沙特阿拉伯等多数中东阿拉伯国家及亚洲的马来西亚被奉为国教。据美国皮尤研究中心对全球"8个主要宗教群休"2010年人口规模和分布的研究报告介绍，2010年，伊斯兰教信徒16亿，占世界人口的23%，其中87%~90%为逊尼派、10%~13%为什叶派。全世界信仰伊斯兰教人口超过1亿的国家有四个：分别是印度尼西亚、巴基斯坦、印度和孟加拉。西方信仰伊斯兰教人口最多的四个国家是法国(约500万，占总人口7%)、德国(约400万，占总人口5%)、英国(约200万，占总人口3%)和美国(约500多万，占总人口2%)。

(4) 道教：道教是中国本土宗教，以"道"为最高信仰。道教在中国古代鬼神崇拜观念上，以黄、老道家思想为理论根据，承袭战国以来的神仙方术衍化形成。它是一个崇拜诸多神明的多神教原生的宗教形式，主要宗旨是追求长生不死、得道成仙、济世救人。东汉末年出现大量道教组织，著名的有太平道、五斗米道。五斗米道的祖天师张道陵正式创立教团组织，距今已有1800多年历史。道教分为两大流派，一个是正一派，在家道士，可娶妻生子；一个是全真派，出家居观，清修寡欲。道教为多神崇拜，尊奉的神仙是将道教对"道"之信仰的人格化体现。真武大帝、关圣帝君、天后等道教神祇的信仰的不仅在中国大量存在，在东南亚华人华侨生活圈中也有很广泛的传播。近几十年来，道教在欧美国家也有了一定程度的传播。

(5) 印度教：印度教源于古印度韦陀教、婆罗门教，是世界最早的宗教(产生于4000年前，与犹太教并列)。主要流行于印度，在欧洲的英国，南亚的巴基斯坦、孟加拉国，东南亚的马来西亚、印度尼西亚、菲律宾、新加坡，北美的美国、加拿大也有很多信徒。印度教有时也代指印度文化圈内所产生的宗教。

各大宗教虽然各有不同，但其终极指向都是面对世界起源、人类乃至生命的起源以及归宿等大问题。宗教有让信仰者行动的能力，宣传积极向上的思想，能使宗教信仰者作出有利于人类社会的行为，有助于断恶修善，惩恶扬善。任何一个宗教的教徒或多或少都具有排他性，如果过于刻意区别，造成了强烈的排他性行为，别的不同信仰者宗教情感将会受到伤害。慈悲、博爱、和平，才是世界宗教的真谛，也是其共同目标。相互包容、谅解，世界才能平和美好。

第二节 当代世界的民族、宗教问题及其根源

世界上有2000多个民族，数十种宗教，纯粹的单一民族信奉的宗教并不多，往往是数个民族信仰一种宗教。与此同时，一个民族里面又会存在多种宗教信仰，民族、宗教之间的关系构成错综复杂。不同民族、不同宗教，在相互交往和联系的过程中，因为其差异不可避免地会产生摩擦和矛盾。如果不能妥善解决，可能就会升级成为政治问题。当今世

界的民族、宗教问题不是一朝一夕形成的,在其背后隐藏着深刻的历史原因和现实的利害关系。

一、当代世界的民族、宗教问题

(一) 民族、宗教问题热点

当今世界民族、宗教问题热点的形成,有历史的原因,有国外政治力量干涉的原因,有宗教等意识形态差异的原因,有边界分歧的原因,有领土争端的原因,有资源争夺的原因,有民族政策失误的原因等。这些原因究其根本应归结于各民族间的利益分歧,利益之争才是民族矛盾的症结所在。世界民族、宗教问题热点,实际上就是世界范围内民族间利益冲突的热点。

20世纪90年代以后出现或再度高涨起来的世界民族、宗教问题热点有:德国、奥地利等国的新法西斯主义和种族主义回潮;比利时佛来芒人和瓦隆人的矛盾导致国家的联邦化;西班牙的巴斯克"埃塔"组织谋求独立的恐怖活动;法国的科西嘉民族独立运动高涨;加拿大魁北克的法裔民族主义势力险些通过"全民公决"造成国家分裂;美国的种族冲突从"洛杉矶事件"后持续不断;墨西哥印第安人的"萨帕塔解放军"与政府展开武装对抗;非洲大湖地区出现以布隆迪、卢旺达为代表的部族仇杀,并向毗邻国家和地区的蔓延;土耳其、伊拉克的库尔德人的独立运动不断持续;塞浦路斯土耳其族和希腊族的分裂形势严重;印度的教族冲突激化;印度与巴基斯坦之间的克什米尔冲突尖锐;斯里兰卡的泰米尔"猛虎"组织同政府军的对抗难以消停;菲律宾棉兰老岛的穆斯林摩洛解放军同政府的对抗和阿布萨耶夫伊斯兰极端主义势力制造的"人质事件"令世人瞩目;印度尼西亚排斥华人的暴行和亚奇、西伊里安的独立运动,以及在苏门答腊等地普遍发生的教族冲突和分离运动相继爆发;斐济国内对印度移民的排斥行动形成热点;中亚地区以乌兹别克分裂势力为代表的极端主义对多国的困扰;加拿大的因纽特人、北欧的萨米人、中美洲的印第安人和澳大利亚土著人为民族平等权利的斗争此起彼伏;等等。

(二) 极端暴力问题

当今世界,一些民族宗教势力在谋求自己的政治经济利益或要求民族自决乃至独立的过程中,由于运用政治手段难以奏效,这些民族宗教势力中的极端主义者越来越多地借助了暴力手段来解决问题,他们或者组织武装力量公开抗衡,或者通过各种暴力恐怖活动进行干扰和破坏,借以达到民族分离或自治的目的,或增加政治谈判的筹码。暴力恐怖活动日益成为民族分裂主义和极端势力用来实现其政治目的的手段,也被其视为促使本国民族宗教问题国际化的有效途径。"二战"后,全世界爆发的武装冲突每年24~30起,其中一半以上是由民族、宗教矛盾引发和扩大的。如今,宗教极端主义已与恐怖主义和分裂主义结合起来形成三位一体的怪胎,而在这三者中,宗教极端主义更多地表现在思想和意识形态方面,是恐怖主义与分裂主义的精神支柱和灵魂。

(三) 民族、宗教问题的影响

世界民族宗教问题热点给有关国家造成了很多悲剧，经济损失严重，国际难民如潮。在海湾地区，阿拉伯人和波斯人在历史上由于种种原因曾发生过无数次大规模战争，长期的征战使双方形成了难以调和的矛盾。1980年，伊朗、伊拉克两国因边界问题再次交火，在8年的战争中，两国有近百万人丧生，战争所造成的经济损失达2000亿美元。在巴勒斯坦地区，犹太人和周边国家的阿拉伯人在半个多世纪的格斗中所造成的直接和间接经济损失更是无法统计。类似的情况在巴尔干、北高加索、库尔德地区，东非、中非以及世界上其他地区都表现得十分明显。战争除造成大量的人员伤亡和严重的经济损失外，在冲突发生的地区，大批难民逃离家园涌向邻国或其他非交战区，给邻近国家乃至整个地区都带来新的不安定因素。20世纪80年代末期以后，许多非洲国家政局动荡，社会混乱，种族仇杀和内战连绵不断，经济濒临破产，饥荒猖獗，数百万人沦为难民。20世纪末的10年，世界发生了32场军事冲突，其中15场发生在非洲。战争带来了贫困，而贫困又引发了新的冲突，这种恶性循环，导致非洲经济连续十几年急剧下降。在这10年中，有200多万人死于种族和宗教冲突。2000年前后，全世界约有2200万跨境难民，其中800万在非洲，另有数百万非洲难民在本国境内流离失所。在56个非洲国家中，有23个被列为世界上最贫穷的国家，约有半数的非洲人口生活在贫困线以下。这些热点说明，"事件"造成了当地各族群的流血冲突、内战、社会动荡和经济崩溃，其带来的精神创伤和族群间的仇恨，几代人都难以抚平，会使得这些族群和他们所在的国家的经济发展长期停滞。2015年6月18日，联合国难民署发布的《2014年流离失所问题全球趋势》显示，截至2014年年底，世界范围内流离失所人数达5950万，其中约有1950万为难民。明智和清醒的族群领袖应当从这些经验教训中懂得，处于当今国际政治的环境里，在各国民族分裂的冲突中，每个族群都是受害者和牺牲品。

这些世界民族、宗教问题严重影响世界各国的和平发展，一定程度上危及国家的统一、领土完整和政局的稳定。在号称欧洲火药库的巴尔干半岛，民族矛盾的长期积聚先是造成了南斯拉夫联邦共和国的解体，接着便是南联盟境内以克族和塞族矛盾为主的多民族混战。由于科索沃问题多年来一直未能得到妥善解决，致使南联盟境内的阿族和塞族矛盾进一步恶化，冲突不断升级，最终导致以美国为首的北约从1999年3月6日开始对南联盟进行了为期70多天的轰炸。战争不但没有使该地区的民族矛盾得到化解，反而使阿族和塞族人民之间的关系更加恶化，仇恨进一步加深，至今冲突矛盾不断。苏维埃社会主义共和国联盟的解体，有其政治和经济的原因，但最主要还是由民族矛盾的长期激化所致。苏东剧变之后，有20个以上新的国家出现在苏联、南斯拉夫、捷克斯洛伐克和埃塞俄比亚的土地上，每个新国家都声称代表着原帝国或联盟体制下受到压抑的民族(但每个新国家都仍然是多民族国家，这是民族主义历史上一再重复的现象)。可见，世界民族、宗教问题的影响是极其广泛而又深刻的。

二、当代世界民族、宗教问题的根源

政治、文化差异的背后是经济发展的不平衡,世界民族、宗教问题之所以在这个时代走向尖锐化,既有其政治历史原因,又有社会现实原因。从总体上来说,可以归结为以下几个方面。

(1) 民族、宗教问题的爆发是历史上民族、宗教矛盾长期积聚的结果。当今许多发展中国家的民族、宗教问题,在很大程度上是西方国家进行殖民扩张的"遗产"。19世纪末,西方列强在瓜分世界的浪潮中,完全不顾当地的民族、宗教以及历史发展的事实,以自己的利益为标准,人为划分势力范围,改变了原有民族宗教分布状态,使民族宗教情况变得异常复杂。这些殖民宗主国对边界人为划分的一个直接结果,就是在后来新独立的民族国家中长期存在着民族的矛盾和冲突,缺乏各民族在长期的共同发展中自然滋长的国家认同。复杂的宗教与民族状态,对于这些国家的建设与发展来说,影响极深。

(2) 冷战结束,释放出一些国家和地区长期被抑制的民族宗教矛盾。冷战时期,由于以美苏为首的两大阵营的对峙,意识形态和社会制度的对立居于主导地位,民族矛盾在一定程度上为冷战格局所掩盖,国内矛盾服从于国际矛盾。在这一国际制衡机制的约束下,民族积怨、种族仇恨和地区霸权退居次要地位。冷战结束后,被两极格局抑制的民族矛盾、种族仇恨、宗教纷争、领土争端重新显现。苏联的解体为民族分离运动提供了历史性的机遇,各加盟共和国相继独立,成为主权国家,并很快得到国际社会的承认。在一些多民族国家,处于松散的民族聚居、地方分权势力相对较强的民族分离主义势力受到鼓舞。特别是在民族问题一直没有得到彻底解决或存在严重民族问题的国家,一些极端势力乘机打出"争取民族自决权""反对民族压迫"等口号,利用同一民族的共同心理认同感,开始谋求民族独立或自治,并与国外民族势力相呼应,开展民族独立的政治实践,继而转化为武装和暴力冲突。冷战结束后,力图填补苏联瓦解后部分地区权力真空的地区霸权主义也重新抬头,一些地区性大国开始追逐地区霸权,挑起民族冲突和民族战争。

(3) 一些国家和地区解决民族问题的政策失误是其民族、宗教问题产生的内在原因。在政治方面,一些多民族国家由于在历史上存在严重的民族压迫和大民族主义问题,而在现实中并没有得到有效消除和克服,甚至一定程度上沿袭了历史上的民族政策,从而加深了民族矛盾和隔阂。同时,有些国家在克服历史上遗留下来的大民族主义倾向时矫枉过正,用一种民族主义倾向掩盖了另一种民族主义倾向。还有的国家根本不承认境内某一少数民族的存在。在经济方面,一些国家采取不平等或不合理的政策,引发一些民族的不满情绪。在文化方面,采取歧视或压制政策,人为制造矛盾。

(4) 经济发展不平衡与贫困状况的日益恶化是一些国家和地区民族、宗教问题产生的根本原因。世界上大部分国家都存在地区之间经济社会发展不平衡的问题,而且在多民族国家中这种地区经济的不平衡性又往往与各个民族的发展水平差距连在一起。这种经济水平的差异若长期得不到解决,往往会引起民族间的隔阂,增加民族间的离心倾向,甚至导致国家的解体。少数民族的生活水平相对落后,受到发达地区的歧视和剥削,他们希望改变现状，谋求更快的发展。如意大利的南北矛盾问题，比利时的佛莱芒人同瓦隆人的经济关系问题等。西班牙加泰罗尼亚谋求独立建国、印度教徒和穆斯林之间的冲突，也与长期以来经济发展不平衡密切相关。贫困、落后与封闭不仅是孕育专制独裁的肥沃土壤，而且是滋生极端民族主义的温床。一些极端民族主义者就是利用贫困问题来煽动同一民族的仇外心理，酿成民族间的冲突。从长远看，只要贫困现象不根治，要彻底铲除极端民族主义温床就十分困难。

(5) 西方霸权主义者推行所谓的"民主化"浪潮，是一些国家和地区民族宗教矛盾产生的外部因素。冷战结束以来，以美国为首的西方国家企图在全球范围内推行西方的价值观，要求发展中国家实行西方式的"民主"，并利用一些国家的政治经济困难，拉拢国内某些派别，也是造成一些国家民族宗教问题的重要根源。例如，非洲"多党制"和"民主"正是部族冲突再起的催化剂。为了推行西方的"民主"和价值观，美、法、日等国将经济援助与"民主"挂钩，美国专门设立了"非洲民主基金"，拨款资助非洲国家的反对党，使之能参加"自由选举"。西方国家鼓吹"多党制"是社会民主化的最大标志和优点，但是对一个经济发展落后、社会动荡不安、国内部族林立、专制统治尚存的国家来说，实行"多党制"可能成为国家陷入另一场灾难的开始。非洲国家大多属于部族国家，部族利益往往高于阶级和国家利益，许多政党不讲原则和纲领，只讲部族属性的"部族党"，各政党几乎都有自己的正规或非正规武装力量。在这样的情况下，正常的政党竞争往往无法顺利进行，即使得以进行，其结果也不是纲领和功绩的较量，而是部族力量对比的反映。一些政党上台后所考虑的并不是团结国内所有民族共同建国，而是各自依靠一批部族势力争权夺利。这样的国家政局很不稳定，政变十分常见，有的甚至引发长期内战。

(6) 全球化进程加剧了一些国家和地区的宗教、民族情绪。20世纪末以来，全球化发展不断加强成为大趋势，给国际社会的政治、经济、文化诸领域带来了深刻的变化。在这种不可逆转的时代背景中，传统的国际关系、国家主权以及以国界标示的人群活动规则都受到了严峻挑战，尤其是对国家经济安全产生了极大威胁。在全球化过程中，发达国家凭借经济、技术和综合国力的优势，加强了对发展中国家从意识形态到政治和经济模式的全面输出。对发展中国家而言，全球一体化是一种压力，是对传统民族特性的冲击。面对西方经济霸权、强权政治和强势文化的刺激，民族国家出于维护本民族和国家利益的需要，本能地以民族主义来抵抗。特别是中、小国家受自身实力所限，不能借助某种国际机制来抗拒这种压力，民族主义便成为唯一的有力武器，在一些发展中国家兴起的极端民族主义和宗教原教旨主义情绪，就表现出某种"反西方"的特征。民族宗教问题是当今国际社会面临的一大现实难题，它对全球的稳定与安全构成了严重威胁，也是影响整个国际环境和平与发展的危险因素。

首先，民族矛盾冲突此起彼伏，严重破坏了国际战略格局的稳定，加剧了一些国家和地区的局势动荡和紧张。冷战结束以后，国际社会一直动荡不安，其显著的特点之一就是民族冲突、种族纠纷明显加剧。一些多民族国家的民族分离改变了原有的国家版图，一些民族分离运动对有关国家的领土完整构成重大挑战。在民族主义浪潮的席卷下，世界上很多地区都为种族纠纷、民族冲突、宗教矛盾所困扰。巴尔干半岛错综复杂的民族问题，中东地区的领土纷争和库尔德问题，非洲和南亚的种族冲突与骚乱，西方一些国家的种族主义问题和地方分离主义问题等，使许多国家的现行政权面临严峻的挑战，加剧了一些国家的政局动荡。同时，民族矛盾的跨国性质以及与领土争端的相互交错，也使得民族问题在恶化国家关系方面的作用有增无减。例如克什米尔印控区穆斯林脱离运动日益高涨，冲突日益激烈，导致印巴关系不断恶化，双方竞相进行核试验和导弹试验，严重威胁着该地区的安全。其次，民族问题的普遍激化，严重阻碍了有关国家的社会经济发展，对世界经济的发展和地区合作也形成挑战。最后，民族问题成为以美国为首的西方国家干涉他国内政的重要借口。某些西方国家把某些宗教价值观视为"异类"，动辄指责亚洲国家搞"宗教迫害"和"侵犯人权"，而将自己的宗教和价值观念视作"绝对真理"，强行向其他国家推广，甚至为此干涉别国内政，以达到自己的战略目的，从而引起部分国家和地区形势的紧张和动荡。因此，民族问题已成为影响当今和未来国际政治和国际关系的重要变量。

不同民族(种族)、不同的宗教信仰，虽然在基本的人生态度、情感方式、思维模式、风俗习惯以及价值尺度等方面具有很大的差异，但是可以取长补短，交流融合，和平竞争，和谐共处。民族、宗教都是对共同体的认可，而不同共同体会有各自的利益诉求和价值追求。世界上只要有民族、宗教存在，就会有民族、宗教问题产生。有问题不可怕，可怕的是蓄意激化问题，甚至让问题成为灾难。只要本着相互尊重、理解、包容的态度，真诚相待，可以大事化小，小事化了，实现和平共处，共建美好家园。1955年4月，在万隆会议上中国总理周恩来提出，我们是来求同的，不是来求异的。2014年3月27日，在中法建交50周年纪念大会上，习近平在讲话中引用了先秦典籍《礼记·中庸》里的金句："万物并育而不相害，道并行而不相悖。"只要世界各民族、各国家，坚持求同存异、坚持民族平等、坚持互惠共赢，以图世界和平与谋求民众福祉为最根本目的，那么民族、宗教问题总是可以寻找到合适的解决方法。

第三节 当代中国的民族问题及应对的基本政策

中国是一个统一的多民族国家。几千年来，各族人民自强不息、团结拼搏，共同创造了悠久灿烂的中华文化，共同建设了幅员辽阔的锦绣河山，共同缔造了统一的多民族国家。在长期发展进程中，各民族密切交往、相互依存，形成了中华民族多元一体的格局。各民族人口分布呈现"大散居、小聚居，交错杂居"的特点，民族自治地区占国土面积的64%，西南和西北是少数民族分布最集中的两个区域。这一基本国情决定了民族问题始终是影响中国发展的一个重大问题。加强和巩固全国各族人民的团结，不断推进少数民族和少数民族地区的经济社会发展，是中国现代化建设的一个重要目标，也是增强中华民族凝聚力、实现中华民族伟大复兴的必然要求。各民族都应该坚持祖国利益高于一切，大力发扬爱国主义精神，以热爱祖国、贡献全部力量建设社会主义祖国为最大光荣，以损害社会主义祖国利益、尊严和荣誉为最大耻辱,共同维护伟大祖国统一安全,共同反对一切民族分裂活动。这样,中国各民族的团结进步就会有不可动摇的根基。

14亿中国人同心同德、群策群力,中国力量就无比强大。只有坚持聚精会神搞建设、一心一意谋发展,使少数民族地区经济社会发展取得长足进步、各族群众生活得到明显改善,才能更加坚定各族群众坚持和发展中国特色社会主义的信心和决心。巩固和发展各民族的团结,关系到国家的统一和边疆的巩固,关系到社会主义现代化建设的成败和各民族地区自身的发展,是巩固和发展人民民主专政和安定团结政治局面的一个重要条件。

一、中国的民族概况

中国是一个多民族、多宗教的国家。宗教信仰对中国一些少数民族有较大影响。民族问题和宗教问题在一些地方往往交织在一起。因此,在处理民族问题时注意贯彻执行宗教政策,是做好民族宗教工作的基本前提。

"中华"一词,与"中国""华夏"相通,兼有族名、国名等多重含义。历史上曾专指汉族,至近代,用以指称包括历史上居住于当时中国境内的一切民族,是中国各民族的总称。

先秦时期,黄河流域以华夏族(汉族旧称)为主体,生活在东北地区的有东胡、肃慎、挹娄、夫余、乌桓等族;俨狁、狄、匈奴、鲜卑等族在今内蒙古草原和华北北部以及西北一些地区;龟兹、于阗、鄯善等族在今新疆地区;戎、羌、氐等族在今西藏、青海地区;苗、濮、武陵蛮、长沙蛮以及百越等族在今长江流域;越人的一支在今香港、澳门地区。公元前221年,秦始皇建立大一统王朝。秦代北方有匈奴,西部有羌,东北有东胡(鲜卑、乌桓)、夫余等。魏晋南北朝时期,汉族和各少数民族曾先后建立过23个政权。其中匈奴族建立过前赵、北凉、夏3个政权;鲜卑族建立过代、北周、前燕、后燕、西秦、西燕、南凉、南燕等政权;羌族建立过后秦;沙陀族建立过后汉;汉族建立过前凉、冉魏、西凉、后蜀、北燕5个政权。隋唐后,经五代十国到宋、辽、金,中国又一次经历割据,形成各民族政权对峙的局面。如宋朝先后与契丹族的辽、女真族的金朝对峙等。此后,蒙古帝国在蒙古高原崛起。公元1271年,忽必烈建立元朝。元朝实行"行省"制度,使中央王朝与边疆少数民族地区形成密切的关系。明朝时期,北方有鞑靼瓦剌,西部有吐蕃,东北有女真。满族建立的清朝,曾抗击沙俄、英国等殖民主义在中国东北、新疆、西藏等地的侵略,捍卫了国家统一。鸦片战争后,沙俄强占黑龙江以北,乌苏里江以东和巴尔喀什湖以东、以南的广大地区。英军和法军分别侵略我国西藏和西南地区,激起各族人民的奋起反抗。东北的达斡尔、鄂伦春、赫哲、鄂温克等族人民和西北、西南地区的各族人民积极组织抗战,英勇抗击侵略者。反帝反封建的伟大斗争,使各民族在新的历史条件下实现新的团结和统一。1851年,广西爆发的太平天国农民革命运动,有壮、瑶、回、苗、蒙古、彝、白、傣、哈尼、傈僳等少数民族人民与汉族人民一起进行斗争。其中有不少著名人物就是少数民族,如太平天国西王萧朝贵,以及著名将领林凤祥、李开芳等都是壮族人。1911年,辛亥革命建立中华民国,倡导五族共和,各民族平等。在抗日战争时期,朝鲜族人民先后有十几万人参加抗日战斗。蒙古族人民参与建立了伊克昭盟和大青山抗日游击根据地。马本斋带领的冀中回民支队，曾让日本侵略者闻风丧胆。解放战争时期，蒙古族人民与兄弟民族一道，于 1947 年创立了内蒙古自治区。综观中国的历史，虽然政权有分有合，但国家统一和民族团结始终是中国历史发展的主流和基本趋势。

中华人民共和国成立以后，经过民族识别，先后确认了 56 个民族，包括汉族、蒙古族、满族、朝鲜族、赫哲族、达斡尔族、鄂温克族、鄂伦春族、回族、东乡族、土族、撒拉族、保安族、裕固族、维吾尔族、哈萨克族、柯尔克孜族、锡伯族、塔吉克族、乌孜别克族、俄罗斯族、塔塔尔族、藏族、门巴族、珞巴族、羌族、彝族、白族、哈尼族、傣族、傈僳族、佤族、拉祜族、纳西族、景颇族、布朗族、阿昌族、普米族、怒族、德昂族、独龙族、基诺族、苗族、布依族、侗族、水族、仡佬族、壮族、瑶族、仫佬族、毛南族、京族、土家族、黎族、畲族、高山族。另有一些未识别的民族存在。第六次全国人口普查数据中，全国共有 126 583 万人，其中汉族人口最多，有 115 940 万人，占总人口的 91.59%。少数民族 10 643 万人，占总人口的 8.41%。在中国台湾，汉族占总人口的 98%；在中国香港和澳门，汉族分别占总人口的 95% 和 97%。从分布来看，汉族聚居中原，遍布全国，少数民族主要分布在边疆地区，如内蒙古、新疆、宁夏、广西、西藏、云南、贵州、青海、四川、甘肃、黑龙江、辽宁、吉林、湖南、湖北、海南、台湾、重庆市等省、自治区。中国民族成分最多的是云南省，有 25 个民族(每个少数民族均超过 5000 人)，有 15 个少数民族是云南省独有，分别是白族、哈尼族、傣族、傈僳族、佤族、拉祜族、纳西族、景颇族、布朗族、普米族、阿昌族、基诺族、怒族、德昂族、独龙族。56 个民族和睦相处，形成了以汉族为主体的大杂居、小聚居的局面。中国少数民族人口及分布概况如表 7-2 所示。

表 7-2　中国少数民族人口及分布概况

序号	民族名称	人数（第六次全国人口普查）	主要生活居住区域
1	壮族	16926381	广西、云南、广东、贵州、湖南
2	回族	10586087	宁夏、甘肃、河南、山西、新疆、青海、云南、河北、山东、安徽、辽宁、北京、内蒙古、天津、黑龙江、陕西、吉林、江苏、贵州、四川、西藏、海南
3	满族	10387958	辽宁、黑龙江、吉林、河北、北京、内蒙古、新疆、安徽
4	维吾尔族	10069346	新疆、湖南、河南、北京、上海
5	苗族	9426007	贵州、云南、湖南、重庆、广西、四川、海南、湖北
6	彝族	8714393	云南、四川、贵州、广西
7	土家族	8353912	湖北、湖南、重庆、贵州
8	藏族	6282187	西藏、四川、青海、甘肃、云南
9	蒙古族	5981840	内蒙古、辽宁、新疆、青海、黑龙江、吉林、甘肃、河北、河南
10	侗族	2879974	贵州、湖南、广西
11	布依族	2870034	贵州

(续表)

序号	民族名称	人数（第六次全国人口普查）	主要生活居住区域
12	瑶族	2796003	湖南、广西、云南、广东、贵州
13	白族	1933510	云南、贵州、湖南
14	朝鲜族	1830929	吉林、辽宁、黑龙江
15	哈尼族	1660932	云南
16	黎族	1463064	海南
17	哈萨克族	1462588	新疆
18	傣族	1261311	云南
19	畲族	708651	浙江、福建
20	傈僳族	702839	云南、四川
21	东乡族	621500	甘肃、青海、宁夏
22	仡佬族	550746	贵州、广西
23	拉祜族	485966	云南
24	佤族	429709	云南
25	水族	411847	贵州、广西
26	纳西族	326295	云南、四川
27	羌族	309576	四川
28	土族	289565	青海、四川
29	仫佬族	216257	广西
30	锡伯族	190481	辽宁、新疆、吉林、黑龙江
31	柯尔克孜族	186708	新疆、黑龙江
32	景颇族	147828	云南
33	达斡尔族	131992	内蒙古、新疆、黑龙江
34	撒拉族	130607	青海、甘肃
35	布朗族	119639	云南
36	毛南族	101192	广西
37	塔吉克族	51069	新疆
38	普米族	42861	云南
39	阿昌族	39555	云南
40	怒族	37523	云南
41	鄂温克族	30875	内蒙古和黑龙江
42	京族	28199	广西
43	基诺族	20899	云南
44	德昂族	20556	云南
45	保安族	20074	甘肃
46	俄罗斯族	15393	新疆、黑龙江、内蒙古

(续表)

序号	民族名称	人数(第六次全国人口普查)	主要生活居住区域
47	裕固族	14378	甘肃
48	乌孜别克族	10569	新疆
49	门巴族	10561	西藏
50	鄂伦春族	8659	内蒙古和黑龙江
51	独龙族	6930	云南
52	赫哲族	5354	黑龙江
53	高山族[①]	4009	台湾、福建
54	珞巴族	3682	西藏
55	塔塔尔族	3556	新疆

注：根据 2010 年中华人民共和国第六次全国人口普查显示，未识别民族(菜族人、僜人、革家人、夏尔巴人等)人口为 640 101 人。

中国政府确认的民族有 56 个，准确记忆这些名称有一定难度，有一个口诀可以方便记忆，其内容如下：

汉满傈僳景颇壮，高山普米锡伯藏。
毛南布依维吾尔，仡佬仫佬蒙古羌。
乌孜别克俄罗斯，保安独龙京东乡。
哈尼彝苗鄂伦春，裕固朝鲜傣阿昌。
鄂温克水德昂怒，基诺赫哲土布朗。
塔塔尔白回土家，达斡尔畲黎珞巴。
拉祜纳西塔吉克，哈萨克佤瑶撒拉。
中国民族五十六，柯尔克孜侗门巴。

二、当代中国的民族问题

中华人民共和国成立和社会主义制度确立以后，民族压迫和民族剥削已被消灭，但这并不意味着中国没有了民族问题。由于历史上形成和遗留下来的各民族在经济、文化等方面的差距不可能在短期内消除，国内外敌对势力利用民族问题对中国进行颠覆、破坏的活动也依然存在，正确处理民族问题仍然是一项长期、复杂、艰巨的重要工作。当代中国的民族问题是各民族人民的内部矛盾，是各民族人民在根本利益一致基础上的矛盾，应该用

[①] 高山族是中国台湾地区南岛语系各族群的统称。截至 2008 年 4 月 23 日，台湾已确认的高山族族群为 13 个。另有未被确认的族群，包括巴布萨族、巴赛族、洪雅族、凯达格兰族、雷朗族、马卡道族、巴布拉族、巴宰族、猴猴族、西拉雅族和道卡斯族。高山族总人口为 494 107 人。此表中数据仅为在大陆地区福建省、浙江省居住生活的高山族人数。

正确处理人民内部矛盾的方法来加以解决。

民族平等、民族团结、各民族大繁荣是中国的基本政策，各族人民也都在社会不断发展之中分享着时代进步的喜悦。但社会中也存在某些不和谐现象，与构建社会主义和谐社会不相适应的问题一直存在。当前中国的民族问题主要表现在以下三个方面。

(1) 一些民族地区与沿海地区的发展存在较大差距，有的少数民族聚居地区的生产生活存在不少困难。2012年3月19日，国务院扶贫开发领导小组办公室在其官方网站公布了665个国家扶贫开发工作重点县名单。在这份名单中，贫困县大都分布在中西部地区，很多是少数民族聚居的地方。经过多年发展，区域差距、城乡差距有所缓解，但问题依然不容乐观。一些民族地区经济社会发展滞后，基础教育投入不足，医疗卫生条件有待改善。如果发展差距持续扩大，贫富分化日益突出，必然导致心理不平衡加剧，直接影响各民族的凝聚力和向心力，直接影响社会主义民族关系。

(2) 影响民族团结和社会稳定的不利因素依然存在，各民族之间比较突出的问题有两个：一是因经济利益产生的矛盾纠纷明显增加。自治地方与非自治地方，民族地区之间，在土地、草原、森林、矿山、水源等方面的矛盾渐渐增多。二是因民族风俗习惯和宗教信仰引起的矛盾纠纷增加。虽然中国政府有尊重、保护和发展民族文化的政策，在现实生活中往往存在忽视民族特点、民族差异的问题，民族文化优劣论在一些人的观念中仍然根深蒂固。由于缺乏对民族政策、民族知识、风俗习惯和文化传统的了解，以猎奇的方式宣传和开发民族传统文化的情况大量存在，部分出版物、新闻媒体有时会登载伤害少数民族感情的文章。

(3) 西方敌对势力企图利用民族、宗教问题作为"西化""分化"中国的突破口，对中国进行渗透，一些地方的民族分裂主义分子的活动比较猖獗。长期以来，国际敌对势力一直将民族、宗教、人权问题与国家外交紧密挂钩，在国际人权领域不断打出"人权牌""西藏牌""宗教牌"等来牵制中国，挑拨中国的民族关系，引发民族冲突。境内外民族分裂势力相互勾结，利用各种手段对中国进行分裂渗透等破坏活动。在国际敌对势力的支持下，境内外民族分裂势力不断挑起矛盾、制造事端，对社会稳定危害极大。近年，各种泛民族主义思潮也对中国的民族团结和构建和谐社会构成了新的挑战。

三、当代中国应对民族问题的基本政策

中国政府处理民族问题的基本原则是：维护祖国统一，反对民族分裂，坚持民族平等、民族团结、各民族共同繁荣。民族平等是民族团结、各民族共同繁荣的政治前提和基础，是中国民族政策的基石。民族平等是指各民族在政治权利、社会地位等方面一律平等。各民族不分人口多少、不分历史长短、不分经济社会发展水平高低，在政治地位上都是平等的，不容许有任何民族歧视存在。民族平等还包括尊重各民族的风俗习惯、语言文化和宗教信仰等。只有帮助少数民族发展经济、文化，逐步消除各民族在经济、文化发展水平方面的差距，才能保证和加强民族团结。民族团结是维护国家统一、实现各民族共同发展的根本保证，是中国处理民族问题的根本原则，是各族人民的生命线，

也是中国民族政策的核心内容。在中国,民族团结包括汉族和少数民族之间的团结,各少数民族之间的团结,以及同一少数民族内部成员之间的团结。做好民族工作,最关键的是搞好民族团结,最管用的是争取人心。维护民族团结,就是要求在统一的中华民族大家庭里,在一律平等的基础上,各民族互相尊重、互相信任、互相学习、互相合作。团结稳定是福,分裂动乱是祸。没有各民族的团结,就没有社会主义祖国的统一、稳定和繁荣。各民族共同团结奋斗,共同繁荣发展,是新世纪新阶段民族工作的主题。各民族的共同繁荣是解决民族问题的根本出发点和归宿。在新时期搞好民族工作,最重要的是要积极创造条件,加快发展少数民族地区的经济和科学文化事业。国家帮助少数民族地区发展的政策是坚定不移的,不把经济搞好,民族区域自治就是空的。民族地区只有发展才能稳定,才能安定团结。必须以经济建设为中心,积极创造条件,千方百计地加快民族地区的经济和社会发展,让民族地区群众不断得到实实在在的实惠,逐步缩小民族地区与发达地区的发展差距,促进各民族共同繁荣。同时,国家尊重少数民族的风俗习惯,保护和发展少数民族文化。

(一)民族区域自治制度

民族区域自治制度,是中国政府结合中国实际情况采取的一项基本政策,也是中国的一项重要政治制度。民族区域自治制度是指在国家的统一领导下,以少数民族聚居区为基础,建立相应的自治地方,设立自治机关,行使自治权,使实行区域自治的民族的人民自主地管理本民族地方性事务制度。民族自治地方的自治机关是自治区、自治州、自治县的人民代表大会和人民政府。民族自治地方的自治机关的组成和工作,根据宪法和法律,由民族自治地方的自治条例或者单行条例规定。

1947年5月,中国共产党领导建立了第一个省级民族自治地方——内蒙古自治区。中华人民共和国成立以后,又相继建立了新疆维吾尔自治区、广西壮族自治区、宁夏回族自治区和西藏自治区。截至2020年2月,中国共建立了155个民族自治地方政府。其中,自治区5个、自治州30个、自治县(旗)120个,还有966个民族乡。在全国55个少数民族中,有44个民族建立了自治地方政府。实行自治的少数民族人口,占少数民族人口总数的75%。民族自治地方行政区域的面积占全国总面积的64%。自治地方的数量和布局,与中国的民族分布和构成基本上相适应。

(二)鼓励人口发展

中国政府对少数民族实行了宽于汉族的生育政策。为提高少数民族人口素质,加快民族自治地方的经济社会发展,中国各民族自治地方的人民代表大会,根据国家有关少数民族也要实行计划生育的精神,制定了该地区少数民族的计划生育政策。在汉族区域推行"一孩"政策时,宽于汉族的生育政策,允许少数民族最多可生3个孩子。从表7-3可以看出,少数民族人口的增长速度远高于全国平均水平。

表 7-3　中国少数民族人口六次全国人口普查数据

时　　间	人数/万人	占　　比
1953 年 7 月 1 日	3532	占全国人口 6.1%
1964 年 7 月 1 日	4000	占全国人口 5.78%
1982 年 7 月 1 日	6742	占全国人口 6.7%
1990 年 7 月 1 日	9120	占全国人口 8.04%
2000 年 11 月 1 日	10643	占全国人口 8.41%
2010 年 11 月 1 日	13379	占全国人口 9.44%

(三) 推动经济发展

《中华人民共和国民族区域自治法》中，有 13 条规定了上级国家机关帮助民族自治地方发展的义务。国家在制定国民经济和社会发展计划时，有计划地在少数民族地区安排一些重点工程，调整少数民族地区的经济结构，发展多种产业，提高综合经济实力。特别是随着中国改革开放的不断深入发展，国家加大了对少数民族地区的投资力度，加快了少数民族地区对外开放的步伐，使少数民族地区的经济发展呈现新的活力。

(1) 实施西部大开发战略。西部是少数民族的主要聚居区，人口占全国少数民族人口的 71%；全国 155 个民族自治地方中，有 5 个自治区、27 个自治州、84 个自治县(旗)在西部，占西部地区总面积的 86.4%。云南、贵州、青海三个多民族省也在西部；湖南的湘西土家族自治州、湖北的恩施土家族自治州及吉林的延边朝鲜族自治州虽不在西部，但也享受西部大开发优惠政策的待遇。因此，西部大开发就是民族地区大开发，就是加快民族地区发展。

(2) 开展"兴边富民行动"。这一行动是国家民族事务委员会落实中央提出的西部大开发的战略，加快边境少数民族和民族地区发展的举措。实施的范围包括分布在中国 2.1 万千米陆地边界线上的 135 个县(旗、市)。主要内容有三个方面：一是加大基础设施建设；二是大力培育县城经济增长机制和增强自我发展能力；三是努力提高人民生活水平。自 2000 年正式启动以来，国家对兴边富民行动专项投入不断加大，由 2000 年的 0.15 亿元增加到 2015 年的 23.36 亿元，至"十二五"末累计达 139.36 亿元，仅"十二五"期间就达 117.27 亿元。

2015 年，边境地区生产总值达 8596.1 亿元，比 2010 年增长了 66.6%；公共财政预算收入 573.1 亿元，比 2010 年增长 81.5%。"十二五"以来，边境地区新增公路里程 2.2 万多千米，通高速公路县由 18 个增加到 47 个；2015 年边境地区农民人均纯收入 9487 元，比 2010 年增长 101.9%，年均增长 15.1%，超过全国平均增速 2.38 个百分点。"十三五"时期，重点实施安居守边、强基固边、兴业复边、开放睦边、团结稳边等工程，确保到 2020 年，使边境地区同步全面建成小康社会。

(四) 宗教信仰自由

中国是一个有着多种宗教信仰的国家，主要有佛教、道教、伊斯兰教、天主教、基督教等。中国少数民族群众大多有宗教信仰,有的民族群众性地信仰某种宗教,如藏族群众信仰藏传佛教。有若干民族信仰同一种宗教,如中国有10个民族信仰伊斯兰教。《中华人民共和国宪法》规定:"中华人民共和国公民有宗教信仰自由。"在中国,宗教信仰自由,即每个公民有信仰宗教的自由,也有不信仰宗教的自由;有信仰这种宗教的自由,也有信仰那种宗教的自由;在一种宗教里面,有信仰这个教派的自由,也有信仰那个教派的自由;有过去不信教现在信教的自由,也有过去信教现在不信教的自由。道教、佛教的宫观寺庙分别为9000余座、3.35万座,清真寺有3.5万座,新疆有2万多座。在西藏,有藏传佛教各类宗教活动场所1700多处。

(五) 培养少数民族干部

培养少数民族干部是实行民族区域自治、解决民族问题的关键。中国政府历来十分重视少数民族干部的培养,把少数民族干部队伍的状况看作衡量一个民族发展水平的重要标志。根据不同历史时期的实际情况,中国政府采取了一系列行之有效的措施。

(1) 根据民族工作以及社会发展的需要,通过各级、各类院校培训学习,全面提高少数民族干部素质。

(2) 注重实践锻炼,各地、各部门有计划地开展干部交流、岗位轮换,选派少数民族干部到中央、国家机关和经济相对发达地区挂职锻炼,培养了大批少数民族干部,促进了少数民族地区经济社会的快速发展。

(3) 在坚持德才兼备原则的前提下,同等条件优先选拔和使用少数民族干部,使少数民族干部在各级政府、人大和政协等领导班子中占有适当比例。

(六) 发展少数民族科教文卫等事业

在发展少数民族教育事业方面,国家坚持从少数民族的特点和民族地区的实际出发,积极支持和帮助少数民族发展教育事业。例如,赋予和尊重少数民族自治地方自主发展民族教育的权利,重视民族语文教学和双语教学,加强少数民族师资队伍建设,在经费上给予特殊照顾,积极开展内地省市对少数民族地区教育的对口支援等。

在发展少数民族科技事业方面,国家采取了许多特殊措施,例如,重点培养、培训少数民族科技人员,在普通高等院校有计划地招收少数民族学生或举办民族班;帮助少数民族和民族地区引进人才和先进技术设备,改造传统产业和传统产品,扶植提高传统科技,提高经济效益等。

对少数民族地区的卫生事业,国家有关政策强调,要加强少数民族地区卫生队伍的建设,切实做好防病治病和妇幼卫生工作,大力扶持发展民族医药事业等。

在繁荣少数民族文化政策方面,国家扶持和帮助少数民族发展文化事业,组建民族文化艺术团体,培养少数民族文艺人才,繁荣民族文艺创作。

(七) 使用和发展少数民族语言文字

中国各民族都有使用和发展自己语言文字的自由和权利。《中华人民共和国宪法》(以下简称《宪法》)规定："各民族都有使用和发展自己语言文字的自由。""民族自治地方的自治机关在执行公务的时候，依照本民族自治地方自治条例的规定，使用当地通用的一种或者几种语言文字。"《中华人民共和国民族区域自治法》(以下简称《民族区域自治法》)第十条规定，民族自治地方的自治机关保障本地方各民族都有使用和发展自己的语言文字的自由。第二十一条规定，民族自治地方的自治机关在执行职务的时候，依照本民族自治地方自治条例的规定，使用当地通用的一种或者几种语言文字；同时使用几种通用的语言文字执行职务的，可以实行区域自治的民族的语言文字为主。第二十七条规定，招收少数民族学生为主的学校(班级)和其他教育机构，有条件的应当采用少数民族文字的课本，并用少数民族语言讲课。各级人民政府要在财政方面扶持少数民族文字的教材和出版物的编译和出版工作。第四十七条规定，保障各民族公民都有使用本民族语言文字进行诉讼的权利。

(八) 尊重少数民族风俗习惯

由于各少数民族都有自己的风俗习惯，表现在服饰、饮食、居住、婚姻、礼仪、丧葬等多方面。中国政府尊重少数民族的风俗习惯，少数民族享有保持或改革本民族风俗习惯的权利。《宪法》规定："各民族都有保持或者改革自己的风俗习惯的自由。"《民族区域自治法》也有类似规定。为了保证这些法律的贯彻落实，《中华人民共和国刑法》(以下简称《刑法》)还规定，对侵犯少数民族风俗习惯情节严重的，要追究刑事责任。

在社会生活的各方面，政府对少数民族保持或改革本民族风俗习惯的权利加以保护。尊重少数民族的饮食习惯；尊重和照顾少数民族的年节习惯；尊重少数民族的婚姻习惯；尊重少数民族的丧葬习俗；在大众传播媒介中，防止侵犯少数民族风俗习惯的事情发生；尊重少数民族改革自己风俗习惯的自由。

中国是全国各族人民共同缔造的国家，在长期历史进程中，各民族共同开发祖国的辽阔疆域，共同创造灿烂的中华文化，形成了共同团结奋斗、共同繁荣发展的中华民族多元一体格局。正因为深刻认识到了中国统一多民族国家的基本国情，中国政府坚持维护祖国统一，坚持各民族一律平等，坚持和完善民族区域自治制度，坚持各民族共同团结奋斗、共同繁荣发展，坚持打牢中华民族共同体的思想基础，坚持依法治国，并以此作为进一步明确新形势下民族工作的指导思想，进而团结各族同胞共同为实现中华民族伟大复兴而努力奋斗。

第四节 当代中国的宗教问题及应对的基本政策

宗教是一种重要的社会现象，必将长期存在。正确认识中国社会存在的宗教问题，关键是要立足于中国的基本国情，充分认识宗教存在的长期性、宗教问题的群众性和特殊复杂性。中国政府认为，必须尊重宗教产生、存在和发展的客观规律，既不能用行政的力量去消灭宗教，也不能用行政的力量去发展宗教。宗教工作本质上是群众工作，要全面贯彻宗教信仰自由政策，依法管理宗教事务，坚持独立自主自办原则，积极引导宗教与社会相适应。必须辩证看待宗教的社会作用，必须重视发挥宗教界人士作用，引导宗教努力为促进经济发展、社会和谐、文化繁荣、民族团结、祖国统一服务。

一、中国宗教概况

中国宗教即指中国目前的宗教格局及相关文化信仰。中国是一个多宗教并存并生的国家。在中华人民共和国成立前，就已经形成了以佛教、道教、伊斯兰教、天主教、基督教(新教)五大宗教为主体，兼有少数其他宗教和多种民间信仰(如萨满教等)的基本格局。中国五大宗教的简要情形如下所述。

1. 佛教

佛教于公元1世纪前后传入中国，与汉文化和西南少数民族文化结合，先后形成汉传佛教、藏传佛教和南传佛教三大系统。佛教传入中国将近两千年，很早就与中国社会相融合，成为中国传统文化的重要组成部分。据2018年《中国保障宗教信仰自由的政策与实践》白皮书介绍，中国依法登记在册的佛教寺院有3.35万余座，其中，汉传佛教2.8万余座，藏传佛教3800余座，南传佛教1700余座。截至2017年9月，佛教院校有41所。

2. 道教

道教是东汉末年在中国本土诞生的宗教，当时有太平道、五斗米道等流派。五斗米道(天师道)的祖天师张道陵正式创立教团组织，距今已有1800多年历史。道教是中国传统文化的主要组成部分，有正一、全真两大流派。全真道亦称全真教、全真派，是由王重阳于北宋末年建立，有传戒和丛林制度，要求道士出家住观修行，不娶妻，不戒荤饮酒；其修炼要旨是清静无为，修心炼性，养气炼丹，以含耻忍辱为内修真功，以传道济世度人为外修真行。正一教的前身是产生于汉末的天师道。正一教允许道士有家室，可以不住宫观，可以吃荤饮酒(禁食牛肉、狗肉)。中国现有道教宫观9000余座，乾道、坤道5万余人，道教院校5所。

3. 伊斯兰教

伊斯兰教旧称大食法、大食教、天方教、清真教、回回教、回教、回回教门等。经由陆上丝绸之路以及海上丝绸之路传至中国，一般认为是在公元651年(唐朝永徽二年)从阿拉伯传入中国的泉州、广州等地。当时主要是一些阿拉伯商人和阿訇。据《闽书》记载，"(穆罕默德)有门徒大贤四人，唐武德中来朝，遂传教中国。一贤传教广州，二贤传教扬州，三贤、四贤传教泉州。"

伊斯兰教分逊尼派和什叶派两大教派，中国主要是逊尼派。在回族、维吾尔族、塔塔尔、柯尔克孜族、哈萨克族、乌孜别克族、塔吉克、东乡族、撒拉族、保安族等少数民族中，大多数信仰伊斯兰教。少数民族总人口约2100万，现有清真寺3.5万余座。汉、满、蒙古、藏、傣等民族中也有信仰者。中国穆斯林大多数聚居在宁夏、甘肃、青海、河南、云南、新疆等省和自治区,其他省、自治区、直辖市也有分布。截至 2017 年 9 月,经国家宗教事务局批准设立的伊斯兰教院校有 10 所。

4. 天主教

古代碑石中有所谓"大秦景教流行中国碑",这是唐建中二年(公元 781 年),吐火罗人伊斯(景净)受唐政府资助在长安城义宁坊大秦寺修建的碑刻,记述了景教在唐朝流传的情况。大秦是古代中国对罗马帝国及近东地区的称呼。景教,即基督教聂斯脱里派(也叫东方亚述教会)。这块碑石现存于陕西省西安市碑林博物馆。16 世纪天主教耶稣会传教士来到中国,被称为天主教。在明清之际,汤若望、南怀仁等传教士在中国上层社会中有不小的影响。后来由于罗马教廷禁止中国信众祭祖等文化习俗,干预中国政治,在华传教士被大清皇帝下令驱逐。中英鸦片战争后,与法国签订的《黄埔条约》允许传教,天主教重新在中国传教。1946 年,罗马教廷宣布在中国建立圣统制,全国设 20 个总主教区,137 个教区,教徒约 300 多万。1949 年,中华人民共和国成立前后,罗马教廷顽固坚持反共立场,并且命令在华天主教机构和信众抵制新政权。1957 年,中国天主教友爱国会的正式成立,推动了中国天主教走上独立自主自办教会的道路。截至 2018 年 4 月,中国天主教共有 98 个教区,教职人员约 0.8 万人;教堂和活动堂点约 6000 处。截至 2017 年 9 月,经国家宗教事务局批准的天主教院校共 9 所,信众 600 多万人。

5. 基督教(新教)

欧洲宗教改革运动中脱离天主教而形成的各个新宗派,以及后来又从这些宗派中分化出来的大量新派别的统称。中华人民共和国成立前夕,在中国活动的外国教会有 130 多个,发展教徒约 70 万人。1954 年 7 月 22 日,中国基督教全国会议在北京召开,把"三自革新运动"改名为"中国基督教三自爱国运动"。改革开放后,中国基督教坚持按"三自"原则办好教会,明确提出了治好、养好、传好的"三好"目标,积极开展神学思想建设,各项事业获得了很大的发展。截至 2018 年 4 月,中国共有基督教信众 2300 多万;教堂和聚会点约 6 万处;教牧传道人员约 4.8 万人;神学院校 21 所。

在中国,全国性的宗教团体有中国佛教协会(1953 年成立),中国道教协会(1957 年成立),中国伊斯兰教协会(1953 年成立),中国天主教爱国会(1957 年成立),中国天主教主教团(1979 年成立),中国基督教三自爱国运动委员会(1954 年成立),中国基督教协会(1980 年成立,1988 年正式加入世界基督教协进会)等。各宗教团体按照各自的章程选举、产生领导人和领导机构,服务信众。

二、当代中国的宗教问题

宗教对政治、经济、文化、心理、风俗习惯等方面都存在深刻影响。1949 年以前,某些少数民族的宗教制度实际上是政治经济制度的重要组成部分,宗教势力不仅是人民精神上的统治者,同时也是政治上、经济上的统治者。同时,宗教问题往往与民族问题交织在一起,成为国内民族问题的一部分,宗教问题处理得好坏,直接影响民族问题是否顺利解决。

目前,西方敌对势力在"民族"和"宗教"的旗帜下,不断对中国边疆少数民族地区进行"西化"和"分化",加之中国有30多个跨界民族的存在,容易受到境外宗教问题的影响。民族问题与宗教问题成为关系到国家统一、民族团结、社会稳定的重要问题。当前中国的宗教问题主要表现在四个方面。

(1) 宗教事务中还存在一些同当代中国社会不完全适应的问题,宗教事务管理有待改善和加强。对宗教事务不敢管、不愿管、不会管的情况仍然突出。一些做民族宗教工作的干部对宗教理论和政策缺乏研究,不能够依照法律和政策去管理宗教事务,感情用事,方法简单,工作粗糙。一些政府官员本身宗教意识浓厚,对管理宗教心存反感,面对非法宗教活动听之任之。也有的官员不能抵制和摆脱宗教极端势力的影响,反而被宗教极端势力所俘虏。

(2) 一些邪教组织屡禁不止,个别邪教屡打不散,已经严重影响了人民群众的生命财产安全,影响了社会的稳定。随着改革开放的不断深化,与世界各地的政治经济文化交流增多,人们在了解世界的同时,也在了解宗教、接触宗教。近年来,从各个角度介绍东西方宗教文化的书籍大量出版,促进了中国与世界各国的文化交流,加强了与世界的对话和沟通,这类书籍特别受到部分知识分子和青年人的欢迎,因而形成了宗教文化热,其主流是积极的。但与此同时,也出现了良莠不分、误导青年、误导群众,甚至为邪教宣传开绿灯的现象,致使一些邪教宣传资料也流入中国,这不仅对中国意识形态领域造成了一定影响,而且也对中国社会主义精神文明建设带来挑战。

(3) 一些非法宗教组织与国外宗教组织里应外合,与合法组织争夺信众。随着中国经济和社会的全面发展,综合国力进一步加强,中国的社会主义制度也越来越显示出其旺盛的生命力,这对国际格局的变化产生了不小的影响,而这一点正是国际敌对势力所害怕和不愿看到的,他们利用一切可能煽动中国内乱的因素,通过各种途径采取种种手段加以渗透,进行颠覆活动,从民族宗教问题入手或打着宗教幌子从事渗透活动是他们惯用的做法,把宗教作为突破口是他们在中国施行"西化"和"分化"既定战略的重要组成部分,尤其是某些西方势力往往打着"民族""宗教""人权"的幌子推行强权政治和霸权主义,严重影响中国的和平与安宁。

(4) 一些民族分裂主义分子以宗教为掩护,进行分裂国家的活动,民族问题和宗教问题交织在一起,宗教成为分裂主义分子进行思想渗透的工具。民族分裂主义分子利用某些地域特殊的人文因素和宗教氛围,把非法宗教活动作为其传播反动理论、培养分裂分子的主要途径。事实证明,民族分裂主义经常与非法宗教活动联系紧密,民族分裂主义以非法宗教活动为掩护形式,而非法宗教活动又以民族分裂主义为必然的政治走向。因此,反分裂同时必须反非法宗教活动,不反对非法宗教活动,反分裂、维护国家领土主权完整的目的就很难得到根本保证,也无法做到真正彻底。

当前中国民族宗教问题呈不断凸现态势。20世纪90年代以来,国际局势深刻演变导致的族裔民族主义、宗教极端势力和恐怖主义在全球的兴起、扩散及大国博弈形成其国际诱因；改革开放以来，中国社会转型造成的社会身份结构变迁、市场经济与利益竞争导致的民族宗教意识强化，以及改革中出现的其他社会矛盾与民族宗教因素的结合是国内根由。应对21世纪的民族宗教问题，中国需要加强理论建设、制度自信，坚持并更进一步完善社会治理、解决问题的机制和模式，形成更加合理、有效的民族宗教问题应对体系。

三、当代中国应对宗教问题的基本政策

《宪法》第36条规定："中华人民共和国公民有宗教信仰自由。任何国家机关、社会团体和个人不得强制公民信仰宗教或者不信仰宗教，不得歧视信仰宗教的公民和不信仰宗教的公民。国家保护正常的宗教活动。任何人不得利用宗教进行破坏社会秩序、损害公民身体健康、妨碍国家教育制度的活动。宗教团体和宗教事务不受外国势力的支配。"

(1) 宗教信仰自由。依据《宪法》规定，每个公民既有信仰宗教的自由，也有不信仰宗教的自由；有信仰这种宗教的自由，也有信仰那种宗教的自由；在同一宗教里面，有信仰这个教派的自由，也有信仰那个教派的自由；有过去不信教而现在信教的自由，也有过去信教而现在不信教的自由。既尊重和保护信教的自由，也保护不信教的自由，这是最基本的内容。信教的公民与不信教的公民享有同等的权利和义务，任何国家机关、社会团体和个人不得限制公民信仰宗教或者不信仰宗教，不得歧视信仰宗教的公民和不信仰宗教的公民。

中国实行的是宗教与政治、教育相分离的政策。任何人都不得利用宗教干预国家的行政、司法、学校教育和社会公共教育；不得干预婚姻、计划生育等等。国家政权也不能被用来推行或禁止某种宗教。教育与宗教相分离的原则主要有两方面的内容：一是国民教育领域内的各级、各类学校及其他教育机构，教师和其他教育工作者应当尊重公民宗教信仰的自由，不得侵犯公民宗教信仰自由的基本权利，既不歧视信仰宗教的学生或者其他受教育者，也不强迫学生或者其他受教育者信仰某种宗教，不强迫学生或者其他受教育者不信仰宗教。二是宗教组织或者个人不得非法干预国民教育领域内的学校及其他教育机构的教育教学活动及管理事务。任何组织或者个人不得利用宗教进行妨碍国家教育制度的非法活动，不得干预学校进行自然科学知识教育和政治思想教育，不得在学校及其他教育机构内传播宗教、举行宗教仪式，也不得利用学校对在校学生灌输宗教思想，发展宗教教徒，进行破坏民族团结和祖国统一的活动。中国实行宗教信仰自由政策，就是要把信教和不信教的人，信这种教或信那种教的人团结起来，大家和睦相处，彼此尊重，把意志和力量集中到建设有中国特色的社会主义事业上来，绝不允许在信教和不信教、信这种教和信那种教、信这一教派和信那一教派的人民之间制造纠纷，甚至挑动斗争，损害人民的团结。

宗教信仰自由不等于宗教活动可以不受任何约束。宗教界人士和信教群众首先是中华人民共和国的公民，要把国家和人民的根本利益放在首位，承担遵守宪法、法律、法规和政策的义务。2015年，习近平在中央统战工作会上说："宗教工作本质上是群众工作，要全面贯彻党的宗教信仰自由政策，依法管理宗教事务，坚持独立自主自办原则，积极引导宗教与社会主义社会相适应。"在中国政府看来，宗教要以人为本，要为国家、社会、人民

服务，要顺应社会发展进步的要求。

(2) 国家保护一切正常的宗教活动。各宗教团体自主地办理各自的教务，并根据需要开办宗教院校，印发宗教经典，出版宗教刊物，举办各种社会公益服务事业。在登记的宗教活动场所内和按宗教习惯在教徒自己家里进行的正常宗教活动，受到国家法律保护，任何人不得加以干涉。国家保护宗教团体的合法权益，保护宗教教职人员履行正常教务的权利。公民在行使宗教信仰自由权利的同时，有遵守宪法和法律的义务。任何国家机关、社会团体和个人不得损害宗教界的合法权益，干预正常的宗教活动；任何人也不能利用宗教破坏社会秩序，损害公民身体健康，更不允许利用宗教进行反对党的领导和社会主义制度，破坏国家统一和民族团结。

在如何处理宗教问题上，2014年5月28日，习近平在第二次中央新疆工作座谈会上讲话指出：处理宗教问题的基本原则，就是保护合法、制止非法、遏制极端、抵御渗透、打击犯罪。要依法保障信教群众正常宗教需求，尊重信教群众的习俗，稳步拓宽信教群众正确掌握宗教常识的合法渠道。要重视培养爱国宗教教职人员队伍，采取有力措施提高宗教界人士素质，确保宗教组织领导权牢牢掌握在爱国爱教人士手中。

(3) 独立自主自办。坚持独立自主自办和自治、自养、自传，是中华人民共和国成立后中国各宗教共同遵守的一个原则。独立自主自办，就是指中国的宗教事务由中国的教职人员和教徒自主办理，由中国教徒自己的组织进行管理，神职人员培养与选拔、宗教教区的划定与管理等宗教事务，由中国教徒自己管理。独立自主自办当然不是漫无目的地"自己玩"，而是要"积极引导宗教与社会主义社会相适应"。任何宗教要存在和发展，都要与所处社会相适应，这是宗教自身存在与发展的内在要求和客观规律。中国是社会主义国家，中国宗教是在社会主义条件下存在和活动的，必须与社会主义社会相适应。

长期担任中国天主教爱国会和中国天主教主教团主要领导人的傅铁山发出的"发挥优势，共建中国和谐宗教；五教同光，创建和谐寺观教堂"倡议，得到了宗教界人士的积极响应。"五教同光"表达了中国各大宗教和谐并存、共同发展的理念。2012年5月22日，凤凰网报道：国家宗教局原局长、尼山论坛组委会副主席叶小文指出中国很少因为宗教发生冲突，甚至在一个山中，儒、释、道三家在那儿，各拜各的神，这在外国是不可想象的，"中国五大宗教经常坐在一起谈笑风生"。中国现有五大宗教，除道教外，佛教、伊斯兰教、天主教、基督教都是从国外传入并生根发展的。各宗教在漫长的历史进程中，不断与中国固有传统文化相互融合、彼此促进、共同发展。这一不争的史实，有力地证明了"文明是包容"的，各种宗教间也并不存在什么实质"冲突"，平等互尊、交流互鉴，是各宗教实现"五教同光"和谐发展的最基本路径。

中国的宗教政策与民族政策息息相关，宗教政策不仅仅是国家政策、政府法令那么简单，而是涉及不同民族平等、团结与共同繁荣的大事，会影响到和谐稳定大局的重要内容。同时，不同民族宗教展现的乃是人类文化的不同侧面。著名社会学家、人类学家费孝通有一句话名言："各美其美，美人之美，美美与共，天下大同。"必须看到，每一种文化都是全人类的文明成果，每一种文化都有其独特的优势和长处，或者说有其独到的价值。人类社会的发展、一个国家的发展、一个民族的发展都需要尽可能地吸收全人类的文明成果。2014年3月27日，习近平主席访问联合国教科文组织总部时发表演讲说："世界上有200多个国家和地区，2500多个民族和多种宗教。如果只有一种生活方式，只有一种语言，只有一种音乐，只有一种服饰，那是不可想象的。""两千多年来，佛教、伊斯兰教、基督教等先后传入中国，中国音乐、绘画、文学等也不断吸纳外来文明的优长。"党的十九大强调："坚持我国宗教的中国化方向，积极引导宗教与社会主义社会相适应。"中国共产党、中国政府坚持宗教的中国化方向，促进宗教关系健康和谐，发挥宗教界人士和信教群众在促进经济社会发展中的积极作用。这有利于促进中国各宗教团体和谐发展，为当代中国社会贡献各自的力量，并在中华民族复兴之路的新时代共创新的文化盛世。

思 考 题

1. 如何理解"民族、宗教无小事"？
2. 21世纪的民族和宗教问题热点主要有哪些，其产生的根源在哪里？
3. 中国政府解决民族问题的基本政策是什么？取得了什么成效？
4. 如何引导宗教与社会主义社会相适应？

推 荐 阅 读

1. 黄陵渝，等. 外国民族宗教[M]. 北京：中国民主法制出版社，2015.
2. 于歌. 民族个性与民族兴衰：宗教改变的国家走向[M]. 北京：当代中国出版社，2015.
3. 任一飞，等. 中华人民共和国民族关系史[M]. 沈阳：辽宁民族出版社，2003.
4. 叶小文. 宗教问题——怎么看怎么办[M]. 北京：宗教文化出版社，2007.

第八章

当代国际关系与中国的和平发展道路

国际关系是一个历史过程，有其过去、现在和未来，经历了多角度、多层次、多维度的深刻复杂的演变。冷战后，国际关系的特点可以归纳为一个主流趋势和三个重要趋势。一个主流趋势是和平与发展。三个重要趋势是：国际关系日益多极化，但美国仍然是世界上唯一的超级大国；国际关系日益组织化，但主权国家仍将是国际关系的基石；国际关系日渐民主化，但非民主因素仍然存在。现如今，美国作为全球唯一的超级大国，从狭隘的本国利益出发，在经济上采取贸易保护主义政策，与全球化浪潮相背而行；在对外交往中搞单边主义；在对待人类社会共同议题上采用双重标准等，严重破坏了当代国际关系的良性发展，挑战了和平与发展的时代主题。因此，国际社会亟须构建国际新秩序，使国际关系朝正确的方向发展。一直以来，中国不仅是国际新秩序的倡导者，也是国际新秩序的实践者，中国主张建立以《联合国宪章》为基础的国际政治经济新秩序，最终建立人类命运共同体。改革开放以来，经过40多年的奋斗，中国成功走出了一条既适合中国国情，又适合时代特征的和平发展道路。中国和平发展道路最鲜明的特征是科学发展、自主发展、开放发展、和平发展、合作发展、共同发展。中国在和平发展过程中提出的"一带一路"倡议，以共商共建共享为原则，积极主动地为国际新秩序的构建、国际关系的发展贡献自己的智慧和力量，同时也成为实现世界和平与发展的中坚力量。

第一节 冷战后的国际关系特点

国际关系是国家、国际组织、跨国公司等活跃于国际舞台的行为体之间的关系。国际关系是人们超越国家界限所建立的一种特殊社会关系，包括政治、经济、军事、社会等关系[①]。国际关系随着国家的产生而产生。有了国家，就会有国家间的交往，从而就会有国际关系。国际关系自产生以来，经历了古代、近现代和当代不同的发展阶段和历史形态。到了20世纪90年代，随着苏联的解体和全球化浪潮的推动，冷战后的国际关系进入一个

---

① 蔡拓，等. 国际关系学[M]. 天津：南开大学出版社，2005: 1-2.

新的历史时期，呈现以下新的特点。

一、和平与发展成为时代主题

"和平与发展"中的"和平"，是指国际政治实体之间的非战争状态，世界和平指不发生世界范围的战争。"和平与发展"中的"发展"，是一个外延较为广泛的概念，其内容包括政治、经济、科技、文化、社会等许多方面的发展问题，但从整体来看，经济发展问题是该概念的核心内涵。发展既是一个经济问题，又是一个政治问题。和平与发展互为条件，相互促进。只有在和平的条件下，世界各国才能保持正常的交往，实现本国的发展计划；只有世界各国都发展了，才能为维护世界和平提供有力的物质保障，有效推进世界和平的进程。

和平与发展成为冷战后国际关系的主流趋势，具有客观必然性。

首先，和平与发展成为冷战后国际关系的主流趋势是时代的要求。20世纪80年代中期，邓小平根据世界经济与政治发生的重大变化，敏锐地把握时代的主题已开始由战争与革命转变为和平与发展，及时提出和平与发展已成为当今时代两大主题的科学论断。1985年3月4日，邓小平在会见日本工商会议所访华团时提出："现在世界上真正大的问题，带全球性的战略问题，一个是和平问题，一个是经济问题或者说发展问题。和平问题是东西问题，发展问题是南北问题。概括起来，就是东西南北四个字。南北问题是核心问题。"[①] 这里所说的和平问题，主要是指维护世界和平、防止新的世界大战爆发，也包括用和平手段解决国际争端、制止局部战争问题。这里所说的发展问题，既包括各种不同类型国家和地区的发展和再发展问题，又包括经济、政治、科技、文化、社会等各个领域的综合协调发展问题。20世纪90年代，苏联的解体、冷战的结束，加速了时代主题由战争与革命向和平与发展的转变进程，和平与发展作为当今时代的主题特征更趋明显。世界要和平，国家要发展，社会要进步，经济要繁荣，生活水平要提高，已经成为各国人民的普遍要求。在这一时代要求的大背景下，冷战后国际关系的主流趋势必然是和平与发展。

其次，和平与发展成为冷战后国际关系的主流趋势是美苏两极争霸格局结束的必然结果。苏联解体以后，自"二战"后开始的美苏争霸已告结束，北约与华约两大军事集团对峙的局面已成为历史，特别是意识形态上的全球对抗已不复存在。这不仅有效消除了发生全球重大冲突的最大隐患，而且为其他大国在国际政治舞台上获得更大的活动空间提供了可能。冷战结束后，世界各国日益认识到经济安全的重要性，因此都将发展经济作为自己的首要目标，各国之间真正的较量将来自经济的较量。这样，世界性战争爆发的可能性大为降低，更多国家参与国际事务和获得发展的机会大为增加，从而使和平与发展日益成为冷战后国际关系的主流趋势。

最后，和平与发展成为冷战后国际关系的主流趋势，是国际社会在经济日益全球化的背景下，构建人类命运共同体进程中的理性选择。经济全球化是在现代高科技条件下经济

---

① 邓小平文选：第3卷[M]. 北京：人民出版社，1993: 105.

社会化和国际化的历史新阶段。经济全球化被视为经济活动在世界范围的相互依存,特别是世界性市场的形成,资本超越了民族国家的界限,在全球自由流动,资源在全球范围内进行配置。冷战结束后,由于科技革命的推动,经济日益全球化。经济全球化使世界各国相互联系、相互依存的程度空前加深,越来越成为你中有我、我中有你、利益相互交融的命运共同体。人类命运共同体的构建,把握了人类利益和价值的通约性,寻找到了当今世界国与国关系中的最大公约数,体现了以合作共赢为核心的新型国际关系,反映了世界大多数国家的心声,是世界人民共同追求的目标。谋求和平、实现发展,是构建人类命运共同体最佳路径的理性选择。

和平与发展成为冷战后国际关系的主流趋势,并不意味着这两个问题已经解决。在和平与发展两大问题中,和平问题没有得到解决,发展问题更加严重。从和平问题方面看,虽然冷战后国际形势的总趋势是由紧张趋向缓和,但是世界并不太平。霸权主义、强权政治不仅依然存在,而且有新的发展;冷战思维依然存在,冷战时期形成的军事集团正在进一步扩大,并公然违背《联合国宪章》,武装干涉他国内政;日趋暴露的民族矛盾、宗教对立、领土争端等问题,不断酿成新的地区冲突和国际危机;大量核武器依然存在,美国等核大国的霸权主义推动亚太等地区的军备竞赛不断升级,所有这一切都严重地威胁人类的生存与世界的和平。从发展问题方面看,不公正、不合理的国际经济旧秩序还在损害发展中国家的利益;饥荒、债务、贸易条件恶化等问题仍在困扰发展中国家的发展;生态环境恶化、人口失控、国际贩毒、恐怖主义等全球问题的日益突出,导致全球的发展问题十分严峻。

二、世界多极化在曲折中发展

在国际关系理论中,所谓"极",指的是综合国力强、对国际关系影响大的国家或国家集团。根据极的数量划分,国际关系格局分为单极格局、两极格局和多极格局。单极格局是指一个大国主导国际关系的国际关系格局。"罗马治下的和平""不列颠治下的和平"和"美国治下的和平",分别是古代、近代和现当代国际关系单极格局的典型代表。两极格局是指两个大国主导国际关系的国际关系格局。冷战时期,美苏两极霸权均势是典型的国际关系两极格局。多极格局是指三个或更多的大国、国家集团对国际关系有着大致相同影响的国际关系格局。在多极格局中,三个或更多的大国或国家集团在国际关系中占据主导地位,它们相互联系、相互制约,共同影响国际事务,主导国际进程。"多极"意味着世界上存在三个或更多极。多极之间相互制约,各种力量在国际事务中各自独立、基本平等。国际关系多极化是指国际关系格局由两极格局向多极格局转化的趋势。

国际关系多极化趋势经历了曲折的发展过程。当代国际关系多极化趋势萌芽于冷战时期的中后期,其主要标志有两个:一个是由一百多个新兴独立国家发起和组织了声势浩大的不结盟运动;二是国际关系格局出现了被尼克松称为"五大中心力量"的局面,即在美苏两个超级大国之外,形成了西欧、日本和中国等新的力量中心。20世纪90年代初,随着东欧形势的剧变,苏联的解体,一极倒塌,两极格局自然崩溃,美国成为世界上唯一的超级大国。此时的美国霸权欲望急剧膨胀，意欲挟冷战和海湾战争胜利的余威，缔造美国"单极独霸"的"单极世界"。在小布什任总统期间，美国的"单极独霸"思想和行为发挥到了极致，从而导致在单极化和多极化的较量中，单极趋势略占上风，多极化趋势遭受阻滞或挫折。但是，世界多极化不可逆转。美国在2001年"911事件"后发动的反恐战争，特别是2008年全球性金融危机所引起的经济衰退，引起国际力量对比发生重大变化，世界多极化趋势明显增强。首先，美国虽然仍然是世界上唯一的超级大国，而且这种超级大国的地位还将保持相当长的一段时间，但它的总体实力相对下降了。美国发动的伊拉克战争和阿富汗战争，不仅严重消耗了美国的硬实力，而且大大削弱了它的软实力；2008年爆发的国际金融危机不仅严重地削弱了美国的经济实力，而且导致各国对当前美国主导的国际金融制度和机制产生了高度不信任感；近年来，美国秉持"美国优先"，先后退出《巴黎协定》、伊核问题全面协议、《中导条约》、联合国教科文组织等一系列多边协定与多边组织，美国的任性"退群"，使国际舆论为之侧目。其次，欧盟仍然是多极化趋势中的一支重要力量。近代欧洲开启了世界现代化进程和工业文明，从某种程度上说近代世界史就是一部欧洲史。至今，欧洲的生活方式、思维方式一直处于世界领先地位。欧盟在国际事务中的作用越来越大，越来越成为世界上一支不可忽视的重要力量。尽管全球性金融危机和经济衰退削弱了欧盟的国际地位和影响力，但是，欧盟作为世界重要经济体仍然是世界多极化进程中的一支重要力量。塞缪尔·亨廷顿生前曾预言：欧盟的联合将是世界范围内反对美国霸权主义的"唯一重要举动"，将导致21世纪出现"真正的多极"。再次，整体崛起中的新兴大国成为21世纪世界多极化的重要力量。由于自身综合国力的增强和整体的崛起，以"金砖国家"(巴西、俄罗斯、印度、中国和南非)为代表的新兴国家正在走向国际舞台的中心，成为改变当前和今后国际力量对比，推进国际关系格局多极化进程的重要力量。最后，多极化的含义正在扩大。多极化不仅包括"一超四强"①之间的大国关系，而且包括广大发展中国家作为一个整体在国际政治舞台上影响的扩大。同时，国际行为体的多元化也使世界力量中心呈多元化趋势。

国际关系格局多极化趋势的增强是多种因素相互作用的结果。经济发展不平衡规律导致的大国实力均衡化是推动多极化的根本原因；新型大国关系的构建是推动和促进多极化发展的重要力量和鲜明标志；广大发展中国家，特别是其中的大国和国家集团的发展与崛起，成为制约单边主义、推动和促进多极化发展的一支重要力量；各国特别是大国日渐高涨的反对单极世界的呼声，成为制约单极世界形成、推动多极化发展进程的强大动力。

目前，国际关系格局正处于制约单极向多极格局过渡的时期。这一时期的国际关系格局可以称为转型多极格局②。当前的转型多极格局与历史上曾经存在过的欧洲均衡多极格局相比，具有不同的特点：①格局主导权不同。欧洲均衡多极格局由西方掌控。而转型多

---

① "一超四强"是指冷战后美国成为世界上唯一的超级大国，欧盟、日本、俄罗斯和中国构成四大强国。
② 俞正樑. 全球重大力量转变与转型多极格局的出现[J]. 国际展望，2010(2): 1-9.

极格局将由西方主导向东西方或新老大国共同主导方向转移。全球治理从"G7时代"向"G20时代"迈进,就是最好的证明。②格局涉及的议题不同。欧洲均势多极格局涉及的议题主要是欧洲问题,而转型多极格局涉及的议题继续转向全球问题。中美是否能合作共治,是全球共治成功与否的中心所在。中美在世界多级格局中的权重超过其他力量。③构成世界格局的单位的性质不同。构成欧洲均衡多极格局的单位,均为具有同质性的传统大国列强。构成转型多极格局的单位是同质性与异质性的结合:既有发达国家、发展中国家各自的同,又有相互间的异。④世界权力中心的不同。欧洲均衡多极格局的世界权力中心在大西洋,在西方。在转型多极格局中,世界权力中心正从大西洋地区转移到太平洋地区,从西方向亚太地区转移。这直接决定了极的力量发挥及其重要性。

随着世界多极化进程加快,国际竞争越来越激烈。世界各国调整目标,形成了国家间既合作又竞争的局面。要对话与合作,不要对抗与冲突,已成为越来越多国家的共识。各国人民要求友好相处的呼声日益高涨。国家间在加强合作的同时,竞争也在加剧。国际竞争表现在各个领域,有经济竞争、文化竞争、军备竞争、人才竞争、科技竞争等。当前国际竞争的实质是以经济和科技实力为基础的综合国力的较量。综合国力指的是一个主权国家生存和发展所拥有的全部实力(即物质力和精神力)及国际影响力的合力。经济实力、科技实力、国防实力,这些物质力量是基础。其中,经济力和科技力已经成为决定性的因素。文化、经济、政治实力在综合国力竞争中越来越突出,民族精神、民族凝聚力是综合国力的重要组成部分。

世界多极化是建立在承认和尊重世界多样性基础上的。世界是丰富多彩的,各国文明的多样性是人类社会的基本特征,也是人类文明进步的动力。当今世界上有200多个国家。由于历史条件、自然条件等各方面的原因,各国的历史文化背景、经济发展水平、社会政治制度和经济发展模式,都有很大的差异。历史上曾经有一些强国用军事征服和经济掠夺的手段,使亚非拉许多国家和地区沦为贫穷落后的殖民地,几近灭顶之灾,即便如此,也没有改变世界多样性的状况。在今天,某个国家想要凭借其强大的经济实力和军事实力,将各国强行纳入由其领导与安排的单极世界,强行推广单一的社会制度和价值观,是根本办不到的。

中国作为社会主义的发展中大国,理应在促进世界多极化趋势发展的进程中作出自己的贡献。中国主张顺应历史潮流,反对一切形式的霸权主义和强权政治,愿意与国际社会共同努力,积极促进世界多极化,推动多种力量和谐并存,保持国际社会的稳定。改革开放以来,中国的经济建设成就举世瞩目,综合国力和人民生活水平显著提高。中国的发展离不开世界,中国的发展需要和平的、安定的国际环境和周边环境。从维护全人类的共同利益出发,在和平共处五项原则的基础上,中国将继续改善与美国及西方发达国家的关系,扩大共同利益的汇合点,妥善解决分歧,提倡用对话和谈判的方式解决争议,避免冲突,争取和平的外部环境,争取达到共赢和共存的目的。近年来,在中国和周边国家的共同努力下,因边界问题而引发冲突的因素已基本消除,在此基础上,要进一步加强合作,实现共同发展。中国将继续加强睦邻友好,坚持与邻为善、以邻为伴,加强区域合作,把与周边国家的交流和合作推向新水平。在推进世界多极化趋势的过程中，中国作为最大的发展中国家，将继续增强与第三世界国家的团结和合作，增进相互理解和信任，加强相互帮助和支持，拓宽合作领域，提高合作效果。

多极化趋势的发展有利于世界的和平、稳定与繁荣，有利于遏制霸权主义和强权政治，有利于推动建立公正合理的国际政治新秩序，也有利于广大发展中国家抓住机遇、发展自己。但也要清醒地看到，世界多极化进程是一个长期的、曲折的过程。超级大国推行霸权主义和强权政治的意愿和行动不会自动消失，反对霸权主义、维护世界和平，推动国际关系民主化的斗争是艰巨的，各种力量的较量有时甚至是非常激烈的。要充分估计国际格局发展演变的复杂性，但更要看到世界多极化向前推进的态势不会改变。

三、国际关系的行为主体及其组织化

在主权国家仍是国际关系基石的同时，作为国际关系最重要的非国家行为体——国际组织的蓬勃发展，以及国际关系的组织化，是冷战后国际关系的重要特点。

(一) 国际关系的行为主体

国际关系的行为主体分为国家行为体和非国家行为体两大类。"国家"这一概念具有双重含义：一是由人口、土地和政府构成的政治行为体，这个定义将国家作为一个政治实体，描述的是国家的物质形态；二是维护政治统治和社会秩序的政治工具，这个定义将国家作为一个政治工具，描述的是国家的社会功能。在国际交往当中，国家一直是国际关系最主要的行为体，占据着最重要的位置，发挥着最主要的作用。但是，随着交通工具的现代化、互联网络等现代科技的进步，跨国交往正在与日俱增，以前仅限于国家层面的交往现在越来越普及到国际组织和跨国公司的层面上。国际组织和跨国公司构成国际关系非国家行为主体的主要形式。国际组织亦称国际团体或国际机构，是具有国际性行为特征的组织，是两个或两个以上国家(或其他国际法主体)为实现共同的政治经济目的，依据其缔结的条约或其他正式法律文件建立的有一定规章制度的常设性机构。国际组织可以分为政府间组织和非政府间组织。

1. 政府间组织

政府间组织是指由三个以上国家政府参加的组织，如联合国、上海合作组织、东南亚国家联盟、亚洲太平洋经济合作组织(APEC)、欧洲联盟等。在目前的国际组织当中，从数量上来看，政府间组织相对较少，但由于其参与主体主要是各国政府，因而它能够对成员国的内政外交产生直接的影响，从而在国际关系当中发挥重要的作用。

政府间组织的主要作用在于促进政府间的合作，而不是凌驾于各国政府之上。比如目前世界上合作程度最深的欧洲联盟，尽管各成员国在政治、经济等众多领域都进行了合作，各成员国也向欧盟让渡了部分的主权以促成合作，但本质上欧洲各国还是有相对的独立性，欧盟更不可能凌驾于各国政府之上。目前世界上参与国最多、影响力最大、最具权威性的政府间组织是联合国,尽管目前联合国面临着一系列亟待解决的问题,但其在促进世界和平与发展方面作出了不可估量的贡献。

2. 非政府间组织

非政府间组织是非官方的、民族间的组织,其成员不是国家,而是个人、社会团体或其他民间机构。它们在国际社会中主要通过对各国政府施加影响来间接发挥作用。但其某些决议、决定以及所形成的世界性的运动和舆论压力不可忽视。在目前的国际组织当中,非政府间组织是数量最多的。这些数量众多的非政府间组织极大地丰富了国际社会行为体的构成,对世界范围内的人权、环境、医疗、卫生环境的改善发挥了重要的作用。

国际非政府间组织的大量存在及其在各自领域内所做的努力,为促进国际关系的良序发展发挥了积极作用,这些积极作用具体体现在:对国家中心模式的不断冲击凸显了国际政治多元化特征;强化了国际社会全球主义价值观;提升了国际关系民主化程度。

尽管国际非政府间组织在很大程度上促进了国际关系的发展,但其自身也面临着不少麻烦。首先是合法性易遭受质疑,合法性从外部因素来看是指其是否得到法律的正式许可,从内部因素来看是指其组织内部是否具有规范的民主选举程序和问责制度。其次是其"狭隘视野"限制了其作用的发挥。这种"狭隘视野"主要是指其在特定领域的专业性,很多国际问题的解决需要跨领域,而这些专业的国际组织或无力解决,或过分突出本专业的重要性而不利于问题的解决。最后是国际非政府间组织对其专业领域内事物的过度自信。技术是一个不断发展的过程,当下最先进的技术及解决方案在若干年后未必就是最佳方案,正因如此,国际非政府间组织在解决问题时也极易掉入自身专业性的陷阱。

(二) 国际关系组织化

国际关系组织化,是指处在国际制度、国际规则、国际法所约束和介入下的主权国家间的关系,日渐显示出不断加强的"组织性",或称有序性[①]。国际关系组织化是全球化的产物。冷战后,国际关系组织化趋势日益增强,是全球化趋势日益增强的结果。人类现在正经历着全球化趋势日益增强的历史时期。两次世界大战加上冷战,持续近80年,削弱了世界的全球化进程,这一情形在冷战后得到了改变。由于全球化趋势的增强、交通和通信技术的进步、各国间在经济上相互渗透和依存的加强,推动全球和区域的经济合作组织大量增加;由于各种全球性问题的出现,迫切需要加强各国间的国际协调,也使致力于解决全球性问题的国际组织大量涌现出来。据《国际组织年鉴》统计,20世纪初,世界有200余个国际组织,到50年代发展到1000余个,70年代末增至8200余个,1990年约为2.7万个,1998年为4.8万余个,21世纪初超过5.8万个。截至2016年,世界上有6.2万余个国际组织,包括有主权国家参加的政府间国际组织和民间团体成立的非政府间国际组织,它们既有全球性的,也有地区性、国家集团性的。这反映了国际关系组织化的趋势正在不断增强。

国际关系日益组织化表现在多方面。首先,国际组织已经全面、深入、多方位渗透到

---

① 俞正樑,等. 全球化时代的国际关系[M]. 上海:复旦大学出版社,2011:243.

国际社会各种议程、国家间各种关系领域。其次，国际组织通过他们所制定的国际制度、国际规则、国际法所编制的"全球网络"，把全球近 200 个国家或地区紧紧地"捆绑"起来，从而极大地加强了国际关系的整体性和协调性。最后，国际组织通过运用国际制度、国际规则和国际法，来约束国际行为体的行为，介入国际关系，加强了国际关系的"组织性"或"有序性"。可以预见，随着国际组织、国际制度的网络化发展，国际关系的组织性日益强化，无政府状态将逐渐为有序状态所代替，一个全球治理的时代正在到来[①]。

国际关系组织化是一把双刃剑。国际关系组织化在增强国际关系整体性、协调性、组织性和有序性的同时，也给民族国家带来了挑战。首先，国际关系组织化使国际组织和跨国公司挤占了民族国家的国际活动空间。国际关系组织化趋势的增强，意味着国际组织和跨国公司对国际关系"积极介入"的增强，从而使国际关系行为角色呈现出以国家行为主体为主，以国际组织和跨国公司为重要补充的多元化格局，后者在国际舞台上大展拳脚，必然挤占民族国家的国际活动空间。其次，国际关系组织化导致公民对国家忠诚的转移。公民对国家的绝对忠诚是民族国家的政治基石之一。但是，在全球化和国际关系组织化时代，公民对国家忠诚的转移，却体现为一种客观的、渐变的进程。在国际关系组织化十分发达的地区，如欧盟，利益、责任和命运共同体的建设，使各国公民将忠诚、期待和信任从国家开始转向共同体；非政府间国际组织正在将越来越多的"世界公民"的忠诚从国家转移到地球上来；迅速增长的国际公务员和跨国公司的雇员都具有"世界公民"的强烈意识，在他们中间，"公司忠诚代替国家忠诚"是一种普遍现象。最后，国际关系组织化导致政府间国际组织和国际法对国家主权的限制。国家主权是民族国家的立国之本，是民族国家对外交往的最有效工具。主权至上、不可分割、不可侵犯，"庇护"着民族国家由幼年状态走向成熟期。但是，国际组织和国际法则形成对国家主权的限制。随着经济全球化和国际关系组织化的进展，越来越多的国家加入众多的国际组织，遵守各种国际规则和日益完善的国际法，都是出于维护和实现国家利益的需要，但是他们在享受利益与权利的同时，也必须按规定承担一定的责任和义务，后者可能会涉及某种主权约束。

虽然国际关系组织化给主权国家带来挑战，但是，主权国家仍将是国际关系的基石。这是因为，民族国家是国际关系中唯一享有充分主权的行为主体，是最有实力和国际法地位的角色；民族国家体现着国际关系的本质规定，为非国家行为主体所望尘莫及；国际关系基本上还是以民族国家中的大国关系为主导内容的国家间关系。

四、国际关系民主化

国际关系民主化是指，以统治和服从为特征的强权型国际关系，向以独立自主、平等参与和互利合作为特征的民主型国际关系的转化过程。国际关系民主化是与殖民体系的瓦解、国际法的强化、强权政治的式微、科学技术的进步、经济全球化的拓展和经济相互依

---

① 俞正樑，等. 全球化时代的国际关系[M]. 上海：复旦大学出版社，2011: 244.

存的加深相依而行的[①]。

国际关系民主化的主要目标和基本内容体现在国际法基本准则里。国际法基本准则是国际社会公认的、适合国际关系的、具有法律性质的普遍原则。它既是世界各国人民对主权国家间的平等、公正的向往，也是国际社会反抗强权政治的历史成果。国际关系民主化包括以下主要目标和基本内容。

1. 主权平等原则

主权平等是国际关系民主化的首要内容与基本前提。主权平等原则是《联合国宪章》的首要原则。主权平等原则是指，各国不管经济、社会、政治或其他性质有何不同，一律享有平等权利与责任，并为国际社会之平等会员国。在就国际公共事务进行表决时，每个国家都有一个投票权，最弱小的国家的投票和最强大国家的投票具有同等分量；在国际政治中，没有一个国家可以对另一个国家主张管辖权[②]。

2. 和平共处五项原则

和平共处五项原则包括互相尊重主权和领土完整、互不侵犯、互不干涉内政、平等互利、和平共处。和平共处五项原则构成了一个密切相关的统一整体。和平共处五项原则高度概括了国际关系中的最主要的、最核心的原则，是中国对国际关系民主化发展作出的重大贡献。

3. 民族自决权

民族自决权又称人民自决权，是《联合国宪章》规定的一项重要原则，是国际人权法确定的一项基本人权。民族自决权的内容包括两个方面：第一，对于受殖民统治或外国军事侵略和占领下的民族来说，民族自决权就是摆脱殖民统治，建立或恢复独立的主权国家的权利。对于已经建立独立国家的民族整体来说，作为其组成部分的少数民族不存在这种意义上的民族自决权，他们享有的是属于国家主权范围内的民族自治权利。1960年的《给予殖民地国家和人民独立宣言》在宣布"所有的人民都有自决权"的同时又规定："任何旨在部分地或全面地分裂一个国家的团结和破坏其领土完整的企图都是与联合国宪章的目的和原则相违背的。"因此，任何将民族自决权解释为国内一个民族对抗中央政府的权利，都是不正确的。承认民族自决权与尊重一切国家的主权独立和领土完整是一致的。第二，民族自决权指各民族国家有权不受外来干涉地决定其政治地位，自由选择适合其自身发展的社会、政治和法律制度，自由追求经济、社会及文化的发展，自由处置其自然财富和资源的权利等[③]。

民族自决权被国际社会普遍认为是一项基本人权，是充分享受其他人权的前提和保证。坚持民族自决权，排除民族压迫，是人类健康和自由发展的基本条件，是国际关系民

---

① 俞正樑，等. 全球化时代的国际关系[M]. 上海：复旦大学出版社，2011：252.
② 俞正樑，等. 全球化时代的国际关系[M]. 上海：复旦大学出版社，2011：25.
③ 中国人权研究会. 什么是民族自决权[N]. 人民日报，2005-05-18.

主化的必要前提。

4. 反对霸权主义原则

霸权主义是指大国、强国凭借经济、军事实力，强行干涉、控制小国、弱国的内政外交，在世界或地区称霸的政策和行为。霸权主义是强权政治的孪生姊妹，是国际关系民主化的最大障碍。反对霸权主义就是要消除国际关系中的专制压迫、内政干涉，因而成为国际关系民主化的必要前提。反对霸权主义原则，由中国在20世纪60年代率先提出。1979年，第34届联合国大会通过的《反对霸权主义决议》，把反对霸权主义原则作为一项国际法基本原则最终确立。

国际关系民主化的历程上溯至近代国际关系的开端，勃兴于全球化时代。威斯特伐利亚体系确立了以主权平等和尊重国际法为前提的民族国家体系，为国际关系民主化奠定了基础。"二战"以后，发展中国家和非政府组织大力推动了国际关系民主化的进程。冷战结束以后，全球化与全球治理的兴起，使国际关系民主化的进程得到了加速发展。国际关系民主化是时代和国际关系发展的必然要求和归宿，是建立公正、合理国际新秩序的必要前提，也是国际社会特别是发展中国家勤力以求的奋斗目标[①]。

第二节 构建国际新秩序

国际秩序是国家依据国际规范采取非暴力方式解决冲突的状态，其构成要素为国际主流价值观、国际规范和国际制度安排[②]。在广大发展中国家处于无权地位的情况下，由少数大国按照发达国家的意愿和利益建立起来的国际旧秩序，以霸权主义、强权政治和剥削掠夺为基本特征，具有诸多不合理之处，改革国际旧秩序，构建国际新秩序具有十分的紧迫性。冷战结束后，在经济全球化、世界格局多极化、国际关系民主化的背景下，中国提出了建设公正、合理的国际新秩序的理论。

一、国际新秩序的内涵

国际秩序是国家行为体在国际交往与互动中所形成的特定的规范、制度、格局与体系[③]。价值观念、国际规范和国际制度是国际秩序的构成要素，国际权力结构是国际秩序变革的决定性因素。

国际新秩序是指与"国际旧秩序"相对的新型国际秩序。国际旧秩序是在广大发展中国家处于无权地位的情况下，由少数大国按照发达国家的意愿和利益建立起来的。这种旧秩序从"二战"后一直延续到现在还没有根本改变。"二战"结束后，包括中国在内的广大

---

① 倪世雄，王义桅. 试论国际关系民主化[J]. 国际问题研究，2002(3): 22-26.
② 阎学通. 无序体系中的国际秩序[J]. 国际政治科学，2016(1): 1-32.
③ 蔡拓. 全球主义视角下的国际秩序[J]. 现代国际关系，2014(7): 15-17.

发展中国家，主张建立和平、稳定、公正、合理的国际新秩序，并为此进行了长期的斗争。国际新秩序包括国际政治新秩序和国际经济新秩序。国际政治新秩序的主要内容包括：各国不分大小、强弱、贫富都应当作为国际社会的平等成员，参与国际事务的讨论与解决；各国有权根据各自的国情，独立自主地选择本国的社会、政治、经济制度和发展道路；互相尊重国家领土完整和不可侵犯原则；国家之间发生争端应当通过和平方式合理解决，在国际关系中不得使用武力或以武力相威胁。

国际经济新秩序的主要内容包括：各国有权选择符合本国国情的社会制度、经济模式和发展道路；各国有权对本国资源及其开发实行有效控制；各国有权参与处理国际经济事务；发达国家应尊重和照顾发展中国家的利益和需要，在提供援助时不应附加任何政治条件；加强南北对话与合作，在商品、贸易、资金、债务、货币、金融等主要领域做出必要的调整和改革。

构建国际新秩序已是在世界范围内讨论半个多世纪的宏大课题。中国是构建国际新秩序的积极推动者。中国有关构建国际新秩序的主张和实践使国际新秩序的内涵不断丰富。

20 世纪 50 年代，由中国政府提出的以"互相尊重主权和领土完整、互不侵犯、互不干涉内政、平等互利、和平共处"为内容的和平共处五项原则，符合《联合国宪章》的宗旨和原则，成为构建国际新秩序的基本国际规范。

20 世纪 80 年代中后期，中国已进入改革开放的新时代，邓小平根据对国际形势的科学分析，提出了在和平共处五项原则基础上建立国际经济政治新秩序的构想和主张。

20 世纪 90 年代，冷战结束，两极格局终结，和平与发展成为时代主题。在经济全球化、世界格局多极化、国际关系民主化的背景下，中国提出了建设公正、合理的国际新秩序的理论，并提出新安全观和尊重世界多样性的观点，使国际新秩序的内涵从经济与政治领域扩延至文化与安全领域。

经过多年思考和探索，党的十六大对国际新秩序的构建作了系统的阐述："我们主张建立公正合理的国际政治经济新秩序。各国政治上应相互尊重，共同协商，而不应把自己的意志强加于人；经济上应相互促进，共同发展，而不应造成贫富悬殊；文化上应相互借鉴，共同繁荣，而不应排除其他民族的文化；安全上应相互信任，共同维护，树立互信、互利、平等和协作的新安全观，通过对话和合作解决争端，而不应诉诸武力或以武力相威胁。"

2015 年 7 月，由中国提出的"和谐世界"理念被写入《中俄关于 21 世纪国际秩序的联合声明》，为国际新秩序的构建明确了更高的目标。

2012 年，党的十八大明确提出"倡导人类命运共同体意识"。党的十八大以来，基于对世界大势的准确把握，对人类命运的深刻思考，习近平多次谈到"人类命运共同体"问题。他在党的十九大进一步强调，中国特色社会主义进入新时代，中国特色大国外交要推动构建新型国际关系，推动构建人类命运共同体，"我们呼吁，各国人民同心协力，构建人类命运共同体，建设持久和平、普遍安全、共同繁荣、开放包容、清洁美丽的世界"。在国际格局深刻变化、利益日益多元化的国际背景下，"打造人类命运共同体"的提出，为国际新秩序构建了新的蓝图。"人类命运共同体"成为构建公正、合理国际新秩序的目标追求。

2013年以来,中国"一带一路"倡议的提出,亚洲基础设施投资银行、金砖国家开发银行、丝绸之路基金等一系列国际公共产品的创制,进一步丰富了国际秩序的内涵。

二、构建国际新秩序的紧迫性

当今世界正处在发展和变革的重要时期,世界多极化、信息网络化的趋势更加明显,发展经济、维持和平是世界各国人民的共同愿望。但是目前受国际金融危机的持续影响,资本主义主导下的世界矛盾日益尖锐,弊端显著。孤立主义、保护主义、民粹主义交织,"逆全球化"思潮不断蔓延。西方世界整体性下滑,世界力量中心正由西方向东方转移[①]。在这一历史背景下,作为"二战"后初期建立的国际旧秩序历史延续的现行国际秩序的诸多不合理之处,更加明显地显现,从而使改革国际旧秩序、构建国际新秩序具有紧迫性。

(1) 当前国际秩序不合理的核心问题是以西方的价值观作为制定国际规范的唯一标准,未能兼顾世界上多种文明与不同价值观同时存在的客观现实,未能将广大发展中国家的利益纳入核心范围。现行的国际秩序是发达国家主导的,规则由发达国家制定,因此集中体现了发达国家的利益,而忽视了发展中国家的诉求。在人权、恐怖主义、分离主义问题上,由于价值观和利益的不同,西方国家和非西方国家有较大分歧,且缺乏有效的共同机制。其主要体现在,以美国为首的西方国家常常将自己的人权价值观和评判标准强加于他国,并借此干涉他国内政。事实上,广大发展中国家的权益和诉求没有得到有效的维护。世界上绝大多数国家都是发展中国家,这些国家的人口占全世界的3/4,这部分群体的诉求是推动构建国际新秩序的重要因素。因此,改革国际治理体系,推动建立国际新秩序势在必行[②]。

(2) 现行国际秩序中的西方中心主义的双重标准国际规范不但缺乏足够的正义性,而且是当前国际秩序不稳定的重要原因。当前国际规范的特点是西方中心主义的双重标准。这种双重标准表现为对盟友采取道义的原则,即以非武力的方式解决冲突;对非盟友国家则采取实力原则,即以直接战争或代理人战争的方式解决冲突。这种双重标准还表现在对分离主义和恐怖主义的政策上。西方国家相互不支持对方国内的分离主义,却支持非西方国家内部的分离主义;反对危害西方国家的恐怖主义,但支持不危害西方国家的恐怖主义。例如,自"911事件"后,恐怖主义成为影响国际安全的重要因素,然而在反恐问题上,西方国家反对"基地"组织和"伊斯兰国"(ISIS),却支持利比亚和叙利亚的反政府武装。西方中心主义双重标准的国际规范,加剧了国际秩序的不稳定,从而威胁地区及全球安全。

(3) 现行国际秩序中,由西方中心主义主导的制度安排,使西方国家拥有超过其实际能力的国际权力,而非西方国家的国际权力低于其实力,致使国际权力分配与国际格局的不合理与不对称性加深,从而导致冲突加剧。自2008年金融危机以来,西方的经济便处于下滑阶段,而以中国为代表的发展中国家经济体实力快速增长,西方国家的"国家实力"

---

① 毛良升. "一带一路"战略的时代背景、内涵实质及现实意义[J]. 社科纵横,2017,32(8): 14-17.
② 查培新. 中国是建立国际新秩序的推动者[J]. 社会科学报,2017-07-20(03).

已不足以支配其身上的"国际权力"。当美国退出《巴黎协定》拒绝承担治理全球气候变暖的国际义务,退出 TPP 拒绝承担经济责任时,标志着当前其实际能力与国际权力不相匹配,这种不对称性和不合理性导致的从经济失序延伸到政治与安全等领域的全球失序化越来越明显。基辛格在《世界秩序》一书中表达了对当今国际秩序发展趋势的担忧,他表示,"国际秩序观的危机是我们当下面临的最根本的国际问题"①。如果诱发国际秩序危机的不对称性、不合理性无法妥当解决,在未来将会演变为巨大的冲突,甚至战争。

(4) 在现行国际秩序中,以西方自由市场原则为唯一标准,使得世界经济缺乏有效的监督机制,导致了 1998 年东亚金融危机和 2008 年世界金融危机的爆发。这表明,现行国际经济秩序缺乏稳定性,无力保障全球可持续发展②。以美国为首的西方发达经济体自由放任的政策导致其在全球权力结构中的影响力日益下降,约瑟夫·奈在《权力的未来》一书中指出,21 世纪的权力将在不同国家间发生转移,具体而言是从发达经济体向发展中经济体的转移③。在这种情况下,以美国为首的西方发达经济体失去了主导世界经济的影响力和实力,自身难以摆脱经济危机的阴影,更无能力为世界经济秩序作出贡献,然而这些国家一方面不愿意为迎合世界经济发展而改变自己的经济政策,另一方面又不愿对现有国际秩序中的规则进行有利于新兴经济体的调整,不愿看到广大发展中国家和新兴经济体登上世界舞台。以美国为首的发达经济体关注在现有国际秩序中如何继续掌控权力,因此其塑造规则的合法性受到质疑,国际关系趋于失序化④。

由于现行国际秩序存在上述诸多不合理之处,因此,改革当前国际秩序的不合理之处,构建国际新秩序,从而推进全球的可持续发展,是十分紧迫的任务。

三、构建国际新秩序的着力点

国际秩序的构建是一个系统工程。中国在参与和推进构建国际新秩序的系统工程中,应着力抓好以下几点。

1. 重视观念因素对构建国际新秩序的引领作用

主导价值观是制定具体国际规范的原则和指南,在国际新秩序的建设中起到引领作用。中国应在承认现存国际秩序平等、民主、自由的价值观基础上,提倡公平、正义、文明三者并列的普世道义观。因为公平、正义、文明是分别高于平等、民主、自由的三个普世价值⑤。中国应运用"人类命运共同体"理念引领国际新秩序的构建。"人类命运共同体"理念是中国"和"文化的当代延伸,是中国依据时代特点,为应对当今世界复杂严峻的局势而提出的中国方案,是中国推进建立公正、合理国际新秩序的目标追求。2017 年 3 月,

---

① Henry Kissinger. World Order[M]. New York:Penguin Press HC,2014: 375.
② 阎学通. 无序体系中的国际秩序[J]. 国际政治科学,2016(1): 1-32.
③ Joseph S. Nye, Jr. The Future of Power [M]. New York: Public Affairs,2011: 15.
④ 杨卫东. 国际关系失序化与中国的战略思考[J]. 现代国际关系,2017(6): 1-7.
⑤ 阎学通. 无序体系中的国际秩序[J]. 国际政治科学,2016(1): 1-32.

"人类命运共同体"理念首次被载入联合国人权理事会决议,充分表明这一理念已经得到联合国广大会员国的普遍认同,彰显了中国对构建国际新秩序的巨大贡献。

2. 注重发挥国际制度在国际新秩序建设中的作用

国际制度是国际秩序正常、稳定运行的保障。在构建国际秩序的进程中,中国应主动参与原有国际制度的修改和完善,努力主导新制度的制定,把握国际规则的主导权。要充分发挥联合国在建立国际新秩序中的核心作用。联合国作为当代世界最权威的政府间国际组织和各国阐述自己政治主张的全球性论坛,在维护世界和平、促进世界发展、构建国际新秩序方面,具有不可替代的作用。应积极推进包括联合国、世界银行、国际货币基金组织在内的国际组织的改革,逐步消除这些机构内部权力配置不公平的现象,提高包括中国在内的发展中国家在这些机构内部权力配置结构中的权重。要充分发挥上海合作组织、亚洲基础设施投资银行、金砖国家开发银行在构建国际新秩序过程中的作用。

3. 构建新型大国关系,推进国际新秩序建设

新型大国关系是以相互尊重、合作共赢的合作伙伴关系为核心特征的大国关系。相互尊重、合作共赢、和谐相处的新型大国关系是构建国际新秩序的前提。只有世界大多数大国同意国际新秩序的建设,国际新秩序才有可能建立。在新型大国关系中,中美关系尤为重要。中美之间应"以合作取代对抗,以共赢取代独占,树立建设伙伴关系新思路",实现"双方不冲突不对抗、相互尊重、合作共赢"的新型大国关系。构建新型大国关系事关对现行国际秩序的态度。以美国为首的西方大国所主导的现行国际秩序既有不合理成分,也有合理成分[①]。因此,对现行国际秩序不能采取全盘否定的敌视态度。这既有利于构建新型大国关系,也有利于推进国际新秩序的构建。应在继承和发扬现行国际秩序合理成分的基础上,同世界大国并连同世界中小国家一道,改革现行国际秩序的不合理成分,致力打造更加公正、合理的国际新秩序。

4. 提升国家综合实力,夯实构建国际新秩序的权力基础

国际秩序是权力分配的结果。国际权力结构是国际秩序变革的决定性因素。国家自身综合实力是大国参与国际新秩序构建的权力基础。中国要在构建国际新秩序进程中提升自己的影响力、话语权和新规则的制定权,必须提升包括硬实力和软实力在内的国家综合实力,夯实构建国际新秩序的权力基础。

第三节 中国的和平发展道路

改革开放以来,经过 40 多年的奋斗,中国成功走出了一条既适合中国国情、又适合时代特征的和平发展道路。中国和平发展道路最鲜明的特征是科学发展、自主发展、开放

---

① 阎学通. 无序体系中的国际秩序[J]. 国际政治科学,2016(1): 1-32.

发展、和平发展、合作发展、共同发展。沿着和平发展道路，40多年来，中国聚精会神搞建设，一心一意谋发展，持续推进解放思想和解放生产力，开启了实践基础上的一系列理论创新、制度创新、科技创新和文化创新，使中国社会焕发出空前的生机和活力，取得了显著的发展成就：实现了综合国力的大幅度提升，实现了从封闭半封闭到全方位开放的伟大转折，为世界经济稳定发展作出了重要贡献，为维护世界和平、应对全球性挑战发挥了重要作用。实践证明，当代中国必须走，只能走，也一定能够走通一条世界近代以来历史上从未有过的大国和平崛起即和平发展的道路。这是当代中国的根本走向[①]。

一、中国和平发展道路的科学内涵

根据中国国务院新闻办2011年9月6日发表的《中国的和平发展》白皮书的相关表述，中国和平发展道路的科学内涵应包含以下三方面的主要内容。

(1) 既通过维护世界和平发展自己，又通过自身发展维护世界和平。只有和平才能实现人民安居乐业，只有发展才能实现人民丰衣足食。中国的发展不仅需要长期稳定的国内环境，更需要持续和平的国际环境。取得长期稳定的国内环境与持续和平的国际环境，是中国实现发展的两大前提条件。没有和平，中国和世界就不可能发展；没有发展，中国和世界也不可能和平[②]。因此，中国一方面把为国家发展营造和平稳定的国际环境作为对外工作的中心的任务，通过维护世界和平来推动自己的发展；另一方面，中国又通过自己的发展，积极为世界和平和发展作出自己应有的贡献，始终是维护世界和地区和平稳定的坚定力量。

(2) 在强调依靠自身力量和改革创新实现发展的同时，坚持对外开放，学习借鉴别国长处。解决中国的发展问题，归根结底要靠中国自身的力量，要靠在尊重并遵循经济社会和自然发展规律基础上的改革创新。中国始终坚持独立自主，把国家发展的基点和重心放在国内，不把问题和矛盾转嫁给别国，更不通过掠夺别国来发展自己。中国也不能关起门来搞建设。中国在坚持自主发展的同时，坚持开放发展，以开放的姿态融入世界，不断拓展对外开放的广度和深度，学习借鉴别国的长处。

(3) 顺应经济全球化发展潮流，寻求与各国互利共赢和共同发展，推动建设持久和平、共同繁荣的和谐世界。在经济全球化的条件下，世界各国相互联系日益紧密、相互依存日益加深，和平、发展、合作、共赢的时代潮流更加强劲。在这样的背景下，中国在发展中坚持奉行互利共赢的开放战略，积极同相关各方扩大和深化"利益汇合点"，构建"利益共同体"，在追求自身发展的同时，努力实现与相关各方发展的良性互动，促进世界各国的共同与共赢发展。在同世界各国构建"人类命运共同体"的过程中，推动建设持久和平、共同繁荣的和谐世界。

综上所述，中国和平发展道路最鲜明的特征是科学发展、自主发展、开放发展、和平发展、合作发展、共同发展。

---

① 郑必坚. 中国和平发展道路的新内涵[N]. 光明日报，2013-04-01.
② 黄仁伟. 中国和平发展道路的历史超越[J]. 社会科学，2011(8): 4-18.

二、中国选择和平发展道路的必然性

中国曾多次向国际社会郑重宣示,中国将始终坚定不渝走和平发展道路,中国走和平发展道路,不是权宜之计,更不是外交辞令,而是从历史、现实、未来的客观判断中得出的结论,是思想自信和实践自觉的有机统一。从文化传统的影响、实现中国梦的需求和顺应世界发展大势三重视角看,中国选择和平发展道路具有必然性。

(1) 走和平发展道路是对中华民族文化传统的传承。历史是现实的根源。2014年,习近平在布鲁日欧洲学院的演讲中指出:"任何一个国家的今天都来自昨天。只有了解一个国家从哪里来……才能搞清楚这个国家未来会往哪里去和不会往哪里去。"中华民族是爱好和平的民族。有着5000多年历史的中华文明,始终崇尚和平,和平、和睦、和谐的追求深深植根于中华民族的精神世界之中,深深溶于中国人民的血脉之中。中国自古就提出了"国虽大,好战必亡"的箴言。"以和为贵""和而不同""化干戈为玉帛""国泰民安""睦邻友邦""天下太平""天下大同"等理念世代相传。这些优秀文化传统,如滴水穿石般潜移默化地影响着中华民族的行为方式。受此文化基因影响,曾长期领跑于世界的中国,没有去开疆拓土,而是在追寻着促进各国友好交流之路。例如处于当时领先地位的中国汉朝,派张骞两次出使西域,开通了丝绸之路,推进了东西方的互利合作。又如作为当时世界上最强大、最先进国家的中国唐朝,通使交好的国家多达70多个,在首都长安的各国使臣、商人、留学生云集成群,东西方文化交流非常活跃。再如国力强盛的中国明朝,派出航海家郑和七次下西洋,到访30多个国家和地区,没占一寸土地,却加深了中国同东南亚、东非国家的友好关系。这些都表明,中华民族的血液中没有侵略他国、称霸世界的基因,中国历史上也没有留下殖民和侵略他国的记录。中国坚持走和平发展道路,正是对几千年来中华民族热爱和平的文化传统的继承和发扬。

(2) 走和平发展道路是实现中国梦的需要。中国已经确定了未来发展目标,这就是到2020年国内生产总值和城乡居民人均收入比2010年翻一番、全面建成小康社会,到21世纪中叶建成富强民主文明和谐美丽的社会主义现代化国家。中国形象地把这个目标概括为实现中华民族伟大复兴的中国梦。中华人民共和国成立特别是改革开放以来,经过中国人民的共同奋斗,中国的综合国力显著增强,人民生活水平显著提高,经济总量跃居世界第二,人均国民收入进入中等偏上收入国家行列。当今中国"比历史上任何时期都更接近中华民族伟大复兴的目标,比历史上任何时期都更有信心、有能力实现这个目标"。中国的经济总量虽已升至世界第二,但人均国内生产总值仍排在世界第八十位左右,中国仍然是世界上最大的发展中国家,仍需要集中精力搞建设,一心一意谋发展。为此,中国需要有和谐稳定的国内环境与和平安宁的国际环境。没有和平,建设和发展就无从谈起。正如2014年习近平在德国科尔伯基金会的演讲中所说的那样,"中国需要和平,就像人需要空气一样,就像万物生长需要阳光一样。只有坚持走和平发展道路,只有同世界各国一道维护世界和平,中国才能实现自己的目标,才能为世界作出更大贡献。"

(3) 走和平发展道路是顺应世界发展大势的必然选择。世界潮流,浩浩荡荡,顺之则昌，逆之则亡。历史启示世人，一个国家要发展繁荣，必须把握和顺应世界发展大势，反之必然会被历史抛弃，而当今世界的潮流只有一个，那就是和平、发展、合作、共赢。在世界多极化、经济全球化、文化多样化、社会信息化深入发展，人类联系更加紧密的形势面前，"零和博弈"的冷战思维已不合时宜，求和平、谋发展、促合作、图共赢，已成为大势所趋、人心所向的时代潮流。坚持走和平发展道路，正是顺应这个世界大势的必然选择。

三、中国和平发展道路的实现路径

走好中国和平发展道路，需要做的事情很多，但必须着眼和平发展的内在要求，紧紧抓住影响和平发展的关键因素，精准选择和平发展的路径。

(1) 整体推进国内全面改革，加快构建和谐社会，夯实和平发展的国内民意基础。民为邦本，中国的和平发展事业有赖于广大人民群众的支持。为此，要不断增强综合国力，不断让广大人民群众享受到和平发展带来的利益，不断夯实走和平发展道路的物质基础和社会基础。要不断增强综合国力，就必须牢牢抓住发展第一要务不放松。发展是硬道理，是解决中国所有问题的关键。发展如逆水行舟，不进则退。必须毫不动摇坚持以经济建设为中心，推动科学发展。发展根本上要靠改革开放。必须全面深化经济体制改革，坚持和完善基本经济制度，建立现代产权制度，加快形成引领经济发展新常态的体制机制和发展方式。必须大力推进结构性改革，当前发展中总量问题与结构性问题并存，结构性问题更加突出，要用改革的办法推进结构调整。在适度扩大总需求的同时，突出抓好供给侧结构性改革，既做减法，又做加法，减少无效和低端供给，扩大有效和中高端供给，增加公共产品和公共服务供给，使供给和需求协同促进经济发展，提高全要素生产率，不断解放和发展社会生产力。必须切实保障改善民生，加强社会建设。必须加强政府自身建设，提高施政能力和服务水平，建设人民满意的法治政府、创新政府、廉洁政府和服务型政府。通过上述全面改革，加快构建和谐社会，从而为和平发展营造和谐稳定的国内环境。

(2) 实施互利共赢的开放战略，开拓中国和平发展的广阔空间。和平发展道路能不能走得通，在很大程度上要看中国能不能把世界的机遇转变为自己的机遇，把中国的机遇转变为世界的机遇，在与世界各国良性互动、互利共赢中开拓前进。只有坚持开放的发展、合作的发展、共赢的发展，不断同相关各国扩大和深化"利益汇合点"，构建"利益共同体"，中国才能为自身的和平发展开辟越来越广阔的空间。在实施互利共赢的战略中，关键是要扎实推进"一带一路"建设：统筹国内区域开发开放与国际经济合作，共同打造陆上经济走廊和海上合作支点，推动互联互通、经贸合作、人文交流；构建沿线大通关协作机制，建设国际物流大通道；推进边境经济合作区、跨境经济合作区、境外经贸合作区建设；坚持共商共建共享，使"一带一路"成为和平友谊纽带、共同繁荣之路。

(3) 积极构建新型国家关系，大力营造有利于和平发展的和平安宁的国际环境。中国坚持在和平共处五项原则基础上同所有国家构建新型国家关系。要努力推动与各大国关系协调发展，改善中国和平发展的战略环境；要不断巩固与周边国家的睦邻友好，打造中国和平发展的地缘依托；要深化与广大发展中国家的团结合作，夯实中国和平发展的基础。

(4) 建设强大国防，构筑中国和平发展的坚实保障。中国的和平发展面临复杂多样的传统和非传统安全挑战，受到分裂势力和恐怖主义等的威胁。因此，要把和平发展道路真正走通、走到底，必须建设强大的国防。加强国防建设的目的是维护国家主权、安全、领土完整，保障国家的和平发展。习近平多次指出，中国要坚持走和平发展道路，但决不能放弃中国的正当权益，不要指望中国会吞下损害国家主权、安全和发展利益的苦果。为维护中国的国家利益，必须建设强大的国防，构筑中国和平发展的坚实保障。

(5) 有效应对南海问题。所谓南海问题，是指中国与越南、菲律宾等部分东南亚国家间历史遗留的局部争议问题，其本源焦点是围绕南沙群岛及其附近海域的主权和权益之争。回顾历史不难发现，20世纪30年代以前，国际上对中国南沙群岛的主权状况没有任何争议，世界有不少地图和百科全书标明南沙群岛属于中国。第二次世界大战后，美国实际上长期承认中国拥有南沙群岛的主权。美国1961年版的《哥伦比亚利平科特世界地名辞典》、1963年版的《威尔德麦克各国百科全书》、1971年版的《世界各国区划百科全书》，均确认中国对南海诸岛的主权。南沙争议缘起于日本帝国主义扩张和战后的秩序安排，发酵于冷战。菲律宾、越南等国对南沙群岛的侵占发端于20世纪50年代末，到了20世纪七八十年代，由于南海油气资源的发现以及专属经济区制度的谈判与出台，这类侵占行动进入一个疯狂的阶段。20世纪90年代初至21世纪初，在冷战终结、亚太国家关系缓和、经济发展成为主基调的大背景下，中国提出了"搁置争议、共同开发"的主张，并与东盟国家签署了《南海各方行为宣言》(以下简称《宣言》)。在《宣言》签署后的10年中，事实上只有中国基本遵守了其规定和原则，未采取使争议扩大化的行动，并且积极推动海上和平合作和共同开发。而越、马、菲等国从一开始就没有全面和认真地落实《宣言》，不断对所占据岛礁改建和扩建，加强行政管理，加紧油气资源开采，不时抓扣中国渔民等，这些国家的一个共同指向就是固化非法侵占所得，否定存在争议，而不是"搁置争议"。在2011年美国实施所谓的"亚太再平衡战略"后，美国深度介入南海问题，使南海问题中地缘政治博弈的主体、主题和主线发生了明显变化。美国介入南海问题之前，南海问题中地缘政治博弈的主体是南海问题声索国：六国七方。六国是中国、越南、菲律宾、马来西亚、印度尼西亚和文莱，加上一方是中国台湾，即六国七方。六国七方博弈的主题是南海领土主权和海洋权益的争端。中国与相关声索国围绕南海领土主权和海洋权益的争端是这一时期南海问题中地缘政治博弈的主线。美国深度介入南海问题后，南海问题中地缘政治博弈的主体分为两部分：一是前面所说的南海问题声索国，即六国七方；二是围绕南海问题进行战略博弈的大国，这些大国包括中国、美国、日本、澳大利亚、印度等国家。美国高调介入南海问题，一方面强化了菲律宾、越南等相关声索国对抗中国的意图，另一方面刺激了日本、澳大利亚、印度等区域外国家制衡中国的冲动。因此，美国深度介入南海问题后，南海问题中地缘政治博弈的主题，正在从南海领土主权和海洋权益的争端逐步异化为美国、日本、澳大利亚等大国围堵、遏制中国崛起与中国反围堵、反遏制之间的较量。中美之间的博弈已成为南海问题中地缘政治博弈的主线。

现在南海已经成为中美两国进行战略博弈的一个新竞技场。美国深度介入南海问题之后，使南海问题中的地缘政治博弈形成两个博弈对局。一个对局是围绕南海主权和海洋权益的声索所发生冲突的争端各方，即六国七方；另一个对局是美日视野中围绕中国崛起的地缘战略对局，对局方主要是中、美、日、澳、印等大国。实际上，第二个对局原本并不存在，因为美、日、澳、印等国都是南海的域外国家，想要插手并没有合适的理由，想要搅局也没有合适的借口。但随着美国"重返亚太"战略的实施，美国开始在南海造局，开始编写南海的"美国故事"，试图利用第一个对局中的复杂局面将中国推入困境，以达到围堵和遏制中国和平发展这一最终的战略目的。

从目前南海地缘政治博弈的态势上看，南海问题已成为中国和平发展中的重大问题。这是因为，在当前的南海问题中，周边关系与大国关系交织，海洋问题与发展问题交织，经济关切与安全关切交织；当前的南海问题成为中美关系最重要的话题，双方不仅在外交和舆论场不断相互喊话，而且在军事上出现紧张气氛甚至摩擦，中美之间的战略对抗正在通过南海问题展现出来；南海问题已成为中国崛起、中华复兴道路上一个绕不开的大关口。为安全、顺利通过这一关口，中国必须有效应对南海问题。

首先，坚定维护中国南海领土主权和海洋权益，维护南海航行和飞越自由。南海问题事关中国国家领土主权和海洋权益、南海地区和平与安全等核心利益，也关系到中国海上丝绸之路建设和南海航行自由与安全等国际合作。中国要坚定维护自己在南海的领土主权和海洋权益，同时确保南海航行和飞越自由，为中国海上丝绸之路建设保驾护航[①]。

其次，按照"双轨思路"解决南海问题，共同维护南海地区和平与稳定。在解决南海问题上，中国政府提出了"双轨思路"，即具体争议由直接当事国协商谈判解决，南海的和平稳定由中国与东盟国家共同维护。中国的"双轨思路"为妥善处理南海问题确定了有效途径，为中国和平发展排除了障碍[②]。

最后，谨慎有序地推动南海地区海空力量的发展。"在当今的世界上，光有法律而没有力量就得不到公正。"[③]要使法理上属于中国的南海诸岛事实上属于中国，中国就必须在南海地区拥有强大的海空力量。不容否认，目前中国在南海地区的安全态势表明，中国现有的海空力量难以应对所面临的现实的与潜在的危机与压力。中国在南海主权争端中安全的困境来源于美国因素的介入，因此其最终解决也将受到海空力量的限制。当然，中国绝不希望在解决南海主权争端中与美国的海空力量发生冲突，但由于无法排除美国以其强大力量进行程度不同的军事干预的可能性，本着从好处着眼、从坏处打算的原则，中国在继续推行以理性态度和原则解决南海主权争端的问题的同时，根据需要适度推进南海地区海空力量的发展，才能为最终实现以实力求和平、保发展、卫国权创造条件[④]。

---

① 刘文波. 南海问题与中国 21 世纪海上丝绸之路建设[J]. 东南学术，2016(3): 18-25.
② 刘文波. 南海问题与中国 21 世纪海上丝绸之路建设[J]. 东南学术，2016(3): 18-25.
③ [美]阿尔弗雷德·塞耶·马汉. 海权论[M]. 萧伟中，等译. 北京：中国言实出版社，1997: 418.
④ 刘文波. 南海地缘政治格局与海上丝绸之路建设的地缘战略选择[J]. 理论与现代化，2016(3): 35-39.

第四节 积极促进"一带一路"国际合作

"一带一路"倡议是中国为积极推进全球化进程所提出的重要国际合作方案。"一带一路"倡议的目的是搭建合作共赢新型国际合作平台,以经济互通促进政治互信、民心相通和文明互鉴,促进相关国家和地区在"共商、共建、共享"基础上的共同发展,推进新时代人类命运共同体的构建。

一、"一带一路"的内涵

"一带一路"是"丝绸之路经济带"和"21世纪海上丝绸之路"的简称。"丝绸之路"这一概念第一次被提出是在19世纪末,德国地质地理学家李希霍芬首次将丝绸之路定义为"中国同中亚、印度之间开展丝绸贸易的通道"[①]。习近平主席借古鉴今,赋予古丝绸之路新的时代内涵。2013年9月7日,习近平主席在哈萨克斯坦发表演讲时,提出了共建"丝绸之路经济带"的倡议;2013年10月3日,习近平主席在印度尼西亚国会发表演讲,提出共同建设"21世纪海上丝绸之路"倡议。这样,习主席的这两个倡议共同构成了"一带一路"的伟大倡议。

从整体布局来看,"一带"特指丝绸之路经济带,是在古丝绸之路概念基础上形成的一个新的经济发展区域。丝绸之路经济带有三条重点线路,即:中国经中亚、俄罗斯至欧洲;中国经中亚、西亚至波斯湾、地中海;中国至东南亚、南亚、印度洋。

"一路"指"21世纪海上丝绸之路",连接中国—中南半岛经济走廊,经南海向西进入印度洋,衔接中巴、孟中印缅经济走廊,共同建设中国—印度洋—非洲—地中海蓝色经济通道;经南海向南进入太平洋,共建中国—大洋洲—南太平洋蓝色经济通道;积极推动共建经北冰洋连接欧洲的蓝色经济通道。"一带一路"路线示意如图8-1所示。

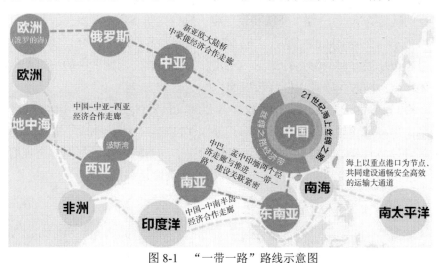

图8-1 "一带一路"路线示意图

---

① 贾春平. 中新社"一带一路"报道解析[J]. 对外传播,2015(4): 29-31.

从内部定位来看,"一带一路"涉及中国18个省份:新疆、陕西、宁夏、甘肃、青海、内蒙古、黑龙江、吉林、辽宁、广西、云南、西藏、上海、福建、浙江、广东、海南、重庆,2个核心区:新疆、福建。各省份均有合理的定位来对接"一带一路"沿线合作。

无论是对外整体布局还是对内各省定位,"一带一路"都以连接欧亚大陆的古丝绸之路为承载,秉承千年相传的"和平合作、开放包容、互学互鉴、互利共赢"的丝绸之路精神,创新合作模式,以"政策沟通、设施联通、贸易畅通、资金融通和民心相通"为合作重点,与沿线国家共建"丝绸之路经济带"和"21世纪海上丝绸之路"。丝绸之路作为东西方商贸和人文交流的重要通道,古已有之,再次重提,并在党的十九大上提出将推进"一带一路"建设等内容写入党章。这充分说明中国对"一带一路"建设的决心,"一带一路"也因此被赋予了时代内涵。

(一)"一带一路"是开放性、包容性的区域合作倡议

"一带一路"是开放性、包容性的区域合作倡议,而非排他性、封闭性的中国战略,主要体现在以下两点内容。

(1)"一带一路"坚持开放。鸦片战争的经历和改革开放的经验表明,世界是一个开放的世界,开放可以带来进步,而封闭导致落后,落后就要挨打。正是基于这种认知与愿景,"一带一路"以开放为导向,致力于亚欧非大陆及附近海洋的互联互通,建立和加强沿线各国互联互通伙伴关系,构建全方位、多层次、复合型的互联互通网络,实现沿线各国多元、自主、平衡、可持续的发展。"一带一路"的互联互通项目将推动沿线各国发展战略的对接与耦合,发掘区域内市场的潜力,促进投资和消费,创造需求和就业,增进沿线各国人民的人文交流与文明互鉴。这意味着"一带一路"是一个多元开放的合作性倡议。

(2)"一带一路"强调包容。"一带一路"的包容性显著体现于"一带一路"相关的国家基于但不限于古代丝绸之路的范围,各国和国际、地区组织均可参与,旨在使共建成果惠及更广泛的区域。"一带一路"坚持和谐包容、倡导文明宽容,尊重各国发展道路和模式的选择,加强不同文明之间的对话,求同存异、兼容并蓄、和平共处、共生共荣。坚持市场运作,遵循市场规律和国际通行规则,充分发挥市场在资源配置中的决定性作用和各类企业的主体作用,同时也强调发挥好政府的作用①。

"一带一路"作为一个区域合作倡议,其开放、包容性特征是区别于其他区域性经济倡议的一个突出特点,体现了中国体制的开放性和包容性。不同制度、意识形态、发展程度的国家都可以参与其中,搭乘中国经济发展的快车,共同合作,共同参与规则制定,一同做大世界经济的"蛋糕",实现共同发展,构建人类命运共同体。

(二)"一带一路"具有丰富的人文内涵

中国早在汉、唐、宋时期就通过陆路和海上把中国的丝绸、瓷器、茶叶等商品运往国

---

① 新华社.授权发布:推动共建丝绸之路经济带和21世纪海上丝绸之路的愿景与行动[N/OL](2015-03-28)[2018-06-04]. http://www.xinhuanet.com/world/2015-03/28/c_1114793986.htm.

外,同时也从国外带来奇珍异宝,这种持续的贸易交往和交流,具有丰富的人文内涵,古老的丝路成为一种文化标志。今天重新提出"丝绸之路",其要义是延续历史的精神,传承并提升古代文明,促进中国与世界各国在物质和文化等多方面更广泛的交流合作,实现中华文明的伟大复兴。

陆上丝绸之路最早可追溯到公元前5世纪左右河西走廊的开辟,中国对西方的商贸交流日益频繁,青金石是这一时期丝绸之路上的重要商品,后来成为佛教七宝之一,赋予了丝绸之路佛教文化。后来张骞出使西域,历史性地创建了一条由东亚至欧洲的路上交通大动脉,将中国与中亚、西亚直至南欧的广大区域连接在一起,在奥斯曼帝国垄断东西方贸易、西方被迫开辟海上新航线以前,古丝绸之路一直是东西方沟通交流的重要陆地通道[①]。张骞出使西域路线图如图8-2所示。

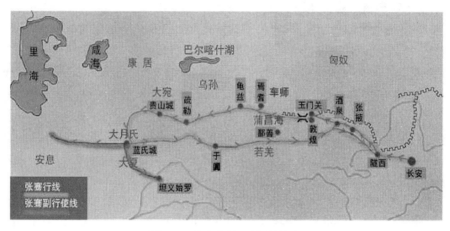

图8-2 张骞出使西域路线图

海上丝绸之路在秦汉时期就已经开始发挥作用了,当时借助海上丝绸之路,中国和东南亚、南亚等地区的交流往来就已比较成熟;唐宋时期,从刺桐(今泉州)、广州出发,商船承载中国文明经南海到达印度洋、波斯湾,最远传至非洲和欧洲,特别是指南针、火药技术的传播,改变了西方世界,促进了世界文明的发展;在明代,郑和的船队最远行至非洲东南部的一些地区,带去了先进的文明与技术。

无论是陆上丝绸之路,还是海上丝绸之路,都促进了各国文明的交往。丝绸之路传递的不仅是中国的丝绸和瓷器、西域的葡萄、欧洲的奇珍异宝,更有各国的音乐舞蹈艺术、宗教文化、风土民情。丝绸之路为当时不同地区、不同民族、不同种族之间的人文交流创造了条件。中国的"一带一路"合作倡议将古代陆上丝绸之路和海上丝绸之路延续的经济、文化交流传统继承下来并赋予新的时代含义,为各国间的人文交流提供了一个广阔的舞台,鼓励"一带一路"各国派遣留学生,开展艺术交流,促进民心相通,增进彼此了解和文化认知。

---

① 孙志远. "一带一路"战略构想的三重内涵[J]. 学习月刊,2015(1): 43-44.

二、"一带一路"建设的意义和总体方向

"一带一路"建设体现了世界发展的必然趋势，是促进世界经济发展的新动力，有利于在全球治理中贡献中国的智慧。"一带一路"倡议要把"一带一路"真正建设成为一条和平之路、繁荣之路、开放之路、创新之路和文明之路。

(一)"一带一路"建设的意义

"一带一路"倡议从提出到具体实施，有效促进了各个国家和地区的更高层次和更深入的交流与合作，代表了世界发展的潮流，具有十分重要的意义。

1. "一带一路"建设体现了世界发展的必然趋势

"一带一路"秉承的共商、共享和共建的内涵，以及在全球化的基础上促进世界各国繁荣和发展的伟大目标，体现了世界发展的潮流和趋势。目前，世界的公平经济秩序遭遇单边主义和贸易保护主义的挑战，强权政治卷土重来，民粹主义此起彼伏，世界正在由霸权主义统治世界向与共建共享主义并存的时代转变，而且此消彼长的形势已经形成，正向由共建共享引领的方向发生历史性的转变[1]。"一带一路"建设恰好体现了这种历史性转变的趋势，并且代表了未来世界发展的方向。"一带一路"建设具体包括三个方面："一带一路"建设的目标是构建"人类命运共同体"；"一带一路"建设是实现"和平、发展、合作、共赢"的最佳路径；"一带一路"建设的一个重要特点是在互联互动中推进合作[2]。

2. "一带一路"建设是促进世界经济发展的新动力

当今世界正发生复杂而深刻的变化，国际金融危机深层次影响继续显现，世界经济缓慢复苏、发展分化，国际投资贸易格局和多边投资贸易规则酝酿深刻调整，各国面临的发展问题依然严峻。以美国为首的国家推行贸易保护主义，奉行单边主义政策，给世界经济的持续发展蒙上了一层阴影。所有这些共同造成了世界经济发展新动力的缺乏。而"一带一路"倡议的提出，则为促进世界经济的发展增添了新的动力。首先，共建"一带一路"顺应世界多极化、经济全球化、文化多样化、社会信息化的潮流，秉持开放的区域合作精神，致力于维护全球自由贸易体系和开放型世界经济，这有利于推进世界经济的发展；其次，"一带一路"建设将欧亚大陆的两端，即发达的欧洲经济圈和最具活力的东亚经济圈更加紧密地联结起来，带动中亚、西亚、南亚、东南亚的发展，促进形成一体化的欧亚大市场，并辐射非洲等区域[3]；最后，"一带一路"沿线不同国家之间资源互补、优势互补，建立的贸易机制等不仅促进了本国、本区域的经济繁荣，而且成为世界经济发展的新动力。

---

[1] 方真. "一带一路"倡议的世界历史意义[J]. 特区实践与理论，2018(2): 76-81.
[2] 胡德坤，邢伟旌."一带一路"战略构想对世界历史发展的积极意义[J]. 武汉大学学报(人文科学版)，2017(1): 17-23.
[3] 程国强. 共建"一带一路"：内涵、意义与智库使命[J]. 中国发展观察，2015(4): 8-11.

3. "一带一路"建设有利于在全球治理中贡献中国的智慧

"一带一路"建设过程中,中国可以为全球治理贡献自己的智慧。进入21世纪后,在全球化的影响和冲击下,恐怖主义、经济危机、贫富差距、难民问题与气候问题等成为人类面临的共同问题,在面对这些共同问题时,西方的治理理念以及治理手段造成全球治理"失灵"。首先,近年来,地区冲突不断,难民问题多发,恐怖主义威胁增,由此可以看出全球治理取得的成效很小;其次,西方发达国家根据自己的利益诉求设置治理议题,例如"911事件"后,美国将国际恐怖主义治理定为全球治理的议题,由此世界进入了"反恐时代"。在全球治理"失灵"的背景下,中国提出的"一带一路"倡议,是全球治理理念的新转变,是全球治理实践的新模式,是适应世界发展潮流的新智慧。其主要体现在三个方面:在指导理念上,"一带一路"倡导国家平等协商,主张摈弃实力定义一切的西方政治哲学;在道路实践上,"一带一路"坚持从排他封闭走向包容开放,强调各国间的合作共赢;在价值目标上,"一带一路"倡导从国家主义向世界主义升华,强调对人类的终极关怀[①]。

(二)"一带一路"建设的总体方向

"一带一路"建设要秉承丝路精神,把"一带一路"真正建设成为一条和平之路、繁荣之路、开放之路、创新之路和文明之路。

1. 以共商共建共享为基本原则

"一带一路"是中国提出的阳光倡议,共商、共建、共享是推进"一带一路"的黄金法则。"一带一路"合作具有鲜明的平等性、开放性和普惠性。无论是规划合作蓝图还是实施具体项目,都由参与方商量着办,一切都在阳光下运作。没有一家独大,而是各方平等参与;没有暗箱操作,而是坚持公开透明;没有赢者通吃,而是谋求互利共赢。坚持共商原则,要集思广益,协调和照顾不同发展层次国家的现实需要;坚持共建原则,要促进各方的参与,避免出现公共物品透支的问题;坚持共享原则,要使发展惠及所有的参与方,调动各个国家和地区的参与度。

2. 以深化"五通"交流合作为关键支撑

作为"一带一路"建设的主要内容,"五通"分别为政策沟通、设施联通、贸易畅通、资金融通和民心相通,是"一带一路"建设总体方向的关键支撑。具体来说,加强政策沟通是"一带一路"建设的重要保障,基础设施互联互通是"一带一路"建设的优先领域,投资贸易合作是"一带一路"建设的重点内容,资金融通是"一带一路"建设的重要支撑,民心相通是"一带一路"建设的社会根基。要加强政策沟通,促进沿线各国的政治互信,促进不同国家和地区的相关政策对接和调整,为落实"一带一路"建设合作打下基础;要加强设施联通,要在充分尊重国家的主权和安全基础上,不断完善沿线国家相关基础设施标准的对接和统一;要加强贸易畅通,逐步消除沿线国家的贸易壁

---

① 杜德斌,马亚华. "一带一路"——全球治理模式的新探索[J]. 地理研究, 2017, 36(7): 1203-1209.

垒，使贸易合作便利化；要加强资金融通，提高沿线国家金融合作的水平和质量，建立亚洲货币稳定体系、投融资体系和信用体系建设；要加强民心相通，以"国之交，在于民之亲"为出发点，不断深化沿线各国之间的民间交往，让"一带一路"发展成果惠及每个人。

3. 以构建全面开放的新格局为努力方向

"一带一路"建设是推进中国形成全面开放新格局的重要举措。改革开放以来，鉴于当时的国内国际形势，中国采用的是优先开放和发展沿海地区以及"先富带后富"的对外开放模式，东南沿海地区的经济水平迅速得到提高，而广大西部和内陆地区的经济发展水平依然滞后，经济发展环境相对东南沿海地区较为封闭，造成了中国地区经济发展不平衡、不充分，限制了资本的流通，不利于社会的稳定。新的形势下，推进"一带一路"建设，要通过共建"一带一路"，帮助解决中国国内发展不平衡、不充分的问题，让全国各地区人民群众共享改革开放的成果[①]。要加强由沿海到内陆、西部的逐步开放，使西部和内陆地区成为对外开放的新阵地。要加强西部和内陆同京津冀、长三角、珠三角、海峡西岸、环渤海等经济区的协同发展，提高整体对外开放水平。要充分发挥不同地区的比较优势，形成全面开放的新格局。

三、"一带一路"国际合作的重点内容

党的十九大从统筹国内国际两个大局出发，明确了今后一个时期"一带一路"国际合作的重点任务。

（一）推动贸易转型升级，推进投资领域深化拓展

古代的陆上和海上丝绸之路是"贸易之路"，其主要的作用是通过贸易的发展来推动经济的繁荣，扩大国家间的交流，促进不同文明之间的对话。贸易是丝绸之路能够发展繁荣的重要发动机。今天的"一带一路"不仅仅是贸易往来的加强，同时也是资金流动的通畅，只有两者的相得益彰，才有经济的共同发展，"一带一路"国际合作才能实现真正意义上的可持续。

(1) 推动贸易结构与形式的发展和优化。"一带一路"倡议的提出激发了中国与"一带一路"各国发展经贸关系的热情。2013—2019 年，中国与"一带一路"沿线国家货物贸易额累计超过 7.8 万亿美元，涉及能源、农产品等多个方面，在总量和种类方面均取得了不凡的成就。今后的合作重点就是要在继续坚持自由贸易以及扩大贸易数量和种类的基础之上，推动贸易结构的优化升级，加强在科技产品领域方面的贸易合作，加强电子商务平台的建设发展，拓展服务贸易市场，激发贸易潜力，使得推动贸易发展的一切源泉充分涌流，从而实现中国与"一带一路"各国的互利共赢。

---

① 刘方平. "一带一路"：引领新时代中国对外开放新格局[J]. 甘肃社会科学，2018(2): 64-70.

(2) 坚持并加深对发展中国家不带附加条件的资金投入。贸易的深化合作带来了各国对于改善自身贸易条件,结合自身的比较优势来发展经济的需要。但发展中国家在发展的过程中长期缺乏资金支持,西方国家对于发展中国家的资金等方面的援助往往要附加政治条件,这并不切合发展中国家自身的实际情况,不利于发展中国家的发展。坚持不附加政治条件,不以政治体制与意识形态设限,坚持对各国的一视同仁,是中国对外投资相对于西方国家包含着政治目的的投资的一个显著特点。也正是由于这一点,中国对外投资受到了发展中国家的欢迎。截至2019年4月,中国与"一带一路"沿线国家共同建设境外经贸合作区80多个,为当地增加了30万个就业岗位。

(二) 加强基础设施互联互通,构建合作发展新通道

中国改革开放40多年来的发展历程中,有一条发展经验是非常重要的,那就是"要致富,先修路"。路修通了,就相当于打通了经济发展的脉络,打破了地区的闭塞状态,可以使各种有利于经济发展的要素得到充分而低成本地利用。从这种意义上说,路就好比经济发展的血管,各种经济要素就相当于血液。没有血管的支撑,血液毫无意义。在"一带一路"倡议中,基础设施的互联互通可以说是这其中非常重要的一个方面,它与贸易和投资有着紧密的相关性。只有基础设施通了,货物才能够以更低成本和更为便利的方式运出,投资的基础条件才会得到改观,各国才能够利用自身在全球经济结构中的比较优势来推动自身经济的发展。

(1) 利用中国自身基础设施建设优势,弥补发展中国家基础设施的不足。对于广大的发展中国家来说,基础设施建设的落后是其经济发展落后的一个非常重要的原因。中蒙俄经济走廊、新亚欧大陆桥、中国—中亚—西亚经济走廊、中巴经济走廊、中国—中南半岛经济走廊、孟中印缅经济走廊,这与"一带一路"相关的六大经济走廊均需要大量的基础设施投入建设。中国历经改革开放40多年来,其在道路、桥梁、港口、通信设施、交通工具等领域均取得了辉煌成就,可以凭借着在这一领域的自身优势来推动广大发展中国家基础设施的提升。中国对于"一带一路"各国的基础设施建设已经颇有成就,雅万、亚吉、蒙内等铁路项目,希腊比雷埃夫斯港、斯里兰卡汉班托塔港等港口项目以及孟加拉帕德玛大桥等一大批项目纷纷落地。截至2019年年底,"中欧班列"已有运行线60多条,国内开行城市达到62个,到达欧洲16个国家53个城市,累计开行超过14 000列。而截至2019年4月,中国国内(不含香港、澳门和台湾地区)机场直飞航线覆盖网络已覆盖45个"一带一路"国家。但相对于发展中国家庞大的基础设施缺口而言,这些还远远不够,中国仍需加大对发展中国家的基础设施投入,以期让"一带一路"各国在现有基础上的联通更为顺畅。

(2) 推动基础设施建设支持机构的建设和发展。许多发展中国家的基础设施还是在其受到殖民的时期由殖民者所建设,这些国家独立后由于没有充足的资金和技术,所以其基础设施建设无法得到更进一步的推进。中国于2013年提出了建立"亚洲基础设施投资银行"(简称"亚投行")的倡议,2015年,亚投行正式成立,更是在很大程度上推动了"一带一

路"各国的基础设施建设。截至 2020 年 7 月,亚投行已经批准了 87 个项目,规模有大有小,项目覆盖广泛,包括交通、能源、可持续城市等。有了亚投行的支持,"一带一路"各国的基础设施建设会更加高效地进行,进而推动各国贸易的增长和投资的引进,实现经济的发展与民众生活水平的提高。继续发挥并完善亚投行等既有支持机构的作用,并且根据基础设施建设的现实需要在资金、技术、人才培育等方面建立新的支持机构,是未来"一带一路"在基础设施建设国际合作方面的一个重要方向。

(三) 推动文化交流互鉴,打造民间交往新平台

"一带一路"不仅仅是物质层面的交流,精神文化层面的交流同样必不可少。古代的陆上和海上丝绸之路不仅仅是贸易的畅通,更是不同文明之间的相互交流和碰撞。物质上的交流仅仅是财富上的合作,起到改善各国民众生活的作用。当今世界上的许多冲突矛盾并不仅仅是由于物质利益分配的不均,各种文明之间的互不理解甚至互相歧视同样是其中的重要诱因。"一带一路"五通中难度最大的是民心相通。民心如何相通?只有通过不同文明之间的交流对话来加深对彼此的了解和理解,这样才能知道对方的所想所做与自己的差别,进而对对方有一个正确的认知。

(1) 充分利用侨民优势,推动不同文明之间的交流合作。各国的侨民一般都是在母国出生和成长,所以对于母国文化的价值取向和生活方式都非常了解并已融入日常生活的血液中;同时又由于长期在侨居国生活,对于侨居国的文明也有着不同程度的了解,这对于"一带一路"文化的交流、民心的相通是宝贵的资源。以侨为桥,通过在居住国对母国文化的展示和传播,可以连接起不同文化之间沟通的纽带,推动不同文明之间的传播交流。除此之外,日益便利的交通基础设施使得各国民众可以相对更为便利地去其他国家旅行,在旅行中可以对不同国家和不同文明有着不同层次的了解。

(2) 通过奖学金等形式鼓励青年学生留学访学。青年拥有着蓬勃的朝气,其人生观、价值观、世界观并未成型,接受新事物的能力和意愿较强。各国青年之间的学习交流毫无疑问是了解彼此、推动文化交流的一个重要方式。不同国家有着不同的文明基底和文明环境。当一个人在一种文明环境中成长起来之后,其价值取向和行为模式受其成长所在社会的高度影响,对于另一种不甚了解甚至与其固有文化价值取向有着很大差别的文明,会有一种天然的排斥感。因此,不同国家青年间的留学访学,可以使青年们对于与自身成长环境相异的文明有更为充分的了解与认知。只有真正读懂了与自身相异的其他文明,了解并尊重其他文明,民心才能够真正相通。

(3) 加强语言的传播学习。文化自语言始,只有通过语言的学习,一个人才能对这种语言所承载的文化有更深程度的了解。在语言的传播与学习方面,学校教育扮演了重要的角色。学校教育的连续性和专业性可以使得个人对于语言的掌握更为熟练,并且在语言的学习过程中加深对于语言所承载的文化的了解。在这一方面,中国的经验是在国外设立孔子学院。孔子学院通过语言的教学推动文化的传播,让"一带一路"各国民众增加对中华文化的了解,从而实现不同文明之间的交流对话。语言的互通打破了"巴别塔"的障碍,

让各国民众可以畅通无阻地了解其他文明。

"一带一路"倡议不是中国一国的"独角戏",而是各国的"大合唱"。只凭借中国一国的推动而没有其他国家的合作,"一带一路"倡议是不可能变为现实的。"一带一路"国际合作也不仅仅是物质方面的合作共赢,它更是东西方不同文明之间交流对话的一个重要平台和载体。只有物质文明的交流,并不会自动地促成各国之间的相互了解;只有精神文明的交流,才会使精神文明本身的吸引力无法完整展现。物质和精神是"一带一路"国际合作的"鸟之两翼""车之两轮",任何一方面的缺少,都会使"一带一路"国际合作达不到预期的效果。因此,就"一带一路"国际合作的内容来说,物质和精神两者一个都不能少。但这并不意味着"一带一路"国际合作是没有层次的、是不分轻重缓急的。以物质方面的合作推动精神文化层面的交流,才能够使"一带一路"国际合作更加行稳致远。"实践是检验认识真理的唯一标准",这是中国改革开放的一条宝贵的思想经验。"一带一路"是应对世界变革的中国倡议、中国方案,这一倡议和方案只有在国际合作的实践中才能够真正地对其加以检验。从中国走向世界,愿"一带一路"倡议成为沟通各个国家和各种文明之间的桥梁,在开放包容之中成就你我,在互利共赢之中携手共进!

思 考 题

1. 如何认识冷战后的国际关系特点?
2. 如何理解构建国际新秩序的必要性及实现路径?
3. 如何理解中国选择和平发展道路的客观必然性?
4. "一带一路"国际合作的重点内容有哪些?

推 荐 阅 读

1. 诺曼·里奇. 大国外交:从第一次世界大战至今[M]. 时殷弘,译. 北京:中国人民大学出版社,2015.
2. 詹姆斯·多尔蒂,小罗伯特·普法尔茨格拉夫. 争论中的国际关系理论[M]. 阎学通,等译. 北京:世界知识出版社,2013.
3. 亨利·基辛格. 论中国[M]. 胡利平,等译. 北京:中信出版社,2012.
4. 王帆,等. 中国角色、中国方案——中国特色大国外交[M]. 北京:世界知识出版社,2017.

第九章

面向未来的世界与中国

我们生活在一个以"和平与发展"为主题的时代,但是,和平与发展两个问题并没有真正解决,世界上还存在局部战争和连绵冲突,存在发展停滞与倒退现象。在 20 世纪中期,伴随着新技术革命出现了一系列超越国家和地区界限,关系到整个人类生存与发展的严峻问题,即全球问题。全球问题需要全球治理。各国政府、国家间国际组织、全球公民社会组织为维持正常的国际政治经济秩序,最大限度地增加全人类的共同利益,需要通过具有约束力的国际规制和有效的国际合作,来解决全球问题。全球治理与国际秩序密切相关,两者相辅相成,相互作用。通过合作实现共赢是中国解决上述问题的基本理念和重要方向,它无疑对世界的和平、发展、合作、共赢局面具有重要的促进作用。

第一节 全球问题与全球治理

全球治理起因于全球问题,因此,研究全球治理问题首先要研究全球问题。经济、人口、发展、生态等全球问题是在 20 世纪中期伴随着新技术革命出现的。冷战结束后,4P 问题,即贫困(poverty)、人口(population)、污染(pollution)和核扩散(proliferation)问题,成为全球问题中最为突出的问题。21 世纪后,国际恐怖主义、气候变暖和国际金融风暴三大问题震惊了全世界。成立于 1968 年 4 月的罗马俱乐部,最早明确提出并研究了全球问题。从目前来看,尽管国际社会有关全球问题的研究取得了一定成果,但究竟如何界定全球问题,并未形成统一的答案。

一、全球问题

所谓全球问题,是指当代国际社会面临的一系列超越国家和地区界限,关系到整个人类生存与发展的严峻问题[①]。

---

① 蔡拓,等. 国际关系学[M]. 天津:南开大学出版社,2005:391.

1. 战争与和平

冷战结束后，特别是 21 世纪以来，虽然和平、发展、合作、共赢成为时代潮流，世界大战、大国核对抗的危险减弱，但是由于冷战思维依然存在，西方大国继续推行霸权主义、强权政治；跨国军事集团不断扩大，军事联盟不断加强；国际军控与裁军进程曲折反复；国际恐怖势力、民族分裂势力、极端宗教势力给国际社会不断带来危害，导致局部战争明显增加，地区冲突持续不断，核扩散的阴影令人不安，从而使战争与和平依旧是当今人类社会面临的重大问题。

2. 南北关系

南北关系是指大多地处南半球的发展中国家与大多地处北半球的发达资本主义国家之间的关系。这是当今世界面临的一个全球性战略问题。第二次世界大战前，南方国家大都是北方国家的殖民地、半殖民地，受北方国家的统治与剥削，长期处于贫穷落后的状态。第二次世界大战后，广大南方国家虽然取得了政治独立，但经济状况并没有发生根本改变，在国际经济体系中仍处于不平等的地位。虽然 20 世纪七八十年代，经过各方面的努力，南北关系的发展取得一些成果。但是，80 年代以后，由于贸易条件的恶化，保护主义的蔓延，资金转移和技术转让条件的苛刻，以及世界性通货膨胀，经济危机的转嫁和沉重的债务问题，导致南方国家经济发展受到严重阻碍，从而使南北差距继续扩大。冷战结束以来，尽管从表象上看，发展中国家的经济形势大有好转，但南北差距和矛盾有增无减。究其深层次原因，一是发展中国家由于受到科技，特别是高科技落后的制约，无法尽快超越人力与资源投入式经济增长模式的限制，导致经济发展的潜力有限，经济发展的障碍不断加大；二是发展中国家受到由综合国力所决定的在国际社会中的软弱地位和不公正待遇的影响。这些深层原因存在的长期性，决定了南北差距和矛盾存在的长期性。

3. 生态失衡

生态失衡是相对于生态平衡而言。要深刻理解生态失衡，首先要理解生态平衡。所谓生态平衡，是指在一定时间内生态系统中的生物和环境之间、生物各个种群之间，通过能量流动、物质循环和信息传递，使它们相互之间达到高度适应、协调和统一的状态。而生态失衡是指由于人类不合理地开发和利用自然资源,其干预程度超过生态系统的阈值范围，破坏了原有的生态平衡状态，而对生态环境带来不良影响的一种生态现象。导致生态失衡的因素有自然因素和人为因素。自然因素如水灾、旱灾、地震、台风、山崩、海啸等。由自然因素引起的生态失衡称为第一环境问题。由人为因素引起的生态失衡称为第二环境问题。人为因素是造成生态衡的主要原因。人类对生态系统的破坏性影响主要表现在三个方面：一是以农业开发和城市化为典型代表，大规模地把自然生态系统转变为人工生态系统，严重干扰和损害了生物圈的正常运转；二是以森林砍伐、水资源过度利用为典型例子，大量取用生物圈中的各种资源，包括生物资源和非生物资源，严重破坏了生态平衡；三是将人类活动所产生的产品和废物，如化肥、杀虫剂、除草剂、工业生产和城市生活所产生的"三废"等向生物圈中超量输入，严重污染和毒害了生物圈的物理环境和生物组分。

4. 环境污染

环境污染是指人类向环境排放超过环境自净能力的有害物质，使环境的构成和状态发生变化，环境素质下降，从而扰乱和破坏了生态系统和人类的正常生产与生活条件的现象。按照不同的划分标准，环境污染具有不同的分类。按环境要素分，环境污染分为大气污染、土壤污染、水体污染；按人类活动分，环境污染分为工业环境污染、城市环境污染、农业环境污染；按造成环境污染的性质来源分，环境污染分为化学污染、生物污染、物理污染(噪声污染、放射性污染、电磁波污染等)、固体废物污染、液体废物污染、能源污染等。环境污染给生态系统和人类社会造成的直接危害是严重恶化人类的生存环境，降低人类的生活质量，损害人们的身体健康。环境污染给生态系统和人类社会造成的间接危害，是由环境污染所衍生的间接的环境效应。有时这种间接的环境效应的危害比当时造成的直接危害更大，也更难消除。例如，温室效应、酸雨和臭氧层破坏，就是由大气污染所衍生出的环境效应。这种由环境污染所衍生出的环境效应具有滞后性，往往在污染发生的当时不易被觉察或预料到，然而一旦发生就表示环境污染已经发展到相当严重的程度。目前，大气环境污染、海洋环境污染、城市环境污染等环境污染问题已成为严重的全球性问题。

5. 资源短缺

在全球生态恶化、环境污染的同时，由于全球人口的急剧增长和资源的有限性，人类赖以生存的耕地、淡水、能源和各种矿物、生物资源表现出供不应求的趋势。地球资源的有限性正以资源争夺、环境难民、全球贫困等尖锐的形式向人类敲响警钟。

6. 国际恐怖主义

恐怖活动自古有之，但恐怖主义在全球范围内的肆虐，则始于 20 世纪六七十年代。21 世纪以后，"基地"组织和"伊斯兰国"组织成为对国际社会具有严重威胁的两大国际恐怖势力。打着宗教旗号滥杀无辜是当前国际恐怖主义的一个明显特征；利用网络作为平台和工具是当前国际恐怖主义意识形态传播的主要形式和渠道。国际恐怖主义是当今世界上国家、民族、阶级、宗教间各种尖锐复杂矛盾的反映。它通过特殊的暴力手段，追求特殊的恐怖气氛和震撼全球的效果，来达到某种政治目的，其影响已渗透到国际社会生活的各个方面，成为和平与发展的大敌。把世人从国际恐怖主义的阴影中解脱出来，是国际社会和各国政府不可推卸的责任。

全球问题具有以下基本特点：一是全球问题在规模和波及范围上具有全球性。规模的全球性是指无论从存在空间还是影响后果上都具有全球维度，如南北关系、生态恶化与环境污染等问题。而波及范围的全球性则是指某些问题虽然在现象上表现为区域性，但无论从后果还是解决途径上讲都与国际社会整体联系在一起，从而使区域性问题具有了全球意义。二是全球问题具有全面性。全球问题的全面性不仅表现为涉及领域的广泛性，而且表现为某一问题本身的综合性，如南北关系、生态危机等问题本身就包含了经济、政治、文化诸多因素。三是全球问题具有挑战性。全球问题从根本上威胁到人类生存的社会环境与自然环境，从而对人类构成整体的、根本意义上的生存挑战，因此，全球问题受到当代国际社会的高度关切。

二、全球治理

20世纪90年代以来，由全球问题所带来的全球性危机的蔓延，使全球治理无论就其理论思潮还是实践影响而言，都成为国际社会高度关注的重大课题。1992年，28位国际知名人士发起成立了"全球治理委员会"。该委员会于1995年发表了《天涯若比邻——全球治理委员会的报告》，较为系统地阐述了全球治理的概念、价值，以及全球治理同全球安全、经济全球化、改革联合国和加强全世界法治的关系。目前，国内外学术界对于全球治理的概念还没有形成确定的、达成共识的界定。

迄今为止，被引证最多的全球治理的定义是由全球治理委员会的报告给出的："治理是各种各样的个人、团体——公共的或个人的——处理其共同事务的总和。这是一个持续的过程，通过这一过程，各种相互冲突和不同的利益可望得到调和，并采取合作行动。这个过程包括授予公认的团体或权力机关执行的权力，以及达成得到人民或团体同意或者认为符合他们的利益的协议。"[①]在综合和借鉴学术界已有研究成果的基础上，本书对全球治理作出如下界定：所谓全球治理，是指各国政府、国家间国际组织、全球公民社会组织为维持正常的国际政治经济秩序，最大限度地增加全人类的共同利益，通过具有约束力的国际规制和有效的国际合作，解决全球性的政治、经济、生态和安全问题的一系列活动的总和。

全球治理包括以下五个核心要素。

(1) 全球治理的价值。全球治理的价值是指在全球治理过程中，各个国家的普遍追求和国际社会所要达到的理想目标。全球治理的价值应当是超越国家、种族、宗教、意识形态、经济发展水平等之上的全人类的普遍价值。

(2) 全球治理的规制。全球治理的规制是指用以维持正常的国际政治经济秩序，实现全人类普世价值的规则体系。

(3) 全球治理的主体。全球治理的主体是指实施全球治理的行为体。它包括各国政府、国家间国际组织和全球公民社会组织三种类型。

(4) 全球治理的客体。全球治理的客体是指全球治理的对象，即全球问题。

(5) 全球治理的效果。全球治理的效果是指为治理全球问题而制定的具有约束力的国际规制和开展的国际合作的有效性。

全球治理的五个核心要素回答了有关全球治理的五个核心问题：为什么要全球治理、如何进行全球治理、谁来进行全球治理、全球治理治理什么，以及全球治理的效果如何。

---

① [瑞典]英瓦尔·卡尔松，[圭]什里达特·兰法尔. 天涯若比邻——全球治理委员会的报告[M]. 北京：中国对外翻译出版公司，1995: 2.

三、维护全人类的共同利益

21世纪以后,随着经济全球化的迅速发展,世界各国主权利益的实现越来越取决于国际社会的整体状态,世界进入了一个日益走向一体化的时代。时代的发展和需求必然催生新的基本法则的产生,在人类克服全球性危机的过程中,只有更加清楚地认识和了解人类的共同利益,增进全球共识,才能更好地维持和平、公正、和谐的新秩序,实现人类的可持续发展。

(一) 共同利益与人类的共同利益

1. 共同利益

共同利益是指不局限于某个单个的个体,不可能也不应该为其所独有。通常,共同利益可以指代共同体利益,或是利益关系的产物。共同体是一个宽泛的概念。一个组织、一个社区、一个地区、一个国家甚至是整个人类社会,都可以分别看作共同体。作为现实的载体,这些不同层次的共同体都有其自身的利益,因而可以分别被看作利益共同体。人们参与组织的目的是为获得比个人活动更多的利益,因此,共同利益是指在组织的总利益中超出单个人正常收益,属于全体成员共同拥有的那部分利益。共同利益具有共建、共享的特点。

2. 人类共同利益

"人类共同利益"的观念是19世纪后逐渐形成的。特别是20世纪中叶以来,信息传播手段的现代化促成了全球通信和信息网络的建立,为全球人类的交往和沟通提供了便利。生产和资本的全球化推动世界经济一体化,这种一体化逐渐使人们意识到地球是一个整体,人类同属于这一地球,人类面临许多世界性的问题,需要全人类一起努力来解决,这种感觉逐渐孕育出人类的全球意识,全球意识的不断加强使人类共同利益的概念日渐清晰。全球化程度的不断加深使人类共同利益成为维系人类生存和发展的前提、基本条件和源动力。

人类共同利益是全局的、可持续的利益。人类共同利益不是国际社会各成员国利益的简单相加,它是将人类作为一个整体,是与这个整体的生存与发展密切相关的利益。如今关于人类共同利益高于各自国家的利益之和的信念,已得到越来越广泛的传播。一般来说,人类共同利益主要包括:主权国家生存与发展的空间不因外部侵略而消失或被压缩;渴望和平、反对战争、追求美好生活和人类进步;人类赖以生存与发展的资源均衡分配与交换;保护全球生态资源和环境;防止疾病蔓延、战胜饥饿与贫困;反对国际恐怖主义、跨国刑事犯罪和毒品泛滥等。人类共同利益具有永恒性和普遍性,是超意识形态的,且各利益要素相互关联。

联合国的建立,意味着人们开始用国际组织的形式来维护人类的共同利益。对两次世界大战的深刻反思,使世界各国意识到侵略战争、种族灭绝、奴隶制等罪行是对国际社会的共同威胁,而反对战争、维护和平、保障人权是超越单个国家利益的全人类共同利益。

为了维护这些共同利益,给各国际社会成员施加特定的义务,通过了《联合国宪章》。随着经济社会的发展,人类面临的威胁日益增多,人类共同利益的范围逐渐扩大。核战争、恐怖主义、环境恶化、资源锐减等威胁着全人类的安全,面对这些问题,任何国家都不能再当旁观者,因为他国的今天,可能就是本国的明天。任何一个国家不顾国际社会的共同利益而恣意妄为,都可能导致共同问题的失控从而造成全人类的灾难。全球环境恶化与资源锐减问题成为继传统安全问题之后,国际社会热切关注的生态安全问题。在全球化背景下,外层空间和海洋的和平利用、遏制气候变暖、人权的保护、对恐怖主义的遏制、穷国的发展等全球性问题,离开了人们对人类共同利益这一观念的深刻理解,是不可能得到正确的理解和解决的。

20世纪末的风险社会理论,使人类对"共同利益"的认识进一步深化。1986年,德国社会学家乌尔里希·贝克出版德文版《风险社会》,首先提出了"风险社会"的概念。他认为风险是与人类共存的,人类历史上各个时期的各种社会形态从一定意义上说都是风险社会,因为所有主体意识的生命都能够意识到死亡的危险。但在近代以后,随着人类成为风险的主要生产者,风险的结构和特征才发生了根本变化,产生了现代意义的"风险",并出现了现代意义上的"风险社会"雏形。当今时代无处不在的风险在广度和深度上大大超过了以往任何时代。它跨越了生产者和消费者、富人和穷人的界限,超越了地域、民族、国家和意识形态的界限,成为一种新型的全球性的危险,它的出现加深了人类对于共同利益的认识。

(二) 当代中国将继续致力于维护人类的共同利益

当今世界正在发生深刻复杂的变化,和平与发展仍然是时代主题。世界多极化、经济全球化深入发展,文化多样化、社会信息化持续推进,科技革命孕育新突破,全球合作向多层次全方位拓展,新兴市场国家和发展中国家整体实力增强,国际力量对比朝着有利于维护世界和平方向发展,使保持国际形势总体稳定具备更多有利条件。

同时,世界仍然很不安宁。国际金融危机影响深远,世界经济增长不稳定、不确定因素增多,全球发展不平衡加剧,霸权主义、强权政治和新干涉主义有所上升,局部动荡频繁发生,粮食安全、能源资源安全、网络安全等全球性问题更加突出。人类只有一个地球,各国共处一个世界。历史昭示世人,弱肉强食不是人类共存之道,穷兵黩武无法带来美好世界。要和平不要战争,要发展不要贫穷,要合作不要对抗,推动建设持久和平、共同繁荣的和谐世界,是各国人民的共同愿望。

作为当今世界一员的中国主张在国际关系中弘扬平等互信、包容互鉴、合作共赢的精神,共同维护国际公平正义。平等互信,就是要遵循《联合国宪章》的宗旨和原则,坚持国家不分大小、强弱、贫富,一律平等,推动国际关系民主化,尊重主权,共享安全,维护世界和平稳定。包容互鉴,就是要尊重世界文明多样性、发展道路多样性,尊重和维护各国人民自主选择社会制度和发展道路的权利,相互借鉴,取长补短,推动人类文明进步。合作共赢,就是要倡导人类命运共同体意识,在追求本国利益时兼顾他国合理关切,在谋求本国发展中促进各国共同发展，建立更加平等、均衡的新型全球发展伙伴关系，同舟共济，权责共担，增进人类共同利益。

中国将始终不渝走和平发展道路，坚定奉行独立自主的和平外交政策。中国坚决维护国家主权、安全、发展利益，决不会屈服于任何外来压力。中国根据事情本身的是非曲直决定自己的立场和政策，秉持公道，伸张正义。中国主张和平解决国际争端和热点问题，反对动辄诉诸武力或以武力相威胁，反对颠覆别国合法政权，反对一切形式的恐怖主义。中国反对各种形式的霸权主义和强权政治，永远不称霸，永远不搞扩张。中国将坚持把中国人民利益同各国人民共同利益结合起来，以更加积极的姿态参与国际事务，发挥负责任大国作用，共同应对全球性挑战。

中国将始终不渝奉行互利共赢的开放战略，通过深化合作促进世界经济强劲、可持续、平衡增长。中国致力于缩小南北差距，支持发展中国家增强自主发展能力。中国将加强同主要经济体宏观经济政策协调，通过协商妥善解决经贸摩擦。中国坚持权利和义务相平衡，积极参与全球经济治理，推动贸易和投资自由化便利化，反对各种形式的保护主义。

中国坚持在和平共处五项原则基础上，全面发展同各国的友好合作。中国将改善和发展同发达国家的关系，拓宽合作领域，妥善处理分歧，推动建立长期稳定健康发展的新型大国关系。中国将坚持与邻为善、以邻为伴，巩固睦邻友好，深化互利合作，努力使自身发展更好惠及周边国家。中国将加强同广大发展中国家的团结合作，共同维护发展中国家正当权益，支持扩大发展中国家在国际事务中的代表性和发言权，永远做发展中国家的可靠朋友和真诚伙伴。中国将积极参与多边事务，支持联合国、二十国集团、上海合作组织、金砖国家等发挥积极作用，推动国际秩序和国际体系朝着公正合理的方向发展。中国将扎实推进公共和人文外交，维护中国海外合法权益。中国将开展同各国政党和政治组织的友好往来，加强人大、政协、地方、民间团体的对外交流，夯实国家关系发展社会基础。

第二节　联合国及其发展规划

人类期待"明天会更好"。世界人民追求美好生活的梦，是生生不息、代代相传的。人类发展已经取得了许多令人瞩目的成就，但至今仍有三分之一的人口生活在低发展水平，也有许多系统性障碍有待消除。而联合国的展望规划充分体现了人类解决发展问题、追求美好生活的期盼。

一、联合国的历史

联合国是当今世界最大和最重要的国际组织，是国际组织发展史上的高峰。但今日联合国的奠定却经历了一个漫长的历史发展过程。联合国的成立不是政治家们凭空臆造出来的，而是在适应历史和时代的需要并在以往国际组织发展经验的基础上产生的。

联合国的前身叫国际联盟，国际联盟又译作国际联合会，简称"国联"。国联建立于第一次世界大战结束后的巴黎和会。在此之前，一些近代国际组织的出现为国联的产生创造了条件。此外，欧洲连年的征战，尤其是第一次世界大战中大量的伤亡和损失，使人们意识到了和平的重要性，各国政府及人民纷纷提出了各种维护和平、避免战争的方案，这些和平思潮推动了联合国的建立。

1918年11月11日，第一次世界大战结束。1919年1月8日，巴黎和会在法国召开。各战胜国就"一战"后世界权力分配纷纷提出了自己的方案，时任美国总统的威尔逊提出了著名的"十四点方案"，其中就包括关于"建立国际组织协调各国利益"这一点。但由于国联本身具有一些重大的缺陷，使得其从未发挥过它所希望达到的目标，并随着当时世界各大国纷纷退出以及第二次世界大战的爆发而名存实亡。尽管国联最后以失败告终，但国际社会都希望以建立国际组织的方式谋求世界持久和平。1941年8月14日，美国总统罗斯福和英国首相丘吉尔在双方签署的《大西洋宪章》中提出，在消灭纳粹之后，世界应该建立起一个"广泛而永久的普遍安全制度"。1942年1月1日，包括中国在内的26个反法西斯盟国发表共同宣言，表示一致赞同《大西洋宪章》的原则。根据罗斯福的建议，宣言定名为《联合国家宣言》，所谓"联合国"即是语出于此。1943年10月，美、苏、英、中四国签署了《关于普遍安全的宣言》，宣言再一次确认了建立一个普遍性的国际组织，以维护世界和平与安全。

为落实上述设想，中、美、英举行开罗会议，通过了具有历史意义的《开罗宣言》。随后，美、英、苏举行德黑兰会议。罗斯福在会上提出了建立国际组织的具体计划，国际组织的大会由所有成员国组成，执行理事会由美、英、苏、中组成，加上其他地区的代表共10个成员。此次会议发表了著名的《德黑兰宣言》。1944年秋天，中、美、英在华盛顿起草《联合国宪章》，确定了联合国的宗旨和原则、会员国资格、主要机构、职权范围等。中国代表团出席会议，并对宪章的起草作出了积极贡献。1945年2月4—11日，斯大林、罗斯福、丘吉尔在雅尔塔举行会议，最后敲定联合国创始会员国、安理会常任理事国的否决权等问题，并达成雅尔塔密约，为"二战"后的世界格局定下框架。

1945年4月25日，联合国在美国旧金山市的大歌剧院隆重举行制宪会议。参加会议的有50多个国家的代表团，与会代表、随行记者、大会工作人员超过5000人。中国首席代表为中华民国代理行政院长兼外交部长宋子文，中国共产党的代表董必武是中国政府代表团的正式成员。会议一致通过了《联合国宪章》，50个国家的代表在宪章上签字。波兰没有参加此次会议，但后来签署了《联合国宪章》，成为联合国51个创始会员国之一。1945年10月24日，宪章生效，联合国正式宣告成立，这一天被定为"联合国日"。

联合国是一个真正的全球机构，具有独特的国际特性。根据《联合国宪章》，理论上联合国可以在无限的领域内采取行动。联合国在环保、难民保护、减灾、反恐、裁军、人权、经济和社会发展等领域有突出的表现。联合国设有五大机构：联合国大会、安理会、秘书处、国际法院、经济和社会理事会。除此之外，联合国还包括一系列专门机构、基金和计划，如国际货币基金组织、世界银行、世界卫生组织、联合国教科文组织、联合国儿童基金会等。

冷战期间，由于超级大国之间的竞争而使用安理会常任理事国的否决权，导致安理会常常陷入僵局，致使联合国经常瘫痪。一个更大的问题是，联合国不能发展自己的武装力量，以至于总是依赖各成员国所提供的军队。因此，联合国对和平与安全事务的影响十分有限。冷战后，人们将"国际新秩序"构建的希望更多地寄托于联合国。联合国批准了1991年美国所领导的海湾战争，此后联合国维和行动数量翻了一番，联合国维和年度预算翻了两番。

回顾联合国从建立之初到现今，对战后世界产生了重要影响：一是《联合国宪章》所奠定的战后国际关系准则仍得到广泛认同；二是联合国促进了世界体系的多元性、包容性趋势；三是联合国促进了国际法和国际机制的建设；四是联合国推动了全球议程与全球行动。目前，联合国在发挥"软权力"方面仍然占据的不可替代的地位，尤其是在发展中国家，联合国被视为提供经济和社会发展援助的重要制度。然而，联合国因自身存在的一些问题，依然会受到国际社会的诟病，由此对联合国进行改革的呼声日起。

二、联合国的改革

联合国成立70多年来，在为人类进步作出巨大贡献的同时，也暴露出其机制与制度安排上的问题与缺陷。因此，联合国改革一直在进行之中。

20世纪90年代以前，联合国的改革基本上属于程序性范畴，并未触及联合国的基本结构以及如何应对新问题。冷战后，国际社会面临的发展不平衡、恐怖主义、跨过组织犯罪、环境恶化和生态灾难等"非传统安全问题"被视为更重要的安全问题。联合国改革方向是增强联合国权威、增强民主化和关注发展与非传统安全三个方面。需要改革的内容包括：安理会和其他重要机构的组织改革，这关系到权力分配问题；维和原则与危机处理机制改革，这事关主权让渡的范围和人道主义国际干预的实施等问题；财政改革，这涉及联合国的资金来源以及如何分摊和管理经费的问题。

安理会改革是联合国改革的焦点，也是最困难的。安理会改革实质上是第二次世界大战以来世界权力的再一次分配，它关系到大国地位和国际格局的调整，关系到建立什么样的国际秩序。目前，对安理会改革和扩大安理会最积极的是日本、德国、印度和巴西四国，其中日本呼声最高。它们希望通过改革成为享有否决权的安理会常任理事国，从而成为世界政治大国。但是各方还未就否决权和成员扩大这两个安理会改革的实质性问题达成共识。

三、联合国的发展规划

（一）四个"发展十年"

联合国的发展规划对世界各国有重要的影响。从20世纪60年代开始，联合国曾连续发起过四个"发展十年"，为促进各国的发展起到了积极作用。

1. 第一个发展十年(1961—1970年)

1961年,联合国大会发起第一个发展十年,把缩小不平等、促进贫国与富国间的合作、改善人民生活作为国际社会的责任,目标是帮助发展中国家的国民生产总值到十年战略结束时增长5%。第一个发展十年取得了显著成绩:为发展中国家提供了10亿美元的粮食援助和43亿美元的援助基金,发展中国家城市消费者的粮食供应得到了满足。

2. 第二个发展十年(1971—1980年)

1970年,联合国大会通过《第二个联合国发展十年的国际发展战略》,目标是发展中国家国民生产总值的年增长率达到6%。为实现这一目标,联合国努力确保稳定、有利和公平的初级产品价格,力争取消或较少关税以及其他限制性商业措施,较少对发展中国家进口所设置的障碍。决议要求发达国家增加官方发展援助,达到其国民生产总值的0.7%。联合国为实现第二个发展十年目标发起了全球谈判,为南北对话、南北合作取得进展注入了希望,一些实质性问题得以初步解决。

3. 第三个发展十年(1981—1990年)

1980年,联合国大会发起第三个发展十年,目标为发展中国家国内生产总值每年总的增长率为7%;到1990年,发展中国家国内储蓄总值应达到24%;货物和劳务的进出口年增长率不得低于7.5%;为发达国家确定的官方发展援助的指标应为其国民生产总值的0.7%。第三个发展十年协调了发展中国家的自力更生和团队合作,加强了南北对话,对最不发达国家的援助有所增加。

4. 第四个发展十年(1991—2000年)

1990年,联合国大会发起第四个发展十年,发展战略旨在到2000年达到下列目标:发展中国家经济加速发展,较少贫困,为各国实现可持续发展打下基础,改进国际货币、基金和贸易体制,使世界经济更加稳定。这项战略要求各国加强国际合作,对最不发达国家所面临的问题予以关注。第四个发展战略把重点放在了改善发展中国家的人的状况,努力消除贫富国家之间的差别,避免环境恶化,同时也强调人力资源开发,大力应用科学和技术。这些反映了国际发展战略出现了新的优先次序。

(二) 千年宣言与千年发展目标

2000年9月,在联合国千年首脑会议上,世界各国的领导人就消除贫困、饥饿、疾病、文盲、环境恶化和对妇女的歧视等问题一致通过了一套有时限的目标和指标。这些目标和指标被置于全球议程的核心,统称千年发展目标。189个国家的领导人在会上签署联合国《千年宣言》,就此作出郑重承诺,以1990年的水平为标准,将全球贫困水平在2015年之前降低一半。

联合国秘书长安南发表报告,详细探讨国际社会如何努力实现联合国首脑会议通过的《千年宣言》所确立的目标等问题。

这份长达59页的报告题为《通向实现联合国千年宣言目标的路线图》，其主要内容包括维护国际和平与安全、实现发展与消除贫困以及加强联合国的作用等问题。报告审查了目前通过各国努力在有关方面取得的进展，并就今后的措施提出了建议，同时还向国际社会提出了实现《千年宣言》中所确立的8个主要目标的"前进战略"。报告建议，《千年宣言》所确定的目标应当成为各国发展规划中的主要目标和制定有关政策的重要参考依据。具体目标如下。

(1) 消灭极端贫困和饥饿：靠每日不到1美元维生的人口比例减半；挨饿的人口比例减半。

(2) 普及小学教育：确保所有男童和女童都能完成全部小学教育课程。

(3) 促进男女平等并赋予妇女权利：最好到2005年在小学教育和中学教育中消除两性差距，最迟于2015年在各级教育中消除此种差距。

(4) 降低儿童死亡率：5岁以下儿童的死亡率降低2/3。

(5) 改善产妇保健：产妇死亡率降低3/4。

(6) 与艾滋病毒/艾滋病、疟疾和其他疾病作斗争：遏止并开始扭转艾滋病毒/艾滋病的蔓延；遏止并开始扭转疟疾和其他主要疾病的发病率增长。

(7) 确保环境的可持续能力：将可持继续发展原则纳入国家政策和方案，扭转环境资源的损失；无法持续获得安全饮用水的人口比例减半。

(8) 全球合作，促进发展：进一步发展开放的、遵循规则的、可预测的、非歧视性的贸易和金融体制，包括在国家和国际两级致力于善政、发展和减轻贫困，满足最不发达国家的特殊需要。

联合国各组织机构、世界贸易组织、国际货币基金组织等国际机构和各成员国，特别是发展中国家，都对千年发展目标十分关注，并致力于按期实现目标。2004年3月，联合国发表了第一份千年发展目标进度报告，其中表扬中国在推动该目标方面的成果。中国已经在包括减少贫困人口等几个方面提前实现了千年发展目标。联合国对其他目标在中国的实现也表示乐观。联合国在2008年发表的千年发展目标报告中称，展望2015年及更远的未来，终结贫困的总目标肯定能够实现。

2015年7月6日，时任联合国秘书长潘基文发表千年发展目标最终报告，报告称前面发展目标产生了有史以来最为成功的脱贫运动，将成为拟于当年通过的新的可持续发展议程的起点。《千年发展目标2015年报告》称，15年来，世界各地为实现2000年《千年宣言》中设定的八项宏伟目标所付出的努力基本上是成功的，同时也承认仍有不足。报告中的数据和分析表明，利用有针对性的干预措施、合理的战略、充分的资源和政治意愿，即使是最贫穷的国家也能够取得进展。

(三) 联合国2015—2030年的全球战略——可持续发展目标

在千年发展目标的进展接近尾声的时候，联合国又继续呼吁各国领导人制定一项长期议程，以改善人民的生活，为子孙后代保护地球。世界各国领导人也呼吁用一个宏伟的长期可持续性议程来继承千年发展目标，矢志于在消灭不平等、经济增长、体面的就业机会、城市和人类住区、工业化、能源、气候变化、可持续消费和生产、和平与正义领域开辟新的天地。2010年，联合国启动了2015年后发展议程的设计和谈判，并成立了若干专门小组，推出响应研究报告，主题是可持续发展。2012年联合国可持续发展大会正式提出"可持续发展目标"。经过3年全球范围的征求意见和联合国193个成员国的磋商，2015年9月，各国首脑齐聚联合国总部纽约，正式通过联合国2015—2030年的全球战略——可持续发展目标(sustainable development goals)。

这一议程名为《可持续发展目标——17个目标改变我们的世界》，这17个目标分别如下。

(1) 在全世界消除一切形式的贫困。
(2) 消除饥饿，实现粮食安全，改善经营状况和促进可持续农业。
(3) 确保健康的生活方式，促进各年龄段人群的福祉。
(4) 确保包容和公平的优质教育，让全民终身享有学习机会。
(5) 实现性别平等，增强所有妇女和女童的权能。
(6) 为所有人提供水和环境卫生并对其进行可持续管理。
(7) 确保人人获得负担得起的、可靠和可持续的现代能源。
(8) 促进持久、包容和可持续经济增长，促进充分的生产性就业和人人获得体面工作。
(9) 建造具备抵御灾害能力的基础设施，促进具有包容性的可持续工业化，推动创新。
(10) 减少国家内部和国家之间的不平等。
(11) 建设包容、安全、有抵御灾害能力和可持续的城市和人类住区。
(12) 采用可持续的消费和生产模式。
(13) 采取紧急行动应对气候变化及其影响。
(14) 保护和可持续利用海洋和海洋资源以促进可持续发展。
(15) 保护、恢复和促进可持续利用陆地生态系统，可持续管理森林，防治荒漠化，制止和扭转土地退化，遏制生物多样性的丧失。
(16) 创建和平、包容的社会以促进可持续发展，让所有人都能诉诸司法，在各级建立有效、负责和包容的机构。
(17) 加强执行手段，重振可持续发展全球伙伴关系。

可持续发展目标将是一个由联合国全体成员国共同承担的具有普世意义的可持续的发展议程。当然，面对未来的发展，联合国所主导并与其他国家进行协商达成的可持续发展目标，在未来的实施过程中，依旧会面临重重障碍，它需要全体成员国齐心协力、共同承担，为建设人类美好未来共同努力。

第三节　当代中国的成就以及对世界的贡献

改革开放40多年以来，中国取得一系列历史性成就，国际形象发生了巨大转变，国际影响力不断提升。同时，中国从世界和平与发展的大势出发，以积极的姿态参与国际事务，为全球治理体系改革和应对全球性挑战贡献中国智慧。可以说，中国探索出了既适合本国发展又兼顾世界发展的方案，有利于最终推动世界的可持续发展，赢得了世界各国的广泛赞誉。

一、当代中国取得的巨大成就

1978 年，中共十一届三中全会作出改革开放的重大决策，由此开启了中国改革开放的历史新时期。回顾 40 多年取得的成绩，改革开放改变了中国人的命运，改变了国家的命运，也改变了中国共产党的命运，取得了举世瞩目的成就。

(一) 经济发展

从经济发展看，实现了从封闭型经济弱国向开放型全球经济大国的转变。改革开放以来，依照"实践是检验真理的唯一标准"的理念，中国渐进式推动农村土地制度、户籍制度、乡镇企业发展、城市国有企业、外商投资、金融服务、科技管理体制、经济特区等相关制度的改革，逐渐明晰社会主义与市场经济、政府与市场、国家与民众之间的关系，全面调动了生产者积极性，激发了经济活力，完成了计划经济到市场经济的转变，共同创造了经济发展的中国奇迹。

中国国内生产总值以年均接近两位数的速度增长，先后于 1999 年和 2010 年跨入了下中等收入国家和上中等收入国家行列。2009 年，中国国内生产总值超过日本，成为世界第二大经济体。2010 年，中国出口超过德国，成为世界第一大出口国。中国 97%以上的出口产品是制造业产品，成为 18 世纪工业革命以来继英国、美国、日本、德国之后的世界工厂。

2013 年，中国进口加出口的贸易总量超过美国，成为世界第一大货物贸易国。2017 年，中国人均国内生产总值达到 8640 美元，国内生产总值占世界经济的比重从 1978 年的 1.8%提高到 2017 年的 15%左右。改革开放以来，经济持续快速增长使中国人民生活水平大幅提高。中国还是到现在为止没有出现过系统性金融经济危机的新兴市场国家，而且在 20 世纪末亚洲金融危机和 2008 年国际金融危机爆发后，中国为世界经济复苏作出了重大贡献。

总之，在短短 40 多年间，中国经济从很低的水平发展到总量跃居世界第二、进出口额位居世界第一，人民生活从温饱不足发展到总体小康、即将实现全面小康，7 亿多人摆脱了贫困。这样的发展奇迹，在人类历史上不曾有过。

(二) 治国理政

从治国理政看，实现了从单极化传统管理向现代公共服务型治理的转变。以市场为导向的经济体制改革，必然对国家的政府管理体制、传统管理理念、社会管理能力等带来巨大的挑战。因此，不断适应经济体制改革释放的活力、社会流动性增加、科技互联网技术崛起、多元社会组织蓬勃发展等趋势，协调推进中国共产党的自身建设、重塑中央与地方关系、调整政府组织结构、转变政府职能,加强城乡基层政权建设等方面的改革,成为中国渐进式改革开放的政府逻辑与基本内容。

截至 2017 年年底,国务院部门取消下放行政审批事项 1/3 以上,工商登记前置审批精简 85%;资质资格认定事项压减 44%,多数省份行政审批事项减少 50%~70%;中共党员总数达到 8956.4 万人,党的组织达到 457.2 万个;全国社会组织数量突破 80 万个;基层群众自治组织达到 66.2 万个;经过微博平台认证的政务微博达到 173 569 个。

(三) 城乡结构

从城乡结构看,实现了从落后的乡村型社会向富足的城乡融合型社会的转变。1978 年,中国是一个农村人口占总人口 80%的典型农业型国家。此后,经过采取加大户籍制度、土地制度、城市单位体制、设立经济特区、增设开放城市等改革创新,把农民从原有的土地束缚中解放出来,大量的农村劳动力开始流向大中型城市,整个社会呈现出高度的流动性,中国社会走上了现代城市化发展之路,城市活力进一步释放。

截至目前,中国的城市化率已经达到 58%的水平,一半以上的人口成为城市市民,并且产生了一大批人口超过 500 万以上的特大城市以及人口高度密集、经济一体化的超大城市区域,创造了新的财富、新的产品、新的文明、新的生活方式。

(四) 社会民生

从社会民生看,实现了从温饱向小康的整体性转变。通过经济、政治、社会、生态的全方位改革,为广大民众开辟新的就业渠道和发展机会,不断改善民生,不断增加收入,让广大人民群众过上富裕、幸福、文明的美好新生活,这是改革开放的初心,也是 40 年改革开放最大的成就之一。最典型的就是中国的减贫事业,使得 7 亿多人口脱离了极端贫穷,为世界的减贫事业做出了巨大贡献。

二、当代中国的发展对世界的贡献[①]

中国的发展离不开世界,世界的繁荣也需要中国。自改革开放以来,中国的发展取得了举世瞩目的成就,中国在取得如此巨大成就的同时也为世界的繁荣作出了自己应有的贡献。具体来说主要有以下几个方面。

(一) 经济发展的推动者

中国的发展是世界经济增长的重要引擎。2013 年以来,中国对世界经济增长的贡献率持续保持在 30%左右,始终居世界第一位,2017 年更高达 34.6%,约为美国的两倍。中国的发展还给世界带来更大的市场。2001—2017 年,中国货物进口平均增速达 13.5%,是世

---

① 钟轩理. 泾渭由来两清浊——给中国对世界的贡献算算账[N]. 人民日报,2018-10-10.

界平均数的两倍;同期,中国服务贸易进口平均增速 16.7%,是世界平均数的 2.7 倍。2011—2017 年,中国进口货物和服务总额占全球的份额由 8.4% 增至 10.1%,提高 1.7 个百分点。

中国也是世界上就业机会的重要创造者。截至 2019 年,中国与"一带一路"沿线国家共同建设境外经贸合作区 80 多个,为当地增加了 24.4 万个就业岗位。国际四大会计师事务所之一的安永事务所指出,2005—2016 年,中国在非洲创造的就业岗位超过 13 万个,是美国创造就业岗位的三倍多。此外,据国际劳工组织发布的《中国与拉美和加勒比地区经贸关系报告》,1990—2016 年,中国为拉美和加勒比地区创造了 180 万个就业岗位。

中国的发展为世界扩大了市场、创造了就业、贡献了智慧,促进了世界发展,是对联合国千年发展目标和 2030 年可持续发展议程强有力的支持。中国的发展,拓展了占世界总人口 80% 以上的广大发展中国家走向现代化的途径,给世界上那些既希望加快发展又希望保持自身独立性的国家和民族,提供了全新选择。肯尼亚执政党总书记图朱感慨地说:"中国的成就在人类历史上没有先例,它给非洲人民带来希望,让他们感到光明就在隧道的尽头。"

(二)和平发展的维护者

当前,不稳定和不确定性正在成为世界和平主要威胁。衡量造成威胁还是促进世界和平,要看是在制造矛盾还是在维护稳定。截至 2019 年,已有 156 个国家和国际组织与中国签署了 118 份"一带一路"方面的合作协议。"一带一路"倡议及其核心理念被纳入联合国、二十国集团、亚太经合组织、上合组织等重要国际机制成果文件。"一带一路"实际上是以"和平合作、开放包容、互学互鉴、互利共赢"超越零和思维的"大合唱",是根本不同于地缘政治扩张的国际合作理念。

在当今世界,中国坚定发挥着和平与安全的维护者作用,以自身发展繁荣维护和平稳定。中国倡导并一贯坚持和平共处五项原则,是联合国五个常任理事国中派出维和部队最多的国家,截至 2017 年上半年,已累计派出维和军事人员 3.5 万余人次,先后参加了 24 项联合国维和行动,被国际社会誉为"维和行动的关键因素和关键力量"。中国从来没有为了石油或是资源发动过战争,从不使用诸如"邪恶国家""失败国家"这种除了制造矛盾外无助于解决任何问题的词语攻击其他国家。

从内部看,中国是世界主要经济体中社会治安最好的国家之一。美国盖洛普公司《2018 年全球法律与秩序》调查显示,中国位居全球最安全旅行目的地前十名之列,并且是前十名中唯一的主要经济体。

包括经济安全在内的新要素已成为世界和平的重要组成部分,降低贸易壁垒才能提高合作水平,从而维护经济稳定。不断扩大开放的中国,从未主动挑起贸易争端,并充分履行入世承诺。中国还加大对发展中成员特别是最不发达国家成员的援助力度,促进缩小南北发展差距。截至 2018 年 3 月,已对 36 个建交且已完成换文手续的最不发达国家 97% 税目产品实施零关税。2019 年以来,中国再次向全球宣布扩大开放措施,大幅度放宽市场准入,在服务业特别是金融业方面,全领域深度加快开放进程。

(三) 国际秩序的建设者

中国直接参与了"二战"后国际秩序的构建,是联合国的创始成员国之一。中国代表董必武第一个在《联合国宪章》上签字。中国自1971年恢复在联合国及其所属一切机构的合法席位以来,一直在不断"加群",当前中国已加入400多项多边条约,参加了所有联合国专门机构和大约90%政府间国际组织,全面融入当代国际秩序。《国际组织年鉴2017—2018》数据表明,中国对国际组织的参与率正在快速接近参与率最高的法、德等国水平,并且增速在主要经济体中是最快的。多项研究认为,中国已经高度融入了国际组织体系,并且是国际秩序的坚定维护者、积极建设者。

在全球治理中,越来越多的国家希望中国发挥更大作用。近年来,中国提出了共商共建共享的"一带一路"倡议,创建亚洲基础设施投资银行,恰恰是对现有国际秩序的有益补充和完善。中国还相继举办了亚太经合组织领导人非正式会议、二十国集团杭州峰会、首届"一带一路"国际合作高峰论坛、金砖国家领导人第九次会晤等重大主场外交活动,重申深化改革、扩大开放的理念,欢迎世界各国搭乘中国发展的高速列车,受到国际社会广泛欢迎。中国的"朋友圈"正在不断壮大。

当今世界,你中有我、我中有你,奉行单边主义、固执零和思维,是没有前途的。中国人民不是吓大的,从来不怕鬼、不信邪。不管世界如何变化,中国将坚定不移地与国际社会一道,致力于构建新型国际关系,致力于构建人类命运共同体,为人类进步事业作出更大贡献。

第四节 推动构建人类命运共同体

中国共产党是为中国人民谋幸福的政党,也是为人类进步事业而奋斗的政党,始终把为人类作出新的更大的贡献作为自己的使命。党的十八大以来,习近平提出的构建人类命运共同体的重要思想,是习近平新时代中国特色社会主义思想的重要组成部分,是当代中国对世界的重要思想和理论贡献,已经成为中国引领时代潮流和人类文明进步方向的鲜明旗帜。

一、构建人类命运共同体的内涵和意义

(一) 构建人类命运共同体的内涵

构建人类命运共同体思想的内涵极其丰富、深刻,其核心就是"建设持久和平、普遍安全、共同繁荣、开放包容、清洁美丽的世界"。推动构建人类命运共同体,应从政治、安全、经济、文化、生态5个方面入手。

政治上,要相互尊重、平等协商,坚决摒弃冷战思维和强权政治,走对话而不对抗、结伴而不结盟的国与国交往新路。人类历史上战乱频仍,生灵涂炭,教训惨痛而深刻。要

和平、不要战争是各国人民朴素而真实的愿望。建设一个持久和平的世界，根本要义在于国家之间要构建平等相待、互商互谅的伙伴关系。大国往往是决定战争与和平的关键因素，也对地区和世界和平与发展负有更大责任。大国要尊重彼此核心利益和重大关切，管控矛盾分歧，努力构建不冲突不对抗、相互尊重、合作共赢的新型关系。大国对小国要平等相待，不搞唯我独尊、恃强凌弱的霸道。国家间出现矛盾和分歧，要通过平等协商处理，以最大诚意和耐心，坚持对话解决分歧。只有各国都走和平发展道路，各国才能共同发展，国与国才能和平相处。

安全上，要坚持以对话解决争端、以协商化解分歧，统筹应对传统和非传统安全威胁，反对一切形式的恐怖主义。当前，国际安全形势动荡复杂，传统安全威胁和非传统安全威胁相互交织，安全问题的内涵和外延都在进一步拓展，同时人类越来越利益交融、安危与共。在这种新形势下，冷战思维、军事同盟、追求自身绝对安全已非常不符合现状，各方应树立共同、综合、合作、可持续的新安全观。国家不论大小、强弱、贫富以及历史文化传统、社会制度存在多大差异，都要尊重和照顾其合理安全关切。要恪守尊重主权、独立和领土完整、互不干涉内政等国际关系基本准则，统筹维护传统和非传统安全。各国都有平等参与地区安全事务的权利，也都有维护地区安全的责任，要以对话协商、互利合作的方式解决安全难题。

经济上，要同舟共济，促进贸易和投资自由化便利化，推动经济全球化朝着更加开放、包容、普惠、平衡、共赢的方向发展。发展是第一要务，适用于各国，而人类命运共同体追求的是共同发展。要增强各国发展能力，发展归根结底要靠本国自身努力，各国要根据自身禀赋特点，制定适合本国国情的发展战略。要改善国际发展环境，各国要共同维护国际和平，以和平促进发展，以发展巩固和平。要创造良好外部制度环境，加强全球经济治理，健全发展协调机制，各国特别是主要经济体要加强宏观经济政策协调。要维护世界贸易组织规则，支持开放、透明、包容、非歧视性的多边贸易体制，推动建设开放型世界经济。要优化发展伙伴关系，最大限度解决南北之间和地区内部发展失衡问题，让发展成果更多惠及全体人民，为世界经济全面可持续增长提供新动力。

文化上，要尊重世界文明多样性，以文明交流超越文明隔阂、文明互鉴超越文明冲突、文明共存超越文明优越。人类文明多样性是世界的基本特征，也是人类进步的源泉，多样带来交流，交流孕育融合，融合产生进步。不同文明凝聚着不同民族的智慧和贡献，没有高低之别，更无优劣之分。文明差异不应该成为世界冲突的根源，而应该成为人类文明进步的动力。要促进和而不同、兼收并蓄的文明交流对话，在竞争比较中取长补短，在交流互鉴中共同发展，使文明交流互鉴成为增进各国人民友谊的桥梁、推动人类社会进步的动力、维护世界和平的纽带。

生态上，要坚持环境友好，合作应对气候变化，保护好人类赖以生存的地球家园。人类可以利用自然、改造自然，但归根结底是自然的一部分，必须呵护自然，不能凌驾于自然之上。建设生态文明关乎人类未来。要解决好工业文明带来的矛盾，以人与自然和谐相处为目标，实现世界的可持续发展和人的全面发展。要牢固树立尊重自然、顺应自然、保护自然的意识，绿水青山就是金山银山。要坚持走绿色、低碳、循环、可持续发展之路，平衡推进2030年可持续发展议程，采取行动应对气候变化等新挑战，不断开拓生产发展、生活富裕、生态良好的文明发展道路，构筑尊崇自然、绿色发展的全球生态体系。

（二）构建人类命运共同体的意义

构建人类命运共同体思想顺应了历史潮流，回应了时代要求，凝聚了各国共识，为人类社会实现共同发展、持续繁荣、长治久安绘制了蓝图，对中国的和平发展、世界的繁荣进步都具有重大和深远的意义。

首先，构建人类命运共同体思想继承和发展了新中国不同时期重大外交思想和主张。新中国成立后特别是改革开放以来，中国共产党人高度重视推动构建和平稳定、公正合理的国际关系和国际秩序，先后提出和平共处五项原则、建立国际政治经济新秩序、和平发展负责任大国作用，积极推动构建人类命运共同体，不断为人类作出应有贡献。

其次，构建人类命运共同体思想反映了中外优秀文化和全人类共同价值追求。和平发展道路、构建和谐世界等重要外交理念。党的十八大以来，习近平在继承和发展新中国不同时期重要外交思想的基础上，积极推进外交理论和实践创新，提出了"一带一路"、全球治理观、安全观、发展观、正确义利观、全球化观等一系列新理念新主张，在开创中国特色大国外交新局面的伟大实践中形成了习近平外交思想。构建人类命运共同体思想作为习近平外交思想的核心和精髓，已成为新时代坚持和发展中国特色社会主义的外交方略，充分展现了中国特色社会主义道路自信、理论自信、制度自信、文化自信，体现了中国将自身发展同世界发展相统一的全球视野、世界胸怀和大国担当。在习近平外交思想的指导下，中国正日益走近世界舞台中央。和平、发展、公平、正义、民主、自由，是全人类共同的价值追求。近代以来，建立公正合理的国际秩序，维护世界和平，实现共同繁荣，是人类孜孜以求的目标。世界反法西斯战争胜利后，在中国等正义力量的推动下，《联合国宪章》等重要文件确立了主权平等、不干涉内政、和平解决国际争端等国际关系基本准则，集中反映了国际社会谋求持久和平、维护公平正义的崇高理想。随着经济全球化深入发展，特别是各种全球性挑战日益突出，世界各国利益交融、安危与共，命运共同体意识日益增强，成为推动国际协调合作的强大正能量。中国传统文化强调和合理念，主张天下为公，推崇不同国家、不同文化"美美与共、天下大同"，蕴含着丰厚的人类命运共同体基因。在新的历史条件下，习近平创造性提出构建人类命运共同体思想，既反映了当代国际关系现实，又将人类共同价值和中华优秀文化在新高度上弘扬光大。构建人类命运共同体思想反映了全人类的普遍愿望和共同心声，日益产生广泛而强烈的国际共鸣。

再次，构建人类命运共同体思想适应了新时代中国与世界关系的历史性变化。中国与世界的关系正站在新的历史起点上。一方面，中国越来越离不开世界，世界也越来越离不开中国。事实证明，只有世界好，中国才能发展好，反过来只有中国发展好，世界才能变得更好。实现中华民族伟大复兴的中国梦，同各国人民的美好梦想息息相通，同持久和平、共同繁荣的世界梦密不可分。另一方面，中国的改革开放取得巨大成就离不开世界的支持合作，而日益崛起的中国有责任也有能力同各国分享发展机遇。中国发展得越好，就越有能力塑造和影响世界，为国际社会作出更大贡献。构建人类命运共同体思想就是我们为全球治理贡献的中国智慧、中国方案。

最后，构建人类命运共同体思想指明了世界发展和人类未来的前进方向。当前，世界发展面临各种问题和挑战，经济全球化遭遇逆风，世界经济长期低迷，发展鸿沟日益突出，地区冲突频繁发生，恐怖主义、难民潮等全球性挑战此起彼伏，各种社会政治思潮交锋激荡。世界怎么了，我们怎么办？国际社会对未来发展方向感到迷茫彷徨。在此背景下，习近平切实回应国际社会的共同诉求，准确把握中国与世界关系的历史性变化，在达沃斯世界经济论坛年会和联合国日内瓦总部发表演讲时，提出了中国秉持的全球化观、全球治理观，全面阐述了构建人类命运共同体重要思想，其核心归结起来就是要和平不要战争，要发展不要贫穷，要合作不要对抗，要共赢不要单赢。构建人类命运共同体思想直面当今世界最重要的问题，解决了人们心中最大的困惑，为世界的发展和人类的未来指明了正确方向。

二、坚持和推动构建人类命运共同体

构建人类命运共同体既是中国外交的崇高目标，也是世界各国的共同责任和历史使命。中国欲同世界各国携手合作，坚持和推动构建人类命运共同体，共同努力建设一个更加美好的世界，就要做到以下几点。

(1) 坚持和平发展道路，推动建设相互尊重、公平正义、合作共赢的新型国际关系。面对充满希望与挑战的世界，中国要坚定不移推动建设新型国际关系，为构建人类命运共同体打下坚实基础。中国要高举和平、发展、合作、共赢的旗帜，恪守维护世界和平、促进共同发展的外交政策宗旨，坚定不移地在和平共处五项原则的基础上发展同各国的友好合作。坚定维护国际公平正义，反对霸权主义和强权政治。坚决捍卫国家利益，永远不称霸，永远不搞扩张。

(2) 不断完善外交布局，打造全球伙伴关系网络。中国要以周边和大国为重点，以发展中国家为基础，以多边为舞台，以深化务实合作、加强政治互信、夯实社会基础、完善机制建设为渠道，全面发展同各国友好合作，不断完善中国全方位、多层次、立体化的外交布局。推进大国协调和合作，构建总体稳定、均衡发展的大国关系框架，按照亲诚惠容理念和与邻为善、以邻为伴的周边外交方针深化同周边国家关系，秉持正确义利观和真实亲诚理念加强同发展中国家的团结合作。

(3) 坚持不懈推进"一带一路"建设，进一步深化全方位对外开放格局。中国要坚持对外开放的基本国策，坚持打开国门搞建设，把"一带一路"与构建人类命运共同体更加紧密结合起来，与落实2030年可持续发展议程紧密结合起来，打造国际合作新平台，增添共同发展新动力。遵循共商共建共享原则，弘扬和平合作、开放包容、互学互鉴、互利共赢的丝路精神，加强同沿线国家的政策沟通、设施联通、贸易畅通、资金融通、民心相通，把"一带一路"建成和平之路、繁荣之路、开放之路、创新之路、文明之路。

(4) 深度参与全球治理，积极引导国际秩序变革方向。中国要秉持共商共建共享的全球治理观，积极参与全球治理体系改革和建设。坚定维护以《联合国宪章》宗旨和原则为核心的国际秩序和国际体系，推进国际关系民主化，支持扩大发展中国家在国际事务中的代表性和发言权。建设性参与国际和地区热点问题的解决进程，积极应对各类全球性挑战，维护国际和地区和平稳定。积极维护多边贸易体制主渠道地位，促进国际贸易和投资自由化便利化，反对一切形式的保护主义。中国将继续发挥负责任大国作用，不断为完善全球治理贡献中国智慧和中国力量。

三、在全球治理体系改革和建设中贡献中国智慧

世界正处于大发展、大变革、大调整时期，和平与发展仍然是时代主题。随着世界多极化、经济全球化、社会信息化、文化多样化深入发展，各国相互联系和依存日益加深，推动全球治理体系改革是大势所趋，也是构建人类命运共同体、建设美好世界的必由之路。

(一) 推动全球治理体系改革是时代的要求

1. 国际力量对比消长加速推动全球治理体系变革

2008年国际金融危机发生以来，新兴市场国家和一大批发展中国家快速发展，国际影响力不断增强，使国际力量对比发生了近代以来最具革命性的变化。2016年，新兴市场国家和发展中国家经济占全球经济总量的比重已超过发达经济体，对全球经济增长的贡献率达到80%。西方国家面临政治、经济、社会危机，内顾倾向上升。增强新兴市场国家和发展中国家的代表性和话语权，使全球治理体系更好地反映国际经济力量对比新格局，是构建更加公正合理的国际政治经济新秩序的必然要求。

2. 加强全球治理是应对全球性挑战的主要途径

现行全球治理体系主要建立于第二次世界大战结束后，其跟不上时代发展、不适应现实需要的地方越来越多。随着各方面治理赤字积重难返，国际社会对变革全球治理体系的呼声日益高涨。一方面，世界面临一系列传统和非传统安全威胁，各种全球性挑战层出不穷；另一方面，世界各国利益高度融合、彼此相互依存，已经成为你中有我、我中有你的命运共同体，没有哪个国家能够独自应对人类面临的各种挑战，也没有哪个国家能够退回到自我封闭的孤岛。各国唯有合作加强全球治理，才能共同应对挑战，实现同舟共济。

3. 积极参与全球治理体系改革和建设是中国担当大国责任的应有之义

中国综合国力不断增强，国际地位实现前所未有的提升，国际影响力、感召力、塑造力进一步提高，日益走近世界舞台中央。中国同世界的关系进入新阶段，国内国际两个大局联系更加紧密。全球治理体系和国际秩序变革加速推进，处于重要的历史转折点上，对中国发展的影响越来越深刻。参与并推动全球治理体系变革，是实现中国经济可持续发展的必然要求，也是国际社会对中国的热切期待。在全球治理体系变革等关乎人类前途命运的重大课题上，中国将始终做世界和平的建设者、全球发展的贡献者、国际秩序的维护者。

（二）共商共建共享应成为全球治理体系改革和建设的核心理念

1. 理念引领行动，方向决定出路

推进全球治理体系改革和建设离不开先进理念的引领。党的十八大以来，中国共产党和中国政府坚持运用辩证唯物主义和历史唯物主义的方法论，从历史和现实、理论和实践、国内和国际等多重角度深入思考"世界怎么了，我们怎么办"这一根本问题，努力探索完善全球治理的理念和方案。中央政治局两次就全球治理问题进行集体学习，习近平在联合国、二十国集团、达沃斯世界经济论坛、亚太经合组织等重要多边场合多次阐释中国关于全球治理的理念和主张，党的十九大明确提出"共商共建共享的全球治理观"，标志着中国对如何推进全球治理体系改革和建设这一问题的答案越来越清晰。

2. 坚持主权平等、公平正义

主权平等是国际关系最重要的准则，也是全球治理必须遵循的首要原则。国家不分大小、强弱、贫富，都是国际社会的平等成员，都应该平等参与决策、享受权利、履行义务。全球治理离不开各国的发展与合作，各主权国家承担着全球治理的主要责任。要不断推进国际关系民主化，尊重各国人民自主选择发展道路的权利，维护国际公平正义，反对把自己的意志强加于人，反对干涉别国内政。

3. 坚持共商共建、合作共赢

习近平指出："什么样的国际秩序和全球治理体系对世界好、对世界各国人民好，要由各国人民商量，不能由一家说了算，不能由少数人说了算。"全球治理体系变革是大家的事，要坚持大家的事大家一起商量着办，尤其要让发展中国家更多参与到全球治理体系中来，获得与其地位和影响相符合的更多代表性和话语权。要通过充分协商形成全球治理体系变革方案的共识，共同书写国际规则，让全球治理体系更加平衡地反映大多数国家特别是广大发展中国家的意愿和利益。应坚持要合作而不要对抗，要双赢、多赢、共赢而不要单赢，确保改革发展的成果惠及各方，让不同国家、不同阶层、不同人群共享全球治理的好处。

4. 坚持与时俱进、改革创新

全球治理体系改革要从实际出发，坚持问题导向，通过改革创新不断完善现有全球治理体系。改革不可能一蹴而就，要循序渐进，把能做的事情、已经形成广泛共识的事情先做起来，确保全球治理更加公正、高效、适应时代要求。联合国是最具普遍性、代表性、权威性的国际组织，中国同世界上不少国家一样，主张坚定维护以《联合国宪章》的宗旨和原则为核心的国际秩序，推动国际货币基金组织、世界银行等治理机制改革，增加新兴市场国家和发展中国家的代表性和发言权。支持二十国集团、上海合作组织、金砖国家等发挥积极作用。对海洋、极地、网络、外空、核安全、气候变化等新兴领域，各国应共同建立新机制、制定新规则，使之成为合作共赢的新疆域。

5. 坚持推动构建人类命运共同体

建立更加美好的世界，追求更加幸福的生活，是各国人民共同的梦想，也是全球治理的终极目标。习近平总书记在党的十九大报告中呼吁："各国人民同心协力，构建人类命运共同体，建设持久和平、普遍安全、共同繁荣、开放包容、清洁美丽的世界。"这一构想顺应了历史潮流，回应了时代要求，凝聚了各国共识，为完善全球治理、构建更加公正合理的国际秩序指明了方向，为人类社会实现共同发展、持续繁荣、长治久安绘制了蓝图，开辟了广阔前景。构建人类命运共同体就是中国共产党向世界提供的全球治理中国方案，也是中国为世界和平与发展事业作出的重大贡献。

6. 中国为全球治理体系改革和建设作出重要贡献

行胜于言，中国坚持知行合一，致力于将全球治理的中国方案付诸务实行动，积极参与全球治理体系改革和建设，主动发挥负责任的大国作用，努力为全球治理贡献中国智慧和力量。中国为全球治理体系改革和建设做出了重要贡献主要体现在以下几点。

(1) 创新和丰富全球治理理念。党的十八大以来，中国共产党和中国政府深入挖掘中华文化中积极的处世之道和治理理念同当今时代的共鸣点，将习近平新时代中国特色社会主义思想与全球治理体系改革相结合，提出一系列具有鲜明中国特色的全球治理观，诸如和平发展道路、合作共赢理念、新型大国关系、正确义利观、发展观、合作观、安全观、全球化观等，特别是我们提出了共建"一带一路"倡议和构建人类命运共同体的理念，在国际上引起广泛反响，已多次载入联合国有关文件。中国的全球治理观植根于中华传统文化，继承发展了新中国成立以来的外交思想和理念，反映了人类共同价值追求和当代国际关系现实，符合《联合国宪章》所确定的国际关系基本准则，极大地丰富和发展了国际关系理论，为全球治理体系改革和建设贡献了中国智慧、提供了中国方案。

(2) 提供越来越多打着中国烙印的公共产品。近年来，中国成功主办首届"一带一路"国际合作高峰论坛、亚太经合组织领导人非正式会议、金砖国家领导人厦门会晤、亚信峰会，特别是二十国集团领导人杭州峰会取得一系列具有开创性、引领性、机制性的成果，在二十国集团发展史上留下了深刻的中国印记。2013年，习近平创造性提出"一带一路"重大倡议，开辟了国际合作新模式，为全球治理提供了新平台、新理念、新动力，现已得到100多个国家和国际组织积极支持和参与，成为当今世界规模最大的国际合作平台、最受欢迎的全球公共产品。中国发起创办亚洲基础设施投资银行，设立丝路基金，促进亚洲互联互通和经济可持续发展，进一步完善亚洲金融合作机制。中国还主动实施国际发展援助，宣布建立10亿美元的中国—联合国和平与发展基金、200亿元人民币的"中国气候变化南南合作基金"、设立"南南合作援助基金"等，中国负责任的大国作用日益突出。

(3) 编织全球治理体系中的发展中国家合作网。中国牢牢把握中国发展的阶段性特征，坚持发展中国家定位，在全球治理体系改革问题上为发展中国家主持公道，更好地维护发展中国家的共同利益。中国发起一系列以发展中国家为主体的国际组织及合作机制，实现了多边机制在发展中国家的网络化全覆盖，努力补强全球治理体系中的南方短板，推动金砖国家、上海合作组织等机制在区域和全球治理中发挥更大作用。中国秉持开放、包容、合作、共赢的金砖精神，推动建立金砖国家新开发银行及应急储备安排，扩大人文交流，探索"金砖+"合作模式，举行新兴市场国家与发展中国家对话会等，引领构建全方位、多层次的金砖合作架构，将其打造为新兴市场国家和发展中国家参与全球治理的重要平台。

(4) 积极参与应对全球性挑战。面对此起彼伏的国际地区热点问题和层出不穷的各种全球性挑战，中国担当大国责任，提出中国方案，贡献中国力量，发挥建设性作用。中国积极劝和促谈，维护朝鲜半岛和平稳定，引导促成伊朗核问题六方协定，推动南苏丹、叙利亚、乌克兰等热点难点问题政治解决进程。中国积极参与国际反恐合作，派军舰在亚丁湾、索马里海域执行护航任务。中国坚持绿色低碳，宣布 2020 年后应对气候变化行动目标，推动各方达成并落实应对气候变化的《巴黎协定》，引领国际社会采取积极行动应对气候变化。中国推动制定联合国 2030 年可持续发展议程并率先发布落实该议程的国别方案，积极促进全球范围内平衡发展。中国积极参与网络、极地、深海、外空等新兴领域规则制定，发起并主办首届世界互联网大会，推动建立多边、民主、透明的全球互联网治理体系；积极开展国际反腐败合作，推动构建国际反腐败合作新秩序。

时代是思想之母，实践是理论之源。实践证明，中国秉持的全球治理观顺应时代潮流，能够解决现实需要，符合各国人民利益，具有强大的生命力和吸引力，不断引领重塑世界的全球治理观。中国发展站到了新的历史起点上，正在进行具有许多新的历史特点的伟大斗争。展望未来，随着中国综合国力日益增强，日益走近世界舞台中央，中国将更加积极地参与全球治理体系改革和建设，为自身发展营造更好的外部环境，为维护世界和平、促进共同发展、创造人类美好未来作出更大贡献。

思 考 题

1. 你认为联合国发展规划对你所在的国家(地区)有什么样的影响？
2. 当今世界面临哪些问题？解决问题的理想方案应该是什么？
3. 当代中国的发展为世界作出了什么样的贡献？
4. 中国如何在全球治理体系改革和建设中贡献自己的智慧？

推 荐 阅 读

1. 萨米·阿明. 世界一体化的挑战[M]. 任友谅，等译. 北京：社会科学文献出版社，2013.
2. 李东燕. 联合国[M]. 北京：社会科学文献出版社，2019.
3. 张站. 构建人类命运共同体思想研究[M]. 北京：时事出版社，2019.
4. 辛本健. 全球治理的中国贡献[M]. 北京：机械工业出版社，2016.